KU-106-068

Sommaire

*Avec ce guide, voici
les cartes Michelin
qu'il vous faut :*

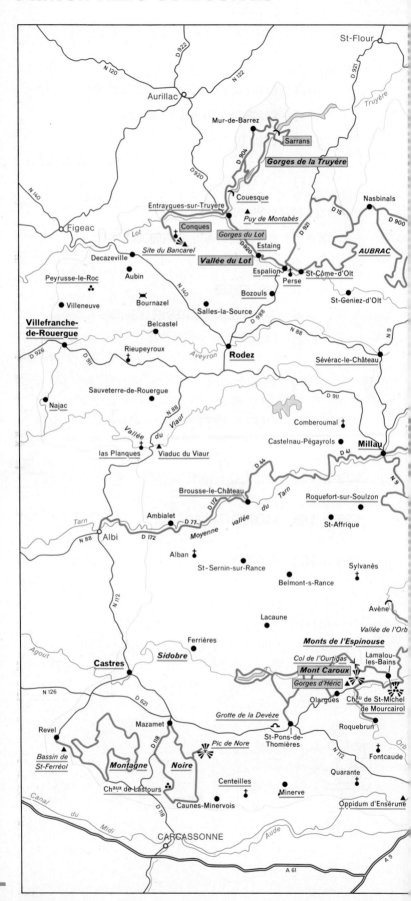

ITINÉRAIRE ━━━━━ **Rouergue – Aubrac**

circuit de 600 km : 4 jours

ITINÉRAIRE ━━━━━ **Cévennes – Gorges du Tarn**

circuit de 550 km : 4 jours

ITINÉRAIRE ═════ **Cévennes – Causse du Larzac**

circuit de 400 km : 4 jours

ITINÉRAIRE ━━━━━ **Bas Languedoc**

circuit de 400 km : 4 jours

ITINÉRAIRE ═════ **Monts de L'Espinouse –
Montagne Noire**

circuit de 500 km : 3 jours

La Grande-Motte.

LIEUX DE SÉJOUR

Sur la carte ci-dessous ont été sélectionnées quelques localités particulièrement adaptées à la villégiature en raison de leurs possibilités d'hébergement et de l'agrément de leur site. Pour plus de détails, vous consulterez...

Pour l'hébergement

Le **guide Rouge Michelin France** des hôtels et restaurants et le **guide Camping Caravaning France ;** chaque année, ils présentent un choix d'hôtels, de restaurants, de terrains, établi après visites et enquêtes sur place. Hôtels et terrains de camping sont classés suivant

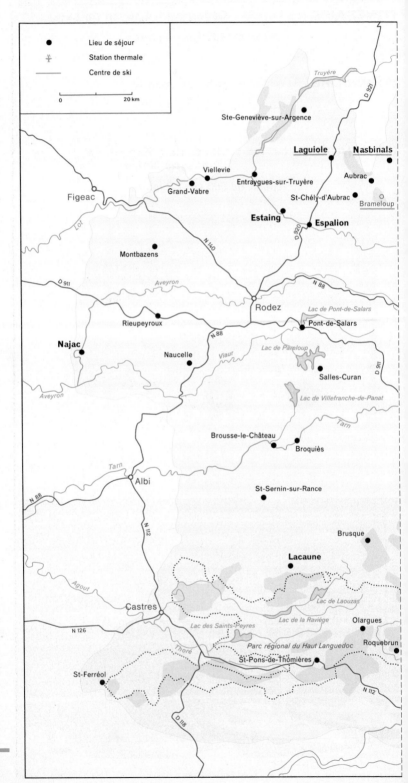

la nature et le confort de leurs aménagements. Ceux d'entre eux qui sortent de l'ordinaire par l'agrément de leur situation et de leur cadre, par leur tranquillité, leur accueil, sont mis en évidence.

Dans le **guide Rouge Michelin France,** vous trouverez également l'adresse et le numéro de téléphone du bureau de Tourisme ou du Syndicat d'initiative.

Pour le site, les sports et distractions

Un simple coup d'œil sur les **cartes Michelin** à 1/200 000 *(assemblage p. 3)* permet d'apprécier le site de la localité. Elles donnent, outre les caractéristiques des routes, les emplacements des plages, des baignades en rivière ou en étang, des piscines, des golfs, des hippodromes, des terrains de vol à voile, des aérodromes, etc.

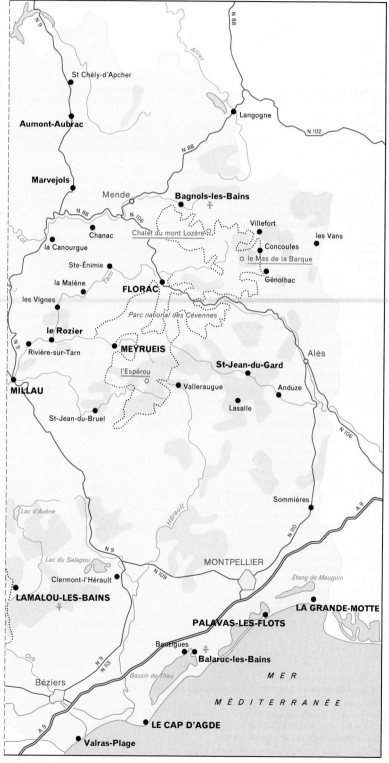

LOISIRS

Les informations pratiques (adresses, etc.) concernant les loisirs sont rassemblées en fin de volume, au chapitre « Renseignements pratiques ».

Sur la Côte

Plages. – Depuis l'aménagement et l'assainissement de la côte du Languedoc, les immenses plages de sable fin s'étendant sur des kilomètres, souvent entre mer et étangs, accueillent des multitudes de touristes. Les plus belles se situent entre la Grande Motte et Palavas-les-Flots, de Sète au Cap d'Agde, autour de Cap d'Agde et de Valras.

Navigation de plaisance. – Elle s'est beaucoup développée grâce à l'aménagement de la côte du Languedoc, autrefois inhospitalière pour les bateaux. Plus de 10 000 postes à quai se répartissent entre les ports de la Grande Motte, Carnon-Plage, Palavas-les-Flots, Frontignan-Plage, Sète, le Cap d'Agde, Valras-Plage, ainsi que Narbonne-Plage, Gruissan, Port-la-Nouvelle, St-Cyprien *(guide Vert Michelin Pyrénées Roussillon Albigeois)* et Port-Camargue *(guide Vert Michelin Provence).*

A l'intérieur

Le caractère montagneux et sauvage des Causses, des Cévennes et du Haut Languedoc se prête à de nombreux sports : randonnées pédestres et équestres, canoë-kayak, escalade, spéléologie, ski de fond en hiver...

Randonnées pédestres. – Plusieurs centaines de kilomètres de **sentiers de Grande Randonnée** permettent de découvrir les Causses, les Cévennes, le Haut Languedoc et le Rouergue à pied. Ils sont jalonnés de traits rouges et blancs horizontaux peints sur les rochers, les arbres... Des topo-guides en donnent le tracé détaillé.
Les principaux de ces sentiers sont le GR 7 (sentier Vosges-Pyrénées) qui traverse cette région du Nord au Sud, le GR 6 (sentier Alpes-Océan) qui suit un tracé Est-Ouest et leurs variantes : le GR 66 (tour de l'Aigoual), le GR 67 (tour des Cévennes), le GR 68 (tour du mont Lozère), le GR 62 de Meyrueis à Conques, et le GR 71 (« chemin des templiers et hospitaliers ») qui parcourt le Larzac.
Des **gîtes d'étape** aménagés le long de ces sentiers accueillent les randonneurs.

Randonnées équestres. – De nombreux centres équestres proposent des stages et des randonnées de plusieurs jours sur les pistes aménagées sur les Causses et dans les Cévennes.

Canoë-Kayak. – Sur le Tarn, l'Hérault, l'Orb et d'autres rivières au cours plus ou moins tumultueux, ce sport s'est bien développé. Des bases de canoë-kayak ont été aménagées par le Parc régional du Haut Languedoc.

Spéléologie. – Dans ce pays truffé de grottes et d'avens, les spéléologues peuvent s'adonner un peu partout à leur passion.

Ski de fond. – En hiver en Aubrac, sur le mont Lozère et autour de l'Aigoual, les grandes étendues recouvertes de neige se prêtent parfaitement à ce sport. Les principaux centres se trouvent à Laguiole, au Chalet du mont Lozère près de Bleymard et au col de Prat-Peyrôt, près de l'Espérou (ski alpin également).

Tauromachie. – A proximité de la camargue, de nombreuses villes du Languedoc organisent des spectacles tauromachiques. Outre les corridas de Béziers qui affichent les noms des plus célèbres toreros, des courses de taureaux, des courses à la cocarde rassemblent un peu partout ailleurs une foule d'amateurs.

Rugby et jeu à XIII. – Le ballon ovale déchaîne les passions dans cette région du Midi : Rugby à XV ou Jeu à XIII ; chaque ville, chaque village même défend son équipe. Béziers possède à elle seule trois écoles de rugby ; au sein du Sporting Club Mazamétain, Lucien Mias participa à une trentaine de matchs internationaux.
D'octobre à mai, chaque rencontre dominicale prend l'allure d'une épopée, souvent contée avec beaucoup d'esprit. L'équipe locale est l'objet de toutes les attentions ; et les discussions, sans cesse avivées par la subtilité des règles du jeu et les décisions de l'arbitre, n'en finissent pas.

Corrida à Béziers.

Actualisée en permanence,
la carte Michelin au 200 000ᵉ bannit l'inconnu de votre route.

Elle permet de choisir d'un seul coup d'œil :
– une route principale pour un grand itinéraire,
– une route de liaison régionale ou de dégagement,
– une petite route où il fait bon flâner.

Équipez votre voiture de cartes Michelin à jour.

Introduction au voyage

Sur moins de 200 km du Nord au Sud la région décrite dans ce guide présente des contrastes passionnants, des vastes horizons de l'Aubrac, des sites grandioses des gorges du Tarn aux charmants villages viticoles du Minervois. En l'espace de quelques heures on pourra goûter à la joie de vivre de la lumineuse côte languedocienne, mais aussi apprécier la rigueur du pays cévenol ; faire alterner les plaisirs de la mer et ceux, plus culturels, qu'offre le riche passé des villes du Midi.

Ferme sur le Causse.

Afin de donner à nos lecteurs l'information la plus récente possible, les Conditions de Visite des curiosités décrites dans ce guide ont été groupées en fin de volume, sous le chapitre Renseignements Pratiques.

Les curiosités soumises à des conditions de visite y sont énumérées soit sous le nom de la localité soit sous leur nom propre si elles sont isolées.

Dans la partie descriptive du guide, p. 45 à 172, le signe ⊙ placé en regard de la curiosité les signale au visiteur.

PHYSIONOMIE DU PAYS

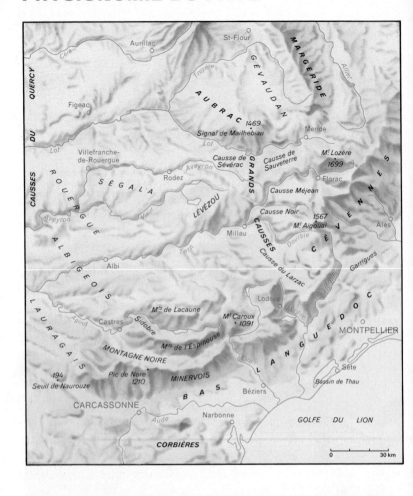

Riches d'un grand nombre de sites naturels incomparables, les pays décrits dans ce guide possèdent en outre des curiosités monumentales qui prennent rang parmi les plus grandioses de France.

Au Nord se prolongent les formes arrondies de l'Auvergne : l'Aubrac aux vertes solitudes, royaume des pâturages, s'anime les jours de foire à bestiaux à Laguiole et à Nasbinals. L'hiver, sous la neige, l'isolement est plus grand encore, rompu seulement par des skieurs de fond, amoureux de silence et d'air pur. Plus à l'Est, sur les plateaux mamelonnés de la Margeride, alternent pâturages et forêts dont l'exploitation suscite des activités locales.

Lorsque l'on descend vers le Lot, un paysage nouveau, d'une grande originalité, se révèle. De vastes tables calcaires, aux rebords escarpés, apparaissent, séparées par des vallées profondément encaissées. Ces tables dont la surface est sèche, pierreuse et généralement aride, sont les **Causses.** Ces gorges très pittoresques, au fond desquelles coule un filet d'eau qui peut se transformer rapidement en un fougueux torrent, sont les canyons.

A l'Est de ce monde étonnant des canyons et des causses s'élèvent les **Cévennes,** âpres montagnes constituées par des crêtes ravinées, aux nombreuses et tortueuses ramifications. Pays longtemps impénétrable, peu parcouru encore aujourd'hui et qui réserve aux touristes les joies de plus en plus rares de la découverte.

Succédant à l'Ouest aux rudes paysages des Cévennes, s'étendent les ségalas où se mêlent collines et vallées verdoyantes.

Les Causses et les Cévennes ne tombent pas directement sur la plaine viticole du Bas Languedoc. La transition est faite par les **Garrigues,** collines calcaires, brûlées par le soleil, hérissées de roches blanchâtres et couvertes de quelques buissons de chênes verts et de plantes aromatiques qui composent, avec les cultures dominantes (oliviers, mûriers, vignes), un paysage franchement méditerranéen.

Entre les garrigues et le littoral, rectiligne, bordé d'étangs, la vigne submerge la plaine et les coteaux voisins. Paysage monotone animé en été par la foule bruyante et colorée des vacanciers de la **Côte du Languedoc** et, au début de l'automne, par le joyeux mouvement des vendanges.

Aimer la nature,

c'est respecter la pureté des sources, la propreté des rivières,
des forêts, des montagnes...
c'est laisser les emplacements nets de toute trace de passage.

LES CLIMATS

Les plateaux élevés de l'Aubrac et de la Margeride, les Causses calcaires, les Cévennes où culminent le mont Lozère (1 699 m) et le mont Aigoual (1 567 m), la plaine du Bas Languedoc exposée aux influences méditerranéennes, sont soumis à des climats divers.

L'Aubrac et la Margeride. – Les hivers y sont longs et rigoureux et les routes souvent obstruées par la neige. Les étés sont chauds mais jamais étouffants grâce à l'altitude et à la brise qui souffle sur les vastes horizons des plateaux.

Les Causses. – Les sols calcaires des Causses se refroidissent moins vite que les terrains cristallins qui les avoisinent. L'hiver commence plus tard, dans la région caussenarde, qu'en Auvergne et dans les Cévennes ; il n'en est pas moins très rigoureux. Les plateaux sont balayés par les vents glacés qui descendent de l'Aubrac, de la Margeride ou du mont Lozère. Jusqu'à la fin de février, les tempêtes de neige ou « cirs » sévissent. Les nuages d'avril passés, le printemps et l'été sont les meilleures saisons pour visiter la région. Les températures y sont rarement excessives, à l'exception des fonds de gorge.
L'automne est marqué par de fortes pluies rapidement absorbées par le sol.

Le pays cévenol. – Les Cévennes, par leur relief, jouent un rôle de condensateur d'humidité. Sur les « serres », s'abattent de formidables averses et l'Aigoual reçoit plus de 2 m d'eau par an *(voir p. 47)*. Dans le massif de l'Aigoual, l'altitude et une abondante végétation assurent la fraîcheur, même en été. Les mois de mai et septembre sont souvent agréables, mais dès le mois d'octobre le thermomètre descend brusquement, les gelées surviennent et de fortes pluies tombent sur le pays.

Le climat méditerranéen du Bas Languedoc. – Sous un ciel lumineux, le Bas Languedoc, en été, offre des paysages soumis à la sécheresse. Le fond des rivières est à nu, les garrigues ne sont plus parsemées que de rares buissons, les côtes connaissent des températures extrêmement élevées, à peine rafraîchies par la brise de mer.
Au printemps et à l'automne, souvent les vents se déchaînent : l'impétueux « cers » (vent d'Ouest ou du Sud-Ouest), très desséchant ; le vent d'autan, venu de l'Est, sec et violent contrastant avec le marin, vent faible du Sud-Est qui gorge les vignobles d'humidité. Les pluies, très irrégulières, conditionnent la vie. Si elles sont rares au printemps, l'évolution de la végétation se trouve contrariée ; trop abondantes, elles s'abattent en orages parfois accompagnés de grêle. La proximité de la mer Méditerranée rend les hivers doux.

LA FORMATION DU SOL

L'aspect de la région des Causses, bordure méridionale du Massif central, est le résultat d'une évolution qui se poursuit depuis des millions de siècles. Cette longue durée a été divisée par les géologues en périodes ou « ères ». Les croquis théoriques ci-dessous montrent les grands traits de la région caussenarde durant les ères les plus récentes.

Ère primaire. – Début, il y a environ 600 millions d'années. Les eaux recouvrent la France ; puis se produit un bouleversement formidable de l'écorce terrestre, le plissement hercynien. Comme le Massif armoricain et les Vosges, le Massif central surgit alors. Il appartient à un vaste système montagneux qui s'étend à travers l'Europe. Il est formé de roches cristallines, imperméables : granit, gneiss (semblable à du granit feuilleté), micaschistes (sorte d'ardoises cristallisées).

Roches cristallines

La végétation, représentée au début de l'ère par quelques plantes proches des algues, devient prodigieuse au cours des périodes géologiques ultérieures, développée par le climat humide et chaud. A cette époque vivent des insectes monstrueux, des batraciens, des sauriens, des poissons géants ; mais pas encore d'oiseaux.
Les forêts sont soumises au ruissellement de pluies diluviennes. Les débris végétaux, entraînés dans les dépressions qui bordent le Massif central et enfouis sous une masse d'alluvions, subissent à l'abri de l'air une fermentation qui est à l'origine de la formation des bassins houillers.

Ère secondaire. – Début, il y a environ 200 millions d'années. Le Massif central, raboté par l'érosion (action destructrice des pluies, du gel, du vent et des eaux courantes), n'est plus qu'un vaste plateau à peine ondulé. Les bouleversements subis par l'écorce terrestre sont moins

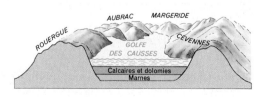

AUBRAC   MARGERIDE
ROUERGUE   CÉVENNES
GOLFE
DES CAUSSES
Calcaires et dolomies
Marnes

violents durant cette période que dans la précédente.
Dans une **1re phase**, un affaissement se produit dans la région des futurs causses et la mer y pénètre, formant le « golfe des causses » où elle dépose, en couches superposées, ou « strates », des marnes (craie mélangée d'argile imperméable) puis des calcaires (roche perméable ayant pour origine des coquillages, des squelettes de poissons et de mollusques) et des dolomies *(voir p. 19)*. Les calcaires compacts favorisent la formation de falaises, de grottes et de reliefs ruiniformes dans les zones dolomitiques.

Dans une **2ᵉ phase,** un soulèvement général très lent se produit, provoquant l'émersion d'une couche de sédiments dont l'épaisseur atteint 1 500 m dans l'axe d'une fosse Millau-Mende. Soumis à une érosion intense, les Causses et les régions adjacentes sont rabotés progressivement et presque réduits à l'état de plaine.

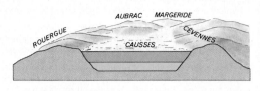

Pendant cette période, le climat se soumet au rythme des saisons ; la végétation perd sa folle exubérance. Conifères et arbres à feuilles caduques voisinent avec les palmiers et les cocotiers. Les oiseaux apparaissent ainsi que les premiers mammifères ; de gigantesques tortues, des reptiles nageurs colossaux qui ont remplacé les batraciens peuplent les eaux.

Ère tertiaire. – Début, il y a environ 60 millions d'années. Les forces qui agissent sur l'écorce terrestre provoquent un formidable plissement qui fait surgir la chaîne des Pyrénées puis celle des Alpes.

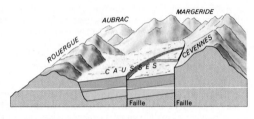

Par contrecoup, le Massif central, trop rigide pour se plisser, est fortement ébranlé, ses bordures Sud et Est se soulèvent et basculent, alors que son centre se lézarde et se casse comme une dalle granitique. Coincée entre des terrains anciens, plus résistants, la gigantesque carapace calcaire des Causses se brise et se disloque en blocs séparés par des lignes de fracture du sol, ou « failles ». Les rivières courent encore à la surface du plateau.

L'érosion dégage le socle cristallin d'une grande partie de sa couverture sédimentaire secondaire.

La végétation, qui, au début de l'ère tertiaire, était encore très mélangée (peupliers, dattiers, vignes, séquoias), se trouve, à la fin de l'ère, constituée d'essences sinon identiques, du moins très voisines des espèces actuelles. La taille des reptiles diminue, les oiseaux s'adaptent au vol.

Dès la fin de l'ère tertiaire, les plus anciens ancêtres de l'homme, les primates, apparus en Afrique orientale, envahissent peu à peu l'Asie et l'Europe. C'est l'époque où s'épanche la coulée volcanique des basaltes de l'Aubrac et de l'Escandorgue, au-dessus de Lodève.

Ère quaternaire. – Début, il y a environ 2 millions d'années. C'est une période marquée par deux faits capitaux : la dispersion de l'homme sur la terre et, à la suite d'un refroidissement général de l'atmosphère du globe, le développement de grands glaciers qui envahissent les vallées des hautes montagnes où ils ont laissé l'empreinte de leurs avances et de leurs reculs successifs.

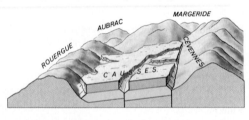

L'érosion continue son œuvre. Les montagnes environnantes sont usées, abaissées, façonnées. Dans les Causses, à la faveur des fractures qui sillonnent le plateau, les eaux creusent des gorges très étroites, appelées « canyons », dont les versants, très escarpés dans les calcaires, présentent dans les marnes, plus tendres, des talus inclinés. Le drainage des plateaux est désorganisé par l'évolution « karstique » du relief *(voir p. 18).*

Les stalactites, les stalagmites et les excentriques sont des concrétions extrêmement fragiles.
Pour ne pas risquer de les détruire,
les touristes devront s'abstenir de s'y appuyer et même d'y toucher.

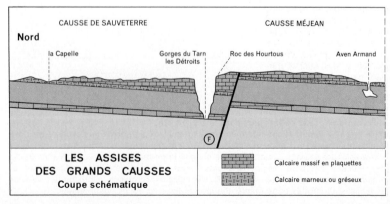

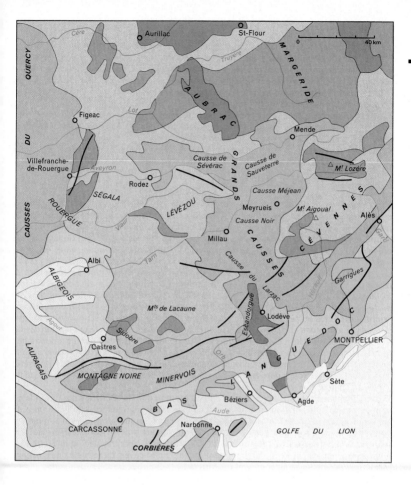

Ère quaternaire	{		Alluvions
Ère tertiaire	{		Roches volcaniques
			Terrains sédimentaires
Ère secondaire	{		Calcaire crétacés des Garrigues
			Calcaires jurassiques des Causses
Ère primaire	{		Roches cristallines et métamorphiques (schistes, gneiss, michaschistes)
			Noyaux granitiques (Mont Aigoual, Mont Lozère)

Pour vous diriger, utilisez les **cartes Michelin** *à 1/200 000*
nos **76**, **79**, **80**, **82**, **83**, **235** *et* **240** *, où figurent un grand choix de routes pittoresques ;*
pour choisir un hôtel ou un restaurant :
le **guide Rouge Michelin France** *de l'année.*

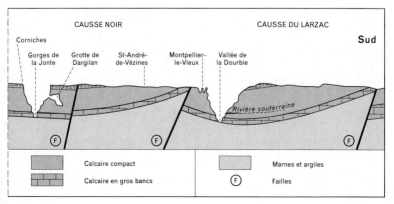

LES CAUSSES

Les grands plateaux calcaires des Causses, au Sud du Massif central, constituent une des régions les plus singulières de France. Bordés à l'Est par les Cévennes, au Nord par la vallée du Lot, ils s'ouvrent au Sud sur les plaines de l'Hérault et du Bas Languedoc ; ils se prolongent à l'Ouest par les plateaux du Lévézou et des Ségalas puis par les Causses du Quercy qui forment la bordure orientale du bassin d'Aquitaine.

La roche calcaire imprime au paysage superficiel un caractère particulièrement heurté : plateaux arides des causses, tranchées gigantesques des canyons, puits naturels des avens. Les villages, les hameaux sont constitués d'habitations en pierres sèches blanchâtres qui ajoutent encore à la rudesse des lieux.

Les Grands Causses (causse de Sauveterre, causse Méjean, causse Noir, causse du Larzac) sont décrits p. 85 et 91 ; les Causses du Quercy le sont dans le guide Vert Michelin Périgord.

Le causse

Contrastant avec les profondes entailles des vallées vives, les causses déroulent à l'infini le paysage de leurs solitudes grises et pierreuses. La grandeur et la sévérité de ces vastes plateaux, à peine accidentés de légers vallonnements ou de modestes dépressions, dépourvus de toute eau courante, sont impressionnantes. La sécheresse de leur sol est due à la nature calcaire de la roche qui absorbe comme une éponge les eaux de pluie ; à cette aridité superficielle s'oppose une intense activité souterraine *(voir p. 21).*

Ces plateaux dont l'altitude avoisine 1 000 m, subissent un climat rude aux étés secs et brûlants, aux hivers rigoureux où l'enneigement est considérable et long, aux vents violents qui balayent ces étendues sans obstacle. A l'Ouest, en bordure des corniches, ils portent encore – à côté de jeunes plantations de pins noirs d'Autriche – des bois de hêtres, de chênes rouvres ou de pins sylvestres qui témoignent de l'existence d'une forêt primitive clairsemée, dégradée au Moyen Age par le pacage des troupeaux. A l'Est, à la surface de leur lande, s'étalent des chardons ou des touffes de lavande qui font sur les croupes des taches d'un bleu très doux. Çà et là se dressent des genévriers, tantôt en forme de buissons touffus, tantôt petits arbres d'une dizaine de mètres de hauteur. Très exigeants en lumière, ils résistent bien au froid. Leurs feuilles sont piquantes, leurs fruits ont l'apparence de petits cônes de couleur noir-bleuâtre.

Traditionnellement le causse est le domaine du mouton dont la sobriété s'accommode de la pauvreté de la végétation caussenarde. Le cheptel a été longtemps entretenu pour sa laine qui assurait l'industrie textile des villes (cadis et serges) et pour son fumier qui permettait l'enrichissement des sols. Aujourd'hui, il l'est surtout pour la richesse que représente le lait des brebis – au nombre de 500 000 dans le « rayon » de Roquefort *(p. 134)* – transformé en fromage qui s'élabore dans les fameuses caves. La capitale des Causses, Millau *(p. 104),* installée au confluent du Tarn et de la Dourbie, traite les peaux des jeunes agneaux. Le « Bleu des Causses » est fabriqué à partir du lait de vache dans les environs de Millau.

Le relief calcaire (que les géographes appellent aussi relief karstique, du nom d'une région calcaire, le **Karst,** au Nord de la Yougoslavie) a donné naissance à un vocabulaire qui lui est propre. Nous expliquons ci-dessous et p. 19 quelques termes qu'il est indispensable de connaître pour mieux apprécier les paysages parcourus :

Les lavognes. – Ce mot caussenard désigne une mare aménagée – l'étanchéité étant assurée par une couche d'argile ou un fond pavé – où viennent s'abreuver les troupeaux. Les lavognes ou lavagnes sont particulièrement nombreuses aux alentours de Roquefort.

Une lavogne.

Rochers ruiniformes à Roquesaltes.

Les cloups. – Ce sont des dépressions généralement circulaires et de petites dimensions. Les eaux de pluie, chargées d'acide carbonique, dissolvent le carbonate de chaux contenu dans le calcaire et donnent lieu à leur formation.

Les sotchs. – Lorsque les cloups s'agrandissent, ils forment de plus vastes dépressions fermées, les sotchs, appelés dolines ailleurs que sur les Causses. Dans cette région, leurs dimensions restent modestes, ne dépassant pas quelques dizaines de mètres de diamètre. La dissolution des roches calcaires contenant particulièrement du sel ou du gypse produit une sorte de bonne terre arable rougeâtre, argileuse. Ceci explique que le fond des sotchs est généralement tapissé de prairies ou de cultures, agréables oasis de verdure sur la surface desséchée du plateau.

Les avens (ou igues). – Ce sont des gouffres dont l'orifice est souvent entouré de broussailles qui n'empêchent pas de ressentir la profondeur mystérieuse et attirante du vide *(voir p. 21)*.

Les champs de lapiez. – Ils se présentent comme de vastes étendues perforées d'alvéoles et de petits canaux plus ou moins profonds : les eaux de ruissellement dissolvent irrégulièrement la surface calcaire ; ainsi se constituent des trous qui finissent par se rejoindre pour former des rainures et des ciselures discontinues.

Rochers ruiniformes. – Dans les vastes dépressions du causse ou sur les sommets de quelques escarpements, apparaissent parfois d'étranges paysages de pierre aux formes grandioses. Ils évoquent par la dimension et la disposition de leurs assises, de leurs corniches ou de leurs parois verticales, l'image de villes dont les rues, les portes monumentales, les remparts, les donjons seraient en ruines ; d'où leur nom de rochers ruiniformes.
De telles fantaisies de la nature sont dues à la présence d'une roche appelée **dolomie** (du nom du géologue Dolomieu qui la découvrit) et qui présente la particularité d'associer le carbonate de chaux soluble au carbonate de magnésie peu soluble. L'érosion chimique, agissant selon les voies ouvertes par les eaux de ruissellement, a sculpté par endroits ces « ruines » aux crêtes arrondies, parfois hautes d'une dizaine de mètres, ces piliers, ces arcades, ces tours, ces animaux, ces escarpements pittoresques auxquels l'imagination populaire a donné un nom.
Les résidus argileux provenant de la décomposition de la roche ont permis le développement d'une végétation qui contribue à la beauté de ces sites.
Le fantastique chaos ruiniforme de Montpellier-le-Vieux, ceux de Nîmes-le-Vieux, de Mourèze, des Arcs de St-Pierre, de Roquesaltes, du Rajol sont particulièrement intéressants.

Les canyons

Ce mot, transcription de l'espagnol « cañon », désigne des vallées creusées dans d'épais bancs calcaires affleurant non seulement au sommet des versants, mais au fond du sillon.
Les gorges du Tarn entre les Vignes et le Rozier, les gorges de la Jonte et celles de la Dourbie sont de magnifiques exemples de canyons *(voir schéma p. 152)*.
Soudain, à un détour de la route, le sol semble s'effondrer ; les grands horizons du causse font place à un paysage vertical vertigineux. Un canyon profond parfois de 500 m s'ouvre, véritable trait de scie entre les plateaux. Au sommet des versants se dressent de magnifiques escarpements, parfois hauts de 100 m, curieusement découpés, qui offrent toutes les teintes intermédiaires entre le noir et le roux. Cette succession de parois abruptes, de vigoureuses assises, de bancs rocheux, de corniches, de surplombs, de rebords tabulaires est due à la résistance et à l'homogénéité de la roche calcaire qui ne se prête pas aux glissements, à sa perméabilité qui supprime le ruissellement des eaux. Les hautes parois sont forées de grottes béantes et taraudées par les eaux courantes qui emportent les marnes.
L'abondance de ces grottes (ou « baumes » d'après le mot local « balma » employé avant l'arrivée des Romains) est à l'origine de multiples noms de lieux ou de hameaux : le cirque des Baumes, les Baumes-Hautes dans les gorges du Tarn, la Baume-Auriol sur le causse du Larzac, St-Jean-de-Balmes sur le causse Noir, etc.

Au pied des falaises se disposent de gigantesques talus de roches éboulées. La rivière qui s'est enfoncée dans cette carapace se love en méandres bien dessinés offrant, vus des hauteurs voisines, de magnifiques perspectives sur des « bouts du monde » ou des cirques rocheux grandioses. Une rivière qui décrit des sinuosités ronge la rive concave et dépose des alluvions sur la rive convexe. Ainsi les méandres se déplacent de l'amont vers l'aval ; quand la boucle se resserre, il arrive que la rivière finisse par couper son méandre, abandonnant ainsi son lit primitif. La Vis, au fond du cirque de Navacelles (p. 123), illustre ce phénomène.

Les rivières qui réussissent à traverser la région caussenarde ont leur source au pied des massifs cristallins voisins (Aigoual et mont Lozère) ; dépourvues d'affluents à l'air libre, elles ne sont alimentées

Le cirque de Navacelles.

que par les résurgences de cours d'eau souterrains.

Les canyons, constituant de longues tranchées abritées des vents, retiennent et reflètent, sur leurs versants, les premières et les dernières chaleurs de l'année ; ils jouent le rôle de serres favorables au développement des cultures. Leurs versants marneux se couvrent de bois ; plus bas, la vigne, accompagnée d'arbres fruitiers, étagée sur de petites terrasses, étale ses grappes au soleil. Au bord de la rivière, sur les fonds alluviaux, d'étroites prairies créent un ruban de verdure coupé de haies de peupliers, où s'égrènent les petites villes et les villages. La région de St-Jean-du-Bruel et de Nant est considérée comme le « jardin de l'Aveyron » ; les versants de la Jonte portent quelques cultures en terrasses.

Les rivières et les falaises entre lesquelles elles s'écoulent présentent mille aspects attrayants auxquels le langage imagé de la région a donné des noms :

Les planiols. – On désigne ainsi les eaux limpides, calmement étalées.

Les ratchs ou rajols. – Ce sont les rapides que créent les eaux bouillonnantes et furieuses. Celles-ci, parfois, disparaissent complètement sous des entassements de blocs résultant d'un effondrement.

Les Détroits ou Étroits. – Dans ces passages, la rivière glisse entre deux murailles abruptes.

Les marmites de géants. – Ce sont des cavités circulaires creusées dans les parois calcaires qui bordent la rivière. Les eaux turbulentes, charriant des graviers, ont accompli ce travail d'érosion. L'Hérault à St-Guilhem-le-Désert a créé de telles marmites (p. 138).

Gorges du Tarn. - Les détroits.

Le relief calcaire est représenté en France par diverses régions dont nous donnons ci-dessous quelques exemples :

*– Dans les plateaux calcaires de la Haute Provence, s'ouvre le Grand canyon du Verdon, large au fond de 6 à 100 m et profond de 150 à 700 m : description dans le **guide Vert Michelin Alpes du Sud.***

*– Les gorges de l'Ardèche, dans le plateau du Bas Vivarais, comptent également parmi les plus imposantes curiosités naturelles du Midi de la France : description dans le **guide Vert Michelin Provence.***

*– Le Vercors, dans les Préalpes du Nord, entaillé de profondes gorges, recèle de nombreuses rivières souterraines : description dans le **guide Vert Michelin Alpes du Nord.***

*– A l'Ouest des Plateaux jurassiens, se creusent de courtes vallées « les Reculées » : description dans le **guide Vert Michelin Jura.***

S'ouvrant à la surface du causse ou dans le repli d'un de ses vallonnements, les grottes et les avens offrent l'occasion de pénétrer dans l'étrangeté du monde souterrain où l'activité des eaux contraste avec l'aridité des plateaux.

L'infiltration des eaux. – Sur les tables calcaires des Causses, les eaux de pluie ne circulent pas, elles s'infiltrent. Chargées d'acide carbonique, elles dissolvent le carbonate de chaux contenu dans le calcaire entraînant la formation de dépressions de petites dimensions, les cloups *(voir p. 19),* ou de sotchs, dépressions plus vastes.
Si elles pénètrent très profondément dans le sol par les innombrables fissures qui fendillent
la carapace calcaire, le creuse-ment et la dissolution de la roche amènent la formation de puits ou abîmes naturels appelés **avens** ou **igues.**

Peu à peu les avens s'agrandis-sent, se prolongent par des gale-ries souterraines qui se rami-fient, communiquent entre elles et s'élargissent en grottes.

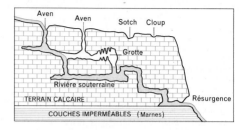

Circulation souterraine des eaux.

Rivières souterraines et ré-surgences. – La disparition d'un cours d'eau dans un aven du causse ou l'accumulation des
eaux d'infiltration atteignant le niveau des couches imperméables (marnes ou argiles) sont à l'origine d'un véritable réseau de rivières souterraines dont le cours se développe parfois sur plusieurs kilomètres. Ces eaux s'écoulent suivant l'inclinaison des couches de terrain ; elles se réunissent, finissent par forer des galeries, élargissent leur lit et se précipitent souvent en cascades. Lorsque la couche imperméable affleure au long d'une pente ou au flanc d'un versant, le cours d'eau réapparaît à l'air libre en source plus ou moins puissante : c'est une résurgence.
Lorsqu'elles s'écoulent lentement, les eaux forment de petits lacs en amont des barrages naturels : ce sont les **gours** édifiés peu à peu par dépôt de carbonate de chaux sur les bords des flaques d'eau qui en sont saturées. Ils constituent des murettes qui rendent difficiles certains passages. La grotte de Dargilan *(p. 71)* présente de caractéristiques gours.
Les rivières souterraines, bien que difficilement accessibles (que ce soit par la résurgence ou par l'aven), sont supposées nombreuses. Quelques-unes ont pu être repérées par les spéléologues : sur le causse du Larzac, le cours souterrain de la Sorgues a été découvert par l'**aven du Mas Raynal** ; sur le causse du Comtal, au Nord de Rodez, c'est le ruisseau de Salles-la-Source que l'on peut voir par le **gouffre du Tindoul de la Vayssière**. De même, le Bonheur, qui jaillit à l'air libre dans « l'Alcôve » du Bramabiau *(voir p. 60),* est un exemple de rivière souterraine.
Il arrive qu'au-dessus des nappes souterraines se poursuive la dissolution de la croûte calcaire : des blocs se détachent de la voûte, une coupole se forme, dont la partie supérieure se rapproche de la surface du sol. Lorsque la voûte de la coupole devient très mince, un éboulement découvre brusquement la cavité et ouvre un gouffre.

Formation des concrétions. – Au cours de sa circulation souterraine, l'eau abandonne le cal-caire dont elle s'est chargée en pénétrant dans le sol. Elle édifie ainsi un certain nombre de concré-tions aux formes fantastiques défiant quelquefois les lois de l'équilibre. Dans certaines cavernes, le suintement des eaux donne lieu à des dépôts de calcite (carbonate de chaux) qui constituent des pendeloques, des pyramides, des draperies, dont les représentations les plus connues sont les stalactites, les stalagmites *(schéma ci-contre)* et les excentriques.
Les **stalactites** se forment à la voûte de la grotte. Chaque gouttelette d'eau qui suinte au plafond y dépose, avant de tomber, une partie de la calcite dont elle s'est chargée. Peu à peu, s'édifie ainsi la concrétion le long de laquelle d'autres gouttes d'eau viendront couler et déposer à leur tour leur calcite.
Les **stalactites fistuleuses** ont l'aspect de longs maca-roni effilés pendant aux voûtes.
Les **stalagmites** sont des formations de même nature qui s'élèvent du sol vers le plafond. Les gouttes

Grotte à concrétions :
① Stalactites – ② Stalagmites – ③ Colonne en formation – ④ Colonne formée.

d'eau tombant toujours au même endroit déposent leur calcite qui forme peu à peu un cierge. Celui-ci progresse à la rencontre d'une stalactite avec laquelle il finira par se réunir pour constituer un pilier reliant le sol au plafond.
La formation de ces concrétions est extrêmement lente ; elle est, actuellement, de l'ordre de 1 cm par siècle sous nos climats.
Les **excentriques** sont de très fines protubérances, dépassant rarement 20 cm de longueur. Elles se développent dans tous les sens sous forme de minces rayons ou de petits éventails translucides. Elles se forment par cristallisation et n'obéissent pas aux lois de la pesanteur. La grotte de Clamouse *(p. 67)* offre de remarquables exemples d'excentriques.

Tourisme souterrain. – Les remarquables aménagements dont bénéficient quelques grottes permettent au touriste, sportif ou non, d'aborder le monde souterrain sans danger et sans difficulté.

Tout concourt à faciliter la visite : commodes escaliers, ponts bardés de solides parapets, lumières appropriées. A la recherche de sensations nouvelles, de points de vue et de connaissances qui apporteront à son voyage des éléments originaux d'intérêt, le touriste rencontre des spectacles de la nature inconnus à la surface : miroirs d'eau ou calmes lacs souterrains incroyablement limpides, gisements attestant le passage des hommes de la préhistoire, délicates concrétions.

Ce sont l'aven Armand avec son extraordinaire forêt de stalagmites, la grotte des Demoiselles aux magnifiques concrétions, celle de Clamouse aux excentriques capricieuses et aux cristallisations colorées, celle de Dargilan aux gours caractéristiques, celle de Bramabiau, où se précipite le Bonheur, celle de Trabuc avec ses « Cent mille soldats », l'une des énigmes de la spéléologie scientifique.

L'aisance avec laquelle nous évoluons dans ces grottes ne doit point faire oublier que la découverte de telles merveilles est due à quelques hommes de talent, grands sportifs, souvent savants, les spéléologues.

Spéléologie. – Les premiers spéléologues ont probablement été les hommes du paléolithique (âge de la pierre taillée) qui ont recherché les entrées de grottes et les abris sous roche pour y habiter, il y a quelque 50 000 ans. Plus tard, au néolithique (âge de la pierre polie), l'homme utilise les cavernes comme sépultures.

Dans l'Antiquité, quelques téméraires affrontent les obstacles du monde souterrain dans l'espoir d'y trouver des métaux précieux tandis qu'au Moyen Age les grottes sont prudemment évitées, considérées comme les repaires d'êtres infernaux.

Au 18e s., des explorations systématiques sont organisées. Mais la spéléologie n'acquiert ses lettres de noblesse et ne s'affirme comme science qu'à partir de 1890 avec E.-A. Martel. La connaissance du monde souterrain est encore incomplète, de très nombreux gouffres échappant aux recherches des spéléologues.

Edouard-Alfred Martel (1859-1938). – L'histoire de la découverte des Causses est liée à son nom. Agréé au tribunal de Commerce de Paris, Martel, qui s'était passionné pour la géographie dès son adolescence, demanda aux études touristiques et géologiques une détente à ses occupations juridiques. Explorateur et alpiniste intrépide, il parcourut l'Italie, l'Allemagne, l'Autriche, l'Angleterre, l'Espagne, visitant leurs plus célèbres grottes, en découvrant d'autres, laissant son nom à maintes salles et galeries insoupçonnées jusque-là.

Cependant, c'est à la France qu'il consacra la plus grande partie de ses efforts. A partir de 1883, il entreprit l'étude méthodique de la région des Causses, alors totalement inconnue. Une série d'explorations souterraines, réalisées au mépris de sa vie, révélèrent des centaines de curiosités naturelles remarquables, merveilles ignorées...

Les Pyrénées, le Vercors et le Dévoluy l'intéressèrent également. Son audacieuse descente du Grand Canyon du Verdon ouvrit la voie à l'une des plus belles excursions qui puissent se faire.

Beautés et dangers des eaux souterraines. – Martel fut aussi un savant. Riche de la somme considérable de ses observations, il se livra passionnément à la recherche des lois de l'érosion dans les terrains calcaires et fonda une nouvelle science : la géographie souterraine ou spéléologie. Ses nombreuses publications lui valurent une célébrité mondiale.

Dans ses ouvrages, « La spéléologie au 20e s. », « Nouveau traité des eaux souterraines », « Causses et Gorges du Tarn », « La France ignorée », « Les Causses Majeurs », il résume ses travaux, d'une grande utilité pour les explorateurs qui lui ont succédé, et communique au lecteur son vibrant enthousiasme.

Il fut aussi un grand bienfaiteur des Causses. Tout d'abord, grâce à son étude de la circulation souterraine, l'hygiène publique a pu éviter les contaminations des eaux, si dangereuses dans la région.

Par ailleurs, ses découvertes et sa propagande ont attiré le tourisme vers ce pays pauvre qui en a tiré profit.

Grottes décrites dans le présent guide	Explorateur et date de la découverte
Grotte des Demoiselles	1770
Grotte de Limousis	1811
Grotte de la Devèze	1886
Abîme de Bramabiau	E.A. Martel – 1888
Grotte de Dargilan	E.A. Martel – 1888
Aven Armand	Louis Armand – 1897
Grotte de Trabuc	1899
Grotte de Clamouse	1945

Les stalactites, les stalagmites, les excentriques sont des concrétions extrêmement fragiles.

Pour ne pas risquer de les détruire, les touristes devront s'abstenir de s'y appuyer et même d'y toucher.

Voyage au royaume des ombres. – Tout d'abord le spéléologue doit rechercher les voies de pénétration sous terre. En hiver, les voiles de brouillard que fait naître l'air chaud s'échappant des cavernes peuvent être un précieux indice.

L'observation d'animaux familiers des grottes, comme les chauves-souris ou les choucas (sortes de corneilles), indique quelquefois la présence de cavités. Certains explorateurs préfèrent repérer les résurgences.

Cette recherche préalable accomplie, l'expédition peut commencer. Coiffé d'un casque qui le protégera des chutes de pierre et sur lequel il fixera une lampe, vêtu d'une combinaison imperméable pour franchir les rivières ou se protéger des chutes d'eau qui risquent de l'assaillir à chaque instant, chaussé de bottes, le spéléologue progresse le long de galeries parfois si étroites qu'il doit s'étirer comme un reptile pour les vaincre ; les siphons, nécessitant souvent l'emploi de scaphandres, les lacs aux limites imprécises, les parois rendues glissantes par l'argile sont les obstacles ordinaires qu'il rencontre. Ajoutons à cela les crues soudaines dues aux orages, les barrages formés par les gours. Pour remédier à la fatigue qu'entraîne la durée considérable de certaines expéditions, des expériences de camping souterrain ont été tentées avec succès. Dans la majorité des grottes, la teneur en gaz carbonique n'est pas supérieure à celle qui règne à la surface de la terre ; la principale difficulté, outre le malaise psychologique que ne manque pas de susciter le séjour sous terre, tient à l'humidité de l'air.

La spéléologie est, à la fois, une discipline et un sport, excluant, pour des raisons d'équipement et de sécurité, toute recherche d'exploit individuel. De nombreuses sciences bénéficient de ses découvertes : la préhistoire, l'archéologie, la géologie, la biologie, la physique, la chimie et, plus récemment, la psychologie.

En 1962, Michel Siffre passa deux mois dans le gouffre Scarasson à l'Ouest du col de Tende, inaugurant les expériences « hors du temps ».

La faune. – Depuis le paléolithique supérieur, l'ours « des cavernes » a disparu des grottes. Aujourd'hui, il arrive que quelque blaireau, fouine ou putois s'égare dans les profondeurs souterraines, ou que des poissons y soient entraînés par les rivières en crue, mais ce ne sont là que des hôtes fortuits ; tandis que toutes les grottes sont habitées en permanence par les chauves-souris. Elles ne quittent leur antre que la nuit pour chasser et rentrent au petit jour. Elles tapissent des voûtes entières qu'elles entaillent profondément de leurs griffes. Munies d'un véritable radar, elles se déplacent aisément en milieu obscur. Leurs déjections, le guano, forment de gigantesques cônes, redoutés des spéléologues.

Outre les chauves-souris, les grottes sont peuplées d'une multitude d'invertébrés, coléoptères, myriapodes, etc. Le laboratoire souterrain de Moulis dans l'Ariège *(on ne visite pas)* se consacre à l'étude de ces animaux cavernicoles.

Organisation de la spéléologie en France. – Les nombreux clubs de spéléologie fonctionnant en France sont pour la plupart affiliés à la Fédération Française de Spéléologie. Cette fédération regroupe désormais la Société de Spéléologie fondée par Martel puis réanimée en 1930 par un ardent Languedocien, **Robert de Joly** (1887-1968), et le Comité National de Spéléologie.

A l'École française de Spéléologie, des spéléologues confirmés encadrent des stagiaires de tous niveaux *(adresse dans le chapitre « Renseignements pratiques » en fin de volume).*

Grotte de Trabuc, détail.

LES SÉGALAS ET LE LÉVÉZOU

Les Grands Causses sont séparés des Causses du Quercy par le bloc du Lévézou et par un ensemble de plateaux groupés sous le nom de Ségalas car ils furent longtemps voués au seigle. On distingue le Ségala du Rouergue, limité par le Lévézou à l'Est, par l'Aveyron au Nord et à l'Ouest, du Ségala tarnais. Entre l'Aveyron et le Lot, s'avancent les causses de Sévérac et du Comtal. Au Nord du bassin houiller de Decazeville, s'étendent la Châtaigneraie, au nom évocateur, et le Ségala du Quercy.

Le Lévézou. – C'est un petit massif cristallin, situé entre Millau et Rodez, rude, faiblement peuplé, qui culmine au Puech del Pal à 1 155 m. Quelques troupeaux parcourent ses landes. A l'écart des grandes voies ferrées, il n'a pu bénéficier du même renouveau que les Ségalas. Ses rivières aménagées pour la production hydroélectrique et le tourisme (lacs de Pont-de-Salars, du Bage, de Pareloup, de Villefranche-de-Panat) lui apporteront peut-être des activités nouvelles.

Les Ségalas. – C'est au 19ᵉ s. que les Ségalas, traditionnellement pauvres et opposés au Fromental (pays du blé de l'Aquitaine), commencèrent à prospérer. A cette époque, on eut l'idée d'utiliser la proximité du charbon du bassin de Carmaux et des calcaires de l'Aquitaine pour fabriquer de la chaux. La création de voies ferrées (Carmaux-Rodez, Capdenac-Rodez) permit le transport du précieux amendement. Ainsi la lande et le seigle reculèrent, remplacés par le trèfle, le blé, le maïs et l'orge. L'élevage se développa : des bovins et des porcs à l'Ouest, des ovins à l'Est et au Sud-Est, dans la région de Roquefort. Aujourd'hui les Ségalas offrent un visage verdoyant de bocages et de prairies bordées de haies d'aubépines. Légèrement ondulés, ils portent souvent une chapelle sur leurs collines (les puechs).

Le promeneur qui parcourt les Ségalas traverse des paysages de terres rouges, dans la région de Camarès ou de Marcillac notamment ; ce sont les **rougiers** (nom régional donné aux bassins permiens) où les sédiments comportent une forte teneur en oxyde de fer. Particulièrement fertiles, ils accueillent des cultures fruitières.

Rodez est la principale ville des Ségalas, Villefranche-de-Rouergue est à la limite des Ségalas et des Causses du Quercy. Le développement des Ségalas est symbolisé par des bourgs comme Baraqueville (au Sud de Rodez) qui ne comprenait au 19ᵉ s. qu'une simple baraque et dont la prospérité actuelle se manifeste par de hauts silos.

LE BAS LANGUEDOC

Du Rhône à la Garonne s'étend le Languedoc, avec Toulouse pour capitale du Haut Languedoc et Montpellier pour capitale du Bas Languedoc ou Languedoc méditerranéen. Le Bas Languedoc se présente comme une bande d'une quarantaine de kilomètres de large, le long de la Méditerranée. Au Sud des Cévennes, les Garrigues s'élèvent de 200 à 400 m. Au-dessous des Garrigues, la plaine sablonneuse, couverte de vignes, trouée d'étangs en bordure de la mer, ne porte que quelques collines calcaires (la montagne de la Gardiole à Montpellier, le mont St-Clair à Sète, la montagne de la Clape à Narbonne) et la montagne d'Agde (le mont St-Loup), prolongement de la coulée volcanique de l'Escandorgue. Le Bas Languedoc s'appuie à un cadre de montagnes appartenant aux marges de sédiments primaires du Massif central, depuis les Cévennes, les monts de l'Espinouse, du Minervois et de Lacaune jusqu'à la Montagne Noire.

Les vignes du Languedoc, longtemps consacrées à la production de vins de table, sont en train de reconquérir leurs lettres de noblesse, grâce à une étude approfondie des sols et des climats et à des encépagements judicieux.

Les Garrigues. – C'est une région de plateaux et de chaînons calcaires, que traversent l'Hérault, le Vidourle et le Gard. Le pic St-Loup et la montagne d'Hortus constituent de rares accidents sur ces plates étendues. Dues, comme les causses, aux dépôts marins de l'ère secondaire, les Garrigues (de l'occitan « garric » : chêne-kermès) sont couvertes d'une maigre végétation parfumée : buissons nains de chênes-kermès, touffes de thym et de lavande, cistes, pacages roussis par le soleil.

Au printemps, cette lande aride, fréquentée des chasseurs, s'émaille de fleurs éclatantes. La garrigue reste le domaine des moutons.

Le rivage. – Le rivage méditerranéen de cette région est jalonné d'étangs. Les **barres** (ou **lidos**) qui séparent ces étangs de la mer, ont été formées par le travail des vagues et des courants. Les graviers et les sables apportés par le Rhône à la mer, poussés vers les côtes languedociennes, ont fini par former devant l'entrée des baies une barrière sableuse. La « barre » transforma chaque baie en une lagune peu profonde isolée de la pleine mer. Cette barre, de plus en plus importante, a fini par émerger, transformant la lagune en étang d'eau saumâtre où prospèrent anguilles, mulets, loups, daurades et palourdes. L'Aude et l'Orb n'ont pas permis la formation d'étangs ; mais ils n'ont pas réussi non plus à constituer un delta, le courant littoral balayant sans cesse leurs alluvions.

Le sable envahissant a repoussé à l'intérieur des terres les anciens ports (Maguelone, Agde). Seul le bassin de Thau, véritable mer intérieure, est propice à la navigation ; la culture des huîtres et des moules y a pris une certaine importance. Deux petits ports de pêche, Marseillan et Mèze, s'ouvrent à la plaisance.

Sète, créée au 17ᵉ s., n'a fait que s'agrandir, mais une lutte incessante contre l'ensablement lui permet seule de rester le deuxième port français de la Méditerranée.

Promeneurs, campeurs, fumeurs...
soyez prudents !

Le feu est le plus terrible ennemi de la forêt.

L'AUBRAC ET LA MARGERIDE

Les monts d'**Aubrac** s'étendent du Nord-Ouest au Sud-Est, entre les vallées de la Truyère et du Lot. Ils sont constitués par de formidables coulées de basalte, épaisses de plusieurs centaines de mètres, qui recouvrent un socle granitique. Elles se sont épanchées, à l'ère tertiaire, par de nombreuses bouches éruptives qui se manifestent aujourd'hui par des reliefs arrondis, à peine saillants : la lave, très fluide, s'est en effet répandue sur de vastes surfaces au lieu de s'accumuler en forme de cône autour des orifices de sortie.

Dissymétrique, le massif s'abaisse doucement, au Nord-Est, vers la Truyère et reste à une altitude voisine de 1 000 m ; au Sud et au Sud-Ouest il présente un versant abrupt sillonné de ravins où coulent les « boraldes » descendant des points les plus élevés du massif (signal de Maihebiau : 1 469 m) vers le Lot, à moins de 500 m d'altitude.

Au-dessus de 850 m d'altitude, l'Aubrac est un immense pâturage ; la flore est cependant très variée : au printemps, les jonquilles et les narcisses abondent. Il est coupé dans sa partie Ouest de bois de hêtres, de landes et de quelques étangs. Les cultures y sont rares et pauvres. C'est une des régions de France qui a la plus faible densité de population : 14 habitants au km² ; moyenne de la France : 96 au km². L'hiver y est long et rigoureux et chaque année le plateau disparaît plusieurs mois durant sous la neige.

De petites stations de sports d'hiver se créent : Brameloup, Laguiole, Nasbinals, St-Urcize. Pour qu'on puisse suivre le tracé de certaines routes, des obélisques de granit sont fichés en terre, sur les bas-côtés.

L'élevage est la ressource essentielle du pays. Naguère, de grands troupeaux de moutons venaient du Bas Languedoc estiver sur l'Aubrac ; aujourd'hui les bovins occupent la totalité des herbages. Fin mai, selon les traditions, les vaches, qui ont hiverné sur le pourtour même de la montagne, arrivent au pré. Elles y resteront jusqu'à la mi-octobre sans jamais rentrer à l'étable. Dans quelques burons, des fromagers (cantalès) fabriquent, encore, la « fourme de Laguiole » *(voir p. 39 et 43)*. Les foires à bestiaux de Nasbinals et de Laguiole, surtout celles de printemps et d'automne, sont très importantes et offrent des spectacles hauts en couleur.

En traversant ce massif, remarquer les « drailles », sortes de pistes parfois délimitées par de petits murs de pierre sèche, suivies par les troupeaux lors de leurs déplacements.

Foire aux bestiaux à Laguiole.

La **Margeride,** massif granitique parallèle aux monts volcaniques du Velay au Nord, s'étend entre l'Allier, à l'Est, et les hauts plateaux volcaniques de l'Aubrac, à l'Ouest ; elle culmine au Signal de Randon, altitude 1 551 m.

La partie la plus élevée, la **« Montagne »,** a une hauteur moyenne de 1 400 m. Elle se présente sous forme de plateaux mamelonnés, couverts d'immenses et monotones pâtures que viennent interrompre des bois de pins, de sapins, de bouleaux. Au Nord de Mende, des plateaux (Palais du Roi, la Boulaine) sont hérissés de rochers de granit qui, sous l'action de l'érosion, sont devenus colonnades, obélisques, blocs arrondis superposés en équilibre souvent instable.

Au-dessous de la « Montagne » s'étendent les **« Plaines »,** très ondulées, d'où surgissent de nombreux pitons. La population, plus abondante, habite de grosses fermes isolées ou groupées en petits hameaux. Les principales ressources de la Margeride sont le bois et le bétail, et aussi l'uranium. Les foires de Châteauneuf-de-Randon *(p. 67)* et de Saugues *(guide Vert Michelin Auvergne)* sont très importantes.

A l'Ouest de la chaîne s'étend le **Gévaudan,** plateau plus bas (1 000 à 1 200 m d'altitude), sorte de couloir dominé par l'Aubrac.

La partie Nord de la Margeride, où se trouve l' « écomusée de la Margeride », est traitée dans le guide Vert Michelin Auvergne.

LES CÉVENNES

Au Sud-Est du Massif central, les Cévennes, schisteuses et granitiques, ne constituent pas une chaîne au sens strict du mot. Du Tanargue à l'Aigoual, elles présentent en leurs sommets une suite de plateaux à peine ondulés et assez mornes, garnis de tourbières : ce sont la « Pelouse » de l'Aigoual ou le « Plat » du mont Lozère.

Le contraste est net entre le versant méditerranéen, très abrupt, et le versant océanique qui s'abaisse en pente plus douce, de part et d'autre d'une ligne de partage des eaux passant à l'extrémité orientale du mont Lozère, au col de Jalcreste (sur la N 106, à l'Est de Florac) et au col du Minier.

Au-dessous des surfaces dénudées des plateaux, le versant méditerranéen se creuse de profonds ravins, les **valats** : les torrents cévenols, accrus par de fortes averses, lacèrent les schistes, formant des crêtes comparables à de longues lanières étroites, les **serres.** Au moment de rejoindre le versant atlantique, les serres s'élargissent, formant de hautes surfaces, les **chams.** Les étendues schisteuses sont parsemées d'îlots calcaires, de petits causses appelés les **cans** (le can de l'Hospitalet).

Vaches montant au pâturage.

Les crêtes. – Les sommets sont assez peu élevés. Le mont Lozère, aux longues croupes de granit, atteint 1 699 m d'altitude. Quant au mont Aigoual, d'où l'on embrasse par temps clair un merveilleux panorama, il ne dépasse pas 1 567 m.
Des pâturages assez pauvres, convenant seulement aux moutons, couvrent les crêtes. Les hameaux pastoraux, aux maisons faites de blocs de granit, très basses pour offrir moins de prise aux vents, sont disséminés. Plus bas, apparaissent les chênes verts, les bruyères, la châtaigneraie et avec elle de petits villages.

Les hautes vallées. – Les très nombreux cours d'eau suivent de profonds ravins aux pentes abruptes mais non verticales, façonnées par l'érosion dans une roche qui est sans rapport avec le calcaire des causses : nous sommes, en effet, en plein pays granitique et schisteux, aux terrains imperméables.
Quelques-uns de ces ravins, avec leurs eaux bondissantes, riches en truites, leurs pentes gazonnées parsemées de pommiers, ont une allure alpestre.

Les vallées basses. – Toutes orientées vers le Sud, elles forment la transition entre les pays cévenol et méditerranéen. Le soleil est déjà vif ; aussi, à côté des vertes prairies, trouve-t-on sur les pentes abritées des cultures en terrasses : vignes, oliviers, mûriers. Dans toute cette zone, on distille la lavande. Souvenir de l'élevage intensif du ver à soie, les anciennes magnaneries, grandes bâtisses facilement repérables de l'extérieur grâce à leurs fenêtres étroites, sont nombreuses *(sur l'élevage du ver à soie, lire p. 139)*

Au pays cévenol. – La population des hautes vallées cévenoles diminue de plus en plus et ne vit que de maigres cultures.
Au bord des ruisseaux, les prairies plantées de pommiers s'intercalent entre les champs. Mais l'arbre-roi est le châtaignier ; il occupe la presque totalité des versants, ne laissant qu'une place réduite aux vignes en hautins, aux jardins potagers, aux arbres fruitiers, répandus dans les fonds de vallées et autour des points d'eau.
Dans certains villages, situés à la périphérie du mont Lozère et en Margeride, les propriétaires de moutons ayant accepté de grouper leurs bêtes, réunissent celles-ci en un troupeau commun qu'un unique berger mène pendant le jour sur les sommets. La nuit, elles viennent séjourner dans les enclos et en fertilisent le sol.

LA FORÊT

Autrefois, les Causses et les Cévennes étaient couverts de forêts, repaires de bêtes sauvages. Au 18e s., la « Bête du Gévaudan » terrorisa le pays pendant trois ans *(voir p. 42)*.

Le dangereux déboisement. – La plupart des forêts de hêtres avaient été détruites par les verriers, qui les exploitaient pour la fabrication du charbon de bois nécessaire à leur industrie. Dans les Cévennes, les résultats du déboisement sont très graves en raison des violents orages (98 cm d'eau sont tombés en 48 h sur Valleraugue en septembre 1900, soit environ 40 cm de plus que ce que reçoit en moyenne Paris pendant toute une année). L'eau, qui ne peut être retenue par la couverture végétale, ruisselle et s'abat dans les vallées, provoquant des crues violentes qui peuvent atteindre 18 à 20 m de hauteur. Ces trombes déchaînées dévastent tout sur leur passage.

Ruches cévenoles.

Un ennemi de la forêt : le mouton. – Le long des **drailles** suivies par les troupeaux transhumants, aussi bien que sur les crêtes et les plateaux où ils séjournent, les moutons, en broutant les feuilles et les jeunes pousses, avaient également contribué à la destruction de la forêt.

Au milieu du 19e s., il ne restait que des lambeaux des immenses forêts dont le pays était autrefois couvert, lorsque Georges Fabre, le bienfaisant forestier, entreprend le reboisement du massif *(voir p. 47)*.

Comment on reboise. – Le « boisement par semis direct » qui consiste à répandre les graines à la volée n'est pratiquement plus employé aujourd'hui.

Dans le « boisement par plantation », mode le plus fréquent, on transporte sur le terrain à reboiser des plants élevés pendant un à deux ans pour les semis de cèdre en godets ou en sachets, quatre à cinq ans pour les plants de sapin, d'épicéa ou de pin plantés à racines nues. Aujourd'hui, les espaces compris entre les vallées peuplées de hêtres qui forment contre-feu, sont plantés de pins, de sapins et d'épicéas. Près de 14 000 ha ont été reboisés par Fabre et ses successeurs *(voir carte p. 48)*. Le corps des Eaux et Forêts peut être fier de cette résurrection.

Cependant, la tâche n'est pas terminée ; il faut intervenir dans les basses Cévennes pour boiser des terrains nus très dégradés ou pour substituer à la végétation existante les essences résineuses actuellement très demandées sur le marché des bois.

Le châtaignier. – Si le châtaignier ne nourrit plus le Cévenol, il continue de parer merveilleusement les Cévennes *(détails sur l'exploitation traditionnelle du châtaignier p. 139)*. Le plus souvent on le rencontre à 600 m d'altitude et quelquefois, sur les versants bien exposés, il grimpe jusqu'à 950 m. Pour croître, il doit fixer ses puissantes racines dans le schiste, le granit, le grès, le sable mais il fuit les terrains calcaires. Dès le mois de mai il se couvre de feuilles, met ses fleurs en juin et vers la mi-septembre les premières châtaignes apparaissent, groupées par trois et enfermées dans une cupule hérissée de piquants.

Malheureusement l'existence du châtaignier est menacée. En effet, après une coupe, les rejets auraient besoin de soins attentifs : l'élagage, la taille, la greffe seraient nécessaires pour combattre les dégâts causés par les

Châtaignier.

troupeaux. Les ravages des maladies cryptogamiques, comme l' « encre », rendent encore plus difficile la défense de la châtaigneraie.

QUELQUES TERMES RÉGIONAUX

Aven : puits naturel creusé par les eaux d'infiltration ; voir p. 21.

Balme ou **baume :** grotte, abri naturel.

Bancel ou **faïsse :** banquette de terre cultivée.

Béal : petit canal d'amenée d'eau.

Buron : petite habitation de pierre servant au vacher sur les pâturages ; voir p. 39.

Can : petit causse.

Causse : plateau calcaire dont la surface est sèche et pierreuse ; voir p. 18.

Cazelle, Chazelle : abri de berger en pierres sèches.

Clède : petite construction de pierre sèche utilisée autrefois comme séchoir à châtaignes, voir p. 139.

Cros : vallon, creux.

Devèze : terrain de parcours pour les troupeaux.

Draille : ancienne voie de transhumance, qui suivait, le plus souvent, les lignes de crêtes.

Gour : petit barrage naturel souterrain ; voir p. 21.

Grau : chenal par lequel un cours d'eau ou un étang débouche dans la mer.

Lauze : pierre plate, schisteuse, servant à la couverture des maisons ; voir p. 39.

Lavogne : mare aménagée ; voir p. 18.

Masse (dimin. mazet) : mas, ferme ou maison campagnarde.

Planèze : plateau de basalte limité par des vallées convergeantes.

Plo : plan (large col).

Ségalas : terres où l'on cultive le seigle.

Serre : crête étroite et allongée entre deux vallées profondes.

Valat : ravin profond.

Viala : « ville » (domaine agricole).

*Dans le **guide Rouge Michelin France** de l'année*
vous trouverez un choix d'hôtels agréables, tranquilles bien situés
avec l'indication de leur équipement :
piscines, tennis, plages aménagées, aire de repos...
ainsi que les périodes d'ouverture et de fermeture des établissements.

Vous y trouverez aussi un choix révisé de maisons qui se signalent
par la qualité de leur cuisine :
repas soignés à prix modérés, étoiles de bonne table.

LE PARC NATUREL RÉGIONAL DU HAUT LANGUEDOC

Créé officiellement en 1972 pour préserver l'intégrité des richesses naturelles d'une région qui comprend les monts de l'Espinouse, le Sidobre, une partie de la Montagne Noire et des monts de Lacaune, il devrait également donner une impulsion nouvelle à ces contrées si belles dans leur isolement, mais aussi à l'écart de toute conversion industrielle vivifiante.

Activités. – En saison d'été fonctionnent plusieurs bases ou centres de loisirs, favorisant en particulier les activités nautiques sur les lacs de barrage du haut Agout. *La base de plein air de Mons-la-Trivalle offre différents stages d'initiation et de perfectionnement : escalade, spéléologie, canoë-kayak, etc.*

De nombreuses suggestions de circuits, promenades et randonnées sont proposées par les syndicats d'initiative et les « maisons du parc »

En outre la création du parc a suscité ou encouragé de nombreuses initiatives d'animation culturelle : mise en valeur des arts et traditions populaires, de l'architecture régionale, le village de Ferrières constitue l'un de ces centres d'animation.

Pour tous renseignements généraux, s'adresser au Parc naturel régional du Haut Languedoc : voir le chapitre « Renseignements pratiques » en fin de volume.

PARC RÉGIONAL DU HAUT LANGUEDOC

0   10 km

Montredon-Labessonnié

Burlats

Castres

N 112

D 112

Agout

N 126

Thoré

Sidobre

D 622

Dourgne

Mazamet

GR 7

Sorèze

MONTAGNE

D 118

Origine de quelques noms de lieux, en rapport avec les arbres.
Bessède : bouleaux ; **Blaque** : chênes blancs ;
Castanet : châtaigniers ; **Cassan, Cassagnas** : chênes ;
Espinasse : buissons épineux ; **Fage** : hêtres
Fraisse : frêne ; **Homme** : ormes.

LE PARC NATIONAL DES CÉVENNES

Étalé sur 84 200 ha et enveloppé d'une zone périphérique de 236 000 ha, le Parc national des Cévennes, créé officiellement en septembre 1970, est, par son étendue, le deuxième des six parcs nationaux français, après celui des Écrins.

Varié dans son climat, méditerranéen ou océanique selon les versants ; dans son relief qui rapproche les sommets enneigés (mont Lozère, mont Aigoual, montagne du Bougès) des vallées basses où fleurit le mimosa ; dans ses sols, schisteux au Sud-Est de Florac et sur le pourtour de la montagne du Bougès, granitiques sur le mont Lozère et la montagne du Lingas, calcaires sur le causse Méjean, le parc est couvert de forêts sur près du quart de sa superficie, zone périphérique comprise. Mais le paysage le plus caractéristique et l'un des moins connus est sans doute celui du mont Lozère, dorsale aux reliefs écrasés de près de 30 km de long, à plus de 1 500 m d'altitude, vaste solitude sans arbre battue des vents.

Le classement de la zone centrale doit permettre de sauvegarder les paysages, la flore et une faune dont les grands rapaces sont les seigneurs. Le cerf, le chevreuil, le castor ont été réintroduits ; le coq de bruyère et le vautour fauve le seront à brève échéance. Cependant l'objectif prioritaire est l'arrêt de la dégradation de l'environnement, menacé par la ruine des hameaux et l'émigration des habitants. C'est le seul parc national français dont la zone centrale conserve une population résidente.

Des activités touristiques particulièrement bien adaptées aux grands espaces comme la randonnée équestre ou pédestre et le ski de fond, l'accueil dans des maisons paysannes rénovées contribuent à un renouveau.

Réglementations diverses, dans la zone centrale. – Le camping est interdit dans la zone centrale, à l'exception du « camping à la ferme ».

La pêche relève de la réglementation générale. En revanche la chasse, très strictement réglementée, est réservée aux habitants. Sur de nombreux chemins sont placés des panneaux, réglementant la circulation des véhicules à moteur.

Accueil et information. – Voir sur la carte ci-contre la localisation des centres d'information du Parc national, points de départ habituels, pendant la saison, de visites guidées d'une journée. Le plus important se trouve dans le château de Florac, où sont installés les bureaux administratifs.

Pour tous renseignements sur les activités du Parc, s'adresser au Parc national des Cévennes dont l'adresse est donnée au chapitre des « Renseignements pratiques » en fin de volume. En été, les syndicats d'initiative de la région diffusent aussi la documentation du Parc.

Documentation sur le Parc national. – Carte I.G.N. à 1/100 000 du Parc national des Cévennes ; Carte touristique I.G.N. à 1/25 000, feuille n° 265 : Mont Lozère ; topos-guides des sentiers de Grande Randonnée traversant la région *(voir en fin de volume).*

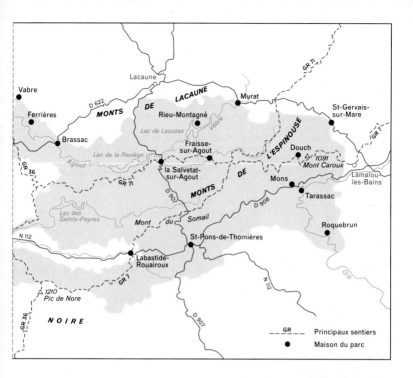

La grande variété des paysages rencontrés dans les limites de ce guide permet de goûter aux joies du tourisme en montagne, en pays de plaine et au bord de mer :

Mende est à 210 km seulement de la mer Méditerranée : les Grands Causses, entaillés de canyons, une partie des Cévennes, la plaine du Bas Languedoc les séparent.

Pour vous diriger, utilisez les **cartes Michelin** à 1/200 000 nᵒˢ **76**, **79**, **80**, **82**, **83**, **235** et **240**, où figurent un grand choix de routes pittoresques ; pour choisir un hôtel ou un restaurant : le **guide Rouge Michelin France** de l'année.

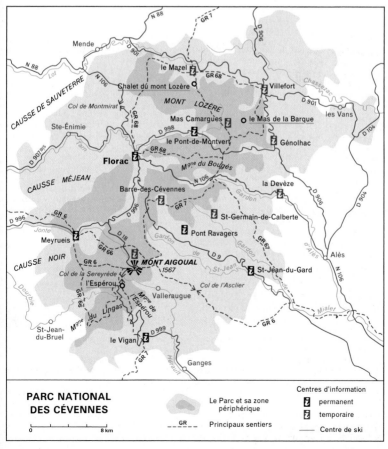

PARC NATIONAL DES CÉVENNES

0 _____ 8 km

Le Parc et sa zone périphérique

GR ----- Principaux sentiers

Centres d'information

🛈 permanent

🛈 temporaire

Centre de ski

QUELQUES FAITS HISTORIQUES

(en italique : quelques jalons chronologiques)

Avant J.-C.	**Gaule celtique et romaine**
600	*Fondation de Marseille par les Phocéens.*
6ᵉ s.	*Les Celtes envahissent la Gaule.*
560	Agathé (Agde) est fondée par les Phocéens.
3ᵉ s.	Arrivée des Celtes.
122	Rome s'installe dans ce qui deviendra le Bas Languedoc.
118	Les Romains fondent Narbonne qui sera la capitale de la Narbonnaise.
59-51	Conquête des Gaules par Jules César.
27	Le Bas Languedoc est incorporé à la Gaule Narbonnaise ; les Causses (alors très boisés) font partie de l'Aquitaine.
Après J.-C.	
3ᵉ s.	Le christianisme pénètre dans le pays.
313	*Par l'édit de Milan, Constantin accorde aux Chrétiens la liberté du culte.*

Moyen Age

3ᵉ-5ᵉ s.	Invasion des Alamans, des Vandales, des Wisigoths.
451	*Attila est vaincu aux champs Catalauniques (plaines entre Châlons et Troyes).*
496	*Clovis bat les Alamans à Tolbiac.*
507	Les Wisigoths, battus par Clovis à Vouillé, ne conservent que la Septimanie (Carcassonne, Narbonne, Béziers, Agde, Nîmes, Maguelone, Elne).
719	Prise de Narbonne par les Sarrasins.
732	*Charles Martel défait les Arabes à Poitiers.*
737	Charles Martel reprend la Septimanie aux Wisigoths.
759	Pépin le Bref chasse les Sarrasins et prend Narbonne.
800	*Charlemagne est couronné empereur d'Occident.*
843	Le traité de Verdun divise l'Empire de Charlemagne : la région s'étendant à l'Ouest du Rhône jusqu'à l'Océan échoit à Charles le Chauve.
877	A la mort de Charles le Chauve, la plupart des grandes maisons princières, qui règneront dans le Midi jusqu'au 13ᵉ s., sont fondées. Les comtes de Toulouse possèdent l'ancienne Septimanie et le Rouergue ; le Gévaudan est à la famille d'Auvergne.
987	*Hugues Capet est couronné roi de France.*
1095	*Première croisade.*
1112	Le comte de Barcelone devient vicomte de Béziers, d'Agde, du Gévaudan et de Millau.
1204	Le roi d'Aragon est souverain de Montpellier, du Gévaudan et de Millau.
1209	Croisade contre les Albigeois *(voir p. 31).*

Réunion à la France

1229	Le traité de Paris (ou de Meaux) met fin à la guerre des Albigeois, Saint Louis annexe tout le Bas Languedoc.
1270	*Mort de Saint Louis à Tunis. Philippe le Hardi lui succède.*
1292	Annexion de Pézenas, du Rouergue et du Gévaudan.
Fin du 13ᵉ s.	La province groupant ces différentes acquisitions prend le nom de « Languedoc » *(voir p. 41).*
1312	Dissolution de l'Ordre du Temple, sur requête de Philippe le Bel ; les importantes possessions des Templiers dans les Causses sont attribuées aux Hospitaliers de Saint-Jean de Jérusalem (ou « de Malte »).
1337	*Début de la guerre de Cent Ans qui durera jusqu'en 1453.*
1348	La peste noire emporte le tiers de la population du Languedoc.
1349	Le roi de Majorque vend la seigneurie de Montpellier à Philippe de Valois.
1360	Traité de Brétigny : fin de la première partie de la guerre de Cent Ans. Saintonge, Poitou, Agenais, Quercy, Rouergue et Périgord passent au roi d'Angleterre. Le Languedoc est divisé en trois sénéchaussées : Toulouse, Carcassonne (partie du Tarn, Hérault, Aude, Ariège), Beaucaire (Gévaudan, Velay, Vivarais).
1361	Les routiers ravagent le pays.
1429	*Jeanne d'Arc délivre Orléans.*
1515	*Début du règne de François Iᵉʳ qui meurt en 1547.*

Guerres de religion

1559	Une guerre cruelle s'ouvre entre Protestants et Catholiques.
1589	*Début du règne de Henri IV.*
1598	Édit de Nantes. Les Protestants obtiennent la liberté du culte et des places de sûreté.
1610	La mort de Henri IV marque la reprise des luttes religieuses.
	Début du règne de Louis XIII qui meurt en 1643.
1620	Le duc de Rohan devient le chef du mouvement protestant.
1629	Paix d'Alès *(voir p. 49).* Les Protestants conservent la liberté du culte, mais perdent leurs places de sûreté.
1643-1715	*Règne de Louis XIV.*
1685	Révocation de l'édit de Nantes. De nombreux Protestants s'expatrient.
1702-1704	Guerre des Camisards.
1774	*Début du règne de Louis XVI, décapité en 1793.*
1787	L'édit de Tolérance met fin aux persécutions.

1790	Le Languedoc est divisé en départements.
1839	Début de la construction du réseau ferré : Montpellier est relié à Sète.
1870	*Proclamation de la IIIe République le 4 septembre.*
1875	Destruction du vignoble languedocien par le phylloxéra.
1907	Insurrection des vignerons en Bas Languedoc *(voir ci-dessous).*
1944	Le massif de l'Aigoual est un foyer important de la Résistance.
1955	Création de la Compagnie Nationale d'Aménagement du Bas-Rhône-Languedoc, chargée de réaliser l'irrigation de la région.
1963	Établissement du plan d'aménagement du littoral Languedoc-Roussillon.
1970	Création du Parc national des Cévennes.

La croisade contre les Albigeois. – Le nom d'« Albigeois » désigna au 12e s. les adeptes de la religion cathare – terme inconnu à l'époque – parce qu'ils trouvèrent d'abord refuge à Albi. *Sur la doctrine cathare : voir le guide Vert Michelin Pyrénées Roussillon Albigeois.* Quand **Innocent III** monte sur le trône pontifical (1198), il décide d'extirper cette hérésie de « purs » jugée dangereuse pour le dogme et pour les institutions. Des représentants du Saint-Siège s'en vont parcourir le pays en essayant de démontrer l'erreur cathare ; des prêtres et même des évêques, dont les mœurs dissolues servent les théories hérétiques, sont renvoyés. Saint Dominique prêche, accomplit des miracles, se détache des biens matériels, comme les « Parfaits ». Cependant les humbles comme les seigneurs, plus encore les artisans et les commerçants, se convertissent. Or en 1208, l'envoyé du pape, Pierre de Castelnau, est assassiné près de St-Gilles. Innocent III excommunie le comte de Toulouse accusé de complicité et lève une armée de Croisés pour réduire les hérétiques. Béziers est d'abord pillée et sa population massacrée, puis Carcassonne tombe. En 1209, **Simon de Montfort** est élu chef de la croisade. Bram, Minerve, Lavaur seront à leur tour le théâtre de tueries effroyables. Enfin, le **traité de Meaux** (ou de Paris), en 1229, met fin à l'expédition et place le Languedoc sous l'autorité royale. Ces vingt années sanglantes n'ont pas réussi à abattre les Albigeois. Il faudra l'instauration de l'Inquisition et surtout le bûcher de Montségur, en 1244, pour mettre un terme à leur action. *Il existe à Mazamet un « musée cathare » (p. 102) ; sur la Croisade, voir également p. 58, 110 et 122.*

Le Protestantisme dans les Cévennes. – On trouvera des détails historiques sur le Protestantisme dans les Cévennes et la révolte des Camisards au Mas Soubeyran *(p. 100)* et à Alès *(p. 49).*
Il existe également un musée du Protestantisme à Ferrières dans le Sidobre *(p. 81).*

Le « Mouvement des gueux » de 1907. – Les viticulteurs du Languedoc en colère donnèrent ce nom à leur révolte de 1907. La surproduction, la concurrence des vins d'Algérie, l'autorisation d'ajouter du sucre au vin et par conséquent de l'eau, entraînèrent la chute des prix. Aussitôt les viticulteurs unirent leurs protestations, animés par Marcellin Albert, un cabaretier d'Argelliers. A l'appel du « Tocsin », le journal des révoltés, plus de 500 000 manifestants se retrouvèrent à Montpellier. A l'instigation de Clemenceau, la répression fut organisée. Le 17e régiment d'infanterie, composé de jeunes gens de la région, fils de vignerons pour la plupart, requis pour sévir, se mutina à Béziers et fut « transporté » à Gafsa en Tunisie. Marcellin Albert, qui échoua dans sa tentative de conciliation auprès de Clemenceau, fut mal reçu par ses amis et dut s'exiler. Ce mouvement, commenté par toute la presse sous le titre « Le Midi bouge » accéléra l'organisation d'un Service national de répression des fraudes et aboutit à la création de la Confédération Générale des Vignerons du Midi, qui fit voter des lois permettant le retour à l'apaisement et à la stabilité.

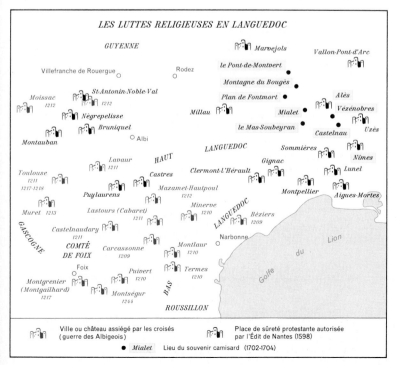

LES LUTTES RELIGIEUSES EN LANGUEDOC

🏰	Ville ou château assiégé par les croisés (guerre des Albigeois)
🏰	Place de sûreté protestante autorisée par l'Édit de Nantes (1598)
● *Mialet*	Lieu du souvenir camisard (1702-1704)

L'ART

ABC D'ARCHITECTURE

A l'intention des lecteurs peu familiarisés avec la terminologie employée en architecture, nous donnons ci-après quelques indications générales sur l'architecture religieuse et militaire, suivies d'une liste alphabétique des termes d'art employés pour la description des monuments dans ce guide.

Architecture religieuse

illustration I ▶

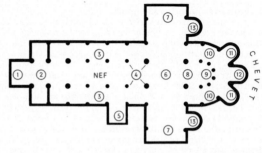

Plan-type d'une église : il est en forme de croix latine, les deux bras de la croix formant le transept.
① Porche – ② Narthex ③ Collatéraux ou bas-côtés (parfois doubles) – ④ Travée (division transversale de la nef comprise entre deux piliers) ⑤ Chapelle latérale (souvent postérieure à l'ensemble de l'édifice) – ⑥ Croisée du transept – ⑦ Croisillons ou bras du transept, saillants ou non, comportant souvent un portail latéral – ⑧ Chœur, presque toujours « orienté » c'est-à-dire tourné vers l'Est ; très vaste et réservé aux moines dans les églises abbatiales – ⑨ Rond-point du chœur ⑩ Déambulatoire : prolongement des bas-côtés autour du chœur permettant de défiler devant les reliques dans les églises de pèlerinage – ⑪ Chapelles rayonnantes ou absidioles – ⑫ Chapelle absidale ou axiale. Dans les églises non dédiées à la Vierge, cette chapelle, dans l'axe du monument, lui est souvent consacrée ⑬ Chapelle orientée.

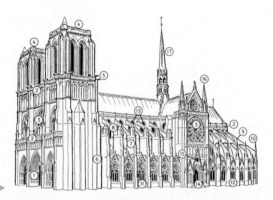

◀ illustration II

Coupe d'une église : ① Nef – ② Bas-côté – ③ Tribune – ④ Triforium – ⑤ Voûte en berceau – ⑥ Voûte en demi-berceau – ⑦ Voûte d'ogive – ⑧ Contrefort étayant la base du mur – ⑨ Arc-boutant – ⑩ Culée d'arc-boutant – ⑪ Pinacle équilibrant la culée – ⑫ Fenêtre haute.

romane   gothique

illustration III ▶

Cathédrale gothique : ① Portail – ② Galerie – ③ Grande rose – ④ Tour-clocher quelquefois terminée par une flèche – ⑤ Gargouille servant à l'écoulement des eaux de pluie – ⑥ Contrefort – ⑦ Culée d'arc-boutant ⑧ Volée d'arc-boutant – ⑨ Arc-boutant à double volée – ⑩ Pinacle – ⑪ Chapelle latérale – ⑫ Chapelle rayonnante – ⑬ Fenêtre haute – ⑭ Portail latéral – ⑮ Gâble – ⑯ Clocheton – ⑰ Flèche (ici, placée sur la croisée du transept).

◀ illustration IV

Voûte d'arêtes :
① Grande arcade
② Arête – ③ Doubleau.

illustration V ▶

Voûte en cul de four : elle termine les absides des nefs voûtées en berceau.

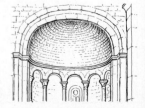

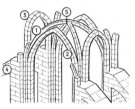

Voûte à clef pendante :
① Ogive – ② Lierne
③ Tierceron – ④ Clef pendante
⑤ Cul de lampe.

illustration VI

Voûte sur croisée d'ogives
① Arc diagonal – ② Doubleau
③ Formeret – ④ Arc-boutant
⑤ Clef de voûte.

illustration VII

▼ illustration VIII

Portail : ① Archivolte ; elle peut être en plein cintre, en arc brisé, en anse de panier, en accolade, quelquefois ornée d'un gâble – ② Voussures (en cordons, moulurées, sculptées ou ornées de statues) formant l'archivolte ③ Tympan – ④ Linteau – ⑤ Piédroit ou jambage – ⑥ Ébrasements, quelquefois ornés de statues – ⑦ Trumeau (auquel est généralement adossée une statue) – ⑧ Pentures.

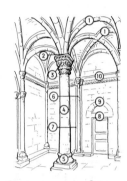

illustration IX ▶

Arcs et piliers : ① Nervures ② Tailloir ou abaque – ③ Chapiteau – ④ Fût ou colonne – ⑤ Base – ⑥ Colonne engagée – ⑦ Dosseret – ⑧ Linteau – ⑨ Arc de décharge – ⑩ Frise.

Architecture militaire

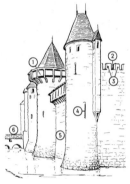

illustration X

Enceinte fortifiée : ① Hourd (galerie en bois) – ② Mâchicoulis (créneaux en encorbellement) – ③ Bretèche ④ Donjon – ⑤ Chemin de ronde couvert – ⑥ Courtine – ⑦ Enceinte extérieure – ⑧ Poterne.

illustration XI

Tours et courtines : ① Hourd ② Créneau – ③ Merlon ④ Meurtrière ou archère ⑤ Courtine – ⑥ Pont dit « dormant » (fixe) par opposition au pont-levis (mobile).

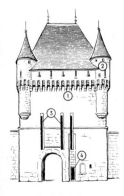

◀ illustration XII

Porte fortifiée : ① Mâchicoulis ② Échauguette (pour le guet) – ③ Logement des bras du pont-levis – ④ Poterne : petite porte dérobée, facile à défendre en cas de siège.

illustration XIII ▶

Fortifications classiques :
1 Entrée – 2 Pont-levis
3 Glacis – 4 Demi-lune
5 Fossé – 6 Bastion – 7 Tourelle de guet – 8 Ville – 9 Place d'Armes.

Abside : extrémité d'une église, derrière l'autel.

Absidiole : illustration I.

Accolade : arc formé de deux doubles courbes contrariées qui se rejoignent en pointe à leur sommet.

Anse de panier : arc aplati, très utilisé à la fin du Moyen Age et à la Renaissance.

Appareil : taille et agencement des matériaux constituant une maçonnerie.

Arc-boutant : illustration II.

Arc rampant : arc dont les naissances ne sont pas à la même hauteur.

Arc triomphal : grande arcade à l'entrée du chœur d'une église.

Arcature (bande) lombarde : décoration en faible saillie, faite de petites arcades aveugles reliant des bandes verticales ; caractéristiques de l'art roman de Lombardie.

Archère : meurtrière étroite, ébrasée vers l'intérieur, par laquelle les archers décochaient leurs flèches.

Archivolte : illustration VIII.

Barbacane : meurtrière ; ouvrage de défense avancé.

Bas-côté : Illustration I.

Bas-relief : sculpture en faible saillie sur un fond.

Bossage : saillie « en bosse » dépassant le nu d'un mur et encadrée de ciselures profondes. Les bossages ont été très à la mode à la Renaissance.

Caisson : compartiment creux ménagé comme motif de décoration (plafond ou voûte).

Cathèdre : siège de l'évêque.

Champlevés : se dit des émaux dont les alvéoles sont creusées dans la masse même du métal (dans le champ).

Chapelles rayonnantes : illustration I.

Chapiteau : illustration IX.

Chevet : illustration I.

Claveau : l'une des pierres formant un arc ou une voûte.

Clef pendante : illustration VI.

Clef de voûte : claveau placé au sommet d'un arc ou d'une voûte. Illustration VII.

Clocher à peigne : clocher en forme de mur évidé où sont placées les cloches.

Collatéral : se dit des côtés de la nef lorsqu'ils sont de même hauteur que celle-ci.

Cloisonné : émail coulé dans de petites cloisons ou compartiments formés par des lamelles rapportées ; ce procédé s'oppose au champlevé.

Colombage : construction en pans de bois dont les vides sont remplis d'une maçonnerie légère.

Console : moulure saillante supportant une corniche ou un balcon.

Coufique (écriture) : forme ancienne de l'écriture arabe, au tracé rectiligne et angulaire, utilisée pour des inscriptions décoratives.

Coupole : illustrations XIV.

Courtine : pan de mur compris entre deux tours ou bastions. Illustration XI.

Cratère : grand vase antique à large orifice et à deux anses où l'on mélangeait l'eau et le vin.

Croisée d'ogives : illustration VII.

Croisillon : illustration I.

Crypte : église souterraine.

Cul-de-four : illustration V.

Cul-de-lampe : illustration VI.

Déambulatoire : illustration I.

Échauguette : illustration XII.

illustration XIV

Coupole sur pendentifs : ① Coupole circulaire - ② Pendentif - ③ Arcade du carré du transept.

Encorbellement : construction en porte à faux.

Enfeu : niche pratiquée dans le mur d'une église pour recevoir une tombe.

Entrelacs : ornement composé de cordons entrelacés.

Évangéliaire : livre contenant les Évangiles de toutes les messes de l'année.

Ex-voto : objet ou inscription déposé dans une église à la suite d'un vœu ou en remerciement d'une grâce obtenue.

Filigrane : fils de métal entrelacés et soudés en fins motifs ajourés.

Flamboyant : style décoratif de la fin de l'époque gothique (15e s.), ainsi nommé pour ses découpures en forme de flamèches aux remplages des baies.

Fresque : peinture murale appliquée sur l'enduit frais.

Gâble : pignon décoratif très aigu. Illustration III.

Géminé : groupé par deux (arcs géminés, colonnes géminées).

Génoise : frise composée de tuiles superposées et fixées dans le mortier.

Gisant : effigie funéraire couchée.

Gloire : (ici) auréole enveloppant tout le corps du Christ.

Gypserie : décoration en stuc.

Haut-relief : sculpture au relief très saillant, sans toutefois se détacher du fond (intermédiaire entre le bas-relief et la ronde-bosse).

Historié : décoré de scènes à plusieurs personnages. Les chapiteaux historiés sont caractéristiques de l'architecture romane.

Hourd : illustration X.

Jubé : Illustration XV.

Lancette : arc en tiers-point surhaussé ressemblant à une pointe de lance.

Lanternon : tourelle ajourée au-dessus d'un dôme.

Linteau : illustration VIII et IX.

Mâchicoulis : illustration XII.

Maître-autel : autel principal d'une église, placé dans le chœur.

Mascaron : masque sculpté, de caractère fantastique ou grotesque.

Meneaux : croisillon de pierre divisant une baie.

Meurtrière : illustration XII.

illustration XV

Jubé : il servait à la lecture de l'épître et de l'évangile. La plupart ont disparu à partir du 17ᵉ s. : ils cachaient l'autel.

Miséricorde : petit appui en forme de console placé sous l'abattant du siège d'une stalle, permettant aux religieux de s'asseoir tout en ayant l'air de rester debout.

Mozarabe : se dit de l'art des chrétiens vivant, ou ayant vécu, sous la domination musulmane en Espagne. Ils apportèrent en terre chrétienne des influences arabes.

Narthex : illustration I.

Nielle : incrustation d'émail noir dont on décore les plaques d'argent.

Oculus, pl. Oculi : fenêtre ronde.

Œil-de-bœuf : fenêtre ronde ou ovale.

Ogive : arc diagonal soutenant une voûte ; illustration VI et VII.

Palmette : motif d'ornement formé de petites palmes.

Piédroit : montant vertical sur lequel repose les voussures d'une archivolte.

Pietà : mot italien désignant le groupe de la Vierge tenant sur ses genoux le Christ mort ; on dit aussi : Vierge de Pitié.

Pilastre : pilier plat engagé dans un mur.

Pinacle : illustration II et III.

Plein-cintre (en) : en demi-circonférence, en demi cercle.

Pot à feu : vase décoratif surmonté d'une flamme.

Poterne : illustration XII.

Retable : partie verticale d'un autel surmontant la table ; le retable, peint ou sculpté, comprend souvent plusieurs volet mobiles. Un tryptique est un retable à trois volets. Illustration XVI.

Rinceaux : ornements de sculpture ou de peinture empruntés au règne végétal formant souvent une frise.

illustration XVI

Autel avec retable : ① Retable - ② Prédelle - ③ Couronne - ④ Table d'autel - ⑤ Devant d'autel.

Rosace, Rose : illustration III.

Sigillé (Vase) : vase décoré de sceaux ou de poinçons.

Stalle : sièges de bois à dossier élevé qui garnissent les deux côtés du chœur d'une église, réservés aux membres du clergé.

Stèle : pierre dressée verticalement sur laquelle figurent des inscriptions ou sculptures commémorant une victoire ou un deuil.

Tiers-point (arc en) : arc brisé dans lequel s'inscrit un triangle équilatéral.

Transept : illustration I.

Travée : illustration I.

Triforium : illustration II.

Trilobé : composé de trois lobes, en forme de trèfle.

Triptyque : ouvrage de peinture ou de sculpture composé de trois panneaux articulés pouvant se refermer.

Tympan : illustration VIII.

Vantail : battant de porte.

Vasque : bassin de fontaine en forme de coupe peu profonde.

Volée : révolution d'un escalier ; partie d'un escalier entre deux paliers.

Voussures : illustration VIII.

Voûte d'arêtes : illustration IV.

Voûte en berceau : illustration II.

Aux 17ᵉ et 18ᵉ s., quelques architectes de talent ont paré les villes languedociennes de riches hôtels particuliers et de somptueux monuments.
Parmi eux, d'Aviler fut l'un des plus prestigieux :
voir p. 38, Architecture civile.

L'héritage de la préhistoire et de l'antiquité

Les Causses et les Cévennes sont riches en témoins des civilisations du néolithique.

Mégalithes. – Sous ce nom de « grandes pierres », on comprend les dolmens, les menhirs, les allées couvertes, les alignements et les cromlechs (ensemble de menhirs délimitant une surface). Le département de l'Aveyron possède la plus forte concentration de dolmens existant en France ; le Gard, la Lozère et l'Hérault en recèlent de nombreux. Les menhirs, plus rares, sont toutefois présents, dans le Gard et l'Aveyron notamment. Les savants considèrent les premiers mégalithes comme légèrement antérieurs à l'âge du bronze (début : 1800 ans avant J.-C. environ).

Les menhirs. – Gigantesques blocs de pierre profondément fichés en terre, ils avaient probablement une signification symbolique. Les statues-menhirs trouvées dans le Sud de l'Aveyron et exposées pour la plupart au musée Fenaille de Rodez *(voir p. 134)* en témoignent. La déesse sculptée trouvée à St-Sernin-sur-Rance est un des plus beaux exemples. La présence de ces monuments est à l'origine de noms de lieux tels que « Pierre Plantée », « Pierrefitte » ou « Pierrefiche ».

Les dolmens. – Composés de pierres de soutien et d'une table disposée horizontalement, ils auraient servi de tombeaux. Certains étaient, à l'origine, enfouis sous des tumulus, buttes de terre et de pierres.

Les auteurs des énigmatiques monuments mégalithiques pourraient être un peuple venu par mer, qui aurait enseigné aux indigènes la manière d'ériger de tels blocs. Un travail collectif et une technique avancée ont été nécessaires ; l'usage du plan incliné, du fil à plomb, de rouleaux pour transporter les pierres dont le poids atteint jusqu'à 350 t et la construction de routes supposent une grande habileté. Simple comparaison : la mise en place (en 1836) de l'obélisque de Louqsor, place de la Concorde à Paris, fut considérée comme un exploit ; or ce monument ne pèse que 220 t.

L'âge des métaux. – De l'âge du bronze et de celui du fer datent les belles coupes aux formes élégantes et les bijoux que l'on admire au musée Ignon Fabre, à Mende *(p. 104)*.

L'époque gallo-romaine. – Les poteries de la Graufesenque, fabriquées près de Millau au 1er s. après J.-C., furent célèbres dans le monde romain *(détails p. 104)*.
Vers la même époque, Banassac était réputée pour la qualité de ses terres cuites *(p. 61)*.

Châteaux et remparts

Les vestiges militaires du Moyen Age abondent en Languedoc. La guerre des Albigeois, les compagnies de routiers qui ravagèrent le pays pendant la guerre de Cent Ans, la proximité de la Guyenne qui resta sous domination anglaise jusqu'en 1453, incitèrent les seigneurs à organiser leur défense. Ils construisirent leurs châteaux à l'entrée des canyons ou sur des rocs abrupts. Le versant méridional de la Montagne Noire était hérissé de forteresses ; réduites en ruines, elles continuent de donner au paysage un aspect de grandeur sévère.

Pour les prendre, Simon de Montfort *(voir p. 31)* dut souvent soutenir contre elles de longs sièges. A Minerve *(p. 106)* c'est le manque d'eau qui fit capituler les assiégés. Lastours *(p. 110)*, exemple original de châteaux groupés, ne se soumit qu'en échange de nombreux territoires.

Tous ces châteaux, datant des 12e et 13e s., sont dépourvus de pont-levis et de fossés qui apparurent au 14e s. ; d'ailleurs, leur position imprenable les dispensait de ces procédés de défense. Après avoir gravi un sentier tortueux, on pénétrait dans la forteresse par une porte étroite et surélevée accessible par une échelle.

La Couvertoirade.

Les tours de guet isolées, en bordure de la mer ou en montagne pour garder les cols et les gués, étaient le complément indispensable des châteaux forts. Le guetteur communiquait par signaux (feux la nuit, fumée le jour) avec les châteaux environnants.

Enfin le Languedoc a conservé presque intactes quelques villes fortifiées comme la Couvertoirade, dont l'enceinte fut édifiée au milieu du 15e s. *(voir p. 70)*, Ste-Eulalie de Cernon *(voir p. 92)*, Carcassonne *(voir le guide Vert Michelin Pyrénées Roussillon)*, Aigues-Mortes *(voir le guide Vert Michelin Provence)*.

Les bastides. – En 1152, Eléonore d'Aquitaine épouse en secondes noces Henri Plantagenêt, comte d'Anjou et suzerain du Maine, de la Touraine et de la Normandie. Leurs domaines réunis sont aussi vastes que ceux du roi de France. Quand deux mois plus tard Henri Plantagenêt devient, par héritage, roi d'Angleterre sous le nom de Henri II, l'équilibre est rompu et la lutte franco-anglaise qui s'engage durera trois siècles. Les bastides furent créées au 13e s. par les rois de France et d'Angleterre, qui pensaient ainsi consolider leur position et justifier leurs prétentions à la possession du pays.

Les bastides, tant anglaises que françaises, sont bâties suivant un plan géométrique – sauf exceptions dues aux contraintes du relief –, souvent en échiquier ; leurs rues rectilignes se coupent à angle droit. Au centre de la ville, l'unique place est entourée d'arcades, les « couverts », qui, parfois, ne ménagent aux angles que l'interstice des « cornières » (Sauveterre-de-Rouergue).

Dans le cadre de la région décrite, Villefranche-de-Rouergue évoque bien, encore, cette étonnante époque de « villes nouvelles » (13e et 14e s.).

Architecture religieuse

Art roman. – Le Languedoc, terre de passage, subit diverses influences : de l'Auvergne par l'église Ste-Foy de Conques ; de Provence, par l'abbaye St-Victor de Marseille sous la dépendance de laquelle furent placés de nombreux prieurés à la fin du 11e s. ; d'Aquitaine par la basilique St-Sernin de Toulouse et par l'église St-Pierre de Moissac.

Le grès rougeâtre ou grisâtre est employé dans le Rouergue de préférence au schiste, très difficile à tailler ; tandis qu'au Sud, la brique et la pierre s'accordent harmonieusement.

Conques. - Eglise Ste-Foy.

Premiers édifices romans. – Ils apparurent au début du 11e s., quand la prospérité de l'Église entraîna l'essor de l'architecture religieuse. Ils se caractérisent par un appareil rustique fait de moellons mêlés au mortier. Au chevet, les murs sont souvent décorés de bandes lombardes, jambages en faible relief reliés à leur sommet par une suite d'arcatures.

A l'intérieur, les nefs sont voûtées en berceau plein cintre et se terminent par une abside voûtée en cul-de-four (quart de sphère). Adoptée un peu plus tard, la voûte d'arêtes est formée par l'intersection de deux voûtes en berceau ; elle a souvent été employée dans les cryptes et les bas-côtés.

L'aspect général est austère, les fenêtres, fortement ébrasées, sont rares et étroites. En effet, les lourdes voûtes de pierre tendaient à écraser les murs. Il fallait donc réduire au minimum les fenêtres et édifier, jusqu'à la retombée des voûtes, des bas-côtés destinés à épauler et à soutenir la nef.

Les églises de Las Planques *(p. 167)*, d'Ambialet *(p. 51)*, de St-Guilhem-le-Désert *(p. 137)* sont des exemples parmi d'autres de cette époque.

Les églises romanes du Gévaudan au Bas Languedoc. – Les plans sont d'une grande variété, cependant la nef unique prédomine et, à la fin du 11e s., les grands édifices eux-mêmes (la cathédrale de Maguelone, St-Etienne d'Agde, l'abbatiale de St-Pons) l'adoptent.

A l'extérieur, la robustesse des murs renforcés par des arcades, la sobriété, sont des apports provençaux.

A l'intérieur, le déambulatoire et les chapelles rayonnantes, caractéristiques des églises de pèlerinage telles Ste-Foy de Conques ou St-Sernin de Toulouse, demeurent rares dans les églises rurales moins riches.

Le chevet à pans coupés est un héritage provençal, de même que les colonnes géminées. Celles-ci sont employées systématiquement à l'abbatiale St-Pierre de Nant et à Castelnau-Pégayrols.

L'œuvre sculpté est magnifiquement représenté par l'église Ste-Foy de Conques, joyau de la sculpture romane du 12e s. *(voir p. 69)*. Plus modestes, le portail de l'église St-Michel de Lescure, inspiré de celui de Moissac, les chapiteaux de l'église St-Amans de Rodez, ceux de Nant et de Castelnau-Pégayrols ne sont pas moins dignes d'intérêt.

Art gothique. – Il se caractérise par la voûte sur croisée d'ogives et l'emploi systématique de l'arc brisé. La voûte sur croisée d'ogives bouleverse l'art de construire. Désormais l'architecte dirige les poussées de l'édifice sur les quatre piliers par les arcs ogifs, les formerets et les doubleaux et les reçoit extérieurement sur des arcs-boutants. Ainsi les murs ne subissent plus d'efforts qu'aux points de retombée des ogives.

Le Midi de la France n'a pas adopté les principes de l'art gothique septentrional ; l'art nouveau reste étroitement lié aux traditions romanes. La voûte d'ogives n'apparaît qu'à la fin du 12e s. Il n'y a guère que la cathédrale de Rodez (dans les limites de ce guide) qui ait été construite en style gothique « français ». Au 13e s., un **art gothique proprement méridional** dit « languedocien » se développe, caractérisé par l'emploi de la brique et souvent la présence d'un clocher-mur ou d'un clocher-tour, ajourés d'arcs en mitre, inspirés de N.-D. du Taur de Toulouse ou des étages supérieurs de celui de la basilique St-Sernin. A l'intérieur, une nef unique, très large et terminée par une abside polygonale plus étroite, est bordée de chapelles peu profondes. L'ampleur de la nef, permettant le rassemblement des foules, servait bien la prédication, l'une des missions confiées aux ordres mendiants (dominicains et franciscains) installés à Toulouse depuis 1215.

Les vastes surfaces aveugles des murs appellent la décoration peinte.

La cathédrale Ste-Cécile d'Albi est le chef-d'œuvre de cet art gothique méridional *(voir guide Vert Michelin Pyrénées Roussillon Albigeois)*.

Églises fortifiées. – Les plus remarquables se trouvent en Languedoc. Les premières surgissent au 12e s. A cette époque, les contrées à proximité de la mer doivent se défendre des incursions barbaresques ; l'église constitue un refuge tout désigné pour les populations et leurs biens.

Églises romanes. – Elles sont essentiellement représentées par la cathédrale de Maguelone, l'abbatiale de St-Pons et St-Etienne d'Agde. Fortifiées au moment de leur construction, toutes ces églises sont pourvues de baies étroites faisant office de meurtrières et couronnées de mâchicoulis sur arcs bandés entre les contreforts. Ce procédé, employé dès la fin du 12e s. dans les édifices méridionaux, remplace avantageusement les mâchicoulis ménagés dans les hourds de bois. La présence de tours fortifiées accentue leur caractère de forteresse.

Églises de style ogival. – Aux 13e et 14e s., on continua de fortifier les églises, même après la disparition du danger cathare.

Les églises fortifiées s'intègrent quelquefois aux murs d'enceinte de la ville comme à Rodez où la façade occidentale de la cathédrale Notre-Dame servait elle-même de rempart.

La cathédrale St-Nazaire de Béziers, conçue également comme une forteresse, possède des murs percés de larges baies comme les monuments gothiques du Nord, qui atténuent son aspect défensif.

Outre ces chefs-d'œuvre, la campagne languedocienne est parsemée d'églises plus modestes, toutes pourvues de tours, échauguettes et créneaux. A cette époque, la guerre de Cent Ans ravage la France. On entreprend donc d'ajouter des fortifications aux édifices romans : tel est le cas de l'église St-Majan de Villemagne.

Architecture civile

Aux 17e et 18e s., des hôtels particuliers, inspirés de la Renaissance italienne, s'élèvent principalement à Montpellier et à Pézenas.

Les façades sur cour sont faites de loggias et de colonnades superposées, couronnées de balustres ou de frontons. La décoration intérieure est riche. Partout des escaliers monumentaux.

A la fin du 17e s., l'architecte **d'Aviler** change la physionomie des hôtels particuliers ; la décoration se reporte à l'extérieur et particulièrement sur les porches. D'Aviler remplace les anciens linteaux par un arc très surbaissé appelé « davilerte » ; au-dessus se place un fronton triangulaire plus ou moins décoré. De magnifiques escaliers à jour avec balustres rappellent la période précédente.

Vers la fin du siècle, les pilastres et les ordres superposés disparaissent, les fenêtres se succèdent sans encadrement mais les façades sont ornées de sculptures qui les animent et de balcons en fer forgé.

Montpellier a une véritable école d'architecture que représentent d'Aviler, les Giral, Jacques Donnat. Il s'y adjoint des spécialistes du fer forgé et du bois sculpté. L'école de peinture présente des noms célèbres ou notoires : Antoine Ranc, Hyacinthe Rigaud, Jean de Troy (17e s.), Jean Raoux, Joseph-Marie Vien (18e s.). De jolies fontaines, le château d'eau et l'aqueduc du Peyrou *(illustration p. 117)* montrent un autre aspect des arts à cette époque féconde.

Montpellier. - Hôtel de Mirman.

Maisons rurales traditionnelles

Édifiées dans un but utilitaire, les maisons rurales sont particulièrement révélatrices des activités de la région où elles sont situées. Elles témoignent par leur disposition, leur agencement et leurs matériaux, d'une civilisation profondément ancrée dans son terroir. Ainsi sur les Causses, dans les Cévennes et en Aubrac où prédomine l'élevage, les bergeries tiennent une grande place ; tandis que dans la plaine du Bas Languedoc, le chai (cave à vin) est d'une importance primordiale.

Les matériaux employés dans la construction sont presque toujours pris sur place, ce qui lie encore davantage la maison au paysage.

Citons, parmi les matériaux de couverture, la lave volcanique (du côté de l'Auvergne et du Velay), l'ardoise fine et surtout les morceaux de schiste des Cévennes généralement confondus sous le nom de **lauzes,** dans la terminologie régionale, avec les plaquettes de calcaire des Causses.

Aujourd'hui, la maison rurale s'adapte aux nouvelles façons de vivre, subissant l'influence des nouveaux procédés de construction, parfois aussi victime de la disparition des artisans qui avaient l'art de façonner les formes anciennes. De même, l'évolution des techniques de l'agriculture a modifié l'aspect de la maison traditionnelle : les vastes greniers tendent à disparaître, depuis que le grain est stocké en silo par des organismes spécialisés.

Les burons de l'Aubrac. – Le buron *(illustration p. 54),* construction de pierre solide et basse, conçue pour résister au vent, sert d'habitation temporaire au vacher à partir du mois de mai, lorsque les vaches sont à l' « estive ». Là se prépare le fromage (la fourme) et le beurre que le fermier fait « descendre » de temps à autre. Un petit nombre seulement de burons sont encore en service.

Maisons cévenoles. – Ce sont de solides maisons de montagne, conçues pour résister aux assauts d'un climat rigoureux. Les murs en pierres irrégulières sont percés de petites ouvertures. On accède au premier étage, réservé à l'habitation, par un escalier de pierre qui peut prendre l'allure d'un véritable pont quand la maison est bâtie sur un terrain en pente. Au rez-de-chaussée, sont disposées l'étable et la grange. Le deuxième étage était quelquefois réservé à la magnanerie pour l'élevage des vers à soie.

Sur les toits couverts de lauzes de schiste grossier, les cheminées sont les seuls éléments témoignant d'un souci de décoration. Parfois, l'arête faîtière est hérissée de plaques de schiste disposées en biais (**toiture à lignolets** ou en « ailes de moulin »).

Dans les monts de l'Espinouse, au Sud des Cévennes, les murs exposés aux vents pluvieux sont bardés de plaques d'ardoise qui protègent de l'humidité. Sur la commune de Fraisse-sur-Agout, on rencontre encore quelques maisons aux toits de genêts *(voir p. 78).*

A l'Est des Cévennes, vers les monts du Vivarais, les maisons sont d'un type plus méridional caractérisé surtout par la toiture en tuiles romaines et la corniche appelée gênoise *(voir ci-dessous).*

Aux abords du mont Lozère et du Sidobre, le granit apparaît sur les murs en gros moellons ou autour des ouvertures.

Maisons caussenardes. – Sur les causses calcaires, les maisons se groupent en hameaux le long des rivières ou se dispersent pour s'installer le plus près possible des terrains cultivables. Les habitations, aux murs épais, sont de robustes bâtisses à étage, auquel on accède par un escalier extérieur. La citerne, à proximité de la cuisine, est toujours un élément important, comme dans toutes les régions où l'eau est rare.

La pierre calcaire, blanchâtre et sèche, est employée aussi bien pour les murs que pour la toiture.

L'habitation et la bergerie sont deux bâtiments distincts, quelquefois très éloignés l'un de l'autre. La maison d'habitation rassemble la cave et la remise à outils au rez-de-chaussée et le logement au premier étage.

La bergerie que l'on appelle « jasse » est un vaste bâtiment rectangulaire et rustique ; au ras du sol, elle se confond avec lui.

Dans ces contrées où la sécheresse et le vent empêchent les grands arbres de pousser, la voûte de pierre a remplacé la charpente en bois.

Maison sur le causse Méjean, à Cassagnes.

Maison sur le causse de Sauveterre.

Maisons languedociennes. – Le Bas Languedoc tourné vers Montpellier et la mer est le pays des vignobles, soumis au climat méditerranéen : ses maisons sont des maisons de vignerons pourvues de rares ouvertures pour conserver toute leur fraîcheur. Les enduits au sable traditionnels restent dans les nuances ocrées ou rosées.

Le Haut Languedoc, qui regarde vers Toulouse, pays de cultures céréalières où abondent les bancs d'argile, bâtit presque exclusivement en brique.

Le trait commun à toutes les maisons du Languedoc est la toiture de faible pente, couverte de tuiles-canal dites « romaines ».

La **gênoise,** corniche caractéristique des constructions méridionales, se compose de deux ou trois rangs de tuiles disposées de façon à produire l'effet d'arcatures superposées. Les rangées supérieures débordent sur la rangée inférieure, permettant ainsi aux eaux de pluie de s'écouler hors de l'aplomb du mur goutterot (remarquer qu'il n'y a généralement pas de gênoise au pignon).

Maisons du Bas Languedoc. – La façade principale est souvent pourvue d'un fronton triangulaire. Le bâtiment habité est séparé de l'étable et de la grange. Le chai rectangulaire est percé de lucarnes en demi-cercle et occupe tout le rez-de-chaussée. La façade présente essentiellement deux portes : une grande, en plein cintre pour entrer dans le chai, une plus petite s'ouvrant sur l'escalier qui conduit au premier étage où se dispose le logement. Près de Montpellier, sur la toiture se dresse parfois un édicule surmonté d'un toit à une seule pente. Entre Montpellier et Nîmes, ce pavillon s'agrandit jusqu'à former un deuxième étage. Sa toiture est alors à quatre pentes et coiffée de boules colorées.
Enfin les « cabanettes » de l'étang de Mauguio et les « bordigues » de l'étang de Thau sont de petites huttes faites de fagots de roseaux et servant d'abris aux pêcheurs.

Maisons du Haut Languedoc. – Dans la région de Castres, comme dans l'Albigeois limitrophe, les murs sont entièrement de briques alors que dans la partie orientale du Haut Languedoc, la brique est là seulement pour décorer l'encadrement des fenêtres et des portes ; parfois aussi elle est disposée en bandeaux sous la corniche.

La maison du Haut Languedoc se développe en longueur afin de pouvoir abriter sous un même toit, souci très répandu dans le monde rural, la demeure, les granges à céréales et les remises à machines agricoles, souvent simples hangars sans portes. Il n'y a que dans les grands domaines que les granges et les remises sont séparées de la maison d'habitation et disposées en fer à cheval autour d'une aire.

De nombreuses fermes du Haut Languedoc possèdent un **pigeonnier,** parfois attenant aux bâtiments principaux de l'exploitation rurale, mais le plus souvent édifié à proximité dans un site bien exposé. Durant les siècles passés ils représentaient une précieuse source d'engrais pour des sols manquant de fumure, ils étaient aussi l'affirmation concrète d'un droit ou d'un privilège. Les plus caractéristiques sont, en pierres ou en colombages, juchés sur des piliers ou des colonnes cerclés d'anneaux destinés à mettre les couvées à l'abri des méfaits des prédateurs. De plan carré ils sont surmontés d'un lanternon dans lequel sont ménagés de petits orifices permettant l'envol et le retour des pigeons.

Pigeonnier languedocien.

Maisons du Rouergue. – Les murs sont faits de gros moellons de schiste ou de granit. Sur la toiture, recouverte de lauzes de schiste ou d'ardoises, se greffent des lucarnes qui, sur la façade principale, font office de frontons et animent la bordure du toit. On retrouve la disposition de la maison en hauteur : au rez-de-chaussée, la cave et la réserve ; au premier étage, l'habitation. Sous les combles on étale les châtaignes à sécher. Sous l'escalier extérieur qui donne accès au logement, est souvent aménagée la porcherie.
Aux environs de Villefranche-de-Rouergue, un balcon nommé « balet » fait suite à l'escalier extérieur et dessert les pièces du premier étage.
Quelquefois, l'étable surmontée de la grange à laquelle on accède par une levée de terre, fait un angle droit avec la maison d'habitation. Dans ce cas, un petit bâtiment séparé des autres sert de séchoir à châtaignes (la « secada » ou « secadour »).
Si le paysan est aisé, sa maison se compose de plusieurs bâtiments (habitation, étable, grange et tourelle servant de pigeonnier) disposés autour d'une cour où l'on pénètre par un portail surmonté d'un auvent. On rencontre encore, isolées dans les champs, quelques petites cabanes rondes en pierres sèches surmontées d'un toit conique. Curieuses et pittoresques, elles sont comparables aux bories de Haute Provence et les paysans les utilisent comme abris, comme granges ou comme remises à outils.

ARTISANAT

Les Cévennes, le Rouergue, les Causses et le Languedoc, riches en villages isolés dans des sites enchanteurs, en petites villes aux quartiers anciens ont permis à une certaine forme de vie traditionnelle de durer, attirant ainsi de nombreux artisans.
Quelques artisans accueillent en été des stagiaires désireux de s'initier à un travail manuel.
Consulter le chapitre des « Renseignements pratiques » en fin de volume.

La coopérative des artisans et paysans de la Lozère. – Elle offre une production de qualité. Les meubles qui sortent des ateliers de ces artisans-paysans sont en bois massif de frêne, de hêtre, de châtaignier, de chêne, d'ormeau ou de pin. La paille des marais aux reflets gris vert ou brun, la paille de seigle qui se dore en vieillissant, servent à confectionner des sièges rustiques, paniers et corbeilles. Parmi les objets décoratifs, les animaux sculptés dans des plaques de schiste sont particulièrement originaux.

Les fourches en bois de micocoulier. – A Sauve, dans le Gard, on cultive le micocoulier spécialement pour en faire des fourches. Le bois de micocoulier, très malléable, a l'avantage de devenir très dur et peu sujet à la vermoulure après un passage au four. A l'aisselle de chaque feuille, il existe trois bourgeons. Avant la montée de la sève, il faut tailler la branche au-dessus de ceux-ci ; en se développant, ils deviendront trois tiges qui constitueront, au bout de sept à huit ans, les trois branches de la fourche.
La fourche est ensuite chauffée puis pelée. Les branches sont cintrées à l'aide d'un moule spécial. Enfin, l'outil est placé pendant quinze heures dans un four à 120°.

Les vases d'Anduze. – Ils sont célèbres depuis le 17e s. Ce sont des poteries vernissées, utilisées surtout pour l'ornement des jardins.

Les artisans de Pézenas. – Potiers, sculpteurs, tisserands, etc., installés dans les boutiques de la vieille ville, exposent leurs travaux en été durant « la Mirondela dels Arts ».

LES LETTRES

Le terme Languedoc est né au 13e s. d'une formule employée par les fonctionnaires du roi pour désigner l'ensemble des terres où se parlait la langue d'Oc.

LA LANGUE D'OC

De la fusion du latin parlé par les Romains, avec la langue parlée en Gaule avant l'invasion, a résulté un groupe de langues appelées « romanes ». Le groupe se divise en langue d'Oïl et langue d'Oc, ainsi nommées pour la façon dont on disait « oui » en chacune d'elles. Approximativement, la langue d'Oc était en usage au Sud d'une ligne qui, partant du confluent de la Garonne et de la Dordogne, remonterait vers Angoulême, passerait à Guéret, Vichy, St-Étienne, Valence. Plusieurs dialectes la composent : le limousin, l'auvergnat, le provençal, le languedocien et le gascon. Du 11e s. au 13e s., elle fut la langue raffinée et poétique, utilisée par les troubadours dans les cours seigneuriales.

Avec la croisade contre les Albigeois (1209-1229) et son cortège de malheurs, commence l'agonie de la langue d'Oc. En 1323, quelques poètes toulousains tentent sa réhabilitation en instaurant les Jeux Floraux, concours poétiques destinés à maintenir la tradition médiévale. Le coup de grâce lui est porté en 1539 par l'**édit de Villers-Cotterêts** qui impose, pour les actes administratifs, l'usage du français, c'est-à-dire du dialecte d'Ile-de-France tel qu'on le parlait à Paris. Elle connaît une renaissance en 1819 quand Rochegude publie quelques poèmes originaux du Moyen Age. En 1854, le Félibrige, en réformant l'orthographe du provençal, témoigne d'une volonté de renouveau *(voir le guide Vert Michelin Provence)*. L' « Escola Occitana » (créée en 1919) et l'Institut d'Études Occitanes (créé en 1945) se sont fixé pour but la diffusion d'une réforme linguistique concrétisée par une orthographe normalisée compatible avec tous les parlers d'Oc.

L'accent méridional, qui fait retentir à travers tout le Languedoc de sympathiques sonorités, porte encore les traces de la belle langue colorée que fut la langue d'Oc.

LES TROUBADOURS

Avec le 11e s. finit le temps où la femme était considérée comme la « souveraine peste », la « sentinelle avancée de l'Enfer » ; de même, le seigneur chevalier, de guerrier devient courtois. La simple baraque en bois entourée de fossés qui lui servait d'habitation se transforme en demeure élégante où la châtelaine brille par son esprit. Des cours méridionales vient alors l'idée de s'entourer de poètes capables de « trouver » eux-mêmes leurs chansons ; pour cela on les appela « troubadours ».

Certains sont princes. D'autres sont pauvres. Mais tous chantent un thème unique : l'amour pur et courtois, inspiré par une femme idéalisée. **Jaufré Rudel,** prince de Blaye, « s'enamoura de la comtesse de Tripoli sans la voir... ». **Bernard de Ventadour,** fils d'un serviteur du comte de Ventadour, est admis dans l'aréopage littéraire du château : amoureux de la vicomtesse, il doit fuir et se réfugier auprès de la reine d'Angleterre Eléonore d'Aquitaine. **Peire Vidal** est un extravagant ; pour approcher une dame que l'on surnomme « la louve », il se déguise en loup et est attaqué par les chiens. Peu s'en fallut qu'il succombât à ses blessures. Quand son lyrisme devient délirant, il compare un regard à la flèche « forgée au feu d'amour, trempée de douce saveur ».

Des assemblées de nobles dames (les cours d'amour) résolvent les litiges survenus entre les amants ; les sentences qu'elles rendent leur sont dictées par un ouvrage d'André Le Chapelain « l'Art d'aimer », véritable code de l'amour chevaleresque.

Enluminure du 14e s. – Cour d'amour, Roman de la Rose de Jean de Meung, détail.

LITTÉRATURE D'AUJOURD'HUI

Ferdinand Fabre (1827-1898). – Né à Bédarieux, il a exprimé ses souvenirs languedociens dans de nombreux romans : « Les Courbezon » (1862), « L'abbé Tigrane » (1873), « Taillevent » (1895).

Paul Valéry (1871-1945). – Né et inhumé à Sète, figure aux premiers rangs de la littérature française *(voir p. 143)*.

Joseph Delteil (1894-1978). – Personnalité originale ; retiré aux environs de Montpellier. Il fut une des « lumières » du surréalisme.

André Chamson (1900-1983). – Né à Nîmes, a été élu membre de l'Académie Française en 1956. Ses ouvrages racontent surtout l'Aigoual.

Jean-Pierre Chabrol (1925). – Conteur passionnant d'histoires cévenoles.

Jean Carrière (1932). – Il a reçu, en 1972, le prix Goncourt de littérature pour son roman « L'Épervier de Maheux » qui dépeint la dure réalité des Cévennes.

TRADITIONS

Les traditions folkloriques ont perdu de leur vivacité, la vie moderne pénètre dans les contrées les plus reculées, accomplissant son œuvre de nivellement des modes de vie et de pensée, naguère si différents d'une province à l'autre. Les costumes tradition-nels ont disparu. Les femmes ne portent plus ni le « coutillon », enfilé sur la chemise de toile grossière froncée autour du cou, ni la « matelote » molletonnée qui, l'hiver, servait de cache-corset. Les bas de nylon remplacent ceux de coton ou de laine tricotés à la main et les espadrilles ou les chaussures en cuir, les sabots noirs en bois. Peut-être verra-t-on encore quel-ques paysannes aux champs, coiffées de la « capeline » de cotonnade sombre ou fleurie mais presque toutes ont abandon-né le simple bonnet blanc, la « coueffo »

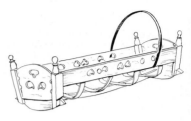

Berceau rouergat.

de mousseline ou le bonnet en nansouk. La plupart des hommes ont délaissé la large blouse, le cordon tressé noué en guise de cravate et le chapeau de feutre à larges bords.

Cependant, certaines expressions du langage, certaines croyances et pratiques demeurent vivaces.

Quelques expressions imagées. – Après la veillée, occupée à effeuiller le maïs, à égrener les haricots, à filer le lin et le chanvre ou à sculpter le bois, on disait couramment : « Je vais à l'antibois ». Par « antibois », on désignait la partie du meuble sur laquelle on posait le pied pour atteindre le lit.

Sorciers et ensorceleurs. – Rares étaient les villages qui ne connaissaient pas au moins un « masc ». Celui-ci avait le pouvoir d'ensorceler surtout les animaux. Si le lait des vaches s'épuisait, si les chevaux s'arrêtaient sans raison apparente, si les chiens de chasse perdaient leur flair, c'est bien qu'ils étaient « emmasqués ». Ces maléfices pouvaient être neutralisés par « l'endebinaïre » ou « devinaire » ou à défaut par certaines pratiques dont tout un chacun pouvait user : par exemple, porter un vêtement à l'envers ou devant derrière, jeter du sel sur le feu, etc.

Météorologie populaire. – La pluie est sur le point de tomber :
– Si la Montagne Noire s'éclaircit et si le Razès, au Sud de Carcassonne, s'assombrit.
– A Alès, si la Vierge de l'Ermitage s'enveloppe de nuages.
– A Pézenas, on regarde successivement vers la mer et la montagne, puis on dit :
   « Mar clar, mountagno ascuro, pluchio seguro » (mer claire, montagne obscure, pluie sûre).
– Dans la région de Florac :
   « Quand il tonne vers le Lozère, prends tes bœufs, va au sillon.
   Quand il tonne vers l'Aigoual, prends tes bœufs, va à la maison. »

CONTES ET LÉGENDES

Le drac. – Ce malin génie, amateur de facéties, s'introduisait la nuit dans l'écurie pour tresser la crinière des chevaux ou dans l'étable pour détacher les bœufs et les vaches. Mais il a disparu depuis que l'on sonne l'Angélus.

La bête du Gévaudan. – Sa renommée mit en émoi la cour du roi Louis XV et son souvenir a longtemps fourni une ample matière aux contes populaires de la région.

La bête apparut pour la première fois le 3 juillet 1764 en pays cévenol. Grand amateur de chair tendre, spécialement des jeunes filles et des enfants, le monstre rusé échappait aux battues, ne faisait qu'une bouchée des chasseurs qui avaient l'audace de se lancer à sa poursuite. Les prières publiques ordonnées par l'évêque de Mende ne parvenant pas à en venir à bout, l'animal fut considéré comme l'ins-trument de la colère divine. Louis XV, alors, dépêcha sur les lieux son premier porte-arquebuse. Il revint bredouille.

La bête du Gévaudan.

Ce n'est que le 19 juin 1767 qu'un paysan, du nom de Jean Chastel, abattit vraisemblablement un loup qui, en trois ans, avait dévoré une cinquantaine de personnes.

L'Oie du Sidobre. – Les formes fantastiques qu'ont pris les blocs de granit éparpillés dans le Sidobre *(voir p. 149)* ont fait aisément vagabonder l'imagination.

C'était au temps où les animaux parlaient. Une oie subissait alors l'emprise d'un tyran qui l'autorisait à sortir seulement la nuit pour aller couver son œuf ; il fallait absolument qu'elle soit rentrée au lever du jour. Or, un matin, le soleil brillait depuis fort longtemps quand elle regagna sa grotte. Pour la punir, son maître la pétrifia sur son œuf.

Principales manifestations touristiques : Le tableau dans le chapitre Renseignements Pratiques en fin de volume évoque les principales fêtes de la région.

LA TABLE

La cuisine est souvent à base d'ail et d'huile d'olive, agrémentée quelquefois de truffes qui naissent au pied des chênes verts sur les coteaux de l'Hérault et du Gard.

Le gibier acquiert un fumet délicieux en se gorgeant d'herbes savoureuses, de genièvre, de thym. Le mouton, nourri sur les Causses, est succulent. Quant aux écrevisses, elles ne fréquentent plus les ruisseaux comme jadis et ce n'est qu'exceptionnellement qu'elles viennent enrichir la carte d'un restaurant, en bisque, en gratin, en chausson ou à la nage. L'eau fraîche des rivières convient particulièrement aux truites.

Dans le Sud, les vignerons préparent encore « l'ouillade », cette soupe aux choux et aux haricots, cuite dans deux marmites qu'on ne mélange qu'au moment de servir.

Les pêcheurs de thon de Palavas préparent les tripes de thon quand ils sont en mer. Cuites avec du vin blanc, des aromates, les tripes sont arrosées d'un bon verre d'eau de mer.

Dans les burons de l'Aubrac (voir p. 39), se prépare la fourme, plus connue ailleurs sous le nom de « Cantal ». Le mot « fourme » vient du nom de la « forme » en bois mince qui maintient le fromage et d'où est venu le mot « formage » puis « fromage ».

Une recette : l'aligot. – Ce plat savoureux est préparé dans le Rouergue et l'Aubrac. Dans une cocotte intérieurement frottée à l'ail, faire fondre à feu vif du beurre et de la crème : y incorporer progressivement 400 grammes de tome fraîche de Laguiole ou du Cantal coupée en lamelles et 600 grammes de pommes de terre en purée. Au moyen d'une cuillère en bois à très long manche, il faut tourner sans cesse ce mélange pendant trois quarts d'heure, toujours dans le même sens pour ne pas rompre le fil du fromage. Quand la pâte onctueuse n'adhère plus aux parois de la cocotte, l'aligot est prêt.

LEXIQUE

Aigo bouillido. – Soupe à l'ail, herbes aromatiques, œufs et croûtons.

Alicuit. – Abattis de volailles en ragoût.

Aligot. – *Voir ci-dessus.*

Amellonades. – Brioche aux amandes.

Bougnette. – Crépinette de porc.

Bourride. – Ragoût de poissons aux aromates.

Cabassols. – Abats et tripes d'agneau.

Cabecou. – Fromage de chèvre.

Estofinado. – Stockfish aux pommes de terre, œufs, arrosé d'huile de noix et de lait.

Flaunes. – Pâte à chou au fromage de brebis.

Fouace. – Brioche parfumée à l'angélique.

Galichoux. – Pâte d'amande aux pistaches.

Gâtis. – Brioche au fromage.

Nène. – Petit gâteau à l'anis.

Oreillettes. – Gâteaux parfumés à l'orange, frits dans l'huile d'olive et servis surtout à la fête des Rois et à Mardi-Gras.

Pélardon. – Fromage de chèvre.

Petits pâtés de Pézenas. – Hachis de mouton sucré au caramel, enroulé dans une pâte.

Picoussel. – Flan de farine de blé noir, garni de prunes et assaisonné de fines herbes.

Soleil. – Gâteau de couleur jaune en forme de soleil, aux amandes sèches et parfumé à l'eau de fleur d'oranger.

Tielle. – Chausson à la tomate, farci de morceaux de seiche ou de calmar.

Trénels. – Tripes de mouton farcies au jambon, ail, persil et œufs.

Légende

Curiosités

★★★ **Vaut le voyage**
★★ **Mérite un détour**
★ **Intéressant**

Itinéraire décrit, point de départ de la visite

Édifice religieux :
catholique - protestant

Château - Ruines

Bâtiment (avec entrée principale)

Calvaire - Fontaine

Remparts - Tour

Panorama - Vue

Porte de ville

Phare - Moulin

Jardin, parc, bois

Barrage - Usine

Statue - Table d'orientation

Fort - Grotte

Curiosités diverses

Monument mégalithique

Autres symboles

Autoroute (ou assimilée)

Hôpital - Marché couvert

Échangeur
complet, partiel, numéro

Bureau principal de poste restante

Grand axe de circulation

Information touristique

Voie à chaussées séparées

Parc de stationnement

Voie en escalier - Sentier

Gendarmerie - Caserne

Voie piétonne - impraticable

Cimetière

Col - Altitude

Synagogue

Gare - Gare routière

Stade

Station de métro

Hippodrome - Golf

Téléphérique, télécabine

Piscine de plein air, couverte

Bac - Pont mobile

Patinoire - Refuge de montagne

Transport maritime :
Voitures et passagers
Passagers seulement

Port de plaisance

Tour, pylône de télécommunications

Aéroport

Château d'eau - Carrière

Numéro de sortie de ville,
identique sur les plans
et les cartes MICHELIN

Dans les guides MICHELIN, sur les plans de villes et les cartes, le Nord est toujours en haut.
Les voies commerçantes sont imprimées en couleur dans les listes de rues.
Les plans de villes indiquent essentiellement les rues principales et les accès aux curiosités,
les schémas mettent en évidence les grandes routes et l'itinéraire de visite.

Abréviations

A	Chambre d'Agriculture	J	Palais de Justice	POL.	Police
C	Chambre de Commerce	M	Musée	T	Théâtre
H	Hôtel de ville	P	Préfecture, Sous-préfecture	U	Université

Signe concernant les conditions de visite : voir nos explications en fin de volume.

Dans ce guide
les plans de ville indiquent essentiellement les rues principales
et les accès aux curiosités,
les schémas mettent en évidence les grandes routes et l'itinéraire de visite.

44

CURIOSITÉS

description
par ordre alphabétique

Les gorges du Tarn.

AGDE

13 235 h. (les Agathois)

Carte Michelin n° 83 plis 15, 16 ou 240 plis 26, 10.

Agde fut fondée par les Phocéens il y a 2 500 ans. Elle s'appelle alors Agathé (la bonne). La ville, que son commerce avec le Levant, ses vignes et ses oliviers rendent prospère, présente tous les signes d'une civilisation avancée. Au 4e s., elle devient cité épiscopale. Jusqu'au 12e s., malgré des périodes de dépression (invasions barbares et sarrasines), l'activité commerciale du port se maintient. Mais, par la suite, la concurrence de Montpellier, d'Aigues-Mortes et surtout de Sète, est cause de son déclin. Les barques doivent aujourd'hui, pour l'atteindre, remonter la rivière sur 4 km. C'est l'effet des alluvions du Rhône.

Agde est toute proche du mont St-Loup, butte d'origine volcanique, dont elle a largement utilisé la lave pour sa construction. C'est une ville de paysans, de vignerons et de pêcheurs. Les joutes nautiques donnent lieu, comme à Sète *(p. 145)*, à des compétitions qui passionnent la population.

CURIOSITÉS

★ **Ancienne cathédrale St-Étienne** (E). – *Entrer par la chapelle, rue Louis Bages.* Cette église fortifiée, reconstruite au 12e s., a probablement remplacé un édifice carolingien du 9e s. Endommagée durant les guerres de Religion, elle a d'abord été restaurée au 17e s. puis à la fin du 19e s. La lave dont elle est construite provient des anciennes carrières d'Ambonne et rehausse son aspect sévère de forteresse. Ses murs, épais de 2 à 3 m, sont couronnés de mâchicoulis sur arcs et de créneaux. Le clocher, haut de 35 m, est un beau donjon carré à mâchicoulis, garni à ses angles d'une tourelle et d'échauguettes.

La façade occidentale, en bordure de l'Hérault, a été dégagée des maisons qui la masquaient, au 19e s., et percée d'un portail.

L'**intérieur** présente une nef couverte d'un berceau brisé soutenu par un seul arc doubleau. On remarque dans la voûte un œil-de-bœuf par lequel, à l'aide d'une corde, les défenseurs montaient vivres et munitions. Le chœur rectangulaire déborde la nef, donnant au vaisseau la forme d'un T. Il s'orne d'un retable du 17e s. en marbre polychrome. Les deux chapiteaux des supports de l'arc triomphal sculptés dans le marbre seraient un remploi. A signaler, parmi les éléments du mobilier, la chaire de marbre du 18e s.

AGDE

Gambetta (Pl.)	13
Montesquieu (R.)	23
Roger (R. Jean)	

Aires (Pl. des)	2
Amour (R. de l')	4
Bages (R. L.)	5
Chantiers (Quai des)	6
Chapître (Quai du)	8
Claude-Bernard (R.)	9
Ferry (R. Jules)	10
Fraternité (R. de la)	12
Gaulle (Av. Gén. de)	14
Grand-Rue	15
Jaurès (Pl. Jean)	16
Jeu-de-Ballon (Pl. du)	17
Marseillan (Av. de)	20
Molière (Pl.)	22
Poissonnerie (R. de la)	24
Portalet (R. du)	26
Renan (R. E.)	28
Terrisse (R. Claude)	29
4-Septembre (R.)	30

Les voies de traversée et d'accès sont renforcées sur nos plans de villes.

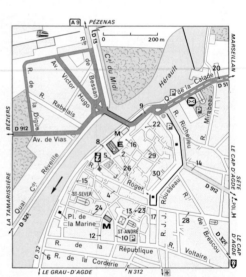

De la cathédrale, passer sous les arcades de l'hôtel de ville (où se trouve le Syndicat d'initiative) et suivre les panneaux « Musée » à travers le vieux quartier d'Agde.

Musée agathois (M¹). – Installé dans un hôtel Renaissance, il présente des reconstitutions d'intérieurs, de costumes du pays, une collection de maquettes de bateaux, des œuvres d'artistes régionaux, des souvenirs de navigateurs agathois, des ex-voto, une ancienne pharmacie. Ce musée possède une importante collection archéologique, notamment de nombreuses amphores provenant de l'ancien port grec.

EXCURSIONS

Le Grau-d'Agde. – *4 km. Sortir par le quai des Chantiers (Sud du plan) et suivre la D 32. La route longe l'embouchure de l'Hérault, formant un port bien abrité. A l'extrémité, belle plage de sable fin.*

Le Cap d'Agde. – *5 km. Sortir par la rue Ernest-Renan puis la rue de Brescou (Sud-Est du plan) et suivre la D 32E. Description p. 62.*

Dans les pages en fin de volume, figurent d'indispensables renseignement pratiques :
— Conditions de visite des sites et des monuments ;
— Organismes habilités à fournir toutes informations...

Carte Michelin n° 80 plis 5, 6, 15, 16 ou 240 plis 10, 14.

Tracées à travers les jeunes forêts dont se couvre la montagne ou sur des crêtes d'où les vues sont très étendues, les routes qui sillonnent le massif de l'Aigoual sont presque toutes pittoresques. De l'observatoire qui surmonte le sommet, on embrasse, par temps clair, un immense panorama. Les flancs du massif sont creusés de gorges impressionnantes comme celle de la Dourbie *(p. 73)*, de la Jonte *(p. 89)* et du Trévezel *(p. 73)*.

L'Aigoual fut, à partir de juillet 1944, le centre de l'important maquis « Aigoual-Cévennes » dont le P.C. était installé à l'Espérou.

UN PEU DE GÉOGRAPHIE

Un gigantesque château d'eau. – Massif granitique et schisteux, l'Aigoual (alt. 1 567 m) est le point culminant de la partie Sud des Cévennes proprement dites. C'est l'un des nœuds hydrographiques les plus importants du Massif central : son sommet condense à la fois les nuages venus de l'Atlantique et les vapeurs méditerranéennes qui s'y combattent constamment ; de là, son nom Aiqualis (l'aqueux, le pluvieux). Les précipitations, en année moyenne, atteignent 2,25 m.

Ces eaux, il les partage entre deux régions très dissemblables. Sur le versant méditerranéen, les gorges profondes alternent avec les crêtes schisteuses extrêmement découpées ; à l'Ouest, au contraire, vers l'océan, des pentes douces soudent le massif au vaste pays calcaire des Causses.

Le reboisement de l'Aigoual. – Il y a cent ans, le massif présentait l'aspect désolant d'une montagne dénudée et pelée.

En 1875, **Georges Fabre,** garde général des Eaux et Forêts, entreprend son reboisement. D'abord il prouve qu'une partie du sable comblant le port de Bordeaux provenait de l'Aigoual. Puis il réussit à faire voter une loi l'autorisant à acheter des terrains communaux ou particuliers, ce qui lui permet d'adopter le système du « périmètre extensif », c'est-à-dire de remplacer le mince rideau d'arbres destiné à retenir les terres en bordure des rivières par de larges surfaces plantées. Peu à peu, malgré l'hostilité de certaines communes qui refusent de céder leurs terrains de pacage, malgré la résistance des bergers qui n'hésitent pas à mettre le feu aux jeunes plants, Fabre parvient à redonner à la montagne sa parure de forêts.

Le bienfaisant forestier. – Fabre ne s'est pas contenté de reboiser. Il a développé autour de l'Aigoual le réseau des routes et des sentiers, restauré des maisons forestières, organisé des arboretums (tel celui de l'Hort-de-Dieu, *voir p. 48*) pour l'étude de l'accroissement des essences, construit un observatoire destiné aux recherches météorologiques.

VISITE

L'itinéraire décrit ci-après permet de traverser complètement le massif et d'atteindre en voiture le sommet même de l'Aigoual. On le suivra de préférence dans le sens Meyrueis – le Vigan, afin de parcourir à la descente la très belle route du col du Minier vers la vallée de l'Arre.

Les routes peuvent être obstruées par la neige de novembre à mai.

L'Aigoual est un lieu privilégié du tourisme pédestre : il est situé à la croisée des sentiers de Grande Randonnée GR 6 (Alpes-Océan) et GR 7 (Vosges-Pyrénées), qui, dans le massif, s'enrichissent de nombreuses variantes, dont le GR 66 qui fait l'objet d'un topo-guide intitulé « Sentier du Tour de l'Aigoual ». *Voir les adresses des associations ou fédérations de randonnées en fin de volume.*

1 DE MEYRUEIS AU MONT AIGOUAL

32 km – environ 3 h – schéma p. 48

Meyrueis. – *Page 104.*

Depuis Meyrueis, la montée au col de Montjardin s'effectue d'abord en forêt, sur la rive gauche du Bétuzon, puis à la lisière du causse Noir. Du col, vue très étendue sur ce causse, sur celui du Larzac et, peu après, sur les montagnes de l'Aigoual et de l'Espérou. La route entre ensuite dans une forêt où dominent les mélèzes. Taillée en corniche dans les schistes, elle offre de belles échappées sur les anciennes mines de plomb argentifère de Villemagne. Plus loin, on découvre sur la droite le très curieux cirque rocheux de « l'Alcôve », où le Bramabiau tombe en cascade après un parcours souterrain dans le causse de Camprieu.

★ **Abîme du Bramabiau.** – *Page 60.*

Quelques centaines de mètres plus loin on croise la route des **gorges du Trévezel**★ *(description p. 73).*

Après la traversée du petit causse de Camprieu, la route atteint les bords du Trévezel et pénètre dans les reboisements de l'Aigoual (hêtres et conifères).

★ **Col de la Sereyrède.** – Il est situé à 1 300 m d'altitude sur la ligne de partage des eaux. Au pied du col se creuse la vallée de l'Hérault que dominent au loin les serres cévenols. Derrière la maison forestière, on a une jolie vue sur la vallée du Bonheur. Le col de la Séreyrède était un des passages empruntés par la grande **draille du Languedoc,** l'une de ces larges pistes de transhumance foulées naguère chaque année, au mois de mai, par les moutons des garrigues languedociennes montant aux pâturages de l'Aubrac, du mont Lozère, de la Margeride (au Nord, la D 18 emprunte le parcours de la draille, au Sud le GR 7 la suit jusqu'à L'Espérou où elle oblique vers Valleraugue). On reconnaît encore ces drailles, presque abandonnées maintenant, aux saignées qu'elles tracent dans le paysage des serres cévenols.

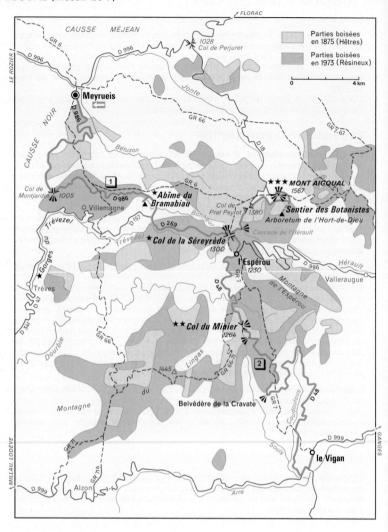

Aujourd'hui c'est en camion que la plupart des 25 000 bêtes sont transportées jusqu'à leurs pâturages d'été.

Une belle route relie le col de la Sereyrède au sommet du mont Aigoual. Après de magnifiques vues plongeantes sur la vallée de l'Hérault où serpente la route de Valleraugue, on pénètre en forêt.

Sentier des Botanistes. – *1,5 km avant d'arriver au sommet, un panneau indique le sentier. 20 mn à pied.* Formant une boucle de 1 km contournant le sommet de Trépaloup, ce sentier passe au-dessus de l'**Hort-de-Dieu** (jardin de Dieu), un arboretum créé par le botaniste Charles Flahault, aidé de Georges Fabre, pour étudier la croissance des essences exotiques. Le sentier offre ensuite de très belles vues sur le versant Sud de l'Aigoual, ses crêtes schisteuses et, au-delà, la succession des serres cévenoles, puis sur les versants Est et Nord couverts de forêts.

En atteignant la crête de l'Aigoual, la vue se dégage sur les Cévennes et le causse Méjean.

★★★ **Mont Aigoual**. – L'observatoire météorologique, construit en 1887 au sommet par l'administration des Eaux et Forêts, occupé actuellement par la Météorologie Nationale, est particulièrement bien placé. Dominant les bassins du Gard, de l'Hérault et du Tarn, il permet d'enregistrer notamment la direction et la vitesse des vents qui amèneront soit les pluies méditerranéennes, torrentielles et dévastatrices, soit des pluies océaniques favorables à la végétation.

Les conditions de visibilité exceptionnelles – des observateurs ont pu reconnaître simultanément le mont Blanc et la Maladetta – sont le privilège de certains mois d'hiver (janvier). En été, le panorama de l'Aigoual étant souvent brumeux, les touristes auront intérêt à atteindre le sommet en dehors des heures chaudes de la journée. Les plus courageux pourront monter de nuit afin d'assister au lever du soleil. C'est en septembre que la première heure du jour est le plus propice à une bonne visibilité. Par temps clair, c'est un spectacle grandiose.

De la table d'orientation érigée au sommet de la tour de l'observatoire, on découvre un immense **panorama**★★★ sur les Causses et les Cévennes et, lorsque le temps est clair, sur les monts du Cantal, le mont Ventoux, les Alpes, la plaine du Languedoc, la Méditerranée et les Pyrénées.

Le Parc national des Cévennes *(voir p. 28)* organise en été des promenades commentées (1 h), autour du sommet.

② DU MONT AIGOUAL AU VIGAN

39 km – environ 1 h 1/2 – schéma p. 48

Revenir au col de la Séreyrède.

En quittant le col, on aperçoit à gauche, de l'autre côté de la vallée, au creux d'un ravin, la cascade formée par l'Hérault naissant.

L'Espérou. – Ce petit centre, environné de bois et d'herbages, exposé au Midi, à l'abri des vents du Nord, est fréquenté l'été pour son site et son altitude (1 230 m), l'hiver pour ses champs de ski.

★★ **Col du Minier.** – alt. 1 264 m. Une stèle évoque le général **Huntziger** et ses compagnons tués dans un accident d'avion en novembre 1941. Le général Huntziger commandait la IIe armée à Sedan.

Par temps clair, la vue s'étend jusqu'à la Méditerranée.

Au début de la longue descente sur le versant méditerranéen, qui commence au col du Minier, la route en corniche domine de très haut le ravin du Souls tandis que la vue devient magnifique sur le causse de Montdardier et la montagne de la Séranne. On passe ensuite au milieu d'un curieux chaos de rocs granitiques.

On laisse à droite la maison forestière de **Puéchagut**, qu'entoure un arboretum destiné à l'étude des essences forestières exotiques. Puis, dans un virage à gauche, le belvédère de la Cravate offre un beau panorama : sur le bassin de l'Arre au premier plan, le causse du Larzac, la montagne de la Séranne, le pic St-Loup et vers la Méditerranée. Plus loin, la route domine la vallée du Coudoulous aux versants couverts de châtaigniers, puis traverse un paysage au caractère méditerranéen (vignes, mûriers, oliviers, cyprès) avant d'atteindre le Vigan.

Le Vigan. – *p. 167.*

ALBAN   1 068 h. (les Albanais)

Carte Michelin n° 🔳 pli 12 ou 🔳 pli 17.

Gros bourg agricole dont l'**église Notre-Dame** (reconstruite en 1957) renferme quelques œuvres d'art anciennes, notamment un bénitier roman et une amphore gallo-romaine (2e s.), disposés de part et d'autre de la porte principale, une Vierge à l'Enfant en bois doré (16e s.) sur le maître-autel et surtout, sur le côté gauche, une belle croix-calvaire en pierre sculptée, du 16e s.

ALÈS   44 343 h. (les Alésiens)

Carte Michelin n° 🔳 pli 18 ou 🔳 pli 11.

Au centre d'une région encore marquée par son ancienne vocation minière et séricicole (la sériciculture est l'élevage du ver à soie), Alès est une ville cévenole de plaine égayée de promenades, de larges avenues animées.

UN PEU D'HISTOIRE

L'Antique Alès. – La ville (qui s'appela « Alais » jusqu'en 1926) tire son nom de Alestum, probablement d'origine celtique. Née au carrefour des voies qui mettaient en communication la région de Nîmes et l'Auvergne, elle s'est développée à partir d'une butte enserrée dans une boucle du Gardon. Sur cette butte, s'élève aujourd'hui le fort Vauban. La colline de l'Ermitage, au Sud-Ouest, portait un oppidum.

La paix d'Alès. – C'est à Alès qu'est signé, en 1629, l'édit de Grâce accordé par Louis XIII aux protestants. Après la prise de La Rochelle (1628), le grand chef des réformés, le **duc de Rohan**, gendre de Sully, essaye de tenir encore dans les Cévennes où Anduze lui sert de base *(détails p. 52)*. Mais Louis XIII et Richelieu accourent. Privas est prise et brûlée. Le duc organise la résistance à Alès, fait prêter serment aux habitants de lutter jusqu'à la mort et regagne Anduze. L'armée royale paraît. Après neuf jours de siège, Alès capitule. La partie est perdue pour le duc de Rohan qui doit négocier avec le Cardinal.

Aux termes de la paix d'Alès, les protestants cessent de former un corps politique dans l'État et perdent leurs places de sûreté. La liberté de conscience accordée par l'**édit de Nantes** est confirmée. Le duc reçoit une indemnité de 300 000 livres qu'il distribue à ses compagnons de lutte.

Pasteur à Alès. – En 1847, une épizootie mystérieuse, la pébrine, atteint les vers à soie, ressource traditionnelle de la région d'Alès *(sur l'élevage des vers à soie voir p. 139)*. Chaque année, l'épidémie s'étend. On commence à sacrifier les mûriers. Le célèbre chimiste J.-B. Dumas, originaire de la ville, chargé d'étudier le fléau, n'obtient aucun résultat ; 3 500 producteurs crient leur détresse, quand, en 1865, Dumas fait appel à Pasteur qui accepte cette mission, par dévouement à l'intérêt public. Les quatre années consacrées aux études d'Alès compteront parmi les plus émouvantes de son illustre carrière.

Les recherches, les deuils. – Le savant interroge les paysans pour avoir des détails précis sur l'épizootie. Il s'informe des remèdes qui ont été employés : on lui cite le quinquina, le rhum, l'absinthe, le vin, la moutarde, le sucre en poudre, la suie, les cendres, le goudron.

Le grand homme est à Alès depuis neuf jours quand son père meurt à Arbois. La même année, sa plus jeune fille, âgée de 2 ans, s'éteint à Paris. Surmontant son déchirement, Pasteur travaille auprès de ses vers à soie dès février 1866. Deux mois après, une autre de ses filles meurt de la typhoïde. Le savant touche le fond de la douleur.

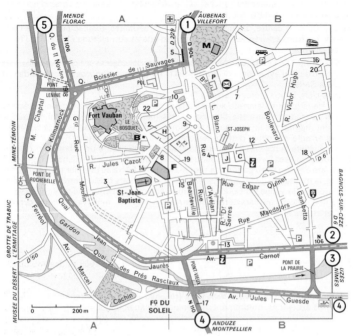

En janvier 1867, le remède est trouvé : il suffit d'examiner au microscope les papillons reproducteurs et de supprimer les œufs qui présentent certains signes caractéristiques. De nouvelles vérifications sont mises en train. La méthode de préservation que Pasteur a indiquée reçoit en 1868 une éclatante confirmation.

De retour à Paris, le savant est frappé, à 46 ans, d'une attaque de paralysie, mais au début de l'année suivante, il regagne Alès. Par un miracle d'énergie il continue de diriger le travail de ses collaborateurs. Le problème est définitivement résolu.

Alès a élevé une **statue** (A B) à son bienfaiteur dans les jardins du Bosquet.

Les transformations industrielles. – Dès le 12ᵉ s., Alès avait été prospère grâce au commerce et à l'industrie de la draperie. Au 19ᵉ s., elle devient, sur un autre plan, un centre industriel très important qu'alimentent les bassins houillers d'Alès, de la Grand'Combe et de Bessèges, des mines de fer, de plomb, de zinc, d'asphalte.

De nos jours, l'agglomération alésienne forme toujours, dans le cadre languedocien, un foyer de grande industrie, avec prédominance des branches de la métallurgie (Forges de Tamaris) et de la chimie (alumine et produits fluorés à Salindres). L'important gisement de Ladrecht devrait permettre à la houillère de redévelopper son activité.

CURIOSITÉS

Cathédrale St-Jean-Baptiste (A). – La façade Ouest est romane avec un porche gothique. Le reste de l'édifice date du 18ᵉ s. Quelques tableaux ont été placés dans le transept (l'Éducation de la Vierge de Devéria, l'Annonciation de Jalabert) et dans la chapelle de la Vierge (l'Assomption de la Vierge de Mignard).

Ancien évêché (AB F). – Il date du 18ᵉ s.

Musée du Colombier (B M). – Aménagé dans les bâtiments restaurés du château du Colombier, situé dans un agréable jardin public, il renferme de belles pièces de ferronnerie provenant du vieil Alès et des collections de minéralogie.

Le premier étage est consacré à la peinture des 16ᵉ, 17ᵉ et 18ᵉ s. ; le second aux œuvres des 19ᵉ s. et 20ᵉ s. Remarquer deux œuvres de Bruegel de Velours, la Terre et la Mer, ainsi que des peintures et des gravures de Frans Masereel.

Fort Vauban (A). – Il couronne une éminence aménagée en jardin public. Vue dégagée sur l'agglomération d'Alès.

★ Musée-Bibliothèque Pierre-André Benoit. – *Montée des Lauriers, Rochebelle. Traverser le Gardon par le pont de Rochebelle, puis suivre la signalisation.*

Le château de Rochebelle (18ᵉ s., restauré), ancienne résidence des évêques d'Alès, abrite la donation de P.A. Benoit à sa ville natale et à la Bibliothèque Nationale. P.A. Benoit (né en 1921) est à la fois éditeur-imprimeur, écrivain, dessinateur et peintre. Ses très intéressantes collections sont le fruit de ses rencontres ou correspondances, en particulier avec Char, Claudel, Tzara, Seuphor, Braque, Picasso, Miró, Jean Hugo, Villon... P.A. Benoit a édité des livres illustrés, souvent d'un petit format et tirés à peu d'exemplaires. Parallèlement il a collectionné des œuvres d'art et des livres de ses amis.

Afin de mieux les conserver, les œuvres graphiques et les livres sont présentés par roulement ou lors d'expositions temporaires, ayant lieu au rez-de-chaussée ou à la bibliothèque (2ᵉ étage), décorée par Benoit. Les salles du 1ᵉʳ étage abritent la collection picturale : belles huiles sur toile de Camille Bryen, tableaux des années 46 à 53 de Picabia, compositions aux oiseaux de Braque, paysages de L. Survage et miniatures.

ⓥ **Mine-témoin**. – *3 km à l'Ouest du plan. Traverser le Gardon par le pont de Rochebelle et continuer au Nord par la rue du Faubourg de Rochebelle ; prendre à gauche le chemin de St-Raby puis à droite le chemin de la Cité Ste-Marie. Température : 13° à 15°. Audiovisuel : 20 mn* (formation du charbon et techniques d'exploitation des mines). 650 m de galeries, creusées dans la montagne où, au 13ᵉ s. déjà, les moines bénédictins extrayaient le « charbon de terre », évoquent l'histoire de la mine en pays cévenol depuis le début de la « révolution industrielle » jusqu'à nos jours.

De nombreuses machines, des outils et l'aménagement des galeries elles-mêmes reconstituent cette évolution du travail de la mine dans ses différents aspects : abattage (depuis le pic, puis le marteau perforateur jusqu'à la haveuse qui attaque la paroi à la base et ramasse elle-même le charbon détaché), transport du minerai (par paniers et chariots poussés par l'homme ou tirés par les bêtes, puis apport du rail et enfin de la locomotive et parfois du monorail suspendu), soutènement (galeries d'abord consolidées par de véritables voûtes de rondins de bois taillés à la hache et ajustés sans rivets, puis étançons métalliques droits ou en ogives, verrins hydrauliques et même technique du soutènement marchant qui progresse au rythme de la taille), sécurité (aération, port du casque, avertisseurs, contrôle du déplacement des mineurs...).

EXCURSIONS

L'Ermitage. – *3 km. Quitter Alès au Sud-Ouest par la D 50, route de St-Jean-du-Pin, puis prendre à droite.*
A droite de la route d'accès, on remarque les vestiges de l'ancien oppidum. La chapelle offre une vue sur Alès, le mont Lozère et les Cévennes au Nord-Ouest et au Nord, tandis qu'au Sud s'étendent, au-delà des vallées des Gardons, les garrigues nîmoises.

ⓥ **Château de Rousson**. – *10 km. Quitter Alès par ① du plan, D 904. Après les Rosiers, prendre la troisième route à droite.*
Jacques d'Agulhac de Beaumefort acheta le fief de Rousson en 1588 et fit construire le château entre 1600 et 1615. Cette robuste bâtisse, cantonnée de quatre tours d'angle, n'a jamais été transformée depuis ; la famille de Barry, qui en fit l'acquisition en 1910 et restaura l'ensemble, se contenta de modifier quelques ouvertures et d'élargir le corps Nord-Est sur la cour intérieure.
La façade principale, orientée Sud-Est, présente une suite de fenêtres à meneaux et une imposante porte Louis XIII à bossages. L'intérieur permet d'admirer de beaux **dallages** anciens, bien conservés et variés. Remarquer au rez-de-chaussée la cuisine avec sa vaste cheminée et son four à pain, et dans la galerie du 1ᵉʳ étage un ancien coffre de marine.
Des terrasses, belles vues sur l'Aigoual et le Ventoux.

> *Reprendre la D 904 vers St-Ambroix ; la quitter pour la 1ʳᵉ route à droite.*

Du village de **Rousson**, accroché à mi-pente d'un piton-belvédère où s'étalait jadis la forteresse primitive, s'offrent de belles vues sur les Cévennes.

★ **Château de Portes**. – *20 km. Quitter Alès par ① du plan, en direction d'Aubenas, puis*
ⓥ *prendre à gauche la D 906. Laisser la voiture au col et faire le tour du château.*
Juché sur la ligne de crête séparant le bassin du Gardon de la vallée du Luech, le vieux bastion de Portes, dominant un vaste horizon, assura longtemps la protection des pèlerins qui se rendaient à St-Gilles par les Cévennes.
La forteresse médiévale, en ruine, est de plan carré ; les seigneurs de Budos qui possédèrent le château de 1320 à la fin du 17ᵉ s. firent ajouter, à la Renaissance, un bâtiment qui confère à l'ensemble une silhouette originale. Le plan polygonal et l'avancée en proue, soigneusement appareillée, constituent une prouesse architecturale. Le château servit de prison sous la Révolution. Il commença à se fissurer vers la fin du 19ᵉ s. à cause des mines exploitées dans son sous-sol. Depuis 1969 l'association « Renaissance du château de Portes » a entrepris sa sauvegarde et son animation. A l'intérieur du bâtiment Renaissance on pourra admirer de belles cheminées monumentales à manteau monolithe.
Au sommet du château, Le **panorama**★ s'étend, au Nord, sur la dépression de Chamborigaud, dominée par le mont Lozère et les contreforts du Tanargue.

ⓥ **Parc ornithologique des Isles**. – *20 km. Quitter Alès par ① du plan, D 904. Entrer dans les Mages et prendre à droite la D 132. Le Parc des Isles se situe à 800 m après la sortie de Saint-Julien-de-Cassagnas.* On peut y admirer des centaines d'oiseaux venus du monde entier : gallinacées, palmipèdes, échassiers, rapaces, oiseaux grimpeurs (belle collection de perruches et de perroquets)...

Vézénobres. – *1 172 h. 11 km. Quitter Alès par ③ du plan, N 106.* Ce bourg, agréablement situé sur une colline dominant le confluent des Gardons d'Alès et d'Anduze, a conservé quelques vestiges de son passé médiéval : la porte Sabran, reste des anciens remparts, les ruines du château fort et plusieurs maisons des 12ᵉ, 14ᵉ et 15ᵉ s. Se diriger vers le sommet du village en empruntant les escaliers : de là-haut, **panorama**★ très étendu sur la région avec, d'un côté, les Cévennes en toile de fond (table d'orientation).

Combinez vous-même vos randonnées
à l'aide de la carte
des principales curiosités des p. 4 à 6.

AMBIALET
405 h. (les Ambialetois)

Carte Michelin n° 80 pli 12 ou 235 pli 24.

Le Tarn décrit ici le méandre le plus resserré de son cours, donnant naissance à une presqu'île où s'est installé Ambialet. On pourra pleinement apprécier ce curieux **site★** des ruines du château fort : dans une boucle de 4 km, la rivière enserre un promontoire coiffé d'un prieuré, et le village s'agrippe à l'arête rocheuse qui s'étire sur toute la longueur de l'isthme. Le cours paisible des eaux n'est coupé que par un barrage qui alimenta un moulin avant de desservir une usine hydro-électrique.

Prieuré. – Prendre la route qui longe le Tarn et atteint le sommet de la colline.

Chapelle Notre-Dame de l'Auder. – Le chemin qui y conduit passe d'abord devant l' « auder » (nom occitan d'un arbuste à feuilles persistantes, le phyllaire, qui a donné son nom au lieu). Un croisé en aurait rapporté la tige de Terre Sainte.

La chapelle romane, fondée au 11ᵉ s. par les moines bénédictins de St-Victor de Marseille, accueille le visiteur par un portail aux chapiteaux finement sculptés.

L'intérieur, très austère et faiblement éclairé par quelques fenêtres, véritables meurtrières, abrite une statue en bois polychrome du 17ᵉ s., Notre-Dame de l'Auder.

Ⓥ **Musée.** – Dans une salle du prieuré occupé depuis le 19ᵉ s. par des franciscains, sont exposés divers objets rapportés du Brésil par les missionnaires.

ANDUZE
2 787 h. (les Anduziens)

Carte Michelin n° 80 pli 17 ou 240 pli 15 – Lieu de séjour.

La pittoresque petite ville d'Anduze est bâtie dans un vallon dont l'aspect verdoyant contraste avec l'aridité des croupes dominantes. Elle commande une cluse étroite et profonde, appelée **Porte des Cévennes** ou **Portail du Pas** où convergent les vallées des Gardons de St-Jean et de Mialet. On peut avoir une belle vue sur Anduze et son site, de la D 910, route d'Alès, dans un virage situé à 1 km de la ville.

Les grands vases vernissés d'Anduze sont connus dans toute la France et naguère encore ornaient l'orangerie de Versailles.

UN PEU D'HISTOIRE

Le calvinisme pénètre à Anduze en 1557 et y fait de rapides progrès. La ville, presque entièrement convertie à la religion réformée, est choisie comme siège de l'Assemblée générale des protestants du Bas Languedoc (1579).

Mais la lutte religieuse, que Henri IV avait éteinte, se rallume à la mort du Béarnais. En 1622, Anduze, qu'on appelle la Genève des Cévennes, devient le centre de résistance du grand chef protestant, le **duc de Rohan.** Il consolide les remparts grâce à des ouvrages avancés et fait construire des forts sur les hauteurs.

Appuyé sur les Cévennes entièrement protestantes, Rohan tient là une très forte position. Quand, en 1629, Louis XIII et Richelieu mènent leur expédition du Languedoc, ils préfèrent s'attaquer à Alès qui capitule. Anduze n'aura donc à subir aucun siège, mais après la paix d'Alès *(détails p. 49)*, elle sera démantelée comme toutes les places fortes protestantes. Seule la tour de l'Horloge échappe aux démolisseurs.

Au 18ᵉ s., Anduze sera le grand centre de ravitaillement des Camisards *(détails p. 100)*. La tourmente passée, la ville redevient prospère. En 1774 les États du Languedoc construisent une digue, le « quai », pour la protéger contre les terribles crues du Gardon. Elle cultive alors ses vignes, soigne ses arbres fruitiers, ses mûriers, se livre à l'industrie de la soie. Elle a aussi des distilleries, des poteries. Pendant longtemps, elle demeure aussi importante qu'Alès. Mais celle-ci, grâce aux richesses minières de son bassin, prend, au 19ᵉ s., un essor décisif.

CURIOSITÉS

Tour de l'Horloge. – Située sur la place allongée de l'ancien château, elle date de 1320. Seul vestige des fortifications, elle fut épargnée en 1629 parce qu'elle portait déjà une horloge.

Temple protestant. – Construit en 1823 sur l'emplacement d'anciennes casernes, il dresse son austère façade non loin de la tour de l'Horloge. Un petit péristyle à quatre colonnes abrite l'entrée du monument.

Vieille ville. – Les ruelles étroites et tortueuses sont amusantes à parcourir. Par la porte s'ouvrant à côté du château, on gagne une place où s'élèvent une halle et une curieuse fontaine pagode dont les tuiles vernissées ont été spécialement réalisées par les céramistes d'Anduze *(voir ci-dessus)* en 1649.

Ancien parc du couvent des Cordeliers. – On y verra de magnifiques arbres exotiques et notamment d'énormes bambous. D'une terrasse ombragée de marronniers et située au sommet du parc, une vue agréable s'offre sur la vallée du Gardon.

EXCURSIONS

★ **Bambouseraie de Prafrance.** – *2 km par la D 129. Description p. 130.*

★ **Musée du Désert ; grotte de Trabuc.** – *11 km au Nord par Générargues et la vallée du Gardon de Mialet, le long de la D 50 que l'on quitte après Luziers pour prendre à droite vers le Mas Soubeyran (p. 100) et Trabuc (p. 159). Visites : 1 h 1/2 environ.*

Train touristique entre Anduze et St-Jean-du-Gard. – *Voir p. 139.*

★★ ASCLIER (Col de l')

Carte Michelin n° 80 plis 16, 17 ou 240 pli 15 – Au Nord-Est du Vigan.

Cet itinéraire franchissant une « barre » cévenole permet de passer de la vallée du Gardon dans celle de l'Hérault, au pied du mont Aigoual.

DE ST-JEAN-DU-GARD A PONT-D'HÉRAULT
44 km – environ 1 h 1/2

Entre St-Jean-du-Gard et Peyregrosse, cette route, très sinueuse et parfois étroite, nécessite une grande prudence, spécialement entre l'Estréchure et le col de l'Asclier : des garages ont été aménagés pour faciliter le croisement.
Le col de l'Asclier est généralement obstrué par la neige de décembre à mars.

St-Jean-du-Gard. – *Page 139.*

Au Nord-Ouest de St-Jean-du-Gard, la D 907 remonte le cours du Gardon de St-Jean et suit toutes les sinuosités de la rivière.

Avant l'Estréchure prendre à gauche la D 152 vers le col de l'Asclier.

Après Milliérines, le paysage devient extrêmement sauvage ; la route domine les vallons de plusieurs affluents du Gardon de St-Jean, puis contourne le ravin de la Hierle. En tournant à gauche on arrive bientôt au col de l'Asclier.

★★ **Col de l'Asclier.** – 905 m. La route passe sous un pont de la draille de la Margeride servant au passage des troupeaux transhumants. Du col, magnifique **panorama**★★ vers l'Ouest : au 1er plan se creuse le ravin de N.-D.-de-la-Rouvière ; au loin, sur la gauche, s'élèvent le pic d'Anjeau et les rochers de la Tude ; au-delà du pic d'Anjeau s'allonge, à l'horizon, la crête calcaire de la montagne de la Séranne ; plus à droite s'étend le causse de Blandas dont les escarpements abrupts tombent sur la vallée de l'Arre ; plus à droite encore se dressent les montagnes du Lingas et de l'Espérou (massif de l'Aigoual).

Après le col de l'Asclier, la D 20 offre une très belle vue sur le profond ravin de N.-D.-de-la-Rouvière et sur le massif de l'Aigoual : on distingue le col de la Séreyrède avec sa maison forestière et l'observatoire au sommet de l'Aigoual.

Col de la Triballe. – 612 m. De là se dégage une vue très étendue sur les Cévennes. On aperçoit en contrebas le village de St-Martial.

Par la pittoresque D 420 on descend vers la vallée de l'Hérault dont les versants portent des hameaux curieusement campés.

A Peyregrosse, aussitôt franchi le pont sur l'Hérault, prendre à gauche la D 986.
La route longe l'Hérault jusqu'à son confluent avec l'Arre à **Pont-d'Hérault.**

AUBIN

6 017 h. (les Aubinois)

Carte Michelin n° 80 pli 1 ou 235 pli 28.

Aubin s'étire le long de l'Enne jusqu'à rejoindre **Cransac** pour ne former avec elle qu'une seule agglomération industrielle.
L'établissement thermal de Cransac, proche de « la montagne qui brûle », ancienne houillère embrasée depuis plusieurs siècles, traite les affections rhumatismales et les arthroses dans des étuves où sont drainés des gaz naturels secs et chauds.

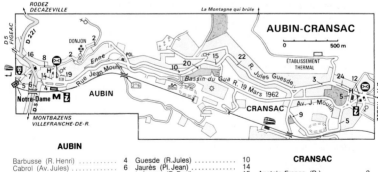

AUBIN			CRANSAC	
Barbusse (R. Henri)	4	Guesde (R.Jules) 10		
Cabrol (Av. Jules)	6	Jaurès (Pl. Jean) 14		
		Lafargue (R. Paul) 15	Anatole-France (R.)	3
Alary (R.)	2	Laurens (R.) 16	Faysses (R. des)	9
Bessières (R.)	5	Murat (Av. Jean) 19	Jaurès (Av. Jean)	12
Vaillant-Couturier (Av. P.)	7	République (Pl. de la) ... 20	Wilson (R. du Prés.)	23
Delshens (R.)	8	Vaillant (R. Édouard) 22	1er-Mai (R. du)	24

Église Notre-Dame. – Agrandie de son bas-côté droit et du chœur au 15e s., elle conserve d'importants vestiges du 12e s. En pénétrant dans l'édifice, remarquer à droite la cuve baptismale en plomb (13e s.) et, dans le chœur, le beau Christ en bois du 12e s.

Musée de la Mine (M). – Il est installé en plein cœur du bassin houiller d'Aubin-Decazeville, dont les dernières mines souterraines fermèrent en 1961. L'entrée se fait par une galerie à soutènements de bois, reconstituée par d'anciens mineurs. Elle débouche dans une grande salle où sont exposés des archives, des photographies, des maquettes, des vêtements, des outils évoquant le travail des mineurs (hommes, femmes – pour le triage du charbon – et même enfants jusqu'en 1874) ainsi que leurs fêtes, défilés (très riche collection de bannières et de drapeaux), rassemblements, bals, etc. Des documents retracent l'histoire du « pays noir ».

★ L'AUBRAC

Cartes Michelin n°s 76 plis 13, 14 et 80 plis 3 à 5 ou 240 plis 1, 2, 5, 6.

L'Aubrac, le plus méridional des massifs volcaniques d'Auvergne, présente des formes lourdes, émoussées. Ses vastes horizons sont couverts de pâturages peuplés de troupeaux à la belle saison.

En traversant ce massif, remarquer les **drailles,** sortes de pistes parfois délimitées par de petits murs de pierre sèche, suivies par les troupeaux lors de leurs déplacements.

Pour plus de détails sur l'Aubrac, voir p. 25.

① LE VERSANT ROUERGAT
Circuit au départ de Nasbinals *117 km – 4 h – schéma p. 55*

Nasbinals. – *Page 123.*

Quitter Nasbinals par la D 987 au Sud-Ouest.

On traverse les vastes pâturages coupés, aux alentours d'Aubrac, par les forêts domaniales d'Aubrac, de Rigambal.

Aubrac. – *Lieu de séjour.* A 1 300 m d'altitude, Aubrac est une petite station estivale très ensoleillée et très aérée. Les Auvergnats de Paris aiment venir y boire « lo gaspo » ou petit-lait et y manger l' « aligot », plat de pommes de terre liées de « tomme » *(recette p. 43).*

Un buron.

L'air pur fait le reste et les « gasparous » repartent de la cure tout ragaillardis.

Une grosse tour carrée, une église romane et un bâtiment du 16e s., transformé en maison forestière, c'est tout ce qui reste de l'ancienne « dômerie » des frères hospitaliers d'Aubrac, moines-chevaliers qui, du 12e s au 17e s., s'étaient donné pour mission d'escorter et de protéger, à travers ces régions désolées, les pèlerins qui se rendaient à Rocamadour ou à St-Jacques-de-Compostelle.

Suivre la D 533 qui descend dans la riante vallée de la Boralde de St-Chély, puis tourner à gauche dans la D 19 vers Bonnefon.

Bonnefon. – Hameau dominé par une tour carrée du 15e s., dite tour-grenier, construite par les moines d'Aubrac *(voir ci-dessus).*

A la sortie de Bonnefon prendre à gauche la D 629 et appuyer toujours à droite.

La route serpente en corniche offrant de très belles vues sur la vallée du Lot et le causse de Sévérac. Après une maison forestière elle pénètre dans la forêt d'Aubrac, haute futaie de hêtres agrémentée de sapins.

Brameloup. – Cette petite station de sports d'hiver possède des pistes largement ouvertes dans la forêt.

Faire demi-tour et prendre à gauche la D 19.

Prades-d'Aubrac. – 511 h. L'église du 16e s. est surmontée d'un puissant clocher octogonal. De l'extrémité du village, la vue se porte sur la vallée du Lot.

Outre des vues très étendues sur les causses et les ségalas du Rouergue, la descente vers le Lot offre l'attrait d'une transformation rapide du paysage. Aux immenses pâturages qui couvrent les plateaux et où ne croissent, çà et là, que des hêtres rabougris, succèdent d'abord des landes, quelques prairies et de maigres cultures. A droite commence à se creuser la vallée de la Boralde. Les champs se font plus nombreux ; des bois de châtaigniers sont traversés, puis des vergers. La culture de la vigne sur les versants bien exposés au midi mais trop accidentés, est à peu près abandonnée.

★ St-Côme-d'Olt. – *Description p. 136.*

★ Espalion. – *Description p. 76.*

Quitter Espalion par la D 921 au Nord.

La route s'élève en direction de Laguiole. Des vues se révèlent à droite sur les monts d'Aubrac, à gauche sur le plateau de la Viadène.

Laguiole. – 1 235 h. (les Laguiolais). *Lieu de séjour.* A plus de 1 000 m d'altitude, Laguiole (prononcer Laïole), la « capitale de la Montagne », est traditionnellement un centre de foires importantes (bétail et fromage – *illustration p. 25*). La ville est célèbre, en outre, pour ses très beaux couteaux, au manche d'ivoire ou de corne, de fabrication artisanale. Elle est devenue une station de sports d'hiver.

Laguiole s'étend au pied d'un piton de basalte qui porte l'église du 16e s. Du parvis, très beau **panorama★** sur l'Aubrac et le Cantal ; la cathédrale de Rodez, distante de plus de 40 km, est visible par temps clair.

Prendre la D 15 à l'entrée de Laguiole.

A l'Est de Laguiole, la route, d'où la vue s'étend sur le plateau de la Viadène et le Rouergue, puis sur la Margeride, traverse de vastes pâturages et quelques bois de hêtres. C'est une des routes les plus élevées de l'Aubrac.

A Aubrac, reprendre la D 987 qui ramène à Nasbinals.

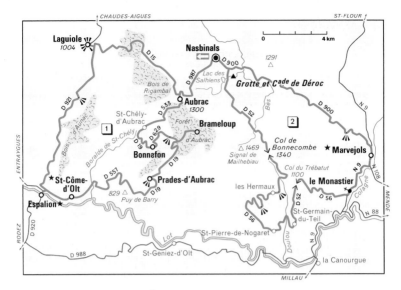

② LE VERSANT LOZÉRIEN

Circuit au départ de Nasbinals *97 km – environ 4 h – schéma ci-dessus. Le col de Bonnecombe est obstrué par la neige de décembre à avril.*

Nasbinals. – *Page 123.*

Quitter Nasbinals par la D 900 au Sud-Est, puis prendre à droite la D 52.

Grotte et cascade de Déroc. – *1/2 h à pied AR.* Laisser la voiture sur la D 52, prendre à gauche, en direction d'une ferme, un mauvais chemin bordé de murets. Ce chemin aboutit à un ruisseau qu'on longe à gauche, puis que l'on franchit pour atteindre le bord du ravin où se précipite un affluent du Bès. La cascade tombe d'un rebord de basalte en avant d'une grotte dont la voûte est formée par les prismes de la roche.

La D 52 s'élève bientôt vers la sauvage région des lacs, longe celui des Salhiens et traverse des pâturages pour gagner le **col de Bonnecombe.** La descente sur St-Pierre-de-Nogaret, par les Hermaux, offre de jolies **vues★** sur la vallée du Lot et sur toute la région des Causses. Par un parcours très sinueux et très pittoresque qui traverse, au milieu des bois, le vallon du Doulou, la route atteint St-Germain-du-Teil.

Prendre à gauche la D 52 pour gagner le col du Trébatut, carrefour de routes où l'on tourne à droite dans la D 56 pour rejoindre la vallée de la Colagne.

Le Monastier. – 615 h. L'église du 11ᵉ s., remaniée au 16ᵉ s., présente un très bel ensemble de chapiteaux historiés ou décorés de feuillages.

★ Marvejols. – *Page 99.*

Au cours de la montée, la D 900 offre une vue dégagée sur Marvejols, la Margeride, le mont Lozère, les Causses et, à l'horizon, les Cévennes ; il pénètre ensuite dans des bois de pins. Puis leur succèdent champs et prés irrigués, bientôt remplacés par les pâturages, très caractéristiques de l'Aubrac, avant d'atteindre Nasbinals.

★★★ AVEN ARMAND

Carte Michelin n° 80 Sud du pli 5 ou 240 pli 10 – Schéma p. 85.

Une des merveilles souterraines du monde, l'aven Armand s'ouvre dans le causse Méjean *(voir p. 86)* dont les immenses étendues désertiques laissent une impression de monotonie et de désolation saisissantes.

La découverte. – Depuis 1883, E.-A. Martel *(voir p. 22)* explorait les Causses, descendant dans tous les abîmes que ses recherches lui permettaient de découvrir. Il faisait ses dangereuses explorations aidé de **Louis Armand,** serrurier au Rozier. Le 18 septembre 1897, Armand revient du causse extraordinairement excité et déclare : « Cette fois, M. Martel, écoutez bien et n'en soufflez mot à personne : je crois que je tiens un second Dargilan, et peut-être plus fameux encore... Je suis tombé par hasard sur un maître trou ; c'est certainement un des meilleurs... » *(1)*.
En descendant de la Parade, il a aperçu cet énorme orifice que les fermiers des alentours appellent « l'aven ». Les grosses pierres qu'il y a jetées ont l'air de descendre à des profondeurs insoupçonnées. Le lendemain, à 2 h 1/2 de l'après-midi, la caravane parvient au bord du gouffre avec ses 1 000 kilos de matériel et ses hommes de manœuvre ; Armand Viré prend part à l'expédition.
Un premier sondage révèle une profondeur de 75 m. Louis Armand arrive facilement en bas. Des exclamations de joie montent du téléphone : « Superbe ! Magnifique ! Plus beau que Dargilan ! Une vraie forêt de pierres ! A 6 h, Armand remonte enthousiasmé. Le 20 septembre, Viré et Martel y descendent un à un.
Au lendemain de la découverte, Martel décide de donner à cet aven le nom de son dévoué auxiliaire et réussit à l'en rendre propriétaire. Un consortium est établi pour l'aménagement et l'exploitation. Les travaux commencent en juin 1926, et c'est l'année suivante que l'aven Armand est ouvert au public.

---

(1) Pour plus de détails, lire la brochure : « L'Aven Armand », par E.-A. Martel (en vente sur place).

FORMATION DE L'AVEN ARMAND
d'après R. de Joly

Phase préliminaire : Les eaux de ruissellement, par l'action chimique, corrodent le calcaire, rejoignant le niveau de la nappe d'eau souterraine. Celui-ci, lié à la Jonte, s'abaisse au cours des siècles tandis que la rivière creuse son lit. Des fissures de plus en plus grandes entraînent l'effondrement de blocs et la formation de cheminées reliant la cavité à la surface (voir ci-dessous la formation de l'aven proprement dit).

1ère phase	2e phase	3e phase	phase actuelle
S'infiltrant dans les fissures, par érosion et dissolution, les eaux forment une vaste salle se terminant par un puits.	Désagrégée par le travail des eaux, une partie des voûtes s'est effondrée, bouchant le puits.	Les matériaux bouchant le puits s'écroulent et le comblent en partie.	Formation des concrétions par les eaux qui déposent sur la voûte et sur le sol une partie du carbonate de chaux qu'elles transportent.

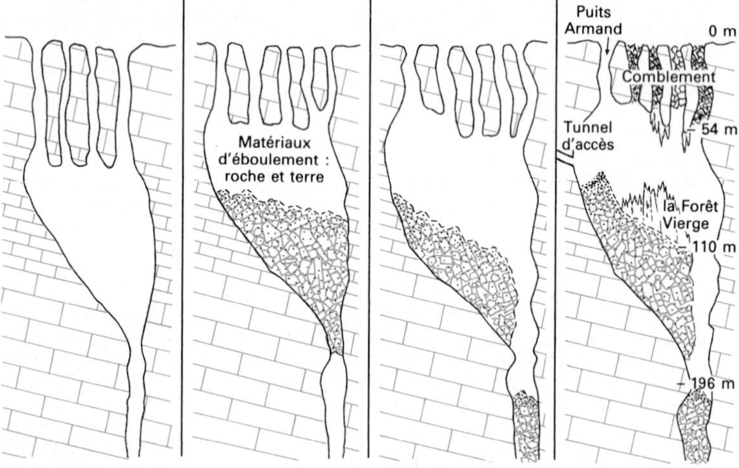

Matériaux d'éboulement : roche et terre

Puits Armand — 0 m
Comblement
Tunnel d'accès — 54 m
la Forêt Vierge — 110 m
— 196 m

⊙ **VISITE** *environ 3/4 h*

Belvédère. – Un tunnel, long de 188 m, creusé pour faciliter l'accès de la grotte, débouche presque au pied du puits de 75 m, par lequel sont descendus les explorateurs. Un éclairage électrique bien compris donne un aspect féerique à ce « Rêve des Mille et Une Nuits ».

L'itinéraire de visite fait le tour de cette vaste salle. Du balcon *(rendu facilement accessible à tous par de récents aménagements)* où aboutit le tunnel, on jouit d'un spectacle merveilleux. Le regard plonge dans une salle de 60 m sur 100 m et d'une hauteur de 35 m (Notre-Dame de Paris, longueur : 130 m ; largeur : 48 m ; hauteur : 35 m).

La « Forêt Vierge ». – Sur les matériaux éboulés de la voûte se sont édifiées d'éblouissantes concrétions, offrant l'image d'une forêt pétrifiée : ces arbres de pierre, plus ou moins denses, aux formes fantastiques, peuvent atteindre à la base jusqu'à 3 m de diamètre et mesurer, certains, de 15 à 25 m de hauteur ; de leurs fûts, évoquant palmiers et cyprès, partent des feuilles irrégulièrement découpées, larges parfois de plusieurs décimètres. Les stalagmites rivalisent de fantaisie, dans une explosion d'arabesques, d'aiguilles, de palmes et d'élégantes pyramides coiffées d'épaisses coupoles. Leur ensemble (on dénombre 400 stalagmites), curieux jaillissement façonné par les siècles, compose cette somptueuse Forêt Vierge, scintillante de petits cristaux de calcite.

En parcourant la salle *(escaliers munis de mains courantes, quelques marches glissantes)*, on peut apprécier la variété des concrétions : des cierges graciles de plusieurs mètres de hauteur, d'étranges figures à têtes de monstres et massues, choux frisés et fruits ciselés, et surtout la magnifique colonne encorbellée supportée par une mince console, que domine la grande stalagmite, de 30 m de hauteur.

La lumière donne aux feuillages délicats une transparence de fine porcelaine, ajoutant à la magie du spectacle : « j'en suis ressorti comme d'un rêve », dit Martel.

BAGNOLS-LES-BAINS
240 h. (les Bagnolais)

Carte Michelin n° 80 pli 6 ou 240 plis 6, 7 – 21 km à l'Est de Mende – Schéma p. 97 – Lieu de séjour.

Bagnols-les-Bains, station hydrominérale indiquée pour les affections cardiaques d'origine rhumatismale, est bâtie en amphithéâtre sur les pentes de la montagne de la Pervenche et descend jusqu'à la rive gauche du Lot. Les eaux des quatre sources thermales qui y sont exploitées furent captées et aménagées par les Romains. Le bassin octogonal dans lequel se réunissent les eaux daterait de cette époque.

Bagnols est, surtout, un lieu de villégiature et de repos. L'altitude (913 m) et la proximité des forêts de sapins lui donnent un air salubre et vivifiant. Enfin, le calme du pays et la régularité de la température en font une station climatique toute indiquée contre les effets du surmenage.

EXCURSION

Lanuéjols. – 312 h. *12 km. Quitter Bagnols-les-Bains par la D 41.*
Cette localité est bien connue des archéologues pour le **mausolée romain,** situé à la sortie
Ouest du village, en contrebas de la route de Mende. Il a été érigé par de riches citoyens
romains à la mémoire de leurs deux jeunes fils qui, d'après l'inscription latine gravée
sur le linteau, seraient morts d'une même maladie de langueur.
L'**église St-Pierre,** romane, ne manque pas de charme quand le soleil couchant illumine
ses pierres ocre.
A l'intérieur, la nef principale voûtée en plein cintre se termine par une élégante abside
en cul-de-four. Quelques chapiteaux intéressants.

BALARUC-LES-BAINS   4 369 h. (les Balarucois)

Carte Michelin n° 83 pli 16 ou 240 pli 27 – Lieu de séjour.

Construite en terrain plat au bord de l'étang de Thau, la station, en plein développement
depuis 1970, plaît par son animation, marquée par la vie de plein air, le nautisme, le
spectacle nocturne de la rive sétoise et du mont St-Clair illuminés.
Les traitements des affections osseuses et rhumatismales doivent beaucoup de leur
efficacité aux applications de boues marines macérées dans l'eau thermale chlorurée
sodique recueillie sur place.

Balaruc-le-Vieux. – *4 km au Nord.* Sur une éminence dominant l'étang, le village a
gardé son plan circulaire défensif et son cachet languedocien. Quelques maisons se
distinguent encore par leurs nobles portes cintrées.

BELCASTEL   167 h. (les Belcastellois)

Carte Michelin n° 80 pli 1 ou 235 pli 15 – 8 km au Sud-Est de Rignac.

Étagé sur la rive droite de l'Aveyron, le village est dominé par son château fort (12ᵉ s.)
qui dresse fièrement ses tours dans un décor champêtre agréable et solitaire. Un petit
pont, fort étroit et en dos d'âne, enjambe de ses cinq arches la rivière. Jolie vue sur
le village depuis la D 285 en direction de Mayran.

EXCURSION

Notre-Dame de Buenne. – *9 km au Nord ; prendre, à l'Est de Belcastel, la D 285 qui
rejoint, après Mayran, la route de Rodez à Figeac, la traverser et continuer tout droit
en direction de Goutrens (D 595).*
Sur cette butte isolée on éleva d'abord la croix de la Vidalie puis, pour régner sur la
contrée, une statue de la Vierge. Sa bénédiction amena une foule de pèlerins qui
décidèrent de construire la chapelle (1880). Des pèlerinages y ont toujours lieu les
derniers dimanches de mai et d'août.
Vue au Nord-Est sur les monts d'Aubrac, au Sud-Est sur Rodez et sa cathédrale, sur
la vallée de l'Aveyron et des paysages de plaines et de collines.

BELMONT-SUR-RANCE   938 h.

Carte Michelin n° 80 pli 13 ou 240 pli 14.

Le village, étagé sur une petite colline en bordure du Rance, se dissimule au milieu
d'un paysage largement vallonné. Les maisons semblent se blottir autour de
l'imposante collégiale dont le clocher-porche, massif à la base, dresse fièrement sa
flèche dans le ciel. Belle vue sur le village en arrivant par le Nord *(depuis la D 32, prendre
à droite direction Panorama juste avant d'entrer dans Belmont).*

Collégiale. – L'église du monastère primitif étant devenue trop petite, le prévôt du
chapitre, Michel de Pontault, fit construire entre 1514 et 1524 l'actuelle collégiale. Afin
d'assurer la pérennité de son nom, il fit figurer 17 fois ses armes sur le monument
(chapiteaux, clefs de voûte et contreforts extérieurs) et couronna la haute flèche
gothique d'une statue de l'archange Michel, son saint patron, alors que l'église est
dédiée à la Vierge.
L'entrée est protégée par un porche monumental surélevé, qui présente une belle voûte
à liernes et tiercerons ; sous un arc en accolade vient se loger le tympan orné d'une
Assomption de la Vierge entourée d'anges musiciens.
A l'intérieur, la nef unique à croisée d'ogives, est clôturée par une abside polygonale
à trois pans. Une rosace surmonte le chevet : la croix centrale, ornée d'un
Couronnement de la Vierge, date du 16ᵉ s. ainsi que les figures de saint Laurent tenant
un gril et saint Michel une balance sur le premier vitrail à gauche.
Les ruelles étant trop étroites pour admirer le monument avec recul, il convient de
monter au sommet du village pour jouir d'une belle vue sur le clocher *(pour y accéder,
emprunter la rue à droite de la collégiale).* Là-haut s'élève également la petite **chapelle
de Sériguet,** très sobre, qui abrite une pierre commémorative (datée 1620) relatant le
massacre d'un père et de son fils lors des guerres de religion.

Avec ce guide,
*utilisez les **cartes Michelin** à 1/200 000*
indiquées sur le schéma p. 3.

Les références communes faciliteront votre voyage.

★ BÉZIERS

78 477 h. (les Biterrois)

Carte Michelin n° **83** plis 14, 15 ou **240** pli 26.

La capitale du vignoble languedocien, patrie de Pierre-Paul **Riquet** (à qui l'on doit la création du canal du Midi), était déjà une ville à l'arrivée des Romains qui en ont fait une colonie en 36 ou 35 avant J.-C., intégrée à la province Narbonnaise. Le forum s'étendait probablement devant l'actuel hôtel de ville, entouré de temples et d'un marché. Au 3ᵉ s., la ville est ceinte de remparts. Béziers a conservé le site qu'elle occupait avant l'installation romaine, sur un plateau dominant la rive gauche de l'Orb.

Le massacre de 1209. – Au temps de la croisade contre les Albigeois *(voir p. 31)*, les Croisés mettent le siège devant Béziers en 1209. Les catholiques de la ville, invités à quitter la place avant l'assaut, refusent de partir. Ensemble, les Biterrois livrent bataille en avant des murs, mais ils sont mis en déroute. Les Croisés, à leur poursuite, entrent en même temps qu'eux dans la ville. Le massacre est effroyable : on n'épargne ni jeunes, ni vieux, on tue jusque dans les églises. Béziers est ensuite pillée et incendiée, « afin qu'il ne restât chose vivante ».

La ville finit par renaître de ses cendres, mais reste longtemps languissante. Le développement de la vigne, au 19ᵉ s., lui a rendu l'activité et la richesse.

★ ANCIENNE CATHÉDRALE ST-NAZAIRE (AYZ)

Perchée sur une terrasse au-dessus de l'Orb, la cathédrale fut le symbole de la puissance des évêques du diocèse de Béziers de 760 à 1789. L'édifice roman, endommagé en 1209, reçoit des modifications dès 1215 jusqu'au 14ᵉ s.

Dans la façade occidentale flanquée de deux tours fortifiées (fin 14ᵉ s.) s'ouvre une belle rose de 10 m de diamètre. Au chevet, les fortifications sont un élément décoratif : les arcs entre les contreforts forment les mâchicoulis. A certaines fenêtres, beaux exemples de ferronnerie du 13ᵉ s. La base du clocher est un reste de l'édifice roman.

ⓥ **Intérieur.** – *Entrer par la porte du transept Nord.* La travée précédant le chœur, vestige de la cathédrale romane, abrite des chapiteaux sculptés du 11ᵉ s. Les colonnettes qui les surmontent, ornées de chapiteaux à crochets, de même que les voûtes sur croisées d'ogives, ont été ajoutées au 13ᵉ s., quand on souleva cette partie de la cathédrale. Remarquer la belle abside du chœur, du 13ᵉ s., transformé au 18ᵉ s. A gauche et en contrebas, la sacristie, est couverte d'une belle voûte en étoile du 15ᵉ s.

Cloître. – *Contourner la cathédrale au Sud.* Ses galeries abritent un musée lapidaire ; sarcophages, chapiteaux et pierres tombales de l'époque romaine.

Par un escalier on gagne le jardin de l'Évêché qui permet une jolie vue sur l'église St-Jude, sur l'Orb qu'enjambe le Pont Vieux du 13ᵉ s. ; le Pont Neuf date du 19ᵉ s.

BÉZIERS

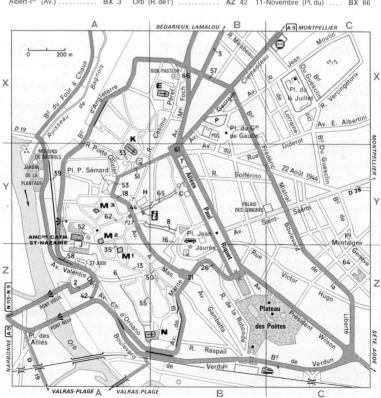

Béziers et la cathédrale St-Nazaire.

★ **Belvédère** (AY). – La terrasse à proximité de la cathédrale offre une vue intéressante sur la région biterroise. On découvre au premier plan l'Orb courant parmi les vignes, le canal du Midi bordé d'arbres et l'oppidum d'Ensérune. Au loin, émergent le mont Caroux, à l'Ouest le pic de Nore et, par temps clair, le Canigou.

AUTRES CURIOSITÉS

⊘ **Musée du vieux Biterrois et du vin** (AZ M[1]). – Le musée abrite des collections d'archéologie, notamment une série d'amphores grecques, étrusques et romaines provenant des fonds proches du Cap d'Agde qui vit se briser de nombreux navires. Il rassemble également de beaux costumes, coiffes bonnets et châles du 18e s. ainsi que de nombreux souvenirs locaux ; parmi eux, une place est faite à Aphrodise, premier évêque de Béziers et patron de la ville à laquelle il a donné son emblème : le chameau (la légende attribue au saint une origine égyptienne).
Une exposition est consacrée à l'histoire du vin : instruments, documents de l'époque romaine à nos jours. Béziers est évoquée depuis ses origines ; de nombreux vestiges romains ont été trouvés lors de fouilles dans la ville.
Une présentation rappelle les spectacles lyriques organisés aux arènes avant 1914. Enfin a été reconstituée l'auberge située au sommet de l'escalier d'écluses de Fonséranes, à l'endroit où les voyageurs venant de Toulouse et poursuivant au-delà de Béziers devaient changer de bateau *(voir ci-dessous)*.

⊘ **Musée des Beaux-Arts** (AYZ). – Il est installé dans deux anciens hôtels particuliers. L'**hôtel Fabrégat** (M[2]) renferme, entre autres, des œuvres de Martin Schaffner, Dominiquin, Guido Reni, Pillement, J. Gamelin, peintre languedocien, Géricault, Devéria, Delacroix, Corot, Daubigny, Othon Friesz, Soutine, Chirico, Kisling, Dufy, Utrillo. Il abrite également la totalité des dessins de Jean Moulin.
L'**hôtel Fayet** (M[3]) présente des peintures du 19e s. ainsi que la donation J.-G. Goulinat (1883-1972).

Allées Paul-Riquet (BYZ). – Large promenade ombragée de platanes longue de 600 m, très animée à la fin de l'après-midi. Au centre, statue de Riquet par David d'Angers. Le théâtre (T), construit au milieu du 19e s., présente une façade ornée de bas-reliefs allégoriques dus également à David d'Angers.

Plateau des Poètes (BCZ). – Dans le prolongement des allées Paul-Riquet, ce joli parc, très accidenté, doit son nom aux bustes de poètes ornant ses allées. Fontaine du Titan par Injalbert (1845-1933), natif de Béziers.

⊘ **Basilique St-Aphrodise** (BX E). – L'église primitive fut cathédrale jusqu'en 760. A l'intérieur, sous la tribune, à gauche, les fonts baptismaux sont formés d'un beau **sarcophage** (4e-5e s.), où se trouve figurée une chasse aux lions. Face à la chaire, Christ en bois peint du 16e s. Dans l'avant-chœur, à gauche, Christ en bronze, par Injalbert. La crypte, romane, renferme une belle tête de Christ.

Église de la Madeleine (AXY K). – Édifice roman modifié à l'époque gothique, puis au 18e s. Elle fut l'un des principaux théâtres du massacre de 1209.

Église St-Jacques (ABZ N). – L'abside à cinq pans (12e s.), inspirée de l'antique, est remarquable.

EXCURSIONS

Écluses de Fonséranes. – *Prendre la N 113-N 9 en direction de Narbonne puis suivre les panneaux signalant « les Neuf Écluses ».* Cette série de huit sas accolés présentant l'aspect d'un escalier de 312 m de longueur permet de rattraper une différence de niveau de 25 m. Aujourd'hui une écluse unique, aménagée parallèlement, la remplace. Depuis 1857 un pont-canal en aval, faisant passer le canal du Midi au-dessus de l'Orb, évite le passage redouté de la rivière. *Pour plus de détails sur le canal du Midi, consulter le guide Vert Michelin Pyrénées Roussillon Albigeois.*

★ **Oppidum d'Ensérune.** – 13 km. Sortir de Béziers par la N 113-N 9. A 10 km, à hauteur de Nissan-les-Ensérune, prendre à droite la D 162^E vers l'oppidum. Description p. 74.

Sérignan. – 3 888 h. 11 km au Sud par la D 19 en direction de Valras. Sur la rive droite de l'Orb s'élève l'**église**, ancienne collégiale, des 12e, 13e et 14e s. L'extérieur porte des traces de fortifications, des archères, des mâchicoulis, des vestiges d'échauguettes. A l'intérieur, la nef principale, flanquée de collatéraux voûtés d'ogives et couverte d'un plafond à caissons, se termine par une élégante abside à sept pans. Dans une petite chapelle à gauche du chœur, un beau crucifix en ivoire, don du pape Pie VII, est attribué à Benvenuto Cellini.

Valras-Plage. – 2 590 h. 15 km par la D 19. Lieu de séjour. Ce port de pêche et de plaisance à l'embouchure de l'Orb est doté d'une plage de sable s'étendant jusqu'au grau de Vendres, à l'embouchure de l'Aude. Le Théâtre de la Mer sert de cadre à divers spectacles en été.

Abbaye de Fontcaude. – 18 km au Nord-Ouest. Sortir de Béziers en direction de Narbonne, puis prendre à droite la N 112 et la D 14. Après Cazouls-lès-Béziers, prendre à gauche la D 134^E. Description p. 83.

BOURNAZEL (Château de)

Carte Michelin n° 80 pli 1 ou 235 pli 15 – 7 km au Nord de Rignac.

Occupé par une maison de repos. Construit à l'emplacement d'un édifice médiéval dont subsistent quelques tours, ce château, inachevé, présente deux ailes d'époque Renaissance : l'aile Nord, de 1545, est coiffée d'un beau toit d'ardoise. Remarquer la finesse des décorations de la frise qui sépare les deux étages. L'aile orientale n'offre plus au visiteur que sa façade de 1554, d'aspect plus classique, ajourée de grandes baies et où courent deux frises ornées de riches motifs.

★ BOZOULS
2 032 h. (les Bozoulais)

Carte Michelin n° 80 pli 3 ou 240 pli 5.

Célèbre pour son trou, Bozouls se signale d'abord par son église moderne (1964) érigée au Sud de la D 20. Le sanctuaire, en forme de proue de navire, abrite une statue de la Vierge due au sculpteur Denys Puech, originaire de Bozouls.

★ **Trou de Bozouls.** – C'est de la terrasse, tout près du monument aux morts, œuvre de Denys Puech, que l'on a la meilleure vue sur le canyon de 800 m creusé par le Dourdou dans le causse du Comtal. Des grottes trouent la paroi verticale. Sur le promontoire qu'encercle la rivière s'élève, au bord même du précipice, une église romane et les bâtiments du couvent Ste-Catherine.

Ancienne église Ste-Fauste. – Elle possède quelques chapiteaux assez curieux. Sa nef, élevée et voûtée en berceau plein cintre, était couverte, à l'origine, par des plaques de calcaire qu'alourdissait encore un épais lit de terre. Sous ce poids énorme, les piliers fléchirent et l'on dut, au début du 17e s., substituer à l'ancienne couverture une charpente en bois.
De la terrasse ombragée, à gauche de cette église, jolie vue sur le canyon du Dourdou.

★ BRAMABIAU (Abîme du)

Carte Michelin n° 80 plis 15, 16 ou 240 pli 10 – Schéma p. 48.

Le ruisseau du Bonheur, qui prend sa source au pied du mont Aigoual, au col de la Séreyrède *(p. 47),* coulait autrefois sur le petit causse de Camprieu. De là, il se précipitait en cascade dans sa vallée inférieure.
Abandonnant son lit superficiel, le Bonheur s'est enfoui dans le causse. Après un parcours souterrain de plus de 700 m, il en sort par une haute et étroite fissure et jaillit dans un cirque rocheux nommé l'Alcôve en une belle cascade, dont le bruit rappelle, en temps de crue, le beuglement du bœuf. D'où le nom de Bramabiau (Brame-Biâou : bœuf qui brame) qu'il porte en aval jusqu'à son confluent avec le Trévezel.
La première traversée souterraine fut effectuée, avec de grandes difficultés, par E.-A. Martel et ses compagnons, les 27 et 28 juin 1888, par basses eaux. En dehors des 700 m du cours principal, ils découvrirent plus de 1 000 m de galeries secondaires. De 1890 à 1892, puis en 1924, on explora 7 km de nouvelles ramifications souterraines.
Ce labyrinthe de près de 10 km de longueur est formé de salles de 20 à 40 m de diamètre, atteignant, par endroits, 50 m de hauteur, réunies par des couloirs fort étroits et de nombreuses cascades. C'est là que le romancier André Chamson a situé l'intrigue de son roman l'Auberge de l'Abîme.
Bramabiau montre « un remarquable exemple d'érosion souterraine encore active » (E.-A. Martel). Effectuant la transformation des cavernes en canyons, l'eau agrandira petit à petit les galeries, les voûtes s'écrouleront et, dans des millénaires peut-être, le Bonheur coulera de nouveau à l'air libre, au fond d'un profond canyon.

Cours souterrain du Bonheur

⏱ **VISITE** *environ 1 h 1/2, parcours d'accès compris, température : 8°*

Il arrive que des crues violentes et répétées endommagent les installations qui permettent aux touristes de suivre le cours souterrain du Bonheur. Les visites sont alors suspendues ; mais on peut néanmoins gagner l'entrée de la grotte.

Du pavillon portant l'inscription « Bramabiau », suivre le sentier en pente douce, bientôt sous bois, qui descend au niveau de la rivière en offrant de beaux coups d'œil sur l'autre rive, sur le rebord du causse entaillé par l'ancien canyon du Bonheur. Arrivé au bord de la rivière, la franchir par un pont et remonter sur la rive gauche, jusqu'à l'**Alcôve** au pied de la falaise.

L'entrée pour la visite se fait par la résurgence, c'est-à-dire la sortie de la rivière souterraine. Les crues s'opposent à un aménagement complet de la rivière souterraine. Après avoir franchi le Bramabiau entre la première cascade (à l'air libre) et la deuxième, dite de l'Échelle (souterraine), le sentier s'engage dans une galerie, impressionnante par sa hauteur et ses profondes crevasses dues à l'érosion souterraine, et conduit à la salle du Havre.

De là, un escalier permet de monter jusqu'à la partie abandonnée par les eaux et d'accéder à un belvédère d'où la vue plonge de plus de 50 m sur la rivière. Après la visite de la salle de l'Étoile, un détour dans le petit labyrinthe permet d'atteindre le Grand Aven. De là, un sentier taillé en corniche sur la rivière, à plus de 20 m de hauteur remonte la galerie Martel, passe au-dessus du Pont du Diable et arrive au filon. Ici la caverne est creusée dans un filon de barytine blanchâtre. En revenant vers la sortie du souterrain, très bel effet de contre-jour.

CAMBOUS

Carte Michelin n° **83** pli 6 ou **240** pli 19 – 6 km au Sud de St-Martin-de-Londres.

Sur la commune de Viols-en-Laval se trouvent le hameau de Cambous et son **château** du 17ᵉ s. Dans la garrigue qui s'étend derrière le château, les vestiges d'un village préhistorique ont été découverts.

⏱ **Village préhistorique de Cambous.** – Ce village appartient à la civilisation de Fontbouisse (2300 à 1800 avant J.-C.), baptisée ainsi à la suite de la découverte d'un site néolithique près de Sommières. Le site de Cambous, découvert en 1967, fut activement fouillé et l'on y a mis au jour les restes conséquents de maisons en pierres : quatre groupes de cabanes comprenant chacun de 8 à 10 bâtiments distincts mais contigus. Les murs épais de 2,50 m sont en pierres sèches et les ouvertures forment de véritables couloirs limités par des dalles de chant.

A l'intérieur de ces maisons des restes de céramiques, des objets en cuivre, des poignards en silex ont permis de déterminer le mode de vie de cette civilisation basée sur la culture des céréales et l'élevage, ainsi que sur la métallurgie du cuivre, toute nouvelle à l'époque. Comme sépulture on utilisait des dolmens comme celui qui se trouve à Cambous. Quelques objets trouvés sur ce site sont exposés à Viols-le-Fort *(voir ci-dessous)*.

EXCURSION

Viols-le-Fort. – Construit sur une butte, ce village fortifié présente à l'intérieur de ses remparts du 14ᵉ s. un dédale de ruelles tortueuses bordées de maisons anciennes.

⏱ **Exposition « L'âge des garrigues ».** – En parallèle avec le site préhistorique de Cambous, une exposition permanente présente 2 000 ans de la vie d'une communauté de paysans dans les garrigues avec des objets provenant des gisements préhistoriques du Languedoc comme la grande jarre, cerclée de cordons, typique du style de la céramique de Fontbouisse et la statue-menhir trouvée à Montferrand (2300 avant J.-C.). Une sépulture a été reconstituée contenant des parures de bronze et de perles.

On a baptisé cette période « âge des garrigues » car c'est sous cette civilisation de Fontbouisse que les sols furent épuisés par les pâturages et les brûlis, entraînant la disparition de la végétation originelle qui céda la place à la garrigue.

La CANOURGUE   1 391 h. (les Canourgais)

Carte Michelin n° **80** plis 4, 5 ou **240** pli 6 – Schéma p. 85 – Lieu de séjour.

Cette vieille cité s'étage au-dessus de l'Urugne, dans un cadre pittoresque. Les ruelles piétonnes avoisinant l'église, bordées de maisons anciennes, sont amusantes à parcourir. Certaines maisons sont construites au-dessus de canaux.

Le long de la voie de traversée (D 998) s'élève la tour de l'Horloge.

Place au blé. – Maisons anciennes aux étages en surplomb.

Église. – 12ᵉ-14ᵉ s. Ancienne collégiale rattachée vers 1058 à l'abbaye St-Victor de Marseille ; style composite provençal et chœur roman entouré de chapelles rayonnantes.

EXCURSIONS

Banassac. – 799 h. *1 km par la D 33 à l'Ouest.* Dans ce village, des fouilles ont fait découvrir des poteries romaines et des monnaies mérovingiennes. Les ateliers de céramique, du 1ᵉʳ s. après J.-C., étaient aussi importants que ceux de la Graufesenque *(voir p. 104)*. Les vases qu'on y fabriquait se distinguent par leurs inscriptions comme le bol rouge de Banassac, trouvé à Pompéi, qui porte « Bibe amice de meo » (Bois, ami, de ce que je contiens).

La CANOURGUE

L'atelier monétaire, qui existait au 6e s., était alimenté par les mines d'argent exploitées dans la région. Le dixième des monnaies mérovingiennes connues provient de cet atelier.

★ **Sabot de Malepeyre.** – *4 km au Sud. Quitter la Canourgue par la D 998, vers Ste-Énimie. A 2 km, prendre la D 46 sur la droite. A 1 800 m de la bifurcation, laisser la voiture à hauteur du Sabot de la Malepeyre, à gauche.* Cet énorme rocher de 30 m de haut, également nommé Pont naturel de Malepeyre, a été creusé et façonné par les eaux qui circulaient autrefois à la surface du causse. Il est percé d'une large baie surmontée d'un arc en anse de panier. On peut passer sous l'arche haute de 3 m et large de 10 m. De la plate-forme sur laquelle repose le talon du Sabot, s'offre une belle vue sur la vallée de l'Urugne et, au loin, sur les monts de l'Aubrac.

Le CAP D'AGDE

Carte Michelin n° 83 pli 16 ou 240 pli 30 – Lieu de séjour.

Ce promontoire, formé par une coulée de lave descendue du mont St-Loup, est prolongé par le môle Richelieu qui devait relier le cap à l'île Brescou et former ainsi une grande rade. Cette entreprise fut abandonnée à la mort de Richelieu.

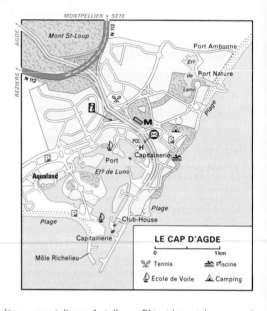

Depuis 1970, la station nouvelle du Cap d'Agde, créée selon les plans de l'aménagement du littoral, tire parti de ce site, exceptionnel sur la côte du Languedoc. Les travaux de dragage ont ouvert là un vaste havre abrité, dont les rives sinueuses n'accueillent pas moins de huit ports de plaisance, publics ou privés, pouvant accueillir 1 750 bateaux à quai.

Le style architectural du centre urbain est inspiré de l'architecture languedocienne traditionnelle. Les immeubles de 3 ou 4 étages, aux toitures de tuiles, reflètent leurs teintes pastel dans l'eau des ports, ou se protègent du soleil le long de ruelles tortueuses aboutissant à des « piazzas ».

⊙ **Musée d'archéologie sous-marine** (M). – Ce musée rassemble le produit des fouilles effectuées depuis plus de 25 ans dans la zone du delta de l'Hérault, tant en mer que dans les étangs littoraux. Les bateaux et la navigation, depuis les périodes grecque et romaine *(voir Agde p. 46)* jusqu'au 19e s., constituent les points forts de cette exposition. La vie économique et culturelle du port d'Agde à travers les siècles est également mise en valeur. Dans une salle sont rassemblées des œuvres d'art antiques dont le magnifique Éphèbe en bronze retrouvé dans les eaux en 1964. Le musée fait partie du Centre Méditerranéen d'Études et de Recherches Archéologiques Subaquatiques installé dans des locaux adjacents.

⊙ **Aqualand.** – S'étendant sur 3,5 ha, ce parc de loisirs aquatiques est un complexe de piscines à vagues où l'on plonge après de grisantes descentes sur des toboggans géants. Il comprend un ensemble de jeux aquatiques pour adultes et enfants ainsi que des boutiques, un restaurant, un snack, etc.

CASTELNAU-PÉGAYROLS
311 h. (les Castelnauvais)

Carte Michelin n° 80 Nord-Est du pli 13 ou 240 pli 9.

Ce petit village isolé sur le rude versant méridional du plateau du Lévézou est riche de deux églises romanes.

Église St-Michel. – Cette ancienne église d'un prieuré (fin du 11e s.) a des allures de forteresse avec son appareil grossier, ses contreforts massifs et son clocher-tour carré. Les bas-côtés ont été reconstruits vers la fin du 12e s. et maladroitement voûtés sur croisée d'ogives. Seuls quelques motifs ornent les piliers de la nef. Dans la première travée, une tribune, ajoutée au 15e s., s'ouvre en deux étages sur la nef.
Sous l'autel, une crypte est divisée en trois parties, comme l'église.

Église Notre-Dame. – Situé dans le cimetière, ce modeste édifice a été habilement disposé sur un terrain accidenté. Au chœur, voûté en cul-de-four (11e s.), une fausse croisée d'ogives témoigne de la volonté d'appliquer les règles gothiques. Une coupole octogonale sur trompes précède le chœur. Dans la quatrième travée du côté Sud, une chapelle a été ouverte au 15e s.

★ CASTRES

46 877 h. (les Castrais)

Carte Michelin n° 𝟴𝟯 pli 1 ou 𝟮𝟯𝟱 pli 31.

Construite sur les rives de l'Agout, Castres est un bon point de départ pour des
excursions dans le Sidobre *(p. 149),* les monts de Lacaune *(p. 90)* et la Montagne Noire
(p. 107).

Ses façades austères, la hâte de ses habitants, l'étendue de sa zone industrielle de
Melou et de La Chartreuse au Sud-Ouest, lui confèrent un caractère de ville laborieuse
et active.

L'économie de la région est dominée par l'industrie lainière. Avec Mazamet et
Labastide, Castres maintient la tradition des « peyrats » née au 14ᵉ s. Les tisserands,
qui tous étaient également paysans, utilisaient la laine de leurs moutons, et les
teinturiers la garance et le pastel cultivés dans les plaines voisines. Après une
interruption pendant les guerres de Religion et la période troublée qui suivit la
révocation de l'édit de Nantes, les foires du Languedoc permirent un nouvel essor au
18ᵉ s.

Aujourd'hui Castres et sa région, premier centre français du lainage cardé et deuxième
centre lainier après Roubaix-Tourcoing, groupe manufactures, filatures spécialisées,
ateliers de teinture et d'apprêts, manufactures de bonneterie. Riche de 51 000 broches
de filature et de 600 métiers à tisser, la production atteint environ plus de 10 000 tonnes
de filés et 10 millions de mètres de tissus d'habillement.

Aux activités traditionnelles du textile et du cuir se sont ajoutées les industries du bois,
de la mécanique, des produits chimiques et pharmaceutiques, du granit, de la salaison
et plus récemment de la robotique.

UN PEU D'HISTOIRE

Castres se développa d'abord sur la rive droite de l'Agout, autour d'un camp installé
par les Romains pour pacifier la Ruténie gauloise et d'un monastère bénédictin fondé
au 9ᵉ s. Au 10ᵉ s., la ville passa sous la domination des vicomtes d'Albi et de Lautrec.
Dès le 11ᵉ s., Castres reçoit du vicomte d'Albi la liberté d'assurer son propre
gouvernement par l'intermédiaire d'un collège de « consuls » ou « capitouls ».

La ville, qui s'était tenue à l'écart de l'hérésie cathare en se soumettant à Simon de
Montfort *(voir p. 31),* eut surtout à souffrir des guerres de Religion. La Réforme rallia
de nombreux adeptes et dès 1563, quand les consuls eurent abjuré le catholicisme,
Castres devint une cité huguenote. La paix d'Alès *(voir p. 49),* l'arrivée sur le trône de
Henri IV et la promulgation de l'édit de Nantes mirent fin aux troubles.

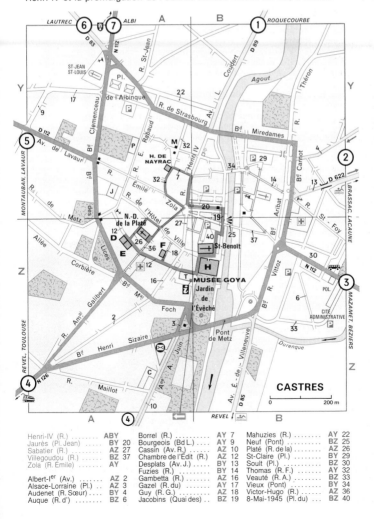

CASTRES

0   200 m

Henri-IV (R.)	**ABY**	Borrel (R.)	**AY** 7	Mahuzies (R.) ...... **AY** 22
Jaurès (Pl. Jean)	**BY** 20	Bourgeois (Bd L.)	**AY** 9	Neuf (Pont) ...... **BZ** 25
Sabatier (R.)	**AZ** 27	Cassin (Av. R.)	**AZ** 10	Platé (R. de la) ..... **AZ** 26
Villegoudou (R.)	**BZ** 37	Chambre de l'Édit (R.)	**AZ** 12	St-Claire (Pl.) ..... **BY** 29
Zola (R. Émile)	**AY**	Desplats (Av. J.)	**BY** 13	Soult (Pl.) ...... **BZ** 30
		Fuziès (R.)	**BY** 14	Thomas (R.F.) ..... **AY** 32
Albert-Iᵉʳ (Av.)	**AZ** 2	Gambetta (R.)	**AZ** 16	Veauté (R.A.) ..... **BZ** 33
Alsace-Lorraine (Pl.)	**AZ** 3	Gazel (R. du)	**AY** 17	Vieux (Pont) ..... **BY** 34
Audenet (R. Sœur)	**BY** 4	Guy (R.G.)	**AZ** 18	Victor-Hugo (R.) ..... **AZ** 36
Auque (R. d')	**BZ** 6	Jacobins (Quai des)	**BZ** 19	8-Mai-1945 (Pl. du) ... **BZ** 40

63

Mais la violence qui avait marqué cette période persista longtemps encore. Ainsi, après la révocation de l'édit de Nantes, les protestants durent de nouveau se cacher et, pendant la Révolution, les affrontements politiques dégénérèrent souvent en luttes religieuses.

L'affaire Sirven. – Elle illustre l'intolérance religieuse. Pierre-Paul Sirven, né à Castres en 1709, était un homme de loi, connu pour sa foi protestante. Une de ses filles entra au couvent des Dames Noires avec l'intention de se convertir au catholicisme. Souffrante, elle dut revenir dans sa famille. Quelques mois plus tard, on trouva son cadavre au fond d'un puits. Le tribunal de Mazamet accusa les Sirven d'avoir tué leur fille pour empêcher sa conversion. Menacés, ils s'enfuirent en Suisse et furent condamnés à mort par contumace. Voltaire qui déjà avait obtenu la réhabilitation de Calas en 1765 *(voir p. 81),* employa tout son talent à démontrer l'erreur judiciaire. L'innocence des époux Sirven fut finalement reconnue en 1777 par le parlement de Toulouse.

Jean Jaurès. – Il naît à Castres le 3 septembre 1859 et passe une partie de son enfance à Saïx, petit village du bord de l'Agout, au Sud-Ouest de Castres. Élève au lycée qui aujourd'hui porte son nom, puis à l'École Normale Supérieure de Paris, il devient professeur de philosophie au lycée d'Albi et enseigne à l'Université de Toulouse. Attiré par la politique, il est élu député socialiste de Castres en 1885 et de Carmaux en 1893. Sa prise de position en faveur de Dreyfus lui vaut quelques échecs politiques. A la suite de l'Internationale d'Amsterdam, il prend la tête du parti socialiste unifié (1905). Quand la guerre approche, il met sa voix puissante au service de la paix et crie aux hommes leur folie. Il meurt assassiné au café du Croissant à Paris, le 31 juillet 1914. Sa dépouille est transférée au Panthéon en 1924.

★MUSÉE GOYA (BZ) *visite 1 h*

Il est installé au second étage de l'hôtel de ville dans l'ancien palais épiscopal *(voir p. 65).*

Spécialisé dans la peinture espagnole, ce musée est surtout célèbre pour sa collection exceptionnelle d'**œuvres de Goya★★**, léguées en 1893 par le fils du collectionneur, le peintre castrais Marcel Briguiboul.

Une vaste salle, au plafond soutenu par une frise de médaillons contenant les blasons des évêques de Castres, renferme des tapisseries du 16ᵉ s. et une belle cheminée en marbre rouge de Caunes-Minervois.

Dans la salle suivante sont exposées des œuvres de primitifs espagnols du 14ᵉ s., puis trois salles sont consacrées au « siècle d'or » espagnol, le 17ᵉ s., représenté par Murillo, Valdès Leal et Ribera.

Les œuvres de Goya sont rassemblées dans trois salles. Francisco de Goya y Lucientes naquit à Fuendetodos, au Sud de Saragosse, en 1746, et fut nommé peintre du roi en 1786. Il fut alors chargé de l'exécution de portraits de nombreux personnages de haut rang.

Les peintures et gravures réunies ici correspondent à des moments bien particuliers de son évolution.

La première salle est dominée par « la Junte des Philippines présidée par Ferdinand VII », tableau aux dimensions exceptionnelles, peint vers 1814, dont la composition baigne dans une atmosphère poussiéreuse. Le peintre, en soulignant l'ovale des dossiers des fauteuils, a figé le roi et ses conseillers dans des attitudes dépourvues d'humanité ; l'impression de lourde immobilité est encore accentuée par de grands espaces froidement géométriques tandis que l'assemblée somnole, bâille d'ennui et se donne des airs d'importance.

Son autoportrait avec des lunettes et le portrait de Francisco del Mazo illustrent l'art de Goya pour rendre les expressions. Deux petites salles conservent l'œuvre gravé. Dans les vitrines sont exposés « les Désastres de la guerre », ensemble que lui avait inspiré la Guerre d'Indépendance (1808-1814). Sur les murs « les Caprices », deuxième tirage du recueil de 80 gravures à l'eau forte publié en 1799, expriment la solitude et les réflexions dans lesquelles la surdité avait plongé Goya à partir de 1792. Fugacité de la jeunesse et de la beauté, vanité de la coquetterie féminine, injustice d'une société où les ânes écrasent les pauvres gens, aliénation des hommes traqués par l'inquisition et enchaînés à toutes sortes de superstitions, tels sont les thèmes qu'a traduits Goya dans des images peuplées de sorcières et de monstres. Autant d'audace risquait d'attirer des ennuis au peintre du roi ; aussi fit-il don des cuivres des Caprices à Charles IV et en arrêta ainsi la vente.

Quelques salles de l'ancien palais sont consacrées au **musée Jean Jaurès.** De nombreux documents sur la vie de l'homme politique ont été rassemblés : photos, journaux, sculptures.

Goya. - Autoportrait.

LE VIEUX CASTRES *visite : 1 h 1/2*

Partir du théâtre (siège du Syndicat d'Initiative)

Il fait face aux superbes **jardins** à la française dessinés par Le Nôtre en 1676.

Hôtel de ville (BZ H). – Il est installé dans **l'ancien palais épiscopal** (Castres fut le siège d'un évêché de 1317 à 1790), construit en 1669 d'après les plans de Mansart. A droite, en pénétrant dans la cour, la massive tour romane à l'élégant portail est l'unique vestige de l'ancienne abbaye St-Benoît.

Cathédrale St-Benoît (BZ). – Dédiée à saint Benoît de Nursie, elle a été bâtie à l'emplacement de l'abbatiale fondée au 9e s. par les Bénédictins. La construction fut confiée à l'architecte Caillau en 1677 ; il réalisa le chœur, puis Eustache Lagon reprit les travaux en 1710.

De style baroque, elle est impressionnante par ses vastes proportions. Le maître-autel à baldaquin soutenu par des colonnes en marbre de Caunes est surmonté d'un tableau représentant la Résurrection du Christ, œuvre de Gabriel Briand (1626-1777).

Le chœur est entouré de quatre statues de marbre de la fin du 17e s. Les chapelles latérales renferment un riche ensemble de tableaux provenant de la chartreuse de Saïx. La plupart sont des œuvres du Chevalier de Rivalz, peintre toulousain du 10e s.

Traverser la place du 8-Mai-1945.

Au pied du chevet de la cathédrale une élégante galerie a été créée à partir des colonnes du cloître. Sur la place quelques maisons à pans de bois ont été restaurées.

Quai des Jacobins (BZ 19). – Du pont Neuf et du quai s'offre une belle vue sur les maisons au bord de l'Agout. Anciennes demeures des tisserands et des teinturiers au Moyen Age, elles sont construites sur de vastes caves de pierre s'ouvrant directement sur l'eau. Leurs couleurs vives se reflétant dans l'eau forment un ensemble harmonieux.

Traverser la place Jean-Jaurès dominée par la statue du tribun. Prendre à droite la rue Henri-IV puis à gauche la rue Borrel.

★ **Hôtel de Nayrac** (AY). – *12, rue Frédéric-Thomas.* Ce bel hôtel en briques et pierres est représentatif du style de la Renaissance toulousaine du 16e s. Encadrant une cour, trois façades à fenêtres à meneaux sont réunies par deux tours d'angle sur trompes.

Suivre les rues Émile-Zola et Victor-Hugo.

Église N.D. de la Platé (AZ). – L'édifice, de style baroque, fut rebâti de 1743 à 1755. Au centre du maître-autel, la très belle Assomption de la Vierge, en marbre de Carrare, est due aux artistes italiens Isidore et Antoine Baratta (école du Bernin). Dans la salle des fonts baptismaux, Baptême du Christ. Face à l'autel, admirer l'orgue du 18e s.

Revenir sur ses pas et prendre à gauche la rue de l'Hôtel-de-Ville.

Au no 31 on admire une porte en plein cintre à colonnes cannelées surmontées d'un fronton sculpté représentant des armes (pistolet, sabre, canon, etc.).

Prendre à gauche la rue de la Platé.

Hôtel du Viviers (AZ D). – *35 rue Chambre-de-l'Édit.* Un portail monumental donne accès à une cour qu'encadre un édifice du 16e s. avec une tour carrée d'angle.

Hôtel Jean Leroy (AZ E). – *31 rue Chambre-de-l'Édit.* Cet hôtel du 16e s. présente des fenêtres à meneaux et une tour d'angle sur la rue.

Hôtel de Poncet (AZ F). – *Rue Gabriel-Guy.* Cet élégant hôtel du 17e s. présente une façade pourvue de curieuses cariatides soutenant une terrasse à balustres. A l'intérieur se déploie un escalier monumental.

La rue Chambre-de-l'Édit ramène au théâtre.

Les églises ne se visitent pas pendant les offices.

★ CASTRES   3 419 h

Carte Michelin no 83 pli 7 ou 240 pli 23 – 12 km au Nord-Est de Montpellier.

La colline sur laquelle ont été bâtis le village de Castries et son imposant château s'élève au milieu de la garrigue.

★ **Château de Castries.** – Le château actuel fut construit au 16e s. par Pierre de Castries (prononcer Castres) sur cette butte où s'étaient déjà succédé un castrum romain et un château gothique. Il appartient toujours à la famille de Castries. Ce château Renaissance comprend une vaste cour d'honneur ornée d'un buste de Louis XIV par Puget. L'une des ailes a été malheureusement détruite pendant les guerres de Religion et ses pierres ont été utilisées pour réaliser une série de terrasses donnant accès aux jardins dessinés par Le Nôtre.

A l'intérieur, l'escalier d'honneur, présentant des toiles de l'école de Boucher (1760), mène à la grande salle des États du Languedoc où un tableau évoque les grandes assemblées qui s'y déroulaient. Elle abrite aussi un remarquable poêle de faïence de Nuremberg et un dessus de table en porcelaine de Meissen (fin 18e s., début 19e s.) illustrant le Jugement de Pâris. Dans la bibliothèque on peut admirer de beaux portraits de famille et d'admirables reliures. Dans la salle à manger, buffet Louis XV provençal en bois d'olivier, et tableau de Rigaud représentant le cardinal de Fleury. Exposition de linge dans la cuisine.

Après la visite du château, en prenant la D 26 vers Guzargues à partir de la N 110, on a une **vue** très intéressante sur l'**aqueduc** construit par Riquet (créateur du canal du Midi) pour approvisionner le château en eau.

CAUNES-MINERVOIS

Carte Michelin n° 83 pli 12 ou 235 pli 36.

A l'entrée des gorges de l'Argent-Double, le village resserré au milieu du vignoble a connu une certaine notoriété grâce à l'exploitation de son marbre rouge-orangé veiné de gris et de blanc, très recherché au 18e s.
Les bâtiments de son ancienne abbaye bénédictine, reconstruits au 18e s., lui confèrent quelque noblesse.

Église. – Surmontée d'un clocher roman imposant, son intérieur gothique est paré de beaux autels du 18e s. taillés dans le marbre local.
En face de l'église se dresse la vaste façade du logis abbatial.
En montant vers la mairie on passe devant une maison du 16e s. aux fenêtres à meneaux.

Hôtel d'Alibert. – A l'intérieur une ravissante cour Renaissance d'influence italienne présente des galeries superposées décorées de bustes dans des médaillons.

EXCURSIONS

Ermitage du Cros. – *4 km. Prendre à l'Est la D 115 en direction d'Olonzac. A un calvaire, tourner à gauche.* La chapelle, lieu de pèlerinage, se détache dans un site boisé dominé par des falaises de calcaire.

Gorges de l'Argent-Double. – *20 km AR. Prendre la D 620 au Nord de Caunes.* La rivière de l'Argent-Double qui doit son nom à des dépôts argentifères, a creusé des gorges profondes dans cette partie Sud de la Montagne Noire. Très vite on passe d'un paysage méditerranéen, avec une végétation de cyprès et d'oliviers, à la forêt de châtaigniers. On aperçoit les ruines du château dominant le bourg de Citou.

Lespinassière. – Bâtie sur un piton, dans un cirque de montagne, Lespinassière est dominée par son château fort dont subsiste une imposante tour carrée du 15e s.

Le CAYLAR

Carte Michelin n° 80 pli 15 ou 240 pli 18 – Schéma p. 85.

Ce village, dont le nom signifie rocher, est surmonté de rochers ruiniformes très découpés. De loin, on pourrait croire à une ville aux remparts et aux donjons impressionnants. Cependant, en approchant, on s'aperçoit que ce « château » est fait de roches sculptées par les eaux.

Église. – On peut y voir un Christ mutilé, en bois, datant du 16e s. et, dans la chapelle de la Vierge, un beau retable en pierre sculptée du 15e s.

Tour de l'Horloge. – Reste des anciens remparts.

Maisons anciennes. – Quelques-unes conservent des portes et des fenêtres datant des 14e et 15e s.

Ⓥ **Chapelle du Rocastel.** – Cette petite chapelle romane, bâtie dans le flanc du Rocastel parmi les rochers qui dominent le village, abrite un autel de pierre du 12e s. Elle faisait partie de la forteresse qui fut démantelée sur l'ordre de Richelieu *(voir : « la paix d'Alès » p. 49)*. Un pan de mur rappelle son existence.
Du rocher le plus élevé, on a une vue très pittoresque sur les vastes étendues de roches dolomitiques.

★★★ CÉVENNES (Corniche des)

Carte Michelin n° 80 plis 6, 16, 17 ou 240 plis 6, 10, 11 – Schéma p. 82.

La route dénommée « Corniche des Cévennes », qui joint Florac à St-Jean-du-Gard en suivant la crête « Entre deux Gardons », est fort pittoresque. Elle fut aménagée au début du 18e s. pour permettre le passage des troupes armées de Louis XIV pénétrant dans les Cévennes pour lutter contre les protestants *(voir p. 100)*.

DE FLORAC A ST-JEAN-DU-GARD *53 km – environ 1 h 1/2*

Pour goûter pleinement la beauté de cette route, on la parcourra de préférence par temps clair et à la fin de l'après-midi, à l'heure où l'éclairage oblique fait le mieux ressortir les découpures des crêtes, la profondeur des vallées. Sous un ciel orageux, le spectacle, encore plus impressionnant, laissera un souvenir inoubliable.

Florac. – *Page 81.*

> *Quitter Florac au Sud par la D 907.*

La route remonte d'abord la vallée du Tarnon, au pied des escarpements du causse Méjean, puis s'élève vers St-Laurent-de-Trèves.

St-Laurent-de-Trèves. – Sur le promontoire calcaire qui domine le village ont été découvertes des **traces de dinosaures** datant de 190 millions d'années. A cette époque s'étendait là une lagune où vivaient des dinosaures, bipèdes d'environ 4 m de haut. De ce site s'offre une très belle **vue★** sur trois causses du Sud au Nord : le causse Noir, le Méjean, le Sauveterre, ainsi que les monts Aigoual et Lozère. Au col du Rey commence la Corniche des Cévennes proprement dite. La route s'engage sur le plateau calcaire, balayé par les vents, du **Can de l'Hospitalet.** C'est dans ce paysage sauvage de landes parsemées de rochers que se réunissaient les Camisards au 18e s. *(voir p. 100)*. Puis la route suit le rebord du plateau dominant la Vallée Française qu'arrose le Gardon de Ste-Croix.

Col des Faïsses. – *Origine du nom : voir répertoire p. 27*. A pic des deux côtés, belle vue sur les Cévennes.

On traverse l'Hospitalet. Du plateau dénudé où la roche affleure, on a ensuite une vue magnifique sur le mont Lozère, la petite ville de Barre-des-Cévennes, la Vallée Française et le massif de l'Aigoual.

Au Pompidou, on laisse les calcaires pour les schistes. Puis la route suit une crête, à travers des bois de châtaigniers et de maigres prairies où fleurissent au printemps des narcisses. Jusqu'à St-Roman-de-Tousque, on domine la Vallée Française au-delà de laquelle s'enchevêtrent les serres et les vallées cévenols. La vue est très belle. Par temps clair, on aperçoit au loin le Ventoux.

St-Roman-de-Tousque. – Petit village pittoresque au milieu des prairies et des châtaigniers.

La route change de versant et domine la Vallée Borgne. Au col de l'Exil, un nouveau changement de versant fait réapparaître la Vallée Française et procure des vues magnifiques sur les Cévennes et le mont Lozère.

Au col de St-Pierre commence la pittoresque descente en lacet vers St-Jean-du-Gard.

St-Jean-du-Gard. – *Page 139.*

CHÂTEAUNEUF-DE-RANDON 564 h. (les Castelrandonniers)

Carte Michelin n° **76** pli 16 ou **239** pli 45.

Châteauneuf est bâtie au sommet d'une butte granitique haute de 130 m, dans un site pittoresque à 1 290 m d'altitude, sur le versant Sud-Est de la Margeride.

La dernière campagne de Du Guesclin. – En 1380, l'Auvergne était en proie aux déprédations des compagnies de brigands et aux incursions anglaises. Les États demandèrent alors l'envoi d'une armée royale et St-Flour insista pour qu'elle fût confiée à Bertrand du Guesclin. Le plan de celui-ci était d'isoler Carlat, clef du Massif central, en s'emparant de sa ceinture de forteresses. Il commença à mettre son projet à exécution en réduisant Chaliers après six jours de siège, puis il se rendit à Châteauneuf-de-Randon, tenue par les Anglais, pour investir la ville. C'est sous les murs de Châteauneuf que Bertrand du Guesclin mourut d'une congestion pulmonaire le 14 juillet 1380. Sa statue se dresse sur la grande place du bourg, au sommet de la butte.

Un mausolée de granit a été élevé à la mémoire du grand homme de guerre, au pied de la butte, au hameau de l'**Habitarelle**, à l'endroit même où, après la prise de Châteauneuf par ses troupes, les clés de la petite ville auraient été déposées sur son cercueil. Près de là coule la source de la Glauze qui serait responsable de la mort de Du Guesclin ; car, en buvant de son eau glacée, au cours d'un combat, le connétable aurait contracté la maladie qui devait l'emporter.

Avant de mourir, Du Guesclin avait demandé à être enterré, près de sa terre natale, à Dinan, en Bretagne. Le cortège se met donc en route. Au Puy, le corps est embaumé ; les entrailles sont prélevées et enterrées dans l'église des Jacobins, aujourd'hui St-Laurent. A Montferrand, l'embaumement se révèle insuffisant : il faut faire bouillir les chairs pour les détacher des os et les ensevelir dans l'église des Cordeliers, détruite en 1793 par les révolutionnaires qui dispersèrent les cendres du connétable. Au Mans, qu'on gagne par voie d'eau, un officier du roi apporte l'ordre de conduire le corps à St-Denis : le squelette lui est alors remis.

Enfin, le cœur, seul rescapé du voyage, arrive à Dinan où il est déposé dans l'église des Jacobins ; il est aujourd'hui dans la basilique St-Sauveur.

Alors que les rois de France n'avaient que trois tombeaux (cœur, entrailles, corps), Du Guesclin eut donc quatre monuments funéraires, dont deux avec des gisants : l'un au Puy représentant le connétable avec la barbe qu'il devait porter au moment de sa mort et l'autre à St-Denis où il montre un visage imberbe.

Les foires de Châteauneuf. – Malgré sa faible population et son aspect villageois, Châteauneuf est pour toute la partie Sud de la Margeride le principal marché de cette région presque exclusivement pastorale, la localité s'anime chaque semaine pour les marchés aux veaux et en outre, pour les grandes **foires** d'été.

Cependant cette activité cède désormais le pas à celle, touristique et curative (des enfants handicapés ou souffrant d'asthme et d'allergies respiratoires), que son tonique climat d'altitude réservait à Châteauneuf.

★★ CLAMOUSE (Grotte de)

Carte Michelin n° **83** pli 6 ou **240** pli 18 – 3 km au Sud de St-Guilhem-le-Désert – Schéma p. 88.

La grotte de Clamouse s'ouvre dans le causse du Sud-Larzac, près du débouché des gorges de l'Hérault *(p. 88)* sur la plaine d'Aniane. Explorée en 1945 à la faveur d'une sécheresse estivale exceptionnelle, elle a été ouverte aux touristes en 1964.

La grotte doit son nom à la résurgence *(voir p. 21)* qui bouillonne en contrebas de la route et dont les eaux vont, après de très fortes pluies, se briser avec fracas dans l'Hérault justifiant alors le nom patois de Clamouse (hurleuse).

Mais la légende est plus émouvante : elle donne pour origine à ce nom le cri de douleur d'une mère. Autrefois, dit-elle, une famille de paysans vivait dans les gorges de l'Hérault. Les parents durent placer l'aîné de leurs enfants comme berger sur le causse. Un jour où il était revenu au mas paternel, le jeune garçon eut la surprise de reconnaître un bâton gravé qu'il avait jeté dans un aven. Dans le bassin où elle allait régulièrement faire sa provision d'eau, sa mère avait trouvé l'objet, transporté par la rivière souterraine. Le berger prit l'habitude d'envoyer à ses parents, à date fixe, divers objets par la même voie. Mais un jour, il fut entraîné dans l'aven par un mouton trop vigoureux et la pauvre femme vit flotter sur les eaux calmes de la source le corps de son fils.

CLAMOUSE (Grotte de)★★

Ⓥ VISITE *environ 1 h, température : 17°*

Jusqu'à la salle Gabriel Vila, appelée aussi salle du Sable en raison des dépôts qui la recouvrent à la suite de chaque crue, on parcourt diverses salles naturelles et on emprunte même le lit ancien de la rivière, encore occupé par les eaux en période de crue ; cette première partie retient surtout l'attention par des phénomènes d'érosion dus à l'action des eaux souterraines.

Les salles riches en concrétions que l'on parcourt ensuite, couloir Blanc et Grande Salle surtout, sont remarquables par la finesse et la variété des formes de leurs cristallisations. Fleurs de calcite d'une pureté et d'une blancheur étincelantes, disposées en grappes ou en buissons d'aragonite givrés, excentriques aux formes capricieuses, stalactites fistuleuses *(voir p. 21)* pendant de la voûte, draperies de stalactites dont certaines coulées sont colorées par des oxydes métalliques, et la Méduse, très importante concrétion translucide blanche, y forment de curieux ensembles.

Le retour à l'air libre, après le tunnel artificiel de sortie, s'accompagne d'une jolie vue sur la vallée de l'Hérault. Exposition sur la préhistoire à Clamouse.

CLERMONT-L'HÉRAULT   5 926 h. (les Clermontais)

Carte Michelin n° 🔢 pli 5 ou 🔢 pli 22 – Lieu de séjour.

Clermont-l'Hérault est bâtie dans une plaine fertile, non loin du confluent de la Lergue et de l'Hérault, au pied d'une colline couronnée des ruines d'un vieux château du 12ᵉ s. d'où l'on a une vue agréable sur le village et les environs. Comme Lodève, Clermont-l'Hérault fut longtemps spécialisé dans la fabrication des draps militaires. C'est actuellement un centre viticole et un important marché de raisins de table.

★ **Église St-Paul.** – Commencée en 1276 sur l'édifice roman précédent, inaugurée en 1313, elle fut fortifiée pendant la guerre de Cent Ans ; des mâchicoulis, des échauguettes témoignent de cette époque. Longtemps elle fut réunie par deux murs aux remparts de la ville. Au 15ᵉ s., la façade occidentale s'orna d'une belle rose ; un porche précéda le portail Nord sur lequel fut édifié le clocher octogonal.

L'impression de puissance, accentuée à l'extérieur par la présence d'arcs-boutants, conjuguée à la grande harmonie intérieure et à l'élégance de la nef principale en font un intéressant spécimen de l'architecture gothique dans le département de l'Hérault.

Vieux quartier. – Les ruelles très étroites du vieux quartier, resté presque intact, escaladent, souvent par des degrés, la colline du château.

★ COMBEROUMAL (Prieuré de)

Carte Michelin n° 🔢 pli 13 ou 🔢 pli 9 – 3 km à l'Ouest de St-Beauzély.

Laisser la voiture à l'entrée du chemin d'accès au prieuré.

Ⓥ Le prieuré grandmontain de Comberoumal, fondé à la fin du 11ᵉ s. et supprimé en 1772, est un des mieux conservés de cet ordre. On y ressent parfaitement la solitude et le dépouillement recherchés par l'ermite Étienne de Muret et ses disciples, fondateurs de l'ordre. Leur attachement à la pauvreté et au recueillement les amena à concevoir un art très sobre et néanmoins fort beau (remarquer la qualité de l'appareillage).

Le prieuré, d'époque romane, se compose de quatre bâtiments disposés en carré autour d'un petit cloître malheureusement détruit. Au Nord s'élève l'église dont le vaisseau unique et sans transept est voûté d'un berceau légèrement brisé. Une seule fenêtre, au fond, éclaire la nef, tandis que le chœur, plus large et percé de trois baies largement ébrasées, concentre la lumière. L'aile Ouest, modifiée, était réservée aux hôtes (cheminée romane à conduit circulaire). L'aile Sud, transformée lors de la construction de l'étage, conserve au rez-de-chaussée le réfectoire et la cuisine (un passe-plat ouvre encore sur le passage du cloître). A l'Est se succèdent depuis l'église un passage couvert vers le cimetière, la salle capitulaire, dont la triple baie, côté cloître, est surmontée d'un arc de décharge, et une salle commune – ou cellier – aujourd'hui dédoublée par un mur. A l'extérieur, les contreforts, la régularité des fenêtres à linteaux monolithes et la légère différence de hauteur des toits livrent l'organisation intérieure de cette aile, contre laquelle s'élève le chevet saillant à pans coupés de l'église.

★★★ CONQUES   404 h. (les Conquois)

Carte Michelin n° 🔢 Nord des plis 1, 2 ou 🔢 plis 11, 12.

Conques est une bourgade tranquille accrochée, dans un **site**★★ remarquable, aux pentes escarpées des gorges de l'Ouche. Elle renferme une magnifique église romane aux prodigieux trésors, reste d'une abbaye qui hébergea longtemps l'interminable file des pèlerins se rendant à St-Jacques-de-Compostelle.

Sainte Foy. – L'abbaye ne connaît la célébrité que lorsqu'elle entre en possession, de façon fort peu recommandable, des reliques de sainte Foy. Cette jeune chrétienne avait été martyrisée à Agen vers 303 et ses reliques y étaient jalousement gardées. Au 9ᵉ s., suivant la légende, un des moines de Conques les tenait en telle vénération qu'il résolut de s'en emparer. Il part pour Agen, s'y fait passer pour un pèlerin, entre dans la communauté de Ste-Foy, durant dix ans, inspire tant de confiance qu'il est chargé de la garde des reliques. Il en profite pour les dérober et les emporter à Conques. La sainte redouble alors les miracles : on les appelle, à l'époque, les « jeux et badinages de sainte Foy ».

Les pèlerinages. – C'est au 11e s. que commence à s'élever l'église actuelle, apparentée par l'architecture à d'illustres sanctuaires contemporains : St-Jacques de Compostelle, St-Sernin de Toulouse, St-Martin de Tours, St-Martial de Limoges (ces deux derniers détruits). Entre le Puy et Moissac, Conques était l'étape que conseillait le guide rédigé à l'usage des pèlerins de St-Jacques-de-Compostelle.

Du 11e au 13e s., l'afflux ne cesse pas : c'est la grande époque de Conques.

C'est chose extraordinaire que la vogue de ces voyages lointains, pénibles, seule façon médiévale de pratiquer le tourisme. On s'y rend pour se laver de quelque crime ou par dévotion pure. Les bateleurs hantent les routes suivies par les pèlerins et, le soir, dans l'hôtellerie d'un couvent, distraient leur public. Parvenu, non sans périls, au terme de son voyage, le pèlerin se charge de ces coquilles si fréquentes sur les côtes de Galice et qui ont gardé le nom de Saint-Jacques. Il s'en revient absous et riche d'expérience. Le monastère est transformé en collégiale de chanoines. Les protestants le ruinent en 1561. L'église brûle en partie, puis tombe dans le plus profond oubli. Elle menace de s'effondrer quand, au siècle dernier, Prosper Mérimée, en tournée d'inspection des monuments historiques, la découvre et fait un rapport si émouvant qu'il la sauve.

★★ ÉGLISE STE-FOY _visite : 1 h 1/2_

Extérieur. – Ce magnifique édifice roman fut commencé au milieu du 11e s., mais la majeure partie date du 12e s. Elle est surmontée de deux tours de façade refaites au siècle dernier et, sur la croisée du transept, d'un clocher-lanterne octogonal.

★★★ Tympan. – Le tympan du portail Ouest (à voir, si possible, au soleil couchant) est un chef-d'œuvre de la sculpture romane du 12e s. Il développe le thème du Jugement dernier.

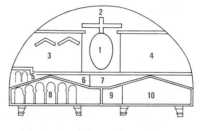

1) A l'ombre de la croix, le Christ, assis dans une gloire, bénit les élus de la main droite ; sa main gauche s'abaisse pour indiquer aux réprouvés le sort qui les attend.
2) Du ciel entrouvert descendent les phalanges célestes sonnant le réveil des morts ou portant les instruments de la Passion.
3) A gauche du Sauveur : Marie, saint Pierre, un cortège d'abbés et de donateurs où figurerait Charlemagne.
4) A droite du Sauveur : derrière les anges débute la vision infernale.
5) Sainte Foy, prosternée, reçoit la bénédiction divine.
6) Les morts sortent de leurs tombeaux.
7) Saint Michel pèse les âmes et le démon tente de faire pencher vers lui le plateau de la balance.
8) Abraham reçoit les élus sous les arcades de la Jérusalem céleste.
9) Des démons poussent les damnés dans la gueule de l'Enfer.
10) Les damnés sont accueillis par Satan trônant au milieu de diablotins qui font subir aux pécheurs les supplices les plus divers.

Longer à droite la façade Sud de l'église contre laquelle sont placés des enfeus (12e s.), dont l'un conserve l'épitaphe de l'abbé Bégon (1087-1107), et entrer dans l'église par la porte ménagée dans le bras droit du transept.

Intérieur. – Très élevé (22 m), sobre et austère, il produit un grand effet. Le chœur, de vastes proportions, est entouré, comme dans toutes les églises de pèlerinage, d'un déambulatoire qui permettait aux fidèles de défiler autour des reliques de sainte Foy exposées jadis dans le chœur. Sur les murs de la sacristie, des restes de fresques (15e s.) retracent le martyre de sainte Foy. Les superbes grilles du 12e s. formant clôture remplacent celles qui auraient été forgées avec les fers des prisonniers délivrés par la sainte. Au-dessous du passage qui met en communication les tribunes, dans la travée centrale du croisillon Nord, un bel ensemble sculpté représente l'Annonciation..

Cloître. – Depuis 1975, son plan, au sol, est restitué par un chemin dallé. Il n'en subsiste plus qu'une série d'arcades ouvrant sur l'ancien réfectoire et surtout un très beau bassin de serpentine ayant appartenu au lavabo des moines.

★★★ Trésor I. – Le trésor de Conques renferme des pièces d'orfèvrerie qui constituent la plus complète expression de l'histoire de l'orfèvrerie religieuse en France, du 9e au 16e s. Il comprend, en particulier, une série de reliquaires, œuvres d'un atelier d'orfèvre installé dans l'abbaye avant même l'époque carolingienne et jusqu'au 14e s. Voici, dans l'ordre chronologique, les pièces principales :

9e siècle. – Reliquaire en or filigrané, don de Pépin, fils de Louis le Débonnaire.

10e siècle. – Statue-reliquaire de sainte Foy : pièce maîtresse du trésor, cette statue, en bois, est recouverte de lames d'or et enrichie d'une profusion de pierres précieuses, de cabochons, d'émaux limousins ; la sainte tient entre les doigts de petits tubes où l'on mettait des fleurs.

Statue-reliquaire de sainte Foy.

12e siècle. – Reliquaire du pape Pascal II. Autel portatif de l'abbé Bégon, composé d'une plaque de porphyre rouge, enchâssé dans une monture d'argent niellé. Reliure d'évangéliaire ou autel portatif, en albâtre oriental, garni de dix émaux cloisonnés sur cuivre, imités d'émaux byzantins. Reliquaires de l'abbé Bégon, dit « Lanterne de saint Vincent ». « A de Charlemagne » : une légende veut que Charlemagne, désirant doter toutes les abbayes de la Gaule d'une lettre de l'alphabet, par ordre d'importance, aurait donné la lettre « A » à celle de Conques. Grande châsse de sainte Foy : coffre en cuir orné de trente et un disques d'émail champlevé sur fond d'or.

13e siècle. – Statuette-reliquaire de la Vierge, en bois, recouverte de plaques d'argent. Bras-reliquaire de saint Georges, en argent.

⊙ **Trésor II.** – Il est situé au-dessus du Syndicat d'initiative. C'est un musée lapidaire qui contient également des meubles et des tapisseries des 16e et 17e s.

★ VILLAGE

Ses ruelles escarpées sont bordées de maisons anciennes dont les pierres rousses s'allient harmonieusement aux couvertures de lauzes.
Au-dessous de l'église Ste-Foy, le village s'étire à flanc de coteau le long de la rue Charlemagne, chemin que gravissaient les pèlerins se rendant à l'abbaye. De cette rue, un chemin rocailleux permet d'atteindre une butte où s'élève la chapelle St-Roch et un calvaire. Une très belle vue s'offre alors sur Conques groupé autour de son église.
Au-dessus de Ste-Foy, d'autres rues mènent à d'anciens vestiges de fortifications.

Au monument aux morts, tourner à gauche pour atteindre la place du Château.

On peut y admirer le château d'Humières (16e s.) avec ses consoles sculptées, et, plus loin, la porte de Vinzelle, l'une des trois portes du 12e s. subsistantes.
Du cimetière, dont un angle est occupé par la chapelle funéraire des abbés de Conques, jolie vue sur la vallée de l'Ouche.

EXCURSIONS

Pont Romain. – Les pèlerins (ou « roumis ») en route pour St-Jacques-de-Compostelle l'empruntaient pour traverser le Dourdou.

★ **Site du Bancarel.** – *3 km. Quitter Conques par la D 901 vers Rodez, le long du Dourdou. A 500 m du pont, prendre à gauche vers le site du Bancarel.*
La **vue**★ d'ensemble vers Conques et son église est très belle.

Le Cendié. – *2 km. Traverser le pont romain et prendre la petite route en face (D 232) vers Noailhac. Après 1 km apparaît une autre* **vue**★ *intéressante sur le site de Conques.*

★ La COUVERTOIRADE   134 h.

Carte Michelin n° 🆔 pli 15 ou 🆔 plis 14, 18 – 6,5 km au Nord du Caylar.

Au milieu du plateau du Larzac *(p. 91)*, ce curieux bourg fortifié *(illustration p. 36)*, ancienne possession des Templiers dépendant de la commanderie de Ste-Eulalie *(p. 92)*, surprend par son appareil militaire. L'enceinte fut élevée vers 1450 par les chevaliers de Saint-Jean de Jérusalem *(voir tableau p. 30)*.
La Couvertoirade, à l'exemple des autres villages du Larzac, s'est rapidement dépeuplée. L'agglomération comptait 362 habitants en 1880. Quelques artisans s'y sont installés (émaux, poterie, tissage).

CURIOSITÉS

Laisser la voiture près de la porte Nord, extérieurement aux remparts.

⊙ **Remparts.** – Franchir la porte Nord et prendre l'escalier sans parapet qui s'amorce au pied d'une maison Renaissance. La tour Nord, très haute, de plan carré, semble avoir joué le rôle de tour de guet.
En suivant le chemin de ronde, à gauche, jusqu'à la tour ronde, on jouit d'une vue curieuse sur le bourg et la rue Droite.

Revenir au pied de la tour Nord et pénétrer dans le bourg en appuyant sur la gauche.

⊙ **Église.** – Église-forteresse édifiée à l'extrémité de la place d'armes, elle participait à la défense de la cité. A l'entrée du chœur se dressent deux stèles discoïdales montrant différentes figurations de la croix.

Château. – Construit par les Templiers aux 12e et 13e s., il a perdu ses deux étages supérieurs.

Prendre à gauche jusqu'à une vaste place, ancienne mare asséchée, et là, par la droite, contourner un ensemble de maisons pour gagner la rue Droite.

Rue Droite. – Ses maisons forment un pittoresque spectacle avec leurs escaliers extérieurs desservant le balcon d'accès aux pièces d'habitation, la voûte abritant la bergerie du rez-de-chaussée. La rue aboutit à une place où a été aménagée une salle d'exposition.
Franchir la porte Sud dont la tour s'est effondrée. A gauche, bel exemple de lavogne *(voir p. 18)*.

Longer extérieurement les remparts sur la droite pour regagner la voiture.

** DARGILAN (Grotte de)

Carte Michelin n° 80 Sud du pli 5 ou 240 pli 10 – Schéma p. 85.

En 1880, le berger Sahuquet, qui poursuit un renard, le voit entrer dans une fissure de rocher. Agrandissant l'ouverture, il continue d'avancer et se trouve dans une immense salle obscure. Il la prend pour le vestibule de l'Enfer et détale. Un jeune géographe entend parler de cette aventure. Dès 1884, il pénètre dans la grotte qui prend le nom du hameau voisin : Dargilan. Mais la première visite complète n'en est faite qu'en 1888 par E.-A. Martel et six compagnons qui mettent quatre jours à l'explorer. Sitôt connue, la grotte attire les visiteurs, mais son aménagement est des plus restreints. Puis Dargilan devient la propriété de la Société des Gorges du Tarn, qui, sous la direction de Louis Armand, aménage des escaliers de fer, des rampes et des passerelles permettant de circuler sans danger. En 1910, on installe l'éclairage électrique dans toutes les salles.

ⓋVISITE *environ 1 h, température : 10°*

On pénètre directement dans la **Grande Salle du Chaos**, longue de 142 m, large de 44 m et haute de 35 m. C'est une salle d'effondrement dont la formation est postérieure à celle des autres parties de la grotte. Elle se présente comme un chaos souterrain sur lequel se trouvent des concrétions en cours d'édification.

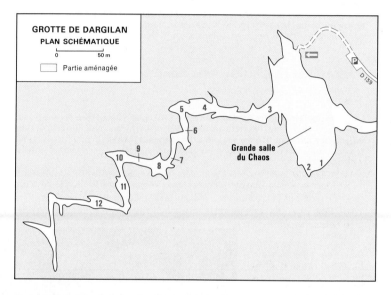

Au fond de la Grande Salle : la salle de la Mosquée (**1**), de dimensions plus réduites, est très riche en belles stalagmites *(illustration p. 21)*. La Mosquée, représentée par une masse de stalagmites aux reflets nacrés, est flanquée du Minaret, belle colonne de 20 m de hauteur.
La « salle Rose » (**2**) contiguë à la Mosquée doit son nom à la couleur de ses concrétions. Revenu dans la Grande Salle, on entreprend alors la descente, par des escaliers, dans la partie profonde de la grotte.
Un puits naturel de descente (**3**) conduit au couloir des Cascades pétrifiées (**4**) où une magnifique draperie de calcite, d'un brun rouge taché d'ocre jaune et de blanc, se déploie sur 100 m de longueur et 40 m de hauteur.
La salle du Lac (**5**) tire son nom d'une nappe d'eau peu profonde. Elle est ornée de draperies translucides minces et repliées. Par le Labyrinthe (**6**) et la salle des Gours (**7**), autrefois parcourus par un courant d'eau *(voir p. 21 : les rivières souterraines)* qui a laissé des traces sous forme de gours, on accède à la salle du Clocher (**8**), au centre de laquelle jaillit une pyramide élancée, haute de 20 m : le Clocher. Au-delà, la salle du cimetière (**9**), mène à la salle des Vasques (**10**), puis à la galerie des 2 puits (**11**). La visite se termine à la salle du Tombeau (**12**) ornée d'une belle colonne.

DECAZEVILLE   9 204 h. (les Decazevillois)

Carte Michelin n° 80 Nord du pli 1 ou 235 pli 11.

Decazeville est née au 19e s. quand a commencé l'exploitation industrielle du bassin houiller de l'Aveyron. En 1828 le **duc Decazes** (1780-1860), constatant la présence de minerai de fer et de houille, fonde, avec l'ingénieur Cabrol, les premières forges dans la vallée du Riou Mort. L'industrie métallurgique et l'exploitation de la houille et du fer se développant rapidement vont bientôt nécessiter l'implantation d'une cité au lieu-dit Lassalle. Le duc Decazes lui donnera son nom.
Depuis 1965, la houille est extraite uniquement en « découverte » (à ciel-ouvert).
Decazeville a vécu longtemps de ses richesses minières mais les exigences de l'économie contemporaine et la perspective d'un arrêt de l'extraction l'ont poussée à développer ses industries sidérurgiques et métallurgiques. Citons l'ensemble haut-fourneau et l'aciérie à oxygène, la fonderie, les ateliers de mécanique et de chaudronnerie et la production de tubes en aciers laminés à chaud.

DECAZEVILLE

◔**Église Notre-Dame.** – *Route de Rodez.* Elle renferme un Chemin de Croix peint par Gustave Moreau (1826-1898).

◔**Musée régional de Géologie.** – *Plateau du Méthanol.* Bien présentées dans un bâtiment moderne, les collections montrent la richesse géologique de cette région, surtout en ce qui concerne les gisements de la période carbonifère (nombreuses variétés de houilles et de fossiles).
Maquette de la « découverte de Lassalle ». Énorme tronc d'arbre fossilisé provenant de la « découverte ».

◔**La « découverte » de Lassalle.** – *Au Sud de Decazeville, prendre la D 221 vers Aubin. En haut de la côte, au panneau « Decazeville » tourner à gauche dans un chemin de terre.*
Un belvédère aménagé pour les visiteurs permet d'en avoir une vue d'ensemble.
Elle se présente comme un vaste cirque aménagé en gradins, de 1 km de diamètre et de 192 m de profondeur, où s'agite une multitude d'engins dont l'activité incessante manifeste la vie de la carrière. Près de 300 t d'explosifs sont utilisées chaque année pour les travaux d'abattage. De gigantesques pelles mécaniques effectuent les chargements tandis que de puissants camions, remplaçant les wagonnets d'autrefois, évacuent terres et charbon vers les points de déchargement. Chaque jour plus de 14 000 m³ de roche stérile sont mis au terril.
La « découverte » de Lassalle produit annuellement 260 000 t de charbon, acheminé en grande partie (130 000 t) vers la centrale thermique de Penchot, le reste étant absorbé par la consommation locale et régionale.

★★★ DEMOISELLES (Grotte des)

Carte Michelin n° **80** plis 16, 17 ou **240** plis 15, 19 – 9 km au Sud-Est de Ganges – Schéma p. 88.

La grotte des Demoiselles fut découverte en 1770, étudiée et décrite dix ans plus tard. E.-A. Martel *(p. 22),* qui l'explora en 1884, 1889 et 1897, découvrit que cette grotte est un ancien aven dont l'orifice s'ouvre sur le **plateau de Thaurac.** Ce gouffre béant mit en branle l'imagination des paysans de la région et devint le domaine des fées ou « demoiselles ».

A St-Bauzille-de-Putois, prendre la route (sens unique) qui s'élève en lacet à flanc de montagne et conduit aux deux terrasses (parking) près de l'entrée de la grotte.

De là, on jouit d'une belle vue sur la montagne de la Séranne et la vallée de l'Hérault.

◔**VISITE** *environ 1 h, température : 14°*

De la gare supérieure du funiculaire, forée en pleine montagne au niveau de la voûte, on gagne, par une série de salles, l'orifice naturel de l'aven. On est frappé dès l'abord par l'abondance et les dimensions des concrétions qui tapissent les parois. La sensation d'écrasement que l'on éprouve devant cette grandiose architecture persiste durant toute la visite.
De l'aven, par une série de couloirs étroits, on débouche en surplomb sur la partie centrale de la grotte proprement dite : une immense salle longue de 120 m, large de 80 m et haute de 50 m. Ces dimensions imposantes, les énormes colonnes qui semblent soutenir la voûte, un silence impressionnant et jusqu'à la légère brume qui flotte dans l'atmosphère, composent le saisissant

Grotte des Demoiselles. - Le buffet d'orgue.

tableau d'une gigantesque « cathédrale ».
On fait le tour de cette salle magnifique en descendant par paliers jusqu'à l'élégante stalagmite de la Vierge à l'Enfant juchée sur son piédestal de calcite blanche.
On se retourne alors pour admirer l'imposant buffet d'orgue qui décore la paroi Nord de la grotte.
Le cheminement se poursuit entre de belles draperies, soit translucides, soit formant tribunes pour de curieux personnages de théâtre.
Quelques belvédères aménagés au-dessus du vide entretiennent jusqu'à la fin de la visite l'impression d'irréalité de ce décor de pierre.

★ DEVÈZE (Grotte de la)

Carte Michelin n° 83 Nord-Ouest du pli 13 ou 240 pli 25.

Cette grotte fut découverte en 1886 lors du percement de la montagne de la Devèze pour la ligne de chemin de fer Bédarieux-Castres et explorée en 1893 par une équipe comprenant Louis Armand, le fidèle collaborateur de Martel. De 1928 à 1930 elle fut explorée plus complètement par Georges Milhaud et son équipe et en 1932, une partie de la grotte a été aménagée pour les visites touristiques. Située sous la gare de Courniou, elle est le témoin de l'ancien passage de la Salesse, affluent du Jaur.

◔ VISITE *environ 1 h, température : 12°*

Appelée aussi le « palais de la fileuse de verre », la grotte de la Devèze est célèbre pour ses concrétions de calcite et d'aragonite.
La visite commence par l'étage inférieur où l'on peut admirer de belles draperies de calcite dues aux suintements sur la paroi inclinée. Un tunnel mène à la salle des Bijoux où scintillent de nombreux cristaux d'aragonite formant de ravissants bouquets.
Au niveau moyen, au-dessus d'un chaos de rochers provenant d'un éboulement, abondent fistuleuses et excentriques. L'une d'elle a pris la forme d'un anneau parfaitement dessiné. Un escalier mène à l'étage supérieur, 70 m au-dessus. C'est la partie la plus riche en concrétions excentriques. La salle Georges Milhaud, la plus décorée, est constellée de cristallisations d'une blancheur éclatante.

★★ DOURBIE (Vallée de la)

Carte Michelin n° 80 plis 14, 15 ou 240 plis 10, 14.

En suivant la Dourbie, depuis sa naissance jusqu'à Millau où elle se jette dans le Tarn, on fait une très belle promenade. Sa vallée, toujours pittoresque, se resserre à deux reprises en gorges magnifiques, très différentes d'aspect.
La rivière naît dans le massif de l'Aigoual, au Sud de l'Espérou. Elle s'encaisse d'abord dans les schistes et les granits où ses gorges sauvages atteignent 300 m de profondeur, puis elle descend vers St-Jean-du-Bruel et arrose la large dépression verdoyante qui sépare les Grands Causses des contreforts cévenols.
En aval de Nant, le paysage se transforme encore. La rivière se glisse entre le causse Noir et le causse du Larzac, creusant dans les calcaires un canyon très profond, dont les parois escarpées se hérissent de rochers ruiniformes.

DE L'ESPÉROU A MILLAU *96 km – environ 2 h 1/2*

Nombreux virages brusques et croisements souvent difficiles, en particulier entre le hameau des Laupies et le village de Dourbies.

L'Espérou. – *Page 49.*

A quelques kilomètres de l'Espérou, on atteint la Dourbie dont la vallée, d'abord à peine dessinée dans les pâturages, s'approfondit, se boise et se peuple.
Après Dourbies, la route, parfois étroite et sinueuse, domine d'une très grande hauteur les **gorges de la Dourbie★★** (d'environ 300 m au rocher du Cade – c'est-à-dire du genévrier – situé à 5 km de Dourbies).
C'est un splendide parcours en corniche, souvent impressionnant et offrant des vues plongeantes de toute beauté sur le gouffre boisé, hérissé de roches granitiques et schisteuses, au fond duquel coule la rivière.
Changeant ensuite de versant, on découvre la profonde vallée du Trévezel, dominée par de hautes falaises calcaires.

Col de la Pierre Plantée. – Alt. 828 m. La vue se dégage sur la vallée de la basse Dourbie et, au-delà, sur la montagne du Lingas et le causse du Larzac.

★ **Gorges du Trévezel.** – Entre le Massif de l'Aigoual et la vallée de la Dourbie le Trévezel coule dans un lit chaotique. La vallée se rétrécit peu à peu pour devenir un défilé entre des versants escarpés que surmontent de hautes falaises de 400 m aux colorations variées. Dans sa partie la plus étroite, appelée dans la langue du pays le « Pas de l'Ase » (le pas de l'âne), le canyon ne dépasse pas une trentaine de mètres de largeur.
Après le col de la Pierre Plantée, la descente, très belle, sur St-Jean-du-Bruel s'effectue en corniche au flanc du petit causse Bégon.

DOURBIE (Vallée de la)★★

St-Jean-du-Bruel. – *Page 139.*

Entre St-Jean et Nant, la vallée de la Dourbie est large et riante. Elle est dominée au Sud par les ruines du château d'Algues, au Nord par les escarpements du causse Bégon qui lance au-dessus de Nant un éperon rocheux, appelé le roc Nantais. Sur la droite apparaissent les quatre tours du château de Castelnau, transformé en ferme.

> *Laisser la voiture au panneau « St-Michel », à gauche de la route, et monter à pied le petit chemin qui mène à la chapelle.*

St-Michel-de-Rouviac. – Formant un ensemble harmonieux avec le cimetière et le presbytère, la charmante chapelle romane apparaît sur un fond de verdure. Ancien prieuré dépendant de l'abbaye de Nant au 12e s., on y voit les mêmes types de décorations : chapiteaux avec entrelacs et palmettes.

Nant. – *Page 122.*

En aval de Nant, la vallée s'encaisse de nouveau, cette fois entre les calcaires des Grands Causses.

Les Cuns. – Ancienne église Notre-Dame, du 12e s.

★ **Cantobre.** – Ce pittoresque village, situé au confluent du Trévezel et de la Dourbie, se dresse sur un promontoire du causse Bégon. Cette silhouette est extraordinaire et mérite bien son nom « quant obra » qui signifie « quelle œuvre ».

★★ **Canyon de la Dourbie.** – Ses versants s'élèvent et se hérissent de roches calcaires, curieusement sculptées par l'érosion.

A hauteur de **St-Véran**, perché dans un site pittoresque, la route offre une belle **vue**★ sur le village aux maisons restaurées et la tour, seul témoin de l'ancien château du **marquis de Montcalm** (1712-1759) qui mourut à Québec, au Canada, en défendant la ville assiégée par les Anglais ; en contrebas se dresse l'église de Treilles.

Moulin de Corps. – Il est alimenté par une résurgence, dans un site enchanteur.

La Roque-Ste-Marguerite. – 145 h. Ce village s'étage à l'entrée du ravin du Riou Sec, au pied de la tour à mâchicoulis d'un château (17e s.) dont la chapelle romane sert aujourd'hui d'église ; on accède à cette église par des ruelles tortueuses. Le village est dominé par les rochers ruiniformes du Rajol et de Montpellier-le-Vieux (p. 87 et 120).

L'itinéraire continue à suivre la Dourbie au fond de son magnifique canyon. De chaque côté de la rivière, avant d'arriver à Millau, le causse Noir et le causse du Larzac dressent de hautes falaises vivement colorées et surmontées de rochers très découpés.

★ **Millau.** – *Page 104.*

Quelques faits historiques.

*Le tableau p. 30 et 31 évoque
les principaux événements de l'histoire de la région.*

★ ENSÉRUNE (Oppidum d')

Carte Michelin n° 83 pli 14 ou 240 pli 30 – 14 km au Sud-Ouest de Béziers

L'oppidum d'Ensérune domine de 120 m la plaine biterroise. L'originalité de son site géographique très méditerranéen agrémenté d'une belle pinède est rehaussée par l'intérêt qu'offre son site archéologique. En effet, on a reconnu ici, en 1915, les vestiges d'une occupation ibero-grecque et une nécropole à incinération des 4e et 3e s. av. J.-C.

Occupé depuis le milieu du 6e s. avant J.-C. jusqu'au début de l'ère chrétienne, Ensérune est un témoin de la civilisation qui précéda l'arrivée des Romains. Au 6e s. avant J.-C., des cabanes, probablement en pisé, s'étalaient, sur la partie haute de la colline ; il ne reste de cette époque que des silos à provisions creusés dans le tuf. En relation commerciale avec la

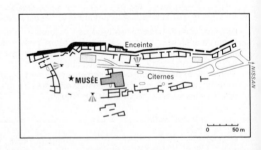

Grèce par l'intermédiaire de Marseille, Ensérune se développe. Le vieux village devient une véritable cité où les maisons de pierre sont disposées suivant un plan en damier. Dans le sol de chaque maison, on enfonce une grande jarre (dolium) où sont déposées les provisions. Une enceinte est érigée et, à l'Ouest, un vaste espace est réservé aux incinérations funéraires.

Entre 300 et 240 avant J.-C., Ensérune se transforme au contact des Gaulois, peuple nouvellement arrivé. La cité s'agrandit, les pentes de la colline sont aménagées en terrasses, à l'Ouest on bâtit sur la nécropole. Riche d'une série de citernes qui collectent les eaux de ruissellement, et d'un grenier constitué de nombreux silos installés à l'Est, la place se protège par un nouveau rempart qui, au Sud, se termine dans la plaine. A la fin du 3e s. av. J.-C., l'oppidum est probablement détruit par Hannibal. Reconstruit, il retrouve sa prospérité avec l'arrivée des Romains qui, en 118 avant J.-C., fondent leur première colonie à Narbonne. On construit des citernes, on aménage des égouts, on pave les sols, on enduit et peint les murs. Puis l'oppidum se dépeuple et disparaît définitivement au cours du 1er s. après J.-C., la « paix romaine » permettant aux populations de s'installer sans danger dans les plaines.

Ⓥ **VISITE** *environ : 1 h 1/2*

L'autel wisigothique, à droite de la route, a été trouvé dans l'église de Colombiers.

★ **Musée.** – Bâti sur l'emplacement de la vieille cité, il rassemble les objets trouvés au cours des fouilles évoquant l'art antique du 6e au 1er s. avant J.-C.
Au rez-de-chaussée sont exposés des « dolia » (jarres) trouvées dans le sol des maisons, des céramiques, coupes, vases, amphores, des poteries sigillées, d'origine phocéenne, ibérique, grecque, étrusque, romaine et indigène. Remarquer (vitrine 22) une petite cornaline, ciselée en creux, représentant un Grec armé terrassant une femme et qui évoquerait le combat d'Achille et de Penthésilée, la reine des Amazones.
Le 1er étage abrite le mobilier funéraire de la nécropole, du 5e au 3e s. avant J.-C. : vases, cratères grecs ayant servi d'urnes à incinération ou à offrande. Dans la salle Mouret (vitrine centrale), un œuf, trouvé dans une tombe, est le symbole de la vie qui renaît. Dans une petite vitrine, remarquer la célèbre coupe attique de « Procris et Céphale ».

Panorama. – Des tables d'orientation aménagées aux quatre points cardinaux de l'oppidum, on découvre un vaste panorama, des Cévennes au Canigou, sur toute la plaine côtière. Observer aux premiers plans, les témoignages archéologiques restés en place : dolia, restes de colonnes, bases de murs antiques.
La **vue★** est surtout curieuse au Nord sur **l'ancien étang de Montady** asséché depuis 1247. La division rayonnante des parcelles est due à des fossés qui drainent ses eaux dans un collecteur. De là, par un aqueduc passant sous la colline, elles s'écoulent dans les bas-fonds de l'ancien étang de Capestang, asséché au 19e s.

EXCURSION

Nissan-lez-Ensérune. – 2 533 h. *3 km au Sud de la N 113-N 9.* L'**église,** du 14e s., est de style gothique méridional. Sous le porche est exposée une pierre du 13e s. portant une inscription funéraire en langue d'Oc. L'intérieur *(accès par la cour du presbytère)* possède de multiples œuvres d'art : la chapelle à droite du chœur abrite une belle Vierge de Miséricorde en pierre polychrome du 14e s., tandis qu'à gauche a été placé un autel à lobes en marbre datant de l'époque carolingienne.
La chapelle des fonts baptismaux a été constituée à l'aide d'éléments anciens, une vasque et des colonnes en marbre. Le Christ, espagnol, est du 15e s.
Ⓥ Dans le flanc Nord de l'église, un **musée** renferme des objets d'archéologie antique et médiévale, parmi lesquels le produit des fouilles de la ville romaine de Vivios, près de Lespignan ; le 1er étage est réservé à l'art sacré (chasubles du 16e s., calices du 17e s.).

★ ENTRAYGUES-SUR-TRUYÈRE

1 586 h. (les Entrigots)

Carte Michelin n° 76 Sud du pli 12 ou 240 pli 1 – Schéma p. 161 – Lieu de séjour.

Entraygues est bien situé au confluent du Lot et de la Truyère, entre des coteaux couverts de prairies, d'arbres fruitiers et de vignes qui produisent un excellent vin. Une bonne vue sur le site du village et sur la vallée de la Truyère s'offre du belvédère de Condat, sur la route d'Aurillac, au Nord-Ouest.

CURIOSITÉS

★ **Pont gothique.** – *Sens unique en été.* Il date de la fin du 13e s.

Vieux quartier. – Pour le visiter et voir ses maisons pittoresques avec leurs étages en encorbellement et leurs fenêtres fleuries, partir de la petite place Albert-Castanié, dite place de la Croix, et suivre à pied la rue Droite : à droite, beau portail du 16e s. (**B**) ; poursuivre sur la gauche par la rue du Collège et la **rue Basse★** qui est la mieux conservée d'Entraygues.
Place A.-Castanié, à l'angle de la vieille maison Sabathier (**D**), des marques indiquent le niveau atteint par les principales crues du Lot et de la Truyère. Suivre le quai du Lot jusqu'au confluent : belle vue sur le château.

EXCURSIONS

★ **Circuit de 40 km.** – *Quitter Entraygues au Nord par la D 34.* En longeant la rive gauche de la Truyère on passe en vue du barrage de Cambeyrac puis de l'usine hydro-électrique de Lardit. Ces deux ouvrages constituent les dernières installations aval de l'aménagement hydro-électrique de la Truyère *(voir p. 160).*

Pont de Truyère (Av. du)
Tour de Ville
Château (R. du) 2
Église (Pl. de l') 3
Horloge (R. de l') 4
Lot (Quai du) 5
St-Georges (R.) 6

Dans le hameau de Banhars, continuer à gauche sur la D 34. Après le pont sur la Selves, suivre à droite la D 34.

La route serpente dans la pittoresque vallée de la Selves pour atteindre ensuite le petit plateau de Volonzac.

A Volonzac prendre à droite une petite route menant à Bez-Bedène.

Bez-Bedène. – Dans un site sauvage et solitaire, ce caractéristique village rouergat aligne ses quelques maisons sur une arête rocheuse que contourne un méandre de la Selves. Petite église du 12e s. au clocher à peigne, et pont du 14e s. à une seule arche.

Poursuivre la route jusqu'à sa jonction avec la D 34 que l'on prend à droite vers St-Amans-des-Cots. La D 97 mène au barrage de Maury.

Barrage de Maury. – Il a été construit en 1948 au confluent de la Selves et du Selvet. Sa retenue de 166 ha et de 35 millions de m^3 est situé dans un paysage varié et très coloré.

Continuer la D 97 au Sud, puis prendre à droite la D 42 et encore à droite la D 652.

★ Puy de Montabès. – *1/4 h à pied AR.* Très beau **panorama**★ sur les monts du Cantal, l'Aubrac, le Rouergue (la cathédrale de Rodez est visible par temps clair), la vallée du Lot que la vue prend en enfilade en aval d'Entraygues, et le plateau de la Châtaigneraie. *Table d'orientation.*

La route redescend ensuite sur la vallée de la Truyère et regagne Entraygues.

★★ **Vallée du Lot.** – *Page 94.*

★★ **Gorges de la Truyère.** – *Page 160.*

Sachez tirer parti de votre **guide Michelin.**
Consultez la légende p. 44.

★ ESPALION

4 883 h. (les Espalionais)

Carte Michelin n° 80 pli 3 ou 240 pli 1 – Schéma p. 55.

Espalion occupe un site agréable dans un bassin fertile arrosé par le Lot.

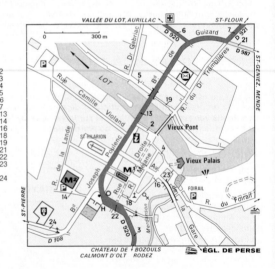

ESPALION

Droite (R.)
Guizard (Bd de)
Poulenc (Bd Joseph)

Affre (Quai H.)	2
Calmont (Av. de)	3
Canel (R. Arthur)	4
Cayron (Pl. J.-B.)	5
Estaing (Av. d')	6
Lagiole (Av. de)	7
Neuf (Pont)	13
Platanes (Place des)	14
Plô (R. du)	16
Puits (R. du)	18
St-Antoine (R.)	19
St-Côme (Av. de)	21
St-Georges (Pl.)	22
St-Joseph (R.)	23
St-Pierre de Bessuéjouls (Chemin de)	24

Les principales rues commerçantes sont mises en évidence dans la légende des plans de villes.

Vieux Pont. – Vu du foirail, il forme un ensemble pittoresque avec le Vieux Palais et les anciennes tanneries, à balcons de bois, qui bordent la rivière.

Vieux Palais. – Construite au 16e s., cette demeure Renaissance des gouverneurs d'Espalion est aujourd'hui le siège de la Caisse d'Épargne.

Musée Joseph Vaylet (M¹). – Installé dans l'ancienne église St-Jean et les bâtiments annexes, il possède de nombreuses collections d'arts et traditions populaires : armes, meubles, verrerie, objets religieux (500 bénitiers), poteries, etc. Une salle est consacrée à la plongée sous-marine en l'honneur des trois Espalionais inventeurs, dès 1860, du scaphandre autonome et du détendeur (régulateur à gaz).

Musée du Rouergue (M²). – Dans l'ancienne Maison d'arrêt sont présentées les collections sur les mœurs et les coutumes, dont une importante collection de vêtements anciens.

★ Église de Perse. – *1 km au Sud-Est en suivant l'avenue de la gare.* Ce bel édifice roman en grès rose, du 11e s., évoque l'abbatiale de Conques dont il dépendait. Il est dédié à saint Hilarion, confesseur de Charlemagne, qui s'était retiré à Espalion et fut décapité par les Sarrasins. Au Sud, s'ouvre un **portail**★ dont le tympan représente la Pentecôte ; au linteau, l'Apocalypse et le Jugement dernier. Au-dessus à gauche, trois personnages naïfs représentent les Rois mages en adoration devant la Vierge et l'Enfant. A l'intérieur on remarquera les chapiteaux historiés ; entre autres la chasse au lion et le Christ en majesté de part et d'autre de l'abside.

Espalion.

EXCURSIONS

Château de Roquelaure ; St-Côme d'Olt★. – *Circuit de 37 km – Environ 2 h. Quitter Espalion par l'avenue de la gare, passer devant l'église de Perse (p. 76) puis prendre à gauche vers St-Côme-d'Olt et aussitôt à droite une route étroite et en montée.*

Plus loin, la route traverse une curieuse coulée de balsalte, les **clapas.** Le mont de Roquelaure est un piton de balsalte dominant la vallée du Lot.

Château de Roquelaure. – Longtemps en ruine, il a été presque entièrement reconstruit. Dans un paysage coloré, il offre une **vue★** sur la vallée du Lot au Nord tandis qu'au Sud s'étendent le causse de Gabriac et au loin les sommets du plateau de Lévézou.
La **chapelle** romane, au pied du château, abrite une mise au tombeau du 15e s. et une pietà Renaissance du 16e s.

Traverser le village et prendre à gauche une petite route qui rejoint la D 59 puis la D 6 que l'on prend à gauche pour gagner St-Côme-d'Olt.

La route offre une vue intéressante sur le barrage de **Castelnau-Lassouts.**

★ **St-Côme-d'Olt.** – *Page 136.*

St-Pierre-de-Bessuéjouls. – *4 km à l'Ouest par la D 556 (avenue de St-Pierre). Tourner dans St-Pierre et, aussitôt après, traverser le pont qui se trouve à gauche. Là, prendre le chemin à gauche.*
Cette modeste église apparaissant dans un site verdoyant en pleine nature, recèle sous son clocher une petite **chapelle romane★** exceptionnelle *(on y accède par un escalier aux marches usées).* Datant du 11e s., cette chapelle rose de 6 m de côté est décorée de motifs archaïques : entrelacs, palmettes, croix de Malte et de chapiteaux historiés. L'autel est orné sur le côté gauche d'un Saint Michel combattant le démon.

★★ **Vallée du Lot : d'Espalion à Conques.** – *Page 94.*

★ ESPINOUSE (Monts de l')

Carte Michelin n° 83 plis 2, 3, 4, 13, 14 ou 240 plis 21, 22, 25.

Les monts de l'Espinouse, sur la bordure méridionale du Massif central, s'élèvent au-dessus des vallées du Jaur et de l'Orb à plus de 1 000 m d'altitude et sont limités au Nord par la haute vallée de l'Agout. Cet arrière-pays montagneux du Bas Languedoc comprend trois ensembles : à l'Ouest, le vert Somail aux doux paysages dont la capitale est St-Pons, au centre l'Espinouse aux reliefs plus prononcés, à l'Est le Caroux, tailladé de gorges autour de Lamalou-les-Bains. Située à l'intérieur des limites du Parc naturel régional du Haut Languedoc, cette région a fait l'objet d'aménagements touristiques : bases de plein air, circuits de randonnées, etc. *(voir p. 28).*

☐ LE SOMAIL

Partie la plus verdoyante des monts de l'Espinouse, le Somail présente des pentes douces, boisées de châtaigniers, de hêtres et d'un tapis de bruyères qui devient roux à l'automne avant d'être recouvert par la neige.

Circuit au départ de St-Pons *76 km – environ 2 h*

St-Pons. – *Page 141.*

Quitter St-Pons par la D 907 en direction de la Salvetat-sur-Agout.

Sinueuse et pittoresque, la route s'élève en offrant de belles vues sur St-Pons et la vallée du Jaur avant d'atteindre le col du Cabaretou.

Après le col, prendre à droite la D 169 qui traverse le plateau du Somail. Une petite route à droite signalée Saut de Vésoles mène au bord d'un lac dans un site boisé.

Saut de Vésoles. – *1/4 h à pied AR.* Dans un paysage austère, le Bureau tombait naguère en une cascade impressionnante de 200 m sur de gigantesques blocs granitiques avant de dégringoler dans le Jaur happé par la forte pente du versant méditerranéen. Depuis la construction du barrage hydro-électrique qui alimente la centrale du Riols, la cascade est appauvrie mais le site conserve toute sa grandeur.

Revenir à la D 169 et la reprendre vers Fraisse-sur-Agout.

La route traverse de belles landes de bruyères et franchit le col de la Bane (alt. 1003 m).

Prat d'Alaric. – Une ferme typique de l'Espinouse a été restaurée par le Parc naturel régional comme « maison du pays ». Près du bâtiment d'habitation, la grange, basse, tout en longueur, est caractéristique de l'architecture locale. Son toit fortement incliné retombe sur les murs latéraux qui ont moins de 2 m de haut. L'originalité de la construction réside dans la charpente qui ne comporte aucune poutre transversale. Elle est recouverte de genêts qui reposent sur des chevrons, réunis en croix à leur faîte et s'appuyant sur les murs des côtés.

Fraisse-sur-Agout. – Ce paisible village, réputé pour son parcours de pêche, doit son nom aux frênes de haute taille qui l'ornent.

De là, on peut rejoindre le col de Fontfroide et l'itinéraire dans l'Espinouse ou poursuivre vers la Salvetat.

En sortant du village dans la direction de la Salvetat, à l'embranchement vers le Cambaissy, on peut observer une autre maison à toit de genêts.

La Salvetat-sur-Agout. – 1 174 h. Station estivale perchée sur un promontoire dominant le confluent de la Vèbre et de l'Agout. Son nom évoque le temps (11e et 12e s.) où prélats, abbés, commandeurs fondaient des « villes nouvelles » sur leurs terres pour en assurer la mise en valeur. Les « hôtes » de ces « sauvetés » recevaient une maison et un lopin de terre. Plus tard, des raisons économiques et militaires conduisirent les autorités ecclésiastiques et les seigneurs à fonder des bastides *(voir p. 37)*.

Au départ de la Salvetat, une route fait le tour du lac de la Raviège.

Lac de la Raviège. – On peut accéder au bord de ce vaste lac de barrage (450 ha) à la plage des Bouldouïres près de la Salvetat (baignade, base nautique, ski nautique, voilier...) puis, franchissant le barrage, on fait le tour du lac par la rive droite, en revenant par la rive gauche. Les bords boisés n'offrent que peu d'échappées sur le lac.

De la Salvetat, rejoindre St-Pons par la D 907.

② L'ESPINOUSE

Séparée du Somail par la D 14 et du massif du Caroux par les **gorges d'Héric★★** *(voir p. 88)* et le Pas de la Lauze, l'Espinouse offre un aspect tour à tour raviné ou broussailleux et boisé. Le contraste est net entre les hautes régions septentrionales à plus de 1 000 m d'altitude, verdoyantes et fraîches, et les paysages dénudés du versant Sud que l'on parcourt dans la vallée du Jaur, au-dessous de 200 m.

D'Olargues au col de l'Ourtigas

38 km environ 2 h 1/2

Olargues. – Page 124.

Quitter Olargues par la D 908 à l'Ouest vers St-Pons, puis prendre à droite la D 14, en direction de Fraisse-sur-Agout et de la Salvetat.

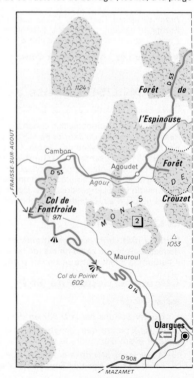

La route d'accès au col de Fontfroide, le long du flanc occidental de l'Espinouse, commence dans un site méditerranéen, où poussent la vigne, l'olivier, le chêne vert et le châtaignier. Sur la droite, se creuse le ravin de Mauroul qui remonte jusqu'au hameau du même nom, que l'on découvre en contrebas. Au col du Poirier, la vue porte à gauche sur les monts du Somail, au-delà du ravin de Coustorgues. Elle prend encore de l'ampleur *(belvédère aménagé)* en direction du Sud, vers la vallée du Jaur. En altitude, la végétation méditerranéenne cède la place à un paysage de lande parsemé de hêtres.

Col de Fontfroide. – Alt. 971 m. Dans un site sauvage impressionnant, le col de Fontfroide marque la ligne de partage des eaux entre le versant méditerranéen et le versant atlantique.

Prendre à droite la D 53 vers Cambon.

La route longe l'Agout, traverse le village de Cambon, qui s'anime un peu en été, puis se poursuit dans un paysage montagneux, rude et solitaire, où la lande a pour toile de fond les plantations de résineux de la forêt de l'Espinouse.

Forêt domaniale de l'Espinouse. – Plantations effectuées de la fin du 19e s. à nos jours, les vastes boisements qui couvrent le plateau de l'Espinouse comprennent des hêtres, des sapins, des épicéas. Une grande partie du plateau a été déclarée réserve de chasse du Caroux-Espinouse. On essaie entre autres d'y acclimater le mouflon de Corse. Seule la partie Ouest de la forêt, autour de la maison forestière du Crouzet, est facilement accessible aux promeneurs.

Forêt du Crouzet. – *Après Agoudet, prendre un chemin sur la droite (panneau « pique-nique »).* Ses 219 ha sont peuplés d'essences variées.
Après Salvergues domine la lande, vastes étendues battues par les vents.

A un embranchement, prendre à droite la D 180.

En approchant du sommet de l'Espinouse, on aperçoit, en contrebas de la route sur la droite, le toit de la ferme de l'Espinouse ou **Rec d'Agout**, où la rivière prend sa source. La route arrive au pied du dôme dénudé du sommet de l'Espinouse (1 124 m), redescend dans un paysage sauvage, puis franchit le **Pas de la Lauze**, fine arête reliant l'Espinouse au Caroux.

★ **Col de l'Ourtigas.** – Alt. 988 m. Un belvédère aménagé révèle une **vue★** intéressante sur l'âpre Espinouse sillonnée de ravins : à gauche la montagne d'Aret et sur la droite les deux pitons du Fourcat d'Héric, au loin, les Corbières puis le Canigou ferment l'horizon. De l'autre côté de la route, un sentier mène au **Plo des Brus** *(3/4 h AR)* non loin duquel des fouilles archéologiques ont permis de déceler l'existence d'un oppidum romain. On arrive au bord du plateau d'où l'on jouit d'une vue sur la vallée de la Mare, les Causses et les Cévennes.

③ LE CAROUX

Ce massif, limité à l'Est et au Sud par les vallées de la Mare et de l'Orb, est séparé de l'Espinouse par les gorges d'Héric *(p. 88)*. Ses sites, appréciés des naturalistes, des alpinistes et des randonneurs, sont protégés. Son nom, provenant de la racine celtique « Karr », signifie rocher, et c'est bien un aspect rocheux qu'il présente avec son vaste plateau haut de 1 000 m cerné par des gorges profondes au relief tourmenté hérissées d'aiguilles.

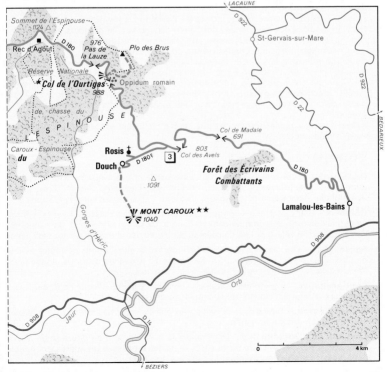

ESPINOUSE (Monts de l')★

Du col de l'Ourtigas à Lamalou-les-Bains

21 km – Environ 3 h avec la promenade jusqu'à la table d'orientation du mont Caroux

> *Du col de l'Ourtigas (p. 79), continuer jusqu'à l'embranchement sur la droite vers Douch (D 180ᴱ).*

Église de Rosis. – Sur la droite de la route, cette église rustique surmontée d'un clocher tout en pierres se détache sur un très beau fond champêtre.

Douch. – L'habitat de ce village caractéristique du Caroux a été assez bien conservé. Les maisons en pierres aux toits de lauzes se serrent le long des ruelles.

Table d'orientation du mont Caroux. – *2 h à pied AR. Laisser la voiture à Douch et prendre à gauche un sentier en montée à travers champs ; tourner à gauche après 50 m.* On grimpe parmi les genêts puis on traverse une forêt de hêtres. Au sommet de la montée apparaît sur la droite le point culminant du Caroux proprement dit (1 091 m). Alors commence la traversée d'un vaste plateau où bruyères et genêts frémissent sous le vent. Dans le silence qui enveloppe cette étendue solitaire, on parvient à la table d'orientation, laissant vers la droite le Plo de la Maurelle. Le Caroux, âpre et dénudé, surplombe vertigineusement les vallées de l'Orb et du Jaur tandis que se déroule un **panorama★★** grandiose : d'Ouest en Est sur les sommets arrondis de la Montagne Noire où domine le pic de Nore, sur les Pyrénées avec le pic Carlit et le Canigou ; puis la vue porte sur les plaines de Narbonne et de Béziers jusqu'à la Méditerranée. A droite du plateau, on aperçoit le début des gorges de Colombières *(p. 90)*.

> *Revenir à la D 180.*

Forêt des Écrivains Combattants. – *Accès en voiture par le chemin Paul-Prévost ou à pied par un escalier qui se trouve 200 m plus loin, en face d'une ancienne auberge.*

A la suite des inondations catastrophiques de mars 1930, la nécessité apparut de reboiser les pentes du massif du Caroux. L'association des Écrivains Combattants, le Touring Club de France ainsi que les communes de Combes et de Rosis entreprirent de boiser les 78 ha qui constituent la forêt dédiée aux écrivains morts pour la France. L'escalier abrupt conduit d'abord sur le plateau, à un monument commémorant le sacrifice de 560 écrivains tombés pendant la guerre de 1914-1918, puis au rond-point Charles-Péguy marqué d'une gigantesque croix de guerre. Là convergent les allées qui portent chacune le nom d'un écrivain. Peuplées de magnifiques cèdres, de pins, de châtaigniers et de chênes, cette forêt offre de belles vues sur le Caroux et sur les versants orientaux des monts de l'Espinouse.

La D 180, très pittoresque, conduit à **Lamalou-les-Bains** *(p. 90)*.

★ ESTAING

666 h. (les Estagnols)

Carte Michelin n° 80 pli 3 ou 240 pli 1 – Lieu de séjour.

Estaing groupe ses vieilles maisons au pied du château, berceau de la famille de ce nom. La présence du Lot fait d'Estaing un centre agréable de villégiature d'où peuvent être effectuées les excursions indiquées à Entraygues et à Espalion.

UN PEU D'HISTOIRE

Le départ de la **famille d'Estaing** vers la gloire fut donné par Dieudonné d'Estaing à la bataille de Bouvines. Il sauva la vie du roi Philippe Auguste qui l'autorisa, par reconnaissance, à placer sur ses armes les fleurs de lys royales.

Des cardinaux et des guerriers se succèdent dans la famille, toujours en faveur à la cour, jusqu'au 18ᵉ s., où une branche particulièrement célèbre s'achève en beauté sur un personnage marquant, Charles-Hector, comte d'Estaing.

Ce marin s'illustre aux Indes, en Amérique, aux Antilles. Revenu en France, la Révolution lui est d'abord propice et le fait amiral. Mais Charles-Hector d'Estaing, bien que de convictions républicaines, cherche à sauver la vie du roi et de sa famille, et échange avec Marie-Antoinette quelques lettres confidentielles. Il est arrêté, paraît comme témoin au procès de la reine, est lui-même condamné à mort et exécuté.

« Quand vous aurez fait tomber ma tête, dit-il à ses juges, envoyez-la aux Anglais, ils vous la paieront cher. »

CURIOSITÉS visite : 3/4 h

De la route d'Entraygues, l'ensemble formé par le Lot, le vieux pont et le château dominant la ville est très pittoresque. De la route de Laguiole, joli coup d'œil, surtout le matin, sur l'autre face du château, l'abside de l'église et les vieilles maisons.

⊙ **Château.** – Bâti à différentes époques (15ᵉ-16ᵉ s.) avec des matériaux variés, il forme un curieux assemblage dominé par son donjon. De sa terrasse Ouest, on a une belle vue sur la vieille ville et le Lot. Le château est habité par une communauté religieuse.

Église. – En face du château, l'église du 15ᵉ s. abrite les reliques de saint Fleuret, évêque de Clermont, mort à Estaing au 7ᵉ s. Sa fête, le 1ᵉʳ dimanche de juillet, donne lieu à une procession. Devant l'église, belles croix gothiques.

Pont gothique. – Il porte une statue de François d'Estaing, évêque de Rodez, qui fit construire le superbe clocher de la cathédrale de cette ville.

Maison Cayron. – Située dans la vieille ville, elle conserve des fenêtres Renaissance. Elle abrite aujourd'hui la mairie.

Chapelle de l'Ouradou. – *1,5 km. Prendre la D 97 au Nord en direction de Nayrac et suivre les panneaux.* Cette petite chapelle du 16ᵉ s. possède un intéressant retable, haut-relief en pierre, représentant le baptême du Christ.

FERRIÈRES

196 h. (les Ferriérols)

Carte Michelin n° 83 pli 2 ou 235 pli 32.

Situé à la limite Nord-Ouest du Sidobre, ce village est le centre d'animation culturelle du Parc naturel régional du Haut Languedoc *(voir p. 28 et, en fin de volume, le chapitre des Renseignements Pratiques).*
Son histoire fut très étroitement liée à celle de la Réforme. Le seigneur de Ferrières, Guillaume de Guilhot, fut le chef du parti réformé.

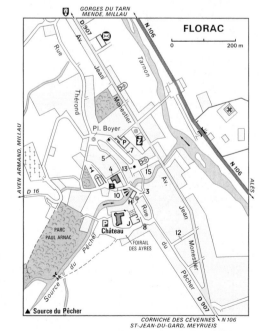 **Château.** – Reconstruit par Guillaume de Guilhot au 16e s., il fut décoré par des artistes italiens qui composèrent l'ensemble de sculptures que l'on voit dans la cour d'honneur. Il servit plus tard de prison et abrite aujourd'hui le « Centre d'Art de Ferrières » où sont organisés des expositions, des concerts etc.
A l'entrée du château, un bâtiment abrite un centre de documentation sur les courants religieux, l'art, ainsi que sur les chemins de St Jacques de Compostelle.

Musée du Protestantisme. – Installé dans la maison du Luthier (16e s.), ce musée groupe une collection importante de documents sur l'histoire du protestantisme *(voir aussi p. 100, Mas-Soubeyran),* et les événements qui marquèrent la région. L'édit de Nantes, l'édit de Castres, la révocation de l'édit de Nantes, la période du Désert et du Refuge sont évoqués par des gravures, des écrits, des objets comme les lanternes sourdes, qui permettaient de ne pas être repéré de loin, et les capuches utilisées pendant la période du Désert. Une place toute particulière est donnée à l'affaire **Calas** illustrée par un fonds important de gravures. Jean Calas, marchand toulousain protestant, avait été accusé d'avoir tué son fils parce que celui-ci voulait se convertir au catholicisme. De nombreux intellectuels, dont Voltaire, prirent sa défense, et le roi Louis XVI cassa le jugement avant de promulguer l'édit de Tolérance en 1787.

EXCURSION

Brassac. – 1 671 h. *7 km au Sud-Est par la D 53.* Apparaissant dans un cadre de collines à la limite du Sidobre et des monts de Lacaune, Brassac est une agréable station climatique où se maintient une industrie textile.
Son vieux **pont gothique** sur l'Agout, qui résiste aux crues depuis le 12e s., présente d'énormes crochets de fer auxquels les teinturiers suspendaient les perches de bois servant à faire sécher les toiles. Vu du pont neuf, il compose un ensemble harmonieux avec les tours du **château** plongeant dans l'Agout et, en toile de fond, les collines boisées.

FLORAC

2 104 h. (les Floracois)

Carte Michelin n° 80 pli 6 ou 240 pli 6 – Schémas p. 82, 85, 96 et 155 – Lieu de séjour.

Cette petite ville s'élève dans la vallée du Tarnon, au pied des falaises dolomitiques du rocher de Rochefort. A l'entrée des gorges du Tarn, Florac est au contact du causse Méjean, des Cévennes et du mont Lozère. Elle a été choisie, de ce fait, comme siège de la direction et de l'administration du **Parc national des Cévennes** *(voir p. 28).*
Florac, qui fut la capitale d'une des huit baronnies du **Gévaudan,** sous la domination directe de l'évêque de Mende, a un passé extrêmement agité. Elle subit un régime féodal fort dur et sentit cruellement la vérité du proverbe « pays du Gévaudan, pays de tyrans ». Aux luttes, sans cesse renouvelées, contre les seigneurs, succéda la guerre religieuse. Aujourd'hui cette petite ville paisible est renommée pour ses parcours pédestres et équestres.
Chaque année se déroulent en septembre les 24 h de Florac : des cavaliers parcourent 160 km autour de Florac, sur le mont Lozère, l'Aigoual et le causse Méjean.

Château. – Dans cette longue bâtisse du 17e s., flanquée de deux tours rondes, se sont installés les services administratifs du Parc national des Cévennes. Le **Centre d'information** occupe le rez-de-chaussée. Il présente des expositions sur le parc, ses objectifs, l'évolution des paysages, la faune, la flore, et fournit tous les renseignements sur la randonnée, les visites accompagnées et l'hébergement. Programme audiovisuel sur le parc.

Monestier (Av. J.)	
Dides (Pl. L.) 3	Jullie (R. A.) 5
Marceau Farelle	Palais (Pl. du) 8
(Esplanade) 7	Rémuret (R. de) 10
	Serve (R. de la) 12
Église (R. de l') 4	Souvenir (Pl. du) 13
	Tour (Av. M.) 15

Couvent de la Présentation (B). – Ancienne commanderie des Templiers ; belle façade et portail monumental datant de 1583.

Source du Pêcher. – Au pied du rocher de Rochefort, c'est l'une des principales résurgences du causse Méjean ; elle jaillit à gros bouillons au moment de fortes pluies ou de la fonte des neiges.

EXCURSIONS

★★★ **Corniche des Cévennes.** – *Page 66.*

Circuit cévenol. – *75 km – environ 3 h.*
Le visiteur, au cours de ce circuit, découvrira des vallées profondes et enchevêtrées dominées par des serres ravinées, des toitures de schiste, des routes bordées de châtaigniers, des villages qui tous gardent un souvenir de la guerre des Camisards.

Quitter Florac par la D 907 et la N 106 au Sud en direction d'Alès.

La route suit d'abord la vallée de la Mimente, entre des falaises de schiste. Après les ruines perchées du château de St-Julien-d'Arpaon, à gauche de la route, jeter un coup d'œil à gauche sur la montagne du Bougès qui culmine à 1 421 m d'altitude.

Au col de Jalcreste, prendre à droite la D 984 vers St-Germain-de-Calberte.

Aussitôt une vue intéressante s'offre sur la vallée naissante du Gardon de St-Germain. Passé le col, la descente vers St-Germain-de-Calberte commence parmi les châtaigniers, les chênes verts et les genêts. Des maisons cévenoles aux toitures de lauzes, surmontées d'une cheminée décorative bordent la route.
Dans un virage apparaît le château de Calberte juché sur un piton.

Au-delà de St-Germain-de-Calberte, prendre à- droite la D 13.

Plan de Fontmort. – Alt. 896 m. Dans la forêt domaniale de Fontmort, à un croisement, s'élève l'obélisque qui a été inauguré en 1887 pour fêter le centenaire de l'édit de Tolérance, signé par Louis XVI *(voir p. 101).* Ce monument rappelle également les nombreux combats que les Camisards livrèrent dans cette région au maréchal de Villars. Belle vue à l'Est sur les serres cévenols.
Du Plan de Fontmort à Barre-des-Cévennes, on suit une crête étroite offrant de belles vues sur les vallées cévenoles au Sud, avec, au premier plan, des landes de bruyères.

Barre-des-Cévennes. – 214 h. Cette petite ville à l'aspect sévère avec ses hautes façades sans ornements, commande l'accès à toutes les routes des Gardons. Son site des plus pittoresques permet de découvrir une très belle vue sur les Cévennes des Gardons et sur l'Aigoual. Sa position en a fait un centre de défense et de surveillance important pendant la guerre des Camisards. Sur la colline du Castelas, on voit encore des vestiges d'anciens retranchements.

On rejoint la route de la Corniche des Cévennes (p. 66) au col du Rey où l'on prend à droite la D 983 qui offre des vues à gauche sur le massif du mont Aigoual et à droite sur la massive dorsale du mont Lozère.

Regagner Florac par St-Laurent-de-Trèves et la vallée du Tarnon.

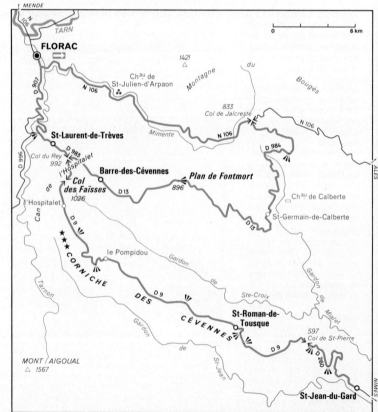

FONTCAUDE (Abbaye de)

Carte Michelin n° 🔢 pli 14 ou 🔢 pli 26 – 18 km au Nord-Ouest de Béziers.

L'arrivée ménage une jolie vue sur les vestiges romans de cette abbaye des Prémontrés, fondée en 1154, nichée au creux d'un vallon. Son nom signifie fontaine chaude et lui vient d'une source vauclusienne (ou résurgence). Abandonnée à la Révolution, elle disparaissait sous le lierre jusqu'en 1969, date à laquelle des fouilles fructueuses furent entreprises. En été, ses bâtiments servent de cadre à des concerts.

Abbatiale. – Sa nef, qui comprenait 4 travées, a été dévastée par un incendie au 16ᵉ s., le transept et le chevet sont néanmoins restés à peu près intacts. L'abside centrale, voûtée en cul-de-four, est éclairée par trois larges baies encadrées de colonnettes à chapiteaux. On a une vue intéressante du chevet en coutournant l'église.

Musée. – Installé dans la grande salle de travail où les religieux se livraient aux travaux de copies de manuscrits, d'enluminures, etc., le musée conserve les fragments de **chapiteaux** provenant du cloître. D'une finesse remarquable, ces chapiteaux représentant diverses scènes (une Visitation, une Nativité, une Adoration des Mages) sont attribués au Maître de Fontcaude et auraient été exécutés au 13ᵉ s. à l'époque de Saint Louis. On a aussi découvert à cet endroit la fonderie qui avait servi à couler la cloche d'origine, au 12ᵉ s.

FRONTIGNAN   14 961 h. (les Frontignanais)

Carte Michelin n° 🔢 plis 16, 17 ou 🔢 pli 27 – 7 km au Nord-Est de Sète.

Frontignan a donné son nom à un muscat très réputé. A la Distillerie cantonale s'opère la distillation des marcs. On visite la **Coopérative du Muscat.**
La ville, située au bord de l'étang d'Ingril, desservie par le canal du Rhône à Sète, a pris de l'importance comme centre industriel.
A la raffinerie de la Mobil Oil Française, fut construit le premier craquage catalytique de France (hauteur : 100 m) ; elle dispose de réservoirs de stockage d'une capacité d'environ 1 500 000 m³ et peut traiter 4 000 000 de t de pétrole brut par an. Le ravitaillement s'effectue par « sea-lines » (canalisations immergées). Le plus récent, long de 7 km, permet de recevoir des pétroliers de 270 000 t et de 22 m de tirant d'eau. En outre, des usines de produits chimiques, des raffineries de soufre ont été installées.

Église St-Paul. – De l'édifice roman préexistant, subsiste le mur Sud (12ᵉ s.). Au 14ᵉ s., l'église fut reconstruite dans le style gothique méridional, avec une seule nef et une abside pentagonale, les contreforts renforcés. Puis, intégrée dans les fortifications dont s'entoure la ville, sa tour-clocher à l'allure de donjon fut surélevée et couronnée d'une tourelle.
A l'intérieur, le plafond de la nef a été rétabli dans ses dispositions du 14ᵉ s., après démolition de fausses voûtes de brique agencées au 19ᵉ s.

GANGES   3 584 h. (les Gangeois)

Carte Michelin n° 🔢 pli 16 ou 🔢 pli 15 – Schéma p. 88.

Au confluent de l'Hérault et du Rieutord, la petite ville industrielle de Ganges est un bon centre d'excursions. Le touriste pourra flâner sous les beaux platanes des promenades et dans le vieux quartier. Du château, il ne reste que quelques vestiges.

La tradition du bas de luxe. – Le bas de soie naturelle a fait la gloire de Ganges depuis l'époque de Louis XIV. Une main-d'œuvre hautement qualifiée s'y consacrait de père en fils, utilisant la matière première fournie par la région.
La rayonne puis le nylon ont remplacé la soie naturelle, et de petites industries diverses assurent péniblement l'emploi à une partie de la main-d'œuvre. Une demi-douzaine d'usines continuent à fabriquer des bas fins en nylon à la renommée bien établie tant en France qu'à l'étranger.

UN PEU D'HISTOIRE

Un drame de famille. – Vers le milieu du 17ᵉ s., le château de Ganges a été témoin d'un drame dont le retentissement a été immense à l'époque. La victime en est **Diane de Roussan,** marquise de Ganges. C'est une des plus jolies femmes de la cour : on l'appelle la « Belle Provençale ». Le marquis est assez peu recommandable. Ses deux frères, l'abbé et le chevalier de Ganges, le sont encore moins. Tous deux poursuivent leur belle-sœur de leurs assiduités. Repoussés, ils combinent une horrible vengeance. Ils font miroiter aux yeux du marquis la très grosse fortune dont jouit sa femme : elle serait à lui si la marquise disparaissait.
Le crime est commis en 1667 pendant un séjour de Diane à Ganges. L'abbé et le chevalier pénètrent dans sa chambre au matin, alors qu'elle est couchée : l'un brandit une épée et un pistolet, l'autre tient un verre de poison. « Madame, dit l'abbé, c'est sans compliment que je vous fais savoir qu'il faut mourir tout à l'heure et choisir sans délai ce fer, ce plomb ou ce poison. »
L'infortunée marquise, ses supplications restant vaines, prend le breuvage. Mais c'est une maîtresse femme : elle éloigne les deux bourreaux en les envoyant chercher un prêtre, s'habille rapidement, noue ses draps et se laisse glisser par la fenêtre. S'enfonçant sa tresse de cheveux dans la bouche, elle se débarrasse d'une partie du poison et s'enfuit dans la ville. Le chevalier et l'abbé la poursuivent jusque dans la maison où elle s'est réfugiée et la laissent pour morte avec sept coups d'épée dans le corps. Elle se remet de ses blessures, mais le poison a eu le temps d'exercer ses ravages : Diane meurt dix-neuf jours après. Ses deux assassins ont pris la fuite. Ils sont condamnés par contumace à être roués vifs, et le marquis est banni.

Le combat du 24 août 1944. – Ce jour-là, une colonne d'environ 3 000 Allemands tente de forcer à Ganges le passage de l'Hérault. La ville est défendue par le maquis Aigoual-Cévennes *(voir p. 47)*. Après dix heures d'une lutte très vive, le combat prend fin par la retraite de l'ennemi qui abandonne sur le terrain une trentaine de morts et un important matériel.

EXCURSION

★★★ **Grotte des Demoiselles.** – *8 km, puis 1 h de visite. Sortir au Sud par la D 986 ; à St-Bauzille tourner à gauche dans le chemin de la grotte. Description p. 72.*

★ La GARDE-GUÉRIN

Carte Michelin n° 80 pli 7 ou 240 pli 7.

Une imposante tour signale ce vieux village fortifié du plateau lozérien, établi à l'extrémité d'un escarpement s'ouvrant au-dessus de la trouée du Chassezac.

La sécurité routière au Moyen Age. – L'ancienne voie romaine Régordane fut longtemps la seule voie de communication entre le Languedoc et l'Auvergne. Au 10ᵉ s., pour débarrasser la région des brigands qui détroussaient les voyageurs, les évêques de Mende décidèrent d'établir, dans la partie la plus sauvage du plateau, un poste de garde comme l'évoque encore le nom du village.
Une communauté de nobles, les « pariers », disposant d'un statut original, se fixa donc ici. Au nombre de 27, ils escortaient les voyageurs moyennant un droit de péage. Ils possédaient chacun, à la Garde, leur maison forte ; l'ensemble, entouré d'une enceinte, était défendu par un château fort.

Le village. – Habité par quelques éleveurs de bétail. L'ensemble de ses maisons, bâties en gros moellons de granit, présente un caractère montagnard accusé. Quelques logis plus élevés, percés de fenêtres à meneaux, sont les anciennes demeures des pariers. L'église montagnarde, à clocher-peigne, est de construction particulièrement soignée.

Donjon. – Accès par un porche à gauche de l'église. C'est le seul vestige important du château fort primitif. Du sommet, vue sur le village et la trouée du Chassezac. Le **panorama★** s'étend jusqu'au mont Ventoux.

★ La GRANDE-MOTTE   3 939 h. (les Grands-Mottois)

Carte Michelin n° 83 Sud du pli 8 ou 240 pli 23 – Lieu de séjour. Illustration p. 9.

Dans la plaine littorale, au Sud-Est de Montpellier, les hautes pyramides de béton de la Grande-Motte attirent le regard. Elles donnent à cette station nouvelle située dans un paysage de landes et de dunes, sa physionomie originale sur la côte méditerranéenne.

Un urbanisme contemporain... – Grâce à de larges voies qui la relient à l'autoroute A9, la station bénéficie de la proximité de Nîmes et Montpellier. De vastes parkings, installés au centre de la ville, réservent aux piétons la bordure de mer.
La station, créée de toutes pièces depuis 1967, a été conçue comme un ensemble complet par une équipe d'ingénieurs et d'architectes dirigée par Jean Balladur. Les bâtiments principaux, aux formes résolument modernes, se présentent comme des **pyramides** alvéolées exposées au midi. Les **villas** adoptent un style provençal ou s'ordonnent autour de cours intérieures.

... conçu pour les loisirs. – Tout cet ensemble est organisé, face à la mer, en fonction de l'immense plage de sable fin qui s'étend sur 4 km, du port de plaisance (1 250 postes) et des installations de nautisme. La pratique des sports nautiques sur le plan d'eau du Ponant, de la pêche sur celui de l'Or et en mer, les structures architecturales de « Point Zéro », centre commercial de la Grande-Motte, retiendront les visiteurs. Entre autres attractions, les concours de pêche au « tout gros » (thons) attirent, lors du retour des bateaux et de la pesée des prises, l'affluence des curieux.
La station peut accueillir 80 000 personnes. Son développement se poursuit vers l'Ouest par le quartier piéton de la Motte du Couchant dont l'architecture présente des conques arrondies tournées vers la mer, et vers le Nord autour du plan d'eau du Ponant.

EXCURSION

Carnon-Plage. – *8 km.* Entre la Grande-Motte et Palavas-les-Flots cette plage « de lido » est très appréciée des Montpelliérains.

Carte Michelin n⁰ 80 plis 4, 5, 6, 14, 15 ou 240 plis 2, 5, 6, 10, 13, 14, 18.

Les Grands Causses *(lire les p. 15 à 20)* sont au nombre de quatre : le causse de Sauveterre, le causse Méjean, le causse Noir et le causse du Larzac. On les nomme Grands ou Majeurs pour les distinguer, d'une part, des causses du Quercy (causses Mineurs) qui les prolongent à l'Ouest, beaucoup moins élevés ; d'autre part, de la série des **Petits Causses** qui sont des annexes des Grands, isolés d'eux par le ruissellement des eaux et l'érosion : citons le petit causse de Blandas, annexe du causse du Larzac, isolé par la Vis ; celui de Campestre, autre annexe du Larzac, isolé par la Virenque ; le petit causse Bégon, séparé du Grand causse Noir par le Trévezel, etc.

Les Grands Causses offrent un visage différent suivant leur altitude, leur situation ou leur composition géologique. Celle-ci, uniquement calcaire, peut être dolomitique (la dolomie est une roche composée de calcaire et de magnésie) ou marneuse (argile et calcaire). Les roches dolomitiques se désagrègent facilement en arènes sous l'effet de l'érosion ; elles donnent alors une espèce de sable grossier nommé dans le pays le **grésou,** ces petits cailloux roulants qui rendent si pénible la marche sur le causse en certains endroits ; quand certaines parties de la roche sont plus magnésiennes que d'autres, elles résistent davantage et donnent naissance à des « cités ruiniformes ».

Les zones argileuses, permettant les cultures, confèrent au paysage une physionomie plus amène. De même, les couches géologiques qui constituent le causse et qui, toutes, appartiennent au système jurassique de l'ère secondaire, déterminent les divers aspects des paysages : ainsi, dans l'étage du jurassique moyen s'élèvent de formidables falaises, véritables murailles ; on peut citer, la falaise du Rajol qui domine la Dourbie *(p. 87)* ; celles des corniches du causse Méjean qui dominent la Jonte, au-dessus du Truel *(p. 89)* ; celle du rocher de Cinglegros, à pic sur le Tarn *(p. 157).*

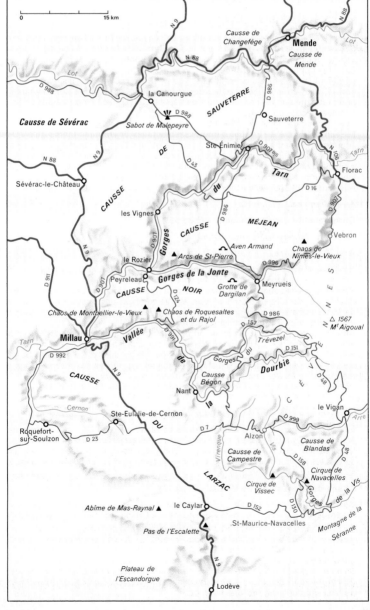

Les GRANDS CAUSSES★★★

Les falaises de l'étage inférieur sont moins impressionnantes.

Enfin les Causses offrent de saisissantes différences entre les vallées encaissées, fraîches oasis verdoyantes et cultivées, et le désert des hauts plateaux. « Le contraste inouï que certains canyons font avec leurs causses est une des plus rares beautés de la belle France », écrivait Onésime Reclus au 19e s.

Nous décrivons ci-dessous les curiosités qui caractérisent chacun des Grands Causses. Sur la carte, nous indiquons les routes qui, permettant de passer d'un causse à l'autre par l'intermédiaire d'un canyon, laisseront au visiteur une impression de grandeur étrange. Il n'oubliera pas l'effet de la lumière captée par la blancheur des roches et jouant sur les nuances rousses des escarpements. Ces routes traversent le causse monotone, puis en quelques lacets très serrés descendent au fond du canyon, franchissent la rivière, s'élèvent ensuite sur la rive opposée pour se hisser sur le causse voisin. Les itinéraires qui empruntent le fond des grands canyons (du Tarn, de la Jonte, de la Dourbie, de la Vis) sont décrits séparément.

LE CAUSSE DE SAUVETERRE *schéma p. 85*

Limité au Nord par le Lot, il est le plus septentrional et le moins aride des Grands Causses. Il présente dans sa partie occidentale (au Sud-Ouest de la D 998) de grands espaces boisés, assez accidentés. Ici les Caussenards ont tiré parti du moindre sotch *(p. 19)* ; pas une parcelle de terre arable qui n'ait été soigneusement mise en culture, formant çà et là de belles taches rougeâtres ou verdoyantes suivant les saisons.

★ **Sabot de Malepeyre.** – *Page 62.*

Sauveterre. – Ce village caussenard possède encore ses maisons en pierres sèches *(illustration p. 39)*, couvertes de lauzes de calcaire (les « tioulassés »). On y voit de beaux exemples de toits à lucarnes, des bergeries voûtées, un ancien four.

LE CAUSSE MÉJEAN *schéma p. 85*

C'est celui « du milieu », d'où son nom. Le canyon du Tarn le sépare du causse de Sauveterre. Il est le plus élevé de tous et son climat est très rude : hivers très rigoureux, étés torrides et fortes différences de température entre le jour et la nuit.

Les affleurements de calcaire franc, en bancs ou en plaquettes, et la dolomie se partagent le plateau. Dans les sotchs *(voir p. 19)*, là où la décalcification de la roche entasse des terres rouges, les prairies et les labours donnent de bons résultats. De nombreux mégalithes prouvent que les populations du néolithique s'étaient très bien adaptées à ces conditions.

Très dépeuplé (moins de 2 habitants au km² dans certaines communes), le causse Méjean est formé à l'Est par d'immenses étendues désertiques tandis qu'à l'Ouest, comme sur le Sauveterre, des ravins profonds d'une centaine de mètres séparent les plateaux boisés. Sur le causse Méjean, la brebis est reine. Dix neuf mille ovins environ y circulent et il n'est pas rare de rencontrer des troupeaux de plus de trois cents bêtes. Les terrains dolomitiques, les « terres à lapins », sont riches surtout de paysages ruiniformes. Le Caussenard les abandonne au gibier et aux bois de résineux.

★★★ **Aven Armand.** – *Page 55.*

★★★ **Corniches du causse Méjean.** – *Page 156.*

★ **Chaos de Nîmes-le-Vieux.** – *Page 124.*

★ **Arcs de St-Pierre.** – *Page 140.*

⊘ **Hyelzas, Ferme caussenarde d'autrefois.** – *Suivre la signalisation pour l'Aven Armand, puis poursuivre la route jusqu'à Hyelzas.*

Cette ferme restaurée est un excellent exemple de l'architecture traditionnelle des Causses. Construite en pierres sèches, elle se compose de plusieurs bâtiments reliés par des escaliers extérieurs. Les toitures sont formées par des voûtes qui supportent une lourde couverture en lauzes calcaires.

On y visite les pièces d'habitation, au dallage de grès, qui étaient chauffées en hiver par la présence des vaches dans l'étable au-dessous. La citerne à côté de la cuisine rappelle l'importance de l'eau dans ce pays où elle est si rare. Deux vastes bergeries sont à l'écart de l'habitation. Dans un hangar sont regroupées des machines agricoles marquant les étapes importantes de l'évolution dans l'agriculture.

Une exposition de photos évoque la vie sur le causse au début du siècle.

LE CAUSSE NOIR *schéma p. 85*

« Noir », à cause de ses anciennes forêts de pins. Avec ses 200 km², il est le moins étendu des Grands Causses, cerné au Nord par les **gorges de la Jonte** *(p. 89)*, au Sud par la **Vallée de la Dourbie** *(p. 73)*. La dolomie y prédomine, aussi recèle-t-il les plus beaux chaos de rochers ruiniformes ; depuis sa corniche, le canyon de la Jonte apparaît dans toute sa splendeur.

★★★ **Chaos de Montpellier-le-Vieux.** – *Page 124.*

★★ **Corniche du causse Noir.** – La corniche du causse Noir est constituée par un ensemble de sentiers et de routes forestières que l'on ne peut parcourir qu'à pied. Nous indiquons page 87 quelques points de vue accessibles aux automobilistes.

Accès. – *Par la D 29, au Sud de Peyreleau. Prendre, entre l'embranchement avec la D 110 – qui conduit à Montpellier-le-Vieux – et la Roujarie, la route forestière (non goudronnée) qui se détache de la D 29 juste avant les ruines de l'église St-Jean-de-Balmes, et dont l'entrée est marquée d'une stèle érigée par le Club Alpin Français. A 2,5 km environ, laisser la voiture au point de stationnement indiqué sur le schéma p. 87, à proximité du rocher du Champignon.*

★★ Points de vue :

1) 1/4 h à pied AR. A gauche du rocher du Champignon, le sentier conduit vers le relais de télévision d'où la vue est fort belle sur Peyreleau situé au confluent de la Jonte et du Tarn.

2) 1 h à pied AR. A droite du rocher du Champignon, le sentier des corniches (balisé en rouge), qui se poursuit jusqu'au cirque de Madasse, descend à travers bois. Des plates-formes permettent de s'avancer au bord de la falaise, procurant des vues sur la Jonte et le paisible village du Rozier. Puis, Le Rozier disparu, on découvre la solitude et la grandeur sévère du canyon de la Jonte.

> *Des ruines de l'ermitage St-Michel (3 échelles métalliques à gravir), on peut prolonger l'excursion jusqu'au cirque de Madasse.*

3) Plus à l'Est, on pourra se rendre, par une route forestière carrossable s'embranchant sur la route d'arrivée, jusqu'à un rocher surmonté d'un pin *(lieu dit « point sublime » sur le dépliant du Syndicat d'initiative du Rozier-Peyreleau)* : très beau point de vue sur le canyon de la Jonte.

★★**Grotte de Dargilan.** – *Page 71.*

★**Chaos de Roquesaltes et du Rajol.** – *3 km au départ de St-André-de-Vézines, par une route goudronnée, puis un chemin non revêtu, et 1 h à pied AR.*

Roquesaltes, les « roches hautes », est un véritable donjon naturel, haut d'une cinquantaine de mètres, qui domine le hameau de Roquesaltes. De ces remparts, la vue porte sur Montpellier-le-Vieux. Peu étendu, ce chaos ne constitue pas moins un ensemble remarquable de rochers ruiniformes *(voir p. 19)* dont une formidable porte naturelle.

En poursuivant à pied vers le Sud *(1 h AR),* on atteint le **chaos du Rajol.** Un Dromadaire, le menton délicatement appuyé sur un rocher, accueille le visiteur. Parmi les rochers fantastiques, il y a aussi la Colonne égyptienne, la Statue sans bras...

D'un belvédère naturel, la vue plonge dans l'extraordinaire vallée de la Dourbie.

LE CAUSSE DU LARZAC *schéma p. 85 – Description p. 91*

★ HÉRAULT (Vallée de l')

Cartes Michelin n°s 80 pli 16 et 83 pli 6 ou 240 plis 15, 18, 22.

L'Hérault prend sa source au mont Aigoual et descend rapidement jusqu'à Valleraugue. En moins de 10 km, il passe de 1 400 m à 350 m d'altitude. Après Valleraugue, il coule entre des versants schisteux ou granitiques, où s'étagent en terrasses des châtaigniers et des vergers qui, aux abords de Ganges, sont remplacés par des vignes et des oliviers. En aval de Pont-d'Hérault, où commence la description ci-dessous, le paysage change d'aspect : on passe des terrains cristallins aux terrains calcaires.

L'Hérault va traverser les garrigues en y creusant des défilés, des gorges pittoresques, ou en arrosant de larges bassins cultivés comme ceux de Ganges ou de Brissac. Les garrigues, avec leurs rocailles blanches, parsemées de quelques taillis de chênes, revêtent un aspect désertique.

Au Pont du Diable, l'Hérault débouche brusquement dans la plaine du Bas Languedoc.

DE PONT-D'HÉRAULT A GIGNAC

69 km – environ 5 h – schéma p. 88

Au Sud de Pont-d'Hérault, la D 999 suit le cours sinueux du fleuve entre des versants couverts de châtaigniers et de chênes verts. Au fond de la vallée, les vignes et les mûriers apparaissent.

On pénètre bientôt dans un beau défilé calcaire où débouche la Vis.

Ganges. – *Page 83.*

Après Ganges, la route s'engage dans une gorge creusée par l'Hérault, véritable canyon aux parois très abruptes. De St-Bauzille, situé au pied des falaises du plateau de Thaurac, on ira visiter la grotte des Demoiselles.

★★★**Grotte des Demoiselles.** – *Page 72.*

> *A la sortie Sud de St-Bauzille, prendre à droite la D 108 et traverser l'Hérault. Une petite route à droite mène à Brissac.*

Brissac. – 285 h. En arrivant, une belle vue s'offre sur ce village pittoresque dont la partie la plus ancienne est dominée par un château des 12e et 16e s.

HÉRAULT (Vallée de)★

Faire demi-tour et re-joindre la D 4 vers St-Guilhem.

La D 4 rejoint l'Hérault qui coule entre des escarpements calcaires. De la route, on aperçoit, à gauche, la chapelle romane de **St-Étienne d'Issensac** et un pont du 12ᵉ s. qui enjambe la rivière.

La route, en montée, offre une vue, à gauche, sur le ravin du Lamalou qui débouche dans la vallée de l'Hérault. Elle atteint le petit causse de la Selle et le village du même nom après un pittoresque trajet en corniche.

Après Causse-de-la-Selle, la route quitte bientôt le causse et s'engage dans une combe creusée par un cours d'eau aujourd'hui disparu. Par les journées torrides de plein été, ce passage d'éboulis de rochers, sans eau, est empreint d'une désolation intense.

★ **Gorges de l'Hérault.** – Dominées par des versants escarpés, ces gorges, encore assez évasées jusqu'à St-Guilhem-le-Désert, se rétrécissent de plus en plus jusqu'au Pont du Diable. L'Hérault se creuse, au fond de la vallée, un canyon dans lequel il coule étroitement encaissé. Çà et là, une petite terrasse soutenue par un mur, quelques pans de vigne, un petit pré ou quelques oliviers accrochés au-dessus du fleuve, représentent les seules cultures. Ce paysage dénudé, inondé de soleil, ne manque pas d'une certaine grandeur.

★ **St-Guilhem-le-Désert.** – *Page 137.*

★★ **Grotte de Clamouse.** – *Page 67.*

Pont du Diable. – Ce pont construit au début du 11ᵉ s. fut l'œuvre de moines bénédictins. Élargi par la suite, il a gardé sa silhouette primitive. Du pont moderne construit près de l'ancien, vue sur les gorges de l'Hérault et le pont-aqueduc qui permet d'irriguer les vignobles de la région de St-Jean-de-Fos.

Pont de Gignac. – La N 109 franchit l'Hérault sur le pont de Gignac, situé à 1 km à l'Ouest de la localité. Construit de 1776 à 1810, cet ouvrage est considéré comme le plus beau pont français du 18ᵉ s. *Un escalier permet d'accéder à une plate-forme, située en aval sur la rive gauche, d'où l'on peut admirer cette construction.*

★★ HÉRIC (Gorges d')

Carte Michelin nº 83 Sud-Ouest du pli 4 ou 240 pli 21 – Schéma p. 79.

Formidable « coup de sabre » dans la façade méridionale des monts de l'Espinouse, les gorges d'Héric constituent l'un des lieux les plus remarquables du massif. Composées de gneiss aux reflets roses, teintées de vert-jaune par les lichens, les parois et les aiguilles rocheuses déchiquetées se dressent au-dessus des boisements de hêtres et de chênes verts qui tapissent le fond des gorges où le torrent d'Héric se fraye un chemin à travers les chaos des rochers. Ce torrent prend sa source à plus de 1 000 m dans la haute Espinouse et dévale les pentes de la montagne, avec une dénivellation de 800 m sur 8 km avant de se jeter dans l'Orb. Rendez-vous des grimpeurs qui y trouvent les plus belles parois de la région, des baigneurs, des marcheurs et des pique-niqueurs, les gorges d'Héric sont un but de promenade très apprécié.

VISITE *3 h à pied AR*

En venant de Mons-la-Trivalle, tourner à droite et laisser la voiture à l'entrée des gorges. Un chemin suit les gorges jusqu'au hameau d'Héric.

La route longe d'abord le torrent bouillonnant entre les hauts rochers, dégringolant en cascatelles et se calmant dans les piscines, dont la plus large est le **gouffre du Cerisier.** Plus loin à droite s'ouvre le majestueux **cirque de Farrières** surmonté par des aiguilles rocheuses. Après avoir longé les pentes du mont Caroux qui s'élève sur la droite, on atteint **Héric,** hameau aux toits de lauzes.

★★ JONTE (Gorges de la)

Carte Michelin n° 80 plis 4, 5, 15 ou 240 pli 10 – Schéma p. 85.

Les gorges de la Jonte, très pittoresques, n'offrent pas des dimensions aussi imposantes que celles du Tarn, mais les grands escarpements calcaires qui couronnent les versants ou dominent la rivière leur donnent des aspects aussi étonnants.

La Jonte naît à 1 350 m d'altitude, sur les pentes Nord du massif de l'Aigoual. Elle descend d'abord dans une jolie vallée boisée, puis sépare le causse Méjean, désertique, du pays cévenol, couvert de pâturages et de châtaigniers. A partir de Meyrueis, la rivière se fraye un chemin entre les murailles du causse Noir et les escarpements ruiniformes du causse Méjean, creusant un magnifique canyon jusqu'au Rozier, où elle se jette dans le Tarn.

Visite. – Elle peut s'effectuer **en voiture** par la route D 996 de Meyrueis au Rozier, décrite ci-dessous, ou **à pied** par les sentiers des corniches du causse Méjean *(p. 156)* et du causse Noir *(p. 86)*.

DE MEYRUEIS AU ROZIER *21 km – environ 1 h*

La visite des gorges de la Jonte sera faite de préférence dans le sens de la descente, c'est-à-dire de Meyrueis vers le Rozier, le canyon devenant de plus en plus impressionnant à mesure qu'on s'approche de son confluent avec le Tarn.

Meyrueis. – *Page 104.*

En aval de Meyrueis, la route des gorges, constamment tracée sur la rive droite, descend le canyon de la Jonte dont les versants sont surmontés de hautes murailles calcaires bizarrement façonnées par l'érosion.

A 5 km environ de Meyrueis, on aperçoit successivement, sur la droite, l'entrée de deux grottes dans la falaise du causse Méjean : la **grotte de la Vigne** et la **grotte de la Chèvre**. Le canyon devient ensuite plus étroit et la Jonte disparaît en été dans les crevasses de son lit.

Aux approches du hameau des Douzes, la rivière, après un long trajet souterrain, réapparaît dans un second canyon si profond que l'on aperçoit à peine les grands peupliers qui l'habitent.

Roc St-Gervais. – Le gros roc isolé qui domine le hameau des Douzes porte la chapelle romane de St-Gervais.

★ **Arcs de St-Pierre.** – *4,5 km puis 1 h 1/2 à pied AR. Accès au départ du Truel ; description p. 140.*

★ **Les Terrasses du Truel.** – *1,5 km en aval du Truel.* De deux belvédères aménagés, la vue est superbe sur les gorges de la Jonte dont les versants présentent deux étages de murailles calcaires, séparés par des pentes marneuses. Ce sont les « terrasses du Truel ».

En aval de ces belvédères, le causse Noir dresse deux énormes falaises hautes de 190 m et 160 m : les rochers Fabié et Curvelié. Sur le bord de la corniche du causse Méjean se détache un bloc très curieux, en forme de vase : le Vase de Sèvres.

Le rocher de Capluc *(p. 156)*, à droite, puis le village de Peyreleau *(p. 126)*, à gauche, et celui du Rozier apparaissent enfin.

Le Rozier. – *Page 135.*

Actualisée en permanence,

*la **carte Michelin** au 200 000e bannit l'inconnu de votre route :*

— évolution et aménagement du réseau routier ;

— caractéristiques (largeur, tracé, profil, revêtement)

   de toutes les routes, de l'autoroute au sentier ;

   bornes téléphoniques de secours...

*Équipez votre voiture de **cartes Michelin** à jour.*

LACAUNE
3 422 h. (les Lacaunais)

Carte Michelin n° 83 pli 3 ou 240 pli 21 – Lieu de séjour.

Située dans le paysage verdoyant et boisé des monts de Lacaune, cette station climatique dotée de sources thermales accueille principalement des enfants. Elle constitue un excellent point de départ pour des randonnées à travers les monts environnants et dans la fraîche vallée du Gijou. Outre l'élevage des ovins, l'essentiel des activités lacaunaises consiste en l'exploitation d'ardoisières pour les toits de la région, et en fabriques de salaisons.

La race de Lacaune. – Elle compte près de 650 000 brebis réparties sur les départements du Tarn, de l'Aveyron, de l'Aude et de la Lozère. Ces brebis sont très recherchées pour leurs aptitudes laitières : grâce à de judicieux croisements et à une alimentation choisie, une bonne productrice peut fournir jusqu'à 300 litres par période de lactation (décembre à juin). La production laitière est acheminée vers Roquefort *(voir p. 134)* et les jeunes agneaux, sevrés à un mois, sont vendus pour l'engraissement.

CURIOSITÉ

Fontaine des « Pissaïres ». – Au centre de la ville, sur une place, se dresse une fontaine symbolisant les vertus diurétiques des eaux de Lacaune. Un groupe de quatre personnages en acier noirci surmonte deux belles vasques de pierre du 14e s.

EXCURSION

Roc (pic) de Montalet ; Lac de Laouzas. – *32 km – 1 h 1/2.*

Quitter Lacaune par la route des Vidals. Là, suivre le panneau signalant « Route touristique des Vidals à Nages ».

Roc de Montalet. – *S'arrêter sur un terre-plein en arrivant au pied du roc. Un chemin monte jusqu'au sommet, 1/2 h à pied AR. Le Montgrand à l'Ouest (1 267 m) et le roc du Montalet (1 259 m) sont les sommets les plus élevés des* **monts de Lacaune.**
De la butte, qui porte une statue de la Vierge, on découvre une **vue** intéressante au Sud sur les formes adoucies des monts de Lacaune, moins accidentées que les monts de l'Espinouse au Sud-Est. Au premier plan, on aperçoit le barrage de Laouzas.

La route redescend jusqu'à Nages où l'on gagne la D 62 qui mène au lac.

Lac de Laouzas. – Une route construite en retrait des berges permet de faire le tour du lac d'une superficie de 320 ha et de découvrir ces très beaux paysages de bois, de prés, de collines se reflétant dans le lac. A l'automne les tapis de fougères les colorent d'une belle teinte rousse. A Rieu-Montagné, une ferme a été aménagée en base de plein air par le Parc naturel régional du Haut Languedoc. De l'autre côté du lac, le barrage-voûte, sur la Vèbre, haut de 50 m, retient 44 millions de m³ d'eau destinés à alimenter l'usine souterraine de Montahut, non loin d'Olargues dans la vallée du Jaur, après un parcours souterrain de plus de 15 km. Les eaux ainsi captées sur le versant atlantique sont ensuite « basculées » sur le versant méditerranéen par une conduite forcée de 600 m de haut pour produire 250 millions de Kwh en année moyenne.

LAMALOU-LES-BAINS   2 813 h. (les Lamalousiens)

Carte Michelin n° **83** pli 4 ou **240** pli 22 – Schéma p. 79 – Lieu de séjour.

Les sources de Lamalou ont été pour la plupart découvertes lors de l'exploitation des gisements métallifères environnants, aux 11e et 12e s. ; on s'aperçut de leur pouvoir sédatif et, dès le siècle suivant, un établissement de bains fut organisé. Aujourd'hui, la station exploite les sources de l'Usclade, Bourgès, Capus et Vernière. Elle s'est spécialisée aussi dans les soins des maladies de la motilité, notamment la poliomyélite et les séquelles des accidents de la route. Lamalou s'enorgueillit d'avoir reçu d'illustres curistes : Mounet-Sully, Alphonse Daudet, André Gide...
Lamalou-les-Bains est un bon point de départ pour des excursions dans le Caroux. Vu des hauteurs environnantes, son site, étiré le long du Bitoulet, est pittoresque.

★**St-Pierre-de-Rhèdes.** – *A 200 m à l'Ouest de l'entrée de la ville, vers St-Pons.*
Située dans l'enceinte du cimetière, cette ancienne église paroissiale fut construite en grès rose dans la première moitié du 12e s. C'est un bel exemple de l'architecture romane rurale du Midi de la France. A l'extérieur, remarquer l'élégante abside décorée d'arcatures lombardes, avec son archaïque personnage sculpté. Peut-être s'agit-il d'un pèlerin de Compostelle, avec son sac et son bâton, ou, plus probablement, de saint Pierre, le patron de la paroisse, avec crosse, croix et Bible ouverte.
Sur la façade Sud, un linteau répète en caractères coufiques le monogramme de Dieu, fleurissant en un crucifix. Il est surmonté par un tympan décoré de basalte. L'intérieur présente des chapiteaux de facture mozarabe et deux bas-reliefs de l'école toulousaine du 12e s. : un impressionnant visage de Christ en majesté et un Saint Pierre. On voit également une statue de Notre-Dame à l'Enfant en pierre polychrome, du 14e s.

EXCURSIONS

★★ **Gorges d'Héric.** – *Page 88.*

★**Château de St-Michel de Mourcairol.** – *6 km. Quitter Lamalou au Sud, traverser la D 908 et l'Orb puis tourner à gauche dans la D 160 en direction des Aires. Aussitôt passé le panneau d'entrée « Moulinas », prendre à droite une petite route signalisée « St-Michel » qui amène presque au château.*
Les ruines de ce château et de ses fortifications témoignent de l'importance de cette place forte au Moyen Age. La situation sur un piton permet d'avoir une **vue**★ très étendue sur la région : la vallée de l'Orb jusqu'à Bédarieux sur la droite et en face Lamalou dans sa vallée avec le Caroux en toile de fond. Dans un bouquet d'arbres on aperçoit Notre-Dame de Capimont.

Sanctuaire de Notre-Dame de Capimont. – *5 km. A la sortie Nord de Lamalou, prendre à droite la D 22E qui traverse le Bitoulet et passe par Bardejean, puis la D 13 vers Hérépian, enfin la première route à droite.*
Cette modeste chapelle de pèlerinage, érigée dans un site agréable de chênes verts, offre une belle vue sur la vallée de l'Orb, de Hérépian au Poujol ; depuis la chapelle Ste-Anne (située derrière N.-D. de Capimont) la vue porte amplement sur les monts de l'Espinouse au Nord-Ouest avec Lamalou et la vallée du Bitoulet au premier plan ; au Sud sur le pic de la Coquillade et les ruines de St-Michel.

Gorges de Colombières. – *9 km puis 1/2 h à pied AR. Quitter Lamalou au Sud et prendre à droite la D 908 vers St-Pons.*

En arrivant à Colombières-sur-Orb, laisser la voiture juste après le pont, sur la droite, et suivre le sentier des gorges (celui-ci est aménagé par endroits avec des échelles métalliques et des rampes, permettant de franchir les rochers).

Le sentier longe le torrent qui dégringole en cascade, de bassin en bassin. La section amont de la gorge, surtout, est réputée pour ses rochers d'escalade. Pour une simple incursion, on peut arrêter la promenade à un petit barrage.

Le Caroux. – *Page 79.*

LANGOGNE

Carte Michelin n° 76 pli 17 ou 239 pli 46 – Lieu de séjour.

Langogne est bien située dans la haute vallée de l'Allier aux confins de la Lozère, de l'Ardèche et de la Haute-Loire. L'élevage constitue la principale ressource de la région. Le vieux Langogne est un exemple intéressant d'urbanisme médiéval, avec ses maisons disposées en cercle autour de l'église. Certaines ont été aménagées dans des tours de l'ancienne enceinte. Sur le boulevard circulaire s'élèvent des halles à grains du 18e s., bâties sur piliers ronds et couvertes de lauzes.

Église St-Gervais-et-St-Protais. – Cet édifice roman, remanié du 15e au 17e s., est construit extérieurement en moellons de grès, mêlés de matériau volcanique. L'intérieur est en bel appareil de granit. C'était à l'origine l'église d'un prieuré bénédictin. La façade, fin 16e s.-début 17e s., montre un portail à voussures inscrit sous un arc en anse de panier, surmonté lui-même d'une baie flamboyante.

★ **Intérieur.** – De nombreux **chapiteaux**★ sculptés, à thèmes historiés au riche décor végétal, animent cet édifice austère. Les plus remarquables ornent les piliers de la nef, notamment, première travée à gauche : les anges gardiens, et troisième travée à droite : la luxure. La première chapelle à droite occupe l'emplacement d'un sanctuaire plus ancien comme en témoigne son sol en contrebas ; elle abrite une statue de la Vierge à l'Enfant : Notre-Dame de Tout Pouvoir ; objet d'une vénération séculaire, cette madone aurait été rapportée de Rome au 11e s.

★ LARZAC (Causse du)

Cartes Michelin nos 80 plis 14, 15 et 83 pli 5 ou 240 plis 14, 18 – Schéma p. 85.

Entre Millau et Lodève s'élève le causse du Larzac, véritable forteresse de calcaire.

UN PEU DE GÉOGRAPHIE

Le grand causse. – S'étendant sur près de 1 000 km², c'est le plus grand des causses et son altitude varie de 560 à 920 m. Disloqué en 5 blocs par un réseau de failles, il présente une succession de plateaux calcaires arides et de vallées verdoyantes. Sur les plateaux, des sotchs (p. 19) argileux tapissés de terres rouges ont permis l'installation de domaines agricoles. Les eaux qui tombent sur le Larzac réapparaissent au fond des vallées qui l'entament, en près de soixante résurgences. De même que les autres causses, le Larzac est troué d'avens ; celui de **Mas-Raynal**, à l'Ouest du Caylar, exploré en 1889 par une équipe réunissant E.A. Martel, L. Armand, G. Gaupillat, E. Foulquier, s'avéra être un « regard » sur le trajet d'une rivière souterraine qui alimente la Sorgues.

L'élevage des brebis. – L'économie du Larzac dépend en grande partie de Roquefort et de la production de lait pour alimenter les fromageries. Les troupeaux comptent 300 à 1 000 têtes, les bergeries sont équipées de façon de plus en plus moderne avec des salles de traite collective des « rotolactors » pour la traite mécanique. Loin de se dépeupler, le Larzac connaît une certaine croissance démographique, les jeunes agriculteurs restent sur place et se groupent pour moderniser leurs exploitations.

UN PEU D'HISTOIRE

Templiers et Hospitaliers. – Au 12e s., l'ordre des Templiers avait reçu en donation une partie du Larzac et installé une commanderie à Ste-Eulalie-de-Cernon avec des dépendances à la Cavalerie et la Couvertoirade. En 1312, à la suite de la dissolution de l'Ordre des Templiers, les Hospitaliers de Saint-Jean de Jérusalem prirent possession des biens des Templiers, dont les places du Larzac, qui se trouvèrent ainsi rattachées à l'ordre militaire le plus puissant. Au 15e s., période d'instabilité et de troubles, les Hospitaliers élevèrent des fortifications et ce sont ces enceintes, ces tours et ces portes fortifiées qui hérissent aujourd'hui les paysages du Larzac.

Le camp du Larzac. – En 1970, les habitants du Larzac apprennent que la surface occupée par le camp de manœuvres militaires de la Cavalerie (créé en 1903) doit passer de 3 000 ha à 17 000 ha, ce qui signifie l'expropriation d'une centaine d'exploitations agricoles concernant 500 paysans et quelques 15 000 brebis. Les paysans se rebellent, prêtent le serment de ne pas vendre leurs terres à l'armée, montent à pied et en tracteur à Paris avec quelques brebis pour manifester leur mécontentement, construisent la bergerie de la Blaquière sur le territoire revendiqué par l'armée, occupent les fermes déjà achetées, brûlent les dossiers d'enquête... De grands rassemblements sont organisés pour les soutenir. Pendant 10 ans le Larzac est à la une de l'actualité. Finalement, en 1980, la cour de cassation annule une grande partie des expropriations ; en 1985 une convention est signée entre l'État et la Société civile des terres du Larzac qui permet à celle-ci d'exploiter, en location, les 6 400 ha de terrains dont l'État est encore propriétaire.

DE MILLAU A LODÈVE *79 km – environ 4 h*

★ **Millau.** – *Page 104.*

Quitter Millau par la N 9 en direction de Béziers.

La route franchit le Tarn et s'élève sur le flanc Nord du causse du Larzac offrant de superbes panoramas sur Millau, le causse Noir, le canyon de la Dourbie. Après un virage au-dessus de la falaise, on découvre l'immense surface dénudée du causse.

⊘ **Maison du Larzac.** – Sur la droite de la N 9 s'élève une vaste bergerie en pierres sèches appelée aussi La Jasse. C'est le centre d'accueil de l'écomusée qui constitue une introduction à la visite du Larzac par les expositions qui y sont présentées.

L'**écomusée du Larzac,** créé en 1983, a pour but de présenter le patrimoine naturel, historique et culturel du causse à travers différentes curiosités dispersées sur un territoire de 35 km de long et 25 km de large. On peut ainsi voir une ferme traditionnelle, une bergerie ultra-moderne avec un rotolactor pouvant traiter 700 brebis à l'heure, la bergerie de la Blaquière construite au moment des événements du camp, des expositions sur l'architecture caussenarde, l'archéologie, les Templiers, etc.

Poursuivre la N 9 jusqu'à la Cavalerie. La route longe le camp du Larzac.

La Cavalerie. – 1 280 h. Autrefois siège d'une vice-commanderie de Templiers puis d'Hospitaliers, ce gros bourg rappelle le souvenir de la « chevalerie » et conserve encore de vieux remparts. Il est animé par le camp du Larzac dont on peut voir les installations en prenant la route vers Nant.

De la N 9 prendre à droite la D 999 vers St-Affrique. Après 3,4 km prendre à gauche la route de Lapanouse-de-Cernon.

Ste-Eulalie-de-Cernon. – 230 h. Dans la fraîche vallée du Cernon, Ste-Eulalie fut le siège de la commanderie des Templiers dont dépendaient la Cavalerie et la Couvertoirade. Au 18ᵉ s., le tribun révolutionnaire Mirabeau s'y rend souvent, en visite chez son oncle l'amiral de Riqueti-Mirabeau, le dernier des commandeurs.
De son passé de place médiévale fortifiée, Ste-Eulalie a conservé la plupart de ses remparts, ses tours, ses portes (celle qui s'ouvre à l'Est est remarquable) et de pittoresques passages voûtés.
L'église, dont la porte d'entrée est surmontée d'une Vierge en marbre du 17ᵉ s., donne sur une charmante place ornée d'une fontaine.

Rejoindre la N 9 à l'Hospitalet-du-Larzac par la D 77 et la D 23. Prendre la N 9 en direction de Béziers puis, 2,5 km plus loin, tourner à gauche vers Alzon et suivre les panneaux indiquant la Couvertoirade.

La route traverse un paysage de lande parsemé de chaos de rochers avec, au loin sur la gauche, des échappées sur la vallée de la Dourbie. Après le village de Cazejourdes apparaissent des fonds de vallons tapissés de terre rouge.

★ **La Couvertoirade.** – Page 70.

Suivre la D 55 au Sud et rejoindre la N 9. Poursuivre vers le Caylar.

La route, en légère montée, offre un joli coup d'œil sur le site extrêmement curieux du Caylar et sur le massif de l'Aigoual au loin à gauche.

Le Caylar. – Page 66.

★ **Pas de l'Escalette.** – Alt. 616 m. Ce passage, brèche rocheuse dominée par de hautes falaises, était appelé ainsi car il permettait de descendre du Larzac par des marches taillées dans le rocher. Aujourd'hui c'est une route élargie qui descend en lacet vers la verdoyante vallée de la Lergue. A la sortie du Pas de l'Escalette, admirer à droite les cascades de la Lergue dominées par de hautes falaises.

Pégairolles-de-l'Escalette. – 162 h. Ce pittoresque village possède un vieux château. En vif contraste avec l'âpreté du causse, des vignes, des oliviers, des mûriers apparaissent le long de la N 9.

Juste avant Lodève, un belvédère sur la déviation de la N 9 offre une vue étendue sur la ville et son site.

★ **Lodève.** – *Description ci-dessous.*

★ LODÈVE
8 557 h. (les Lodévois)

Carte Michelin n° 83 pli 5 ou 240 pli 18 – Schéma p. 85.

Lodève s'étage dans un gracieux cadre de collines au confluent de la Lergue et de la Soulondres. Une **vue** étendue de ce site s'offre du belvédère aménagé sur la déviation de la N 9 en venant de Millau.
Ses activités principales résident dans l'industrie du bois, l'industrie textile et, depuis 1980, dans l'exploitation minière de l'uranium. La COGEMA (Compagnie Générale des Matières Nucléaires) extrait le minerai d'uranium soit en galeries souterraines, soit en mines à ciel ouvert. Le gisement d'uranium représente environ le quart des réserves connues en France. Le minerai est ensuite exploité dans une usine située à proximité des mines.

UN PEU D'HISTOIRE

Les évêques de Lodève. – Lodève est une ville très ancienne : Néron y faisait frapper la monnaie nécessaire à la paye et à l'entretien des légions romaines. Au Moyen Age la cité et le diocèse ont pour seigneurs les évêques. 84 prélats se succèdent de 506 à 1790. Au 10ᵉ s., l'évêque Fulcran est célèbre par sa sainteté. Très riche, il nourrit les pauvres, soigne les malades. C'est aussi un guerrier qui construit des forteresses, défend la ville contre les brigands.
Au 12ᵉ s., l'un de ses successeurs introduit l'industrie à Lodève : il installe un des premiers moulins utilisés pour la fabrication du papier de chiffons. Au siècle suivant, les évêques développent le commerce du drap.
La ville, ayant participé à la révolte de Gaston d'Orléans et de Henri de Montmorency en 1632, est en partie détruite par Richelieu. Les évêques, dorénavant nommés par le roi, n'auront plus qu'une autorité religieuse.

La ville des draps. – Les moutons de la région de Lodève ont longtemps constitué la principale ressource du pays. Aussi l'industrie de la laine y fut-elle prospère dès le 13ᵉ s. Plus tard, Henri IV transporte dans la ville les fabriques de drap de Semur. Puis, Louvois adopte ses tissus pour l'habillement des troupes. Sous Louis XV, le cardinal de Fleury accorde à sa ville natale le monopole des fournitures militaires.

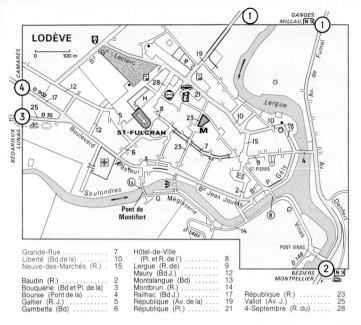

Cette haute protection a des répercussions sur la qualité. Les surveillants de la fabrication ferment les yeux sur les malfaçons. Les tissus de Lodève se déprécient. Un rapport de 1754 s'exprime ainsi à leur sujet : « Ces draps habillent plutôt qui veut être couvert que qui veut être paré ». La fabrication a cessé en 1960. Cette industrie traditionnelle est relayée aujourd'hui par d'autres branches du textile, la bonneterie en particulier.

Lodève possède aussi un atelier de tissage de tapis produisant, surtout pour les services du Mobilier National, des copies d'anciens modèles.

CURIOSITÉS

★ **Ancienne cathédrale St-Fulcran.** – La cathédrale primitive constitue la crypte actuelle. L'édifice fut reconstruit une première fois au 10e s. par saint Fulcran et, à nouveau, au 13e s., mais pour l'essentiel, c'est une œuvre de la première moitié du 14e s. Après les guerres de Religion, elle a dû être fortement restaurée, mais dans le style primitif. Les deux tours à échauguettes encadrant la façade, les contreforts montrent son aspect défensif.

L'intérieur se signale par l'ampleur de son vaisseau comportant une courte nef à bas-côtés et un vaste chœur. Ce dernier, entouré de boiseries du 18e s. et d'une balustrade de marbre, est couvert à son extrémité par une élégante voûte en rayons. A l'opposé, orgues du 18e s. Dans la 1ere chapelle du bas-côté droit, reposent les 84 évêques de Lodève. La 3e chapelle, placée sous le vocable de Notre-Dame-des-Sept-Douleurs, possède une voûte en réseau, caractéristique du gothique finissant ; de là une porte donne accès à l'ancien cloître (14e-17e s.) aménagé en dépôt lapidaire.

Pont de Montifort. – Ce pont gothique enjambe la Soulondres en faisant un dos d'âne très prononcé ; on en a une jolie vue depuis le pont piéton en aval.

★ **Musée Cardinal de Fleury** (M). – Le musée, installé dans l'ancien hôtel du cardinal, ⊘ (17e–18e s.) renferme plusieurs collections concernant Lodève et sa région.

Le rez-de-chaussée, consacré à la géologie et à la paléontologie, conserve une rare collection d'**empreintes fossilisées** de flore et surtout de reptiles (ou de batraciens) de la fin de l'ère primaire et de grands dinosaures de l'ère secondaire. Ces empreintes d'animaux confrontées à des relevés réalisés en Afrique du Sud confortent la théorie de la dérive des continents.

A l'étage, vestiges préhistoriques du Lodévois (paléolithique et néolithique) et présentation de l'histoire locale depuis l'époque gallo-romaine jusqu'à nos jours (souvenirs du cardinal de Fleury) ; évocation également de l'art lodévois avec les gravures de Barthélémy Roger (époque Louis XVI–Louis XVIII), les dessins de Max Théron (19e s.) et les sculptures de Paul Darde (20e s.).

Dans un deuxième corps de bâtiment sont exposées les **stèles discoïdales** d'Usclas-du-Bosc, proche de Lodève (12e–15e s.). L'utilisation de ces pierres monolithes, assez répandues dans le Sud Ouest au Moyen Age, remonte à l'Antiquité ; le disque représentait alors le soleil, mais à l'ère chrétienne ce symbole devint l'image du Christ ressuscité. Enfin, deux salles présentent l'activité textile traditionnelle de Lodève.

EXCURSION

⊘ **Ancien prieuré St-Michel-de-Grandmont.** – *8 km. Sortir par ① du plan, prendre la N 9 vers Millau et tourner à droite dans la D 153 vers St-Privat.*

Fondé au 12e s. par les moines de Grandmont, dont l'ordre eut un fort rayonnement du 11e au 14e s., ce prieuré est un des exemples encore existants des 150 monastères grandmontins *(voir Comberoumal p. 68)*.

L'ensemble architectural se compose, entre autres, d'une église, d'un cloître roman surmonté d'un charmant clocheton, d'une salle capitulaire aux vastes proportions. Dans le domaine entourant le prieuré on peut voir d'intéressants dolmens tandis que de belles perspectives s'offrent sur la plaine du Languedoc.

★★ LOT (Vallée du)

Cartes Michelin n°s 76 plis 11, 12 et 80 plis 1, 2, 3 ou 235 pli 12.

Aux confins de l'Auvergne et du Rouergue, le Lot a creusé profondément sa vallée dans les gneiss et les granits. La route décrite ci-après, très pittoresque, suit constamment la rivière entre Espalion et le pont de Coursavy.

D'ESPALION A CONQUES *56 km – environ 3 h*

★ **Espalion.** – *Page 76.*

A partir d'Espalion, la grand-route d'Aurillac suit la rive droite du Lot. La vallée, d'abord large et fertile (prairies, vignes, arbres fruitiers), devient étroite et se couvre de bois.

★ **Estaing.** – *Page 80.*

En quittant Estaing, la route offre une jolie vue sur le Lot, le vieux pont et le château qui domine la petite ville.

★★ **Gorges du Lot.** – Après s'être élargie durant quelques kilomètres, la vallée, d'abord noyée par la retenue du barrage de Golinhac, se resserre en gorges sauvages, très pittoresques, dont la profondeur est d'environ 300 m et dont la largeur au sommet des versants ne dépasse guère 1 500 m. Au milieu des bois qui couvrent les pentes se dressent des crêtes ou des pointes rocheuses, aux silhouettes déchiquetées ou massives. A quelques kilomètres d'Estaing apparaît le **barrage de Golinhac,** ouvrage de 37 m de haut, et un peu plus loin, sur la rive gauche, l'usine hydro-électrique, à l'architecture de métal et de verre, qu'alimente ce barrage.

★ **Entraygues.** – *Page 75.*

Suivre la D 107.

La route offre une vue d'ensemble sur Entraygues et son château, au confluent de la Truyère et du Lot.

La vallée du Lot n'a plus le caractère âpre et sauvage des gorges situées à l'amont d'Entraygues. Elle est d'abord assez large et riante. Sur les coteaux bien exposés s'étagent des vignes en terrasses qui produisent un très bon vin. Des maisons de viticulteurs y sont disséminées. Plus loin, les vignes deviennent moins nombreuses, des buis s'intercalent entre les rochers plus rapprochés, des bois s'étendent sur les versants ; mais, plusieurs fois, la vallée s'élargit en de petits bassins cultivés où se logent, parmi les arbres fruitiers, des villages aux maisons pittoresques.

Vieillevie. – 197 h. *Lieu de séjour.* Beau petit château Renaissance, couronné de hourds.

Après avoir franchi le Lot au pont de Coursavy, prendre la D 901 vers Rodez.

La route s'engage dans la vallée du Dourdou, dont les eaux gardent la teinte rougeâtre des grès de la région qu'elles viennent d'arroser.

Grand-Vabre. – 528 h. *Lieu de séjour.*

De Grand-Vabre, on peut, en prenant à droite la petite route d'Almon-les-Junies, découvrir, à environ 1 km, un beau point de vue sur la vallée du Lot et celle du Dourdou avant d'atteindre Conques.

★★★ **Conques.** – *Page 68.*

LOUPIAN   934 h.

Carte Michelin n° 83 pli 16 ou 240 pli 26.

Ce petit village viticole possède deux églises, des vestiges de ses remparts et un château.

◉ **Église St-Hippolyte.** – 12e s. Elle a été incorporée dans les murs du château construit au 14e s. Dans l'abside, les pierres de la voûte, disposées en chevrons, sont retenues par une fausse croisée d'ogives. Divers objets découverts dans une villa gallo-romaine y sont exposés : poteries, mosaïques, tuiles, pièces de monnaie...

◉ **Église Ste-Cécile.** – 14e s. L'église, au bel appareil de pierre ocre, ne manque pas de majesté. Ses contreforts très saillants sont caractéristiques de l'art gothique du Languedoc, de même que la large nef unique voûtée sur croisée d'ogives qui se termine par une élégante abside polygonale.

◉ **Villa gallo-romaine.** – *Sur la D 158^E en direction de Mèze.* Des fouilles ont mis au jour de belles mosaïques des 4e et 5e s. Vingt pièces y ont été reconnues, ainsi qu'un système de chauffage, des thermes, un bassin.

★★ LOZÈRE (Mont)

Carte Michelin n° 80 plis 6, 7 ou 240 plis 2, 6, 7.

Entre Florac, Mende, Génolhac et Villefort, ce puissant massif granitique dressant sa masse majestueuse dans le paysage cévenol forme une véritable entité géographique mise en valeur par les coupures du Tarn, du Lot, de l'Altier et de la Cèze.

Le « Mont Chauve ». – Ses hauts plateaux dénudés s'alignant sur 35 km lui ont valu ce surnom. Il culmine à 1 699 m au sommet de Finiels, point le plus haut du Massif central qui ne soit pas d'origine volcanique. Son granit érodé s'est décomposé en curieuses boules formant des chaos disséminés de-ci de-là dans des paysages de landes où subsistent encore quelques lambeaux de hêtraies, vestiges de son ancienne couverture forestière. Ses versants, reboisés au cours des dernières décennies, ont retrouvé une parure de pins, sapins et hêtres au Sud (montagne du Bougès), à l'Est (versant Vivarois) et au Nord.

L'architecture robuste des maisons se marie fort bien avec les paysages. Souvent les blocs de granit ont été incorporés tels quels dans les murs. Aujourd'hui la plupart des villages ont été désertés, la vie étant très dure sur ces plateaux balayés par le vent et la neige. Les clochers de tourmente, dont le son de la cloche était le seul repère pour le voyageur perdu dans la tempête de neige, sont là pour en témoigner.

Quelques bornes de granit marquées de la croix de Malte rappellent que les Hospitaliers de Saint-Jean de Jérusalem, devenus plus tard les chevaliers de Malte, y possédaient une partie des terres. Autrefois, les troupeaux transhumants peuplaient ces grandes étendues durant l'été. Évalués à une centaine de milliers au 19ᵉ s., on en compte moins d'une dizaine de milliers aujourd'hui et les drailles *(voir p. 27)* ont tendance à disparaître sous la végétation. Les moutons ont été remplacés par les troupeaux de vaches des villages du versant Sud, qui viennent paître sur les hauts plateaux du mont Lozère.

Écomusée du mont Lozère. – Créé sous l'égide du Parc national des Cévennes *(p. 28)*, l'écomusée a pour but de présenter le milieu naturel et humain du mont Lozère. Il se compose d'un chef lieu, la Maison du mont Lozère au Pont-de-Montvert, et de divers éléments d'intérêt architectural et naturel dispersés sur l'ensemble du massif. L'accent est mis sur l'architecture et le fonctionnement d'une exploitation agricole aux fermes de **Troubat** et de **Mas Camargues.** Les clochers de tourmente, les bornes marquées de croix de Malte ont été recensés...
La plupart des curiosités de l'écomusée sont présentées au Pont-de-Montvert (p. 130).

Le mont Lozère à pied. – Sa physionomie, ses paysages se prêtent merveilleusement aux promenades à pied et de nombreux sentiers de Grande Randonnée le sillonnent. Un **tour du mont Lozère** (6 jours), décrit par le topoguide du GR 68, reste sur ses contours. Le **GR 7**, ancienne draille de la Margeride, le traverse en son centre, permettant de découvrir les paysages et les hameaux si caractéristiques du mont Lozère (surtout dans le tronçon entre le col de Finiels et la ferme de l'Aubaret).
Pour tous renseignements, s'adresser au centre d'information du Parc national des Cévennes à Florac (voir le chapitre « Renseignements pratiques » en fin de volume).

★ 1 LE COL DE FINIELS

Du Pont-de-Montvert au Bleymard
23 km – environ 1 h – schéma p. 96-97

Cet itinéraire empruntant la D 20 traverse le mont Lozère en son centre, offrant de belles perspectives sur ses paysages.

Le Pont-de-Montvert. – *Page 130.*

Quitter le Pont-de-Montvert par la D 20, en direction du Bleymard.

La route, bordée de sorbiers, s'élève sur le versant méridional vers le col de Finiels. Après le village de ce nom, elle traverse de grandes étendues désertes jonchées çà et là de blocs de granit. L'horizon est fermé au Sud par la montagne du Bougès et par le causse Méjean fortement ondulé.

★ **Col de Finiels.** – Alt. 1 548 m. Des abords du col, et particulièrement des « sommets » qui encadrent le passage, la **vue**★ peut par temps clair porter jusqu'à l'Aigoual et aux Causses. Au début de la descente, le massif du Tanargue (Vivarais cévenol) est visible en avant et à droite.
Les aménagements de la station de ski du mont Lozère apparaissent sur la gauche de la route ainsi que la chapelle moderne.

Chalet du mont Lozère. – Parmi de jeunes boisements de sapins s'élèvent le chalet-refuge, un hôtel et un vaste bâtiment de l'UCPA qui accueillent randonneurs à pied et à cheval en été. De décembre à avril, c'est un centre de ski connu surtout pour le ski de fond. Un sentier balisé monte au sommet de Finiels.

★ **Sommet de Finiels.** – *3 h à pied AR.* Du Chalet du mont Lozère prendre le sentier balisé entre la D 20 et la chapelle qui suit une rangée de pierres plantées jusqu'à la crête. Prendre à droite jusqu'à une cabane de pierres en ruines. De là une **vue**★★ étendue vers le Sud-Est montre la succession de sommets arrondis des hauts plateaux jusqu'au pic Cassini, tandis que vers le Nord le plateau granitique de la Margeride barre l'horizon. Suivre la ligne de crête jusqu'à la borne indiquant 1 685 m et rejoindre, en descendant, la Route des Chômeurs qui ramène au point de départ.
Après le Chalet du mont Lozère, au moment où la D 20 va quitter le ravin de l'Altier pour repasser sur le versant de l'Atlantique, les monts de la Margeride se déploient au Nord.

Ⓥ **Le Mazel.** – Du début du siècle à 1952 une mine de plomb et de zinc était en exploitation. Dans les bâtiments, un centre d'information du Parc national des Cévennes et un gîte d'étape ont été aménagés.

Le Bleymard. – 448 h. Ce village conserve de solides demeures aux toitures de lauzes et une église du 13ᵉ s.

2 TOUR DU MONT LOZÈRE

De Mende à Florac par Villefort et Génolhac
137 km – 5 h – schéma p. 96-97

★ **Mende.** – *Page 103.*

Quitter Mende par la N 88 à l'Est en direction du Puy.

La route suit la vallée du Lot sous les escarpements calcaires du causse de Mende.

Au col de la Tourette prendre la D 901 vers Villefort.

Bagnols-les-Bains. – *Page 56.*

LOZÈRE (Mont)★★

La vallée s'encaisse en défilés rocheux et boisés. Les ruines du château du Tournel se campent fièrement sur un éperon rocheux que contourne le torrent.

Le Bleymard. – *Page 95. Possibilité de prendre la route du col de Finiels décrite p. 95.*

Après le Bleymard, les paysages deviennent plus sauvages et dénudés. La route quitte la vallée du Lot pour suivre, après le col des Tribes, celle de l'Altier sinueuse et boisée. Les tours du **château de Champ** (15ᵉ s.) apparaissent en contrebas de la route, sur la droite. Quelques kilomètres après Altier, ancienne place forte, on arrive au bord du lac de Villefort.

○ **Château de Castanet.** – Quadrilatère de granit, flanqué de trois tours rondes tronquées à la hauteur de la toiture, ce château s'élève sur une presqu'île au bord du lac de Villefort. Il fut sauvé de justesse de la démolition en 1964 au moment de la mise en eau du lac. Bâti en 1578, ce château Renaissance conserve de nombreuses caractéristiques des châteaux forts du Moyen Age. A l'intérieur, le style Renaissance apparaît dans les cheminées et les plafonds à la française. Le dernier étage abrite sous une belle charpente deux salles d'expositions consacrées à des artistes contemporains.

Villefort. – *Page 168.*

Au départ de Villefort prendre la D 66.

Elle s'élève au-dessus d'un ravin ombragé de châtaigniers en procurant de très belles vues sur Villefort et sa vallée. La route traverse les villages de Palhère et de Costeilades, entourés de jardinets en terrasses et dont les maisons sont couvertes de lauzes ; remarquer la disposition en épi des lauzes faîtières.

Peu à peu se dégagent au Nord-Est les plateaux qu'entaillent les gorges de la Borne et du Chassezac. Lors de la traversée d'un chaos de blocs granitiques, les échappées portent jusqu'aux massifs du Tanargue et du Mézenc, avec les Alpes à l'horizon.

La route atteint le replat du Pré de la Dame, encombré de gros blocs granitiques.

○ **Mas de la Barque.** – *Peu après le Pré de la Dame se détache, à droite, la route du Mas de la Barque.*

Cette maison forestière, un des quatre éléments de l'écomusée du mont Lozère, et gîte d'accueil pour randonneurs s'élève dans un cadre reposant de prairies et de taillis cernés par la forêt. En hiver c'est un centre de ski. Au départ du Mas, un **sentier d'observation** permet une approche du milieu forestier.

Revenir au Pré de la Dame et poursuivre vers Génolhac.

La descente vers Génolhac se fait presque continuellement sous les hêtres et les conifères.

★ **Belvédère des Bouzèdes.** – Alt. 1 235 m. La route décrit ici un lacet en terrain découvert sur le flanc d'une croupe plongeant sur Génolhac, 800 m en contrebas. Avec ses toits de tuiles, cette ville frappe par son aspect méridional.

○ **Génolhac.** – 850 h. Lieu de séjour. Génolhac est une coquette cité fleurie, bien située dans la vallée de la Gardonnette. Dans la maison de l'Arceau, un centre d'information sur le Parc national des Cévennes et un gîte d'étape ont été aménagés.

Causse du Larzac.

Prendre la route d'Alès puis tourner à droite dans la D 998 vers Florac.

L'itinéraire, pittoresque jusqu'à St-Maurice-de-Ventalon, suit la vallée du Luech.

2 km après les Bastides, une route, sur la droite, mène à la ferme de Troubat (p. 130).

Le-Pont-de-Montvert. – *Page 130. Possibilité de prendre la route du col de Finiels décrite p. 95.*

Après Le-Pont-de-Montvert, la route suit la haute vallée du Tarn qui se resserre en gorges sauvages. Sur un promontoire apparaît le château de Miral avec ses vestiges de fortifications du 14e s.

Florac. – *Page 81.*

★★ 3 ROUTE DU COL DE MONTMIRAT

Elle permet de relier Florac à Mende (la route est décrite en sens inverse p. 111).

★ MAGUELONE

Carte Michelin n° 83 pli 17 ou 240 plis 23, 27 – 16 km au Sud de Montpellier.

Curieusement bâtie sur une avancée du cordon littoral qui souligne le fond du golfe du Lion, entre les étangs de Pierre Blanche et du Prévost, Maguelone, qu'un mince chemin relie à Palavas, possède le charme paisible et silencieux que lui confère sa situation. Les restes de son ancienne cathédrale se dressent sur une légère éminence, au milieu d'un bouquet de pins parasols, de cèdres et d'eucalyptus.

Le canal du Rhône à Sète, à travers les étangs, a interrompu le chemin qui, jusqu'en 1708, unit Maguelone à la terre ferme. Un arc gigantesque a été élevé au 19e s. pour marquer la limite du domaine de Maguelone.

Un peu d'histoire. – Les vestiges les plus anciens trouvés à Maguelone datent du 2e s. de notre ère et ne permettent donc pas de confirmer les nombreuses hypothèses émises sur l'origine de Maguelone qui aurait été un comptoir phénicien pour certains, une colonie de navigateurs grecs pour d'autres. Au 6e s., Maguelone reçoit son évêché. La prospérité de la ville épiscopale est interrompue au 8e s. quand elle tombe aux mains des Sarrasins. A cette époque, le port, au Sud de la cathédrale, communiquait avec la mer par un grau.

Charles Martel reprend la ville aux Infidèles, mais craignant qu'ils ne l'utilisent à nouveau comme port d'attache, la détruit aussitôt (737). En 1030, l'évêque Arnaud Ier réédifie la cathédrale à l'emplacement de l'église antérieure et la fortifie puissamment ; il construit un chemin de Maguelone à Villeneuve, ainsi qu'un pont de 2 km et ferme le grau du port sarrasin, afin de se préserver des attaquants éventuels.

Au 12e s., l'église est reconstruite pour être agrandie, ses fortifications renforcées. Durant la querelle du Sacerdoce et de l'Empire, de nombreux papes y trouvent asile ; ils érigent la cathédrale en basilique majeure. L'envoyé du pape, Pierre de Castelnau, dont la mort déclenche la croisade contre les Albigeois *(voir p. 31)*, fit partie du chapitre de Maguelone.

MAGUELONE★

Du 13ᵉ au 14ᵉ s. Maguelone est en plein essor. Une communauté d'une soixantaine de chanoines y vit, réputée pour sa générosité et son hospitalité.

Cependant Montpellier, qui ne cesse de grandir et d'organiser son trafic commercial, attire de nombreux habitants de l'île ; au 16ᵉ s., l'évêché y est transféré.

Tour à tour aux mains des protestants et des catholiques durant les guerres de Religion, Maguelone, comme toutes les fortifications de la région, finit par être démantelée en 1622, sur l'ordre de Richelieu. Seuls la cathédrale et l'évêché ont subsisté.

Lors de la construction du canal, Maguelone fut vendue et rachetée plusieurs fois, ses ruines dispersées ou englouties au fond des étangs. En 1852, Frédéric Fabrège s'en rend acquéreur et entreprend de la restaurer. L'église est rendue au culte en 1875.

★ ANCIENNE CATHÉDRALE *visite : 1/2 h*

⊘ **Accès.** – *Hors saison, par une route en cul-de-sac, longue de 4 km, qui s'amorce à Palavas-les-Flots, à l'extrémité de la rue Maguelone.*
– En période estivale, s'arrêter au parking situé à 2 km et prendre le petit train jusqu'à la cathédrale ; ou bien, depuis Villeneuve, prendre le bac puis le petit train.

Extérieur. – L'église était rattachée à un mur d'enceinte continu, avec portes fortifiées et tourelles, que Richelieu a fait sauter, en même temps que deux des trois grosses tours. Les hautes murailles très épaisses (le mur méridional mesure 2,50 m d'épaisseur) sont percées d'étroites et rares meurtrières, disposées sans symétrie. Un parapet crénelé surmontait l'édifice : il en reste quelques mâchicoulis. On pénètre dans l'église par un remarquable portail sculpté. Le linteau est une ancienne colonne milliaire romaine réutilisée par un sculpteur qui y a ciselé de fins rinceaux et gravé une inscription datée de 1178.

Le tympan aux tons blancs et gris en arc légèrement brisé, composé de claveaux de marbre, daterait du 13ᵉ s. ; il porte en son centre un Christ bénissant entouré des saints Marc, représenté par le lion, Matthieu par un être humain ailé, Jean par l'aigle et Luc par le bœuf.

Les bas-reliefs des piédroits, figurant saint Pierre et saint Paul, et les têtes des deux apôtres soutenant le linteau sont des réemplois datant du milieu du 12ᵉ s.

Ancienne cathédrale de Maguelone.
Détail de la façade.

Intérieur. – A gauche de l'entrée, une porte, aujourd'hui murée, donnait accès à la salle capitulaire. Dans le mur droit, des fragments de pierres tombales ont été encastrés : certains sont de l'époque romaine, d'autres, du 11ᵉ s., proviennent de sépultures de bourgeois de Montpellier ; à cette époque, le pape Urbain II accorda la rémission de tous les péchés à ceux qui demanderaient à être ensevelis à Maguelone.

La nef, rectangulaire, faite de blocs calcaires, est couverte sur deux travées par une vaste tribune qui la coupe à mi-hauteur et qui masque sa voûte en berceau brisé.

Les traces marquées au sol dans la troisième travée ont été effectuées par Frédéric Fabrège pour délimiter l'édifice préroman ; celles dans la croisée du transept indiquent les limites de la cathédrale construite par Arnaud Iᵉʳ.

Le chœur est sobrement décoré. L'abside, de faibles dimensions, polygonale à l'extérieur, demi-circulaire à l'intérieur, est flanquée de deux absidioles ménagées dans l'épaisseur du mur. Elle s'orne d'arceaux aveugles et s'ajoure de trois baies en plein cintre. Un fin bandeau en dents d'engrenage surmonte l'ensemble.

Les croisillons du transept sont couverts de voûtes d'ogives. Au sud s'ouvre la chapelle Ste-Marie, renfermant des tombeaux romains et des pierres tombales du 14ᵉ s. Au Nord, la chapelle du Saint-Sépulcre abrite un sarcophage en marbre finement sculpté.

Les églises ne se visitent pas pendant les offices.

La MALÈNE   197 h. (les Malénais)

Carte Michelin n° 80 pli 5 ou 240 pli 10 – Schéma p. 154 – Lieu de séjour.

Au point de jonction des routes qui traversent les causses de Sauveterre et Méjean, la Malène ou « mauvais trou » fut de tout temps un lieu de passage. Au printemps et à l'automne, d'immenses troupeaux transhumants y franchissaient le Tarn et s'y désaltéraient. Au 12ᵉ s., les barons de Montesquieu y élevèrent un premier château et, jusqu'au 18ᵉ s., le prestige de leur nom donna de l'importance à cette petite ville. Dans toute cette région des gorges du Tarn, la Révolution mit le pays à feu et à sang. Les nobles, cruellement pourchassés, se réfugiaient dans les grottes qui s'ouvrent dans les falaises du canyon. En 1793, un détachement de troupes révolutionnaires fusilla 21 habitants et mit le feu à la Malène. Cet incident laissa, sur la falaise de la Barre qui domine le village, un dépôt noir indélébile, dû, paraît-il, à la fumée huileuse d'une maison remplie de noix.

Les touristes pourront voir l'**église** romane (12ᵉ s.), la ruelle bordée de vieilles maisons, que surplombe le roc de la Barre, et le château du 16ᵉ s. aménagé en hôtel.

EXCURSION

★★ Roc des Hourtous. – *Circuit de 34 km – environ 2 h. Quitter la Malène par le pont sur le Tarn et la D 43.*

A droite de la route s'élèvent la chapelle de la grotte et la statue de la Vierge d'où l'on découvre une vue sur le village et ses environs. La montée au-dessus de la rive gauche du Tarn est très impressionnante : dix lacets serrés offrent de très belles vues sur l'« entonnoir » de la Malène.

A la Croix Blanche, prendre à droite la D 16 ; 5 km plus loin, pénétrer dans le village de Rieisse. Laisser la voiture près d'un calvaire puis suivre le chemin (1/2 h à pied AR).

Le **roc des Hourtous★★** surplombe la grotte de la Momie, en aval de laquelle commence le défilé des Détroits, l'endroit le plus resserré du canyon. De là, **vue★★** superbe sur le canyon du Tarn, du hameau de l'Angle au cirque des Baumes et au Point Sublime.

Reprendre à droite la D 16 qui parcourt le causse et descend sur les Vignes par un tracé de corniche impressionnant qui passe près des ruines du **château de Blanquefort**.

Rentrer à la Malène par la route des gorges du Tarn (p. 152).

La promenade peut aussi être faite entièrement à pied (circuit balisé au départ du pont de la Malène – 3 h environ).

Cet ouvrage tient compte des conditions du tourisme connues au moment de sa rédaction. Mais certains renseignements perdent de leur actualité en raison de l'évolution incessante des aménagements et des variations du coût de la vie

Nos lecteurs sauront le comprendre.

★ MARVEJOLS

6 013 h. (les Marvejolais)

Carte Michelin n° 80 – pli 5 ou 240 pli 2 – Schéma p. 55 – Lieu de séjour.

Bien située dans la jolie vallée de la Colagne, Marvejols vit de ses foires. Le climat et la situation de la ville ont permis l'installation de nombreux centres médico-pédagogiques.

La ville joua, au 14e s., un rôle important dans les guerres et fit cause commune avec Du Guesclin contre les routiers des Grandes Compagnies. Place protestante, elle fut, en 1586, détruite par l'amiral de Joyeuse. C'est ce passé tourmenté que font revivre ses portes fortifiées.

Portes fortifiées. – Elles commandent les trois entrées de la vieille ville. La **porte de Soubeyran★ (B)** conserve une inscription relatant la reconstruction de la cité par Henri IV – la reconnaissance des Marvejolais a valu à la place, que la porte ferme sur un côté, d'être gratifiée d'une très originale statue du bon roi, œuvre du sculpteur Auricoste à qui l'on doit également celle de la légendaire « Bête du Gévaudan » élevée sur la place des Cordeliers.

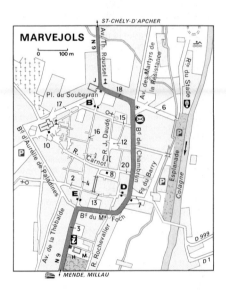

Augustins (R. des)	2	Girou (Pl.) 12
Brazza (R. S.-de)	3	Jean (R. Th.) 13
Chanelles (R. de)	4	Pénitents (R. des) 15
Cheyla (Av. du)	6	République (R. de la) 16
Cordeliers (Pl. des)	7	Révd-Père-de-Jabrun (Bd) 17
Cordesse (Pl. H.)	8	St-Dominique (Bd) 18
Coustarade (Pl. de)	10	Vidal (R.) 20

Les deux autres portes sont la **porte du Théron (D)** et la **porte de Chanelles (E)**.

EXCURSION

Circuit de 52 km. – *environ 3 h 1/2.* Carte n° 76 plis 14 et 15.

Quitter Marvejols au Nord par la N 9, puis, 2,5 km plus loin, prendre à droite la D 2 qui remonte la vallée de la Colagne jusqu'à St-Léger-de-Peyre.

Au-delà, la route s'engage dans les gorges de la Crueize puis laisse sur la gauche la vallée de l'Enfer, qu'enjambe un élégant viaduc. Escaladant le plateau, la route atteint un croisement.

Tourner à gauche en traversant le chemin de fer. À 3 km de ce carrefour, prendre à gauche la D 3, puis à 3 km, encore une fois à gauche, la route qui aboutit au pied du Roc de Peyre.

Roc de Peyre. – *1/4 h à pied AR.* Du sommet (1 179 m, table d'orientation) que l'on atteint par un chemin et un escalier, on jouit d'un remarquable panorama sur l'Aubrac, le Plomb du Cantal, la Margeride, le mont Lozère, l'Aigoual et les Causses.

Aucune trace notable ne permet d'imaginer qu'une forteresse occupait jadis ce piton à l'intérêt stratégique exceptionnel. Pourtant, il ne fallut pas moins de 2 500 boulets à l'amiral de Joyeuse pour abattre, en 1586, le donjon de ce fief protestant. Le temps fit le reste.

Faire demi-tour et, suivant toujours à gauche la D 53 puis la D 3, franchir le pont du Moulinet, au fond de la vallée de la Crueize, et aussitôt après tourner à droite dans la D 73 sur laquelle s'amorce, à 5 km, l'allée du château de la Baume.

Château de la Baume. – La rudesse de cette demeure du 17e s., construite en granit et couverte d'ardoises grossières, est atténuée par la douceur d'un parc ombragé inattendu sur ces plateaux. À l'intérieur, admirer l'escalier d'honneur aux balustres Louis XIV. Le grand salon s'enrichit d'un beau parquet qui représente, en bois de teintes différentes, un dessin géométrique entourant des armoiries. Le cabinet de travail est orné de lambris peints composés de motifs traités dans les tons pastel. De grandes toiles évoquant des scènes mythologiques en complètent la décoration.

Revenir au pont du Moulinet et prendre à droite la N 9, puis une route à gauche en direction de Ste-Lucie et tout de suite à droite en montée.

★ **Les loups du Gévaudan.** – Aménagé à flanc de montagne, dans un cadre forestier, ce parc animalier de 4 ha présente une cinquantaine de loups originaires d'Europe et du Canada dont certains nés à Ste-Lucie.

La N 9 ramène à Marvejols.

★ Le MAS SOUBEYRAN

Carte Michelin n° 80 pli 17 ou 240 pli 15 – 8 km au Nord d'Anduze.

Le Mas Soubeyran domine le Gardon. Quelques maisons, serrées les unes contre les autres, couvrent le petit plateau entouré de montagnes. Le paysage est âpre et sévère. Le hameau, par son **musée du Désert**, est un haut lieu du protestantisme. Il intéressera, en outre, de nombreux touristes simplement curieux d'histoire. *D'autres lieux du souvenir camisard sont mentionnés sur la carte p. 31. Un musée du protestantisme existe également à Ferrières dans le Haut Languedoc (p. 81).*

C'est toute l'histoire de la lutte protestante, particulièrement dans les Cévennes, qui est évoquée, pour la période qui va de la révocation de l'édit de Nantes (1685) jusqu'à l'édit de Tolérance (1787).

Sous les chênes et les châtaigniers proches du musée a lieu chaque année, début septembre, une « assemblée » qui attire au Mas 10 000 à 20 000 protestants.

La révocation de l'édit de Nantes. – La paix d'Alès *(voir p. 49)* a laissé aux protestants la liberté du culte. Mais, à partir de 1661, Louis XIV fait entreprendre une vive campagne contre la R.P.R. (religion prétendue réformée). Tous les moyens sont mis en œuvre pour obtenir des conversions. Un des plus rudes est la « dragonnade » : des dragons sont logés chez les réformés avec licence d'opérer comme en pays conquis.

En 1685, sur les rapports tendancieux des intendants, la cour croit, à tort, qu'il ne reste plus qu'une poignée d'hérétiques. La révocation de l'édit de Nantes est prononcée : le culte interdit, les temples démolis, les pasteurs chassés du royaume.

L'émigration commence aussitôt et l'importance de l'exode montre l'erreur commise sur le nombre des protestants non convertis. On essaye, par des peines draconiennes, d'arrêter l'hémorragie. Mais 300 000 à 500 000 religionnaires parviennent à quitter la France, privant l'agriculture, le commerce, l'industrie, la science et les arts d'excellents éléments.

La révolte des Camisards. – Les dragonnades s'amplifient ; on emprisonne ; on bâtonne ; on enlève les enfants aux parents. C'est alors que les pasteurs et les fidèles adoptent, pour leurs assemblées, des lieux retirés dans la montagne. Le nom de Désert, adopté pour désigner ces lieux, doit être pris à la fois au sens propre et au sens figuré.

En juillet 1702, l'abbé du Chayla, inspecteur des missions dans les Cévennes, arrête un petit groupe de fugitifs et les enferme dans le château du Pont-de-Montvert qui lui sert de presbytère. Une cinquantaine de paysans entreprennent de délivrer les prisonniers. Au cours de l'opération, l'abbé est tué.

C'est le signal d'une insurrection générale qui va durer deux ans : les montagnards que l'on appellera « Camisards » (du languedocien « camiso », chemise), partent en guerre avec leurs fourches ou leurs faux.

Ils s'arment en pillant les châteaux ou en prenant les armes de leurs adversaires.

Mais ils connaissent admirablement le pays, éminemment propre à la guérilla, et les Camisards conservent partout des intelligences parmi les populations.

Gravure d'Engelmann.- Conversion des hérétiques.

Cavalier et Roland. – Leurs chefs sont des paysans ou des artisans, de foi ardente, qui passent pour inspirés. Les deux plus célèbres sont Cavalier et Roland. Pour venir à bout de ces 3 000 à 5 000 Camisards, il ne faudra pas moins de 30 000 hommes et trois maréchaux, dont Villars. Celui-ci est assez habile pour entrer en pourparlers avec Cavalier et obtenir sa soumission. Le chef protestant est nommé colonel avec une pension de 1 200 livres. Il est autorisé à former un régiment de Camisards qui iraient combattre en Espagne.

Accusé de trahison par ses compagnons, Cavalier prend du service en Angleterre et devient gouverneur de Jersey. Roland continue la lutte, mais, livré par un traître, il est abattu en 1704. C'est la fin de la résistance camisarde.

Les persécutions se prolongent, avec quelques accalmies, jusqu'en 1787. À cette date, Louis XVI signe l'édit de Tolérance : les protestants désormais peuvent exercer un métier, se marier légalement et faire constater les naissances devant les officiers publics. En 1789, cette tolérance sera transformée en pleine liberté de conscience.

★LE MUSÉE DU DÉSERT *visite : environ 1 h*

On visite, principalement la maison de Roland et le Mémorial. Dans une salle d'accueil est présentée l'iconographie de la Réforme.

La maison de Roland. – Elle est telle qu'elle existait aux 17e et 18e s. Remarquer le « jeu de l'Oye » destiné à enseigner les principes catholiques aux jeunes huguenotes retenues dans les couvents.

Divers documents, déclarations, arrêts, ordonnances, cartes anciennes retracent la période qui précéda les persécutions, la lutte des Camisards, la restauration du protestantisme, le triomphe des idées de tolérance.

Dans la cuisine, on peut voir la bible du chef des Camisards et la cachette où il se dissimulait à l'arrivée des dragons. La chambre de Roland a conservé son ameublement.

La salle suivante évoque le souvenir des assemblées du Désert, réunions clandestines que les protestants organisaient dans les ravins isolés pour célébrer leur culte ; une chaire du Désert qui ressemble à un tonneau à grains y est exposée. Dans la salle des Bibles sont présentées de nombreuses bibles du 18e s., une série de psautiers et de belles reliures.

Mémorial. – A la suite ont été aménagées quatre salles à la mémoire des « Martyrs du Désert » : pasteurs et prédicants exécutés, réfugiés, galériens, prisonniers. Dans les vitrines sont conservées des croix huguenotes et une intéressante collection de coupes de communion démontables.

La salle des Galériens rappelle la souffrance des 2 500 protestants condamnés aux galères. On voit aussi de curieuses chaires mobiles et démontables qui servaient aux prédicants.

La visite se termine par la reconstitution d'un intérieur cévenol, à l'heure où la famille réunie écoute la lecture de la Bible, et par un hommage rendu aux prisonnières de la tour de Constance à Aigues-Mortes.

D'une esplanade à l'entrée du village, belle vue sur le Gardon.

MAZAMET   13 337 h. (les Mazamétains)

Carte Michelin n° **83** pli 11 ou **235** pli 36 – Schéma p. 110.

Au pied de la Montagne Noire *(p. 107)*, Mazamet est un grand centre manufacturier.

Hautpoul. – Au 5e s., les Wisigoths construisirent Hautpoul dans un site perché qu'aucun assaillant ne semblait pouvoir atteindre. Pourtant, en 1212, Simon de Montfort *(voir p. 31)* réduisit la place forte et les guerres de Religion achevèrent sa destruction.

En bas, dans la vallée, l'industrie textile naquit, profitant de la pureté des eaux de l'Arnette pour le lavage de la laine. Quand les machines firent leur apparition, la proximité de la rivière s'avéra indispensable à la production de force motrice. Alors, les Hautpoulois abandonnèrent leur nid d'aigle pour fonder Mazamet.

La capitale du délainage. – Au contact des plaines où l'on cultivait les précieuses matières tinctoriales qu'étaient le pastel, la garance, le safran, et de la Montagne Noire où l'on élevait les moutons, arrosée par les eaux de l'Arnette et du Thoré, Mazamet affirma sa vocation de centre lainier dès le 18e s.

En 1851, la maison Houlès Père et Fils et Cormouls importa des peaux de Buenos Aires qu'elle fit délainer. C'est le point de départ de la nouvelle industrie du délainage. La laine est séparée de la peau, lavée puis utilisée par l'industrie textile dans les opérations de cardage, peignage, filage, tissage. La peau, le « cuirot », est dirigée vers les mégisseries.

Remarquablement organisée commercialement, Mazamet importe des peaux lainées principalement d'Australie, d'Afrique du Sud et d'Argentine, exporte la laine surtout vers l'Italie tandis que les « cuirots » sont expédiés vers l'Espagne, la Belgique, l'Italie et les États-Unis.

Des usines de Mazamet sortent environ 1 million de douzaines de « cuirots », 150 000 douzaines de peaux picklées (le picklage est un traitement avant tannage : les peaux passées dans un bain d'acide sulfurique peuvent être traitées humides), et près de 26 000 t de laine lavée à dos (c'est-à-dire lavée alors qu'elle est encore sur la peau ; tandis que la laine lavée à fond est détachée de la peau et entièrement débarrassée de ses impuretés).

Des mégisseries, des usines de filature et de tissage installées dans le sillon de l'Arnette et le long du Thoré jusqu'à Labastide-Rouairoux font de Mazamet un centre industriel de la laine de première importance.

MAZAMET

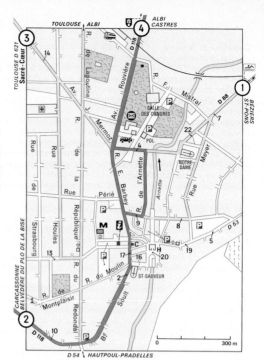

L'estimation de temps indiquée pour chaque itinéraire correspond au temps global nécessaire pour bien apprécier le paysage et effectuer les visites recommandées.

CURIOSITÉS

⊙ **Maison Fuzier (M).** – Cette maison abrite le **Musée Cathare,** exposition sur l'histoire de la religion cathare et les châteaux qui parsèment la région.
Une autre exposition intitulée **« Mémoire de la terre »** présente les différents types de sépultures et les rites funéraires observés depuis les temps les plus reculés.

Église du Sacré-Cœur. – *Accès par ③ du plan.* Elle a été construite à Aussillon-Plaine en 1959. À l'intérieur, on remarque une Vierge à l'Enfant en plomb et la tenture du sanctuaire, tissée par Simone Prouvé. Dans le baptistère, vitrail de Dom Ephrem, moine de l'abbaye d'En Calcat *(p. 109).*

EXCURSIONS

Belvédère du Plo de la Bise. – *3 km au Sud, sur la D 118, par ② du plan.* Il offre une vue intéressante sur les ruines d'Hautpoul et sur Mazamet développé en éventail à l'issue des gorges de l'Arnette ; on distingue la vieille ville serrée autour de l'église St-Sauveur et, sur la rive gauche, la cité moderne aux avenues bien tracées, ceinturée par les zones industrielles de Bonnecombe et d'Aussillon.

Hautpoul. – *4 km au Sud, par la D 54 et la première route à droite. Description p. 111.*

★ **Montagne Noire.** – *Page 107.*

Circuit de 41 km. – *Environ 2 h. Quitter Mazamet par ① du plan, puis la N 112 à l'Est en direction de St-Pons.*

Vallée du Thoré. – Elle groupe une grande partie des activités industrielles et agricoles de la région. Plusieurs usines de délainage et des filatures y subsistent.

St-Amans-Soult. – 1 696 h. St-Amans-la-Bastide a pris le nom du plus illustre de ses enfants, le maréchal Soult (1769-1851). Son tombeau se trouve dans le flanc droit de l'église.

Prendre à gauche la D 53 qui franchit un pont puis s'élève, après St-Amans-Valtoret, parmi les prairies. 1,8 km après le lieu dit le Banquet, laisser la voiture au panneau « Gorges du Banquet, belvédère à 150 m ».

Gorges du Banquet. – *1/4 h à pied AR.* Du belvédère aménagé sur des rochers en surplomb, on a une vue impressionnante sur ces gorges très encaissées, profondes d'une centaine de mètres, où l'Arn se fraye un chemin à travers les chaos de rochers.

Poursuivre la route jusqu'au Vintrou, puis tourner à droite dans la D 161 vers le barrage des Saints-Peyres.

Lac des Saints-Peyres. – Retenu par un barrage, ce lac entouré de forêts a beaucoup de charme et attire les amateurs de planche à voile. Sa superficie est de 211 ha.

Revenir au Vintrou et prendre la D 54 qui ramène à Mazamet en traversant Pont-de-Larn.

Participez à notre effort permanent de mise à jour

Adressez-nous vos remarques et vos suggestions.

Cartes et Guides Michelin — 46, avenue de Breteuil — 75341 Paris Cedex 07

★ MENDE

Carte Michelin n° **80** plis 5, 6 ou **240** pli 2 – Schémas p. 85 et 96.

Chef-lieu du département français le moins peuplé, la Lozère (78 000 h), Mende a gardé à l'intérieur de son enceinte de boulevards, l'aspect d'un gros bourg rural dominé par son imposante cathédrale. Ses rues étroites et tortueuses sont bordées de maisons anciennes montrant, de-ci de-là, une belle porte en bois, un portail, des oratoires. Les fonctions administratives, scolaires et commerciales de Mende ont permis un certain développement ces dernières années.

UN PEU D'HISTOIRE

À l'époque romaine, de belles villas occupaient déjà la rive droite du Lot.

Au 3e s., l'évangélisateur du Gévaudan, saint Privat, poursuivi par des barbares, vint se réfugier dans une grotte sur le mont Mimat. Il y fut pris et mis à mort. La grotte qu'il avait habité et la crypte où il fut enterré devinrent des lieux de pèlerinage très fréquentés autour desquels la ville se développa au fil des siècles.

Au moment des guerres de Religion, Mende connut un des épisodes les plus marquants de son histoire quand le capitaine **Merle,** un protestant fanatique, l'attaqua la nuit de Noël de 1579, alors que tous les habitants, défenseurs de la ville compris, fêtaient la naissance du Sauveur. Quelques mois plus tard les catholiques voulant réintégrer leur cité mirent le siège devant Mende mais le capitaine Merle, décidément spécialiste des attaques de nuit, les tailla en pièces pendant leur sommeil. Cependant Merle avait fait des envieux et un autre chef protestant, Châtillon, profita de son absence pour s'emparer de Mende. Merle reprit la ville et le futur Henri IV l'en nomma alors gouverneur.

★ CATHÉDRALE

Plusieurs églises ont précédé la cathédrale actuelle, construite en majeure partie au 14e s., par le pape Urbain V. Ses clochers datent seulement du début du 16e s. Quand le capitaine Merle s'empare de Mende en 1579, il fait sauter les piliers de la cathédrale ne laissant debout que les clochers, les murs latéraux du Nord et les chapelles du chevet.

La cathédrale a été restaurée au début du 17e s.

Extérieur. – La façade Ouest, précédée d'un porche construit en 1900 dans le style flamboyant, est encadrée par deux clochers. Celui de gauche, le « clocher de l'Évêque », présente dans les parties hautes des éléments italiens très marqués.

Intérieur. – Par le grand portail, on pénètre dans la cathédrale dont les trois nefs sont flanquées de quinze chapelles latérales.

Les restes du jubé décorent actuellement la chapelle des fonts baptismaux (2e chapelle latérale gauche). Les boiseries des stalles hautes et basses du chœur, de chaque côté de la stalle de l'évêque, sont de la même époque (1692). Elles représentent des sujets de l'Histoire sainte et diverses scènes de la vie de Jésus-Christ.

Au-dessous des hauts vitraux du chœur, huit tapisseries d'Aubusson (1708) reproduisent les principales scènes de la vie de la Vierge.

De chaque côté du maître-autel, de grands candélabres en bois sculpté datent du 16e s.

La chapelle du chevet (près de la sacristie), dédiée à Notre-Dame de Mende, abrite la Vierge Noire, statue antique sculptée par les moines du Liban et rapportée de Palestine par les Croisés.

La cathédrale de Mende possédait jadis la plus grande cloche de la Chrétienté, « la Non Pareille », qui pesait 20 t. Brisée par les hommes de Merle en 1579, il n'en reste que l'énorme battant, haut de 2,15 m, placé sous les orgues (17e s.), à côté de la porte du clocher de l'Évêque.

MENDE

Angiran (R.)	4
Beurre (Pl. au)	5
Droite (R.)	15
Estoup (Pl. René)	22
République (Pl. et R.)	30
Soubeyran (R.)	34

Aigues-Passes (R. d')	2
Ange (R. de l')	3
Blé (Pl. au)	6
Britexte (Bd)	7
Capucins (Bd des)	8
Carmes (Cité des)	9
Chanteronne (Rue)	12
Chaptal (Rue)	13
Chastel (Rue du)	14
Collège (R. du)	18
Écoles (R. des)	20
Épine (R. de l')	21
Gaulle (Pl. Ch. de)	23
Montbel (R. du Fg)	24
Piencourt (Allée)	25
Planche (Pont de la)	26
Pont N.-Dame (R. du)	27
Roussel (Pl. Th.)	32
Soubeyran (Bd)	33
Soupirs (Allée des)	36
Urbain-V (Place)	37

Les églises ne se visitent pas pendant les offices.

MENDE★

AUTRES CURIOSITÉS

★ **Pont Notre-Dame.** – Ce pont très étroit, dont la construction remonte au 13ᵉ s., a pu résister aux terribles crues du Lot, grâce à son arche principale largement ouverte.

⊘ **Musée Ignon Fabre** (M). – *3 rue de l'Épine.* Installé dans un hôtel du 17ᵉ s. possédant un bel escalier, ce musée est consacré à la géologie, la paléontologie, la préhistoire, l'archéologie (beau vase grec), le folklore de la Lozère. Remarquer les céramiques gallo-romaines de Banassac.

⊘ **Coopérative des artisans de Lozère** (B). – *4 rue de l'Ange.* Occupant un bâtiment du 14ᵉ s. qui était l'ancien couvent des Carmes, cette coopérative expose de beaux produits de l'artisanat local.

Tour des Pénitents (D). – C'est un vestige de l'enceinte du 12ᵉ s. qui occupait l'emplacement des boulevards actuels.

EXCURSIONS

Belvédère du mont Mimat et Ermitage St-Privat. – *4,5 km par la D 25 au Sud. A la Croix-Neuve, prendre à droite le chemin qui conduit au belvédère.*

Belvédère du mont Mimat. – De la table d'orientation, belle **vue** sur Mende, dont le plan se dessine très nettement, la vallée du Lot, les monts d'Aubrac et les contreforts de la Margeride.

Ermitage St-Privat. – Le sanctuaire de pèlerinage est curieusement plaqué au versant du mont Mimat. Deux grottes-chapelles sont dédiées à saint Privat qui y aurait subi le martyre.

Tour du mont Lozère. – *Page 95.*

MEYRUEIS
1 078 h. (les Meyrueisiens)

Carte Michelin n° 80 plis 5, 15 ou 240 pli 10 – Schémas p. 48 et 85. Lieu de séjour.

Ce petit bourg, agréablement situé au confluent du Bétuzon, de la Brèze et de la Jonte, se dresse à l'entrée du canyon de la Jonte, aux confins du causse Noir, du causse Méjean et de l'Aigoual.
Son altitude (706 m), une atmosphère très pure, les curiosités environnantes, multiples et variées, font qu'il est fréquenté par de nombreux touristes.
En flânant sur le quai Sully, aux vieux platanes, et dans les ruelles, on pourra voir la maison Belon, qui a conservé de très élégantes fenêtres Renaissance, et la **tour de l'Horloge,** vestige des anciennes fortifications.

⊘ **Château de Roquedols.** – *2 km au Sud. Prendre la D 986 et, peu après la sortie de Meyrueis, une petite route à gauche.*
S'élevant dans la fraîche vallée du Bétuzon dans un beau cadre de verdure, ce château (15ᵉ-16ᵉ s.), vaste quadrilatère flanqué de deux tours rondes, séduit par la couleur dorée de sa pierre, grès rose taché d'ocre.
Appartenant au Parc national des Cévennes, il abrite un **centre d'information** qui donne sur la cour d'honneur.

EXCURSIONS

★★★ **Massif de l'Aigoual.** – *Page 47.*

★★★ **Aven Armand.** – *11 km puis 3/4 h de visite. Sortir au Nord de Meyrueis par la D 986 dont se détache à 9,5 km la route de l'aven. Description p. 55.*

★★ **Grotte de Dargilan.** – *8,5 km, puis 1/4 h de visite. Prendre la D 39 à l'Ouest sur 7 km, puis la D 139. Description p. 71.*

★ **Abîme du Bramabiau.** – *21 km par la D 986 au Sud. Description p. 60.*

★ MILLAU
22 256 h. (les Millavois)

Carte Michelin n° 80 pli 14 ou 240 pli 14 – Schémas p. 73 et 85 – Lieu de séjour.

Cette ville animée, au confluent du Tarn et de la Dourbie, dans une vallée riche et verdoyante, est un bon point de départ d'excursions, notamment dans les Causses et les gorges du Tarn.
Une belle vue sur son site s'offre depuis la N 9 qui s'élève sur le causse du Larzac *(sortir par ③ du plan).*

UN PEU D'HISTOIRE

Les poteries de la Graufesenque. – Au 1ᵉʳ siècle de notre ère, Condatomagus (le marché du confluent), ancêtre de Millau, fut l'un des grands centres de fabrication de poteries dans le monde romain.
Les fouilles effectuées depuis 1950 dans la petite plaine de la Graufesenque au confluent du Tarn et de la Dourbie ont permis de recueillir de nombreuses informations sur cette activité et la vie de ceux qui la pratiquaient.
Ce site réunissait tous les facteurs nécessaires à la confection des poteries : une bonne argile, de l'eau en abondance et d'énormes réserves de bois grâce aux forêts des Causses. D'autre part on y a retrouvé les restes d'un sanctuaire celte dédié au culte des eaux qui prouverait que cet endroit était considéré comme « béni des dieux ».

La technique de fabrication avait été apportée par les Romains et reprenait le procédé des vases sigillés à pâte et couverte rouges avec ses systèmes de moulage, de cuisson, ses décorations et ses signatures. Certaines de ces poteries étaient faites au tour et restaient lisses tandis que d'autres, moulées, s'ornaient de décors floraux, géométriques ou historiés d'influence hellénistique. Plus de 400 potiers ont fabriqué des millions de pièces exportées à travers toute l'Europe, le Moyen Orient et jusqu'en Inde.

Leurs installations occupaient une quinzaine d'hectares à l'emplacement du confluent. On peut visiter le champ de fouilles de la Graufesenque *(p. 106)* et voir des poteries en grand nombre au musée de Millau *(ci-dessous)*.

Une cité du gant. – Dans cette région des Causses, où l'utilisation intensive du lait des brebis pour la fabrication du fromage ne peut se faire sans sacrifier les agneaux, le travail de la peau devait nécessairement se développer. De très bonne heure, Millau devient le centre du gant d'agneau.

Au 12e s., on parle déjà de cette industrie. Chaque année, les artisans offraient des gants aux consuls de la ville qui ne paraissaient jamais les mains nues dans les cérémonies. Les procès-verbaux commençaient par la formule : « Nous, consuls, tous gantés et assistés du greffier consulaire aussi ganté... » La révocation de l'édit de Nantes et l'émigration qui s'ensuivit désorganisèrent l'industrie gantière.

Cette activité a repris son essor au 19e s. La fabrication comporte trois phases : la mégisserie ou préparation de la peau, la teinturerie, la ganterie ou confection du gant lui-même. Avant d'être achevé, un gant doit passer par 70 mains différentes. Gant « glacé » et « suède », gants de sport « tannés lavables » et « fourrés », gants de protection, Millau fabrique environ 600 000 à 700 000 paires de gants par an (production française : 24 500 000 paires environ) exportés dans le monde entier.

Le déclin de la mode du gant a entraîné, après guerre, une diversification des débouchés : les mégisseries de Millau, qui s'occupent pour la plupart également du tannage et de la teinture des peaux, destinent leur production, pour environ 60 %, à la fabrication de vêtements (dans la haute couture notamment) ; les 40 % restant trouvent leur emploi dans la ganterie, la chaussure, la maroquinerie et l'ameublement. De nos jours, Millau trouve dans des activités nouvelles – imprimerie, confection, fabrique de vêtements de peau, etc. – une diversification d'industries qui consolide son économie.

CURIOSITÉS

Place du Maréchal-Foch (13). – C'est la partie la plus pittoresque du vieux Millau, avec son « Couvert » aux arcades (12e-16e s.) soutenues par des colonnes cylindriques. On y voit encore une pierre quadrangulaire, reste de l'ancien pilori (entre la 2e et la 3e colonnes en venant du Nord) et la colonne qui lui fait suite au Nord porte sur son chapiteau l'inscription (assez peu distincte) « Gara qué faras », c'est-à-dire « Fais attention à ce que tu feras ».

Musée de Millau et des Causses (M¹). – Installé dans l'hôtel de Pegayrolles (18e s.), le musée regroupe les collections archéologiques et la Maison de la Peau et du gant.

MILLAU

Les noms des rues sont soit écrits sur le plan soit répertoriés en liste et identifiés par un numéro.

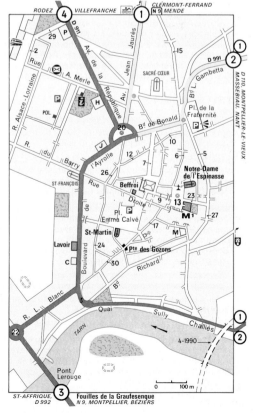

Le musée archéologique possède une remarquable collection de **poteries★** et autres objets trouvés sur le site de la Graufesenque fort bien présentés dans les caves voûtées. Une maquette présente le site des fouilles. Dans les vitrines, toutes sortes de poteries sont exposées : vases ornés de la première période, vases lisses.

On peut voir des piles de vases collés à la cuisson et complètement déformés. Ces « ratés » avaient été jetés dans de grands trous. Ils ont apporté de nombreuses informations : les œuvres d'artisans différents étaient cuites dans un four commun ; les formes standardisées des poteries favorisaient leur commercialisation, etc.

La Maison de la Peau et du Gant présente, au 1er étage, les deux industries traditionnelles de Millau : la mégisserie, qui permet de transformer une peau périssable et brute en un produit imputrescible de haute qualité *(montage audiovisuel de 10 mn)*, et la ganterie. Nombreux outils, échantillonnage de peaux et présentation des différentes étapes de la fabrication d'un gant de la coupe à la finition.

ⓥ **Église Notre-Dame-de-l'Espinasse.** – Elle possédait autrefois une épine de la Sainte Couronne, ce qui explique son nom. Lieu de pèlerinage important au Moyen Age, l'édifice, roman à l'origine, fut en partie détruit en 1582 et reconstruit au 17e s. Les chapelles latérales ont été ajoutées aux 18e et 19e s. Les fresques qui décorent le chœur (1939) sont dues à Jean Bernard et les vitraux de la nef (1984) à Claude Baillon.

Beffroi. – Dans la rue Droite, commerçante, cette tour gothique est un reste de l'ancien hôtel de ville. La tour carrée (12e s.) servit de prison au 17e s. ; la tour octogonale qui la surmonte date du 17e s. On en a une jolie vue de la place Emma-Calvé.

ⓥ **Église St-Martin.** – A l'intérieur, au-dessus du maître-autel, magnifique Descente de croix attribuée au peintre flamand de Crayer (17e s.).

Porte des Gozons. – Ancienne porte fortifiée.

Lavoir. – Surmonté d'un joli toit, il date du 18e s.

ⓥ **Fouilles de la Graufesenque.** – *1 km au Sud de Millau. Sortir par ③ du plan, puis tourner à gauche après le pont sur le Tarn.* S'étendant sur une superficie de 2 500 m², les fouilles ont permis de mettre au jour les fondations d'un village de potiers avec sa rue centrale, son canal, les ateliers, les maisons des esclaves et les énormes fours où l'on pouvait cuire jusqu'à 30 000 vases dans la même fournée.

*Chaque année **le guide Michelin Camping Caravaning France vous propose** un choix révisé de terrains et une documentation à jour sur leur situation, leurs aménagements, leurs ressources et leur agrément.*

★ MINERVE
106 h. (Minervois)

Carte Michelin n° 83 pli 13 ou 240 pli 25.

Située sur un causse au confluent de la Cesse et du Briant, Minerve domine un paysage aride entaillé de gorges sauvages. Cet endroit fut habité depuis la préhistoire comme en témoignent les nombreux dolmens et grottes découverts alentour.

Au Moyen Age, se dressait sur cet éperon une fière forteresse qui fut le cadre de l'un des épisodes les plus dramatiques de la croisade contre les Albigeois *(p. 31)*. En 1210, Simon de Montfort, à la tête de 7 000 hommes, se présenta devant cette place forte où s'étaient abrités de nombreux cathares. Après cinq semaines de siège, les assiégés, privés d'eau, durent capituler. Ils avaient alors le choix entre la conversion et le bûcher. 180 « Parfaits » refusèrent d'abjurer la foi cathare.

VISITE *environ 1 h 1/2*

Plusieurs parkings sont aménagés autour de Minerve.

Monter jusqu'à la rue des Martyrs, étroite et pittoresque, où se sont installés quelques artisans. Elle mène à l'église et au musée.

ⓥ **Église St-Étienne.** – Construite aux 11e et 12e s., cette église romane, récemment restaurée, possède quelques vestiges intéressants. La table du maître-autel porte une inscription indiquant qu'elle fut consacrée par l'évêque de Narbonne, saint Rustique, en 456. On y relève une centaine de graffiti (5e-9e s.).

ⓥ **Musée.** – Consacrée essentiellement à la préhistoire et à l'archéologie jusqu'à la période romaine et wisigothique, il abrite notamment le relevé des traces de pas humains découvertes en 1948 dans l'argile de la **grotte d'Aldène** *(p. 107)*. Ces traces seraient celles d'un homme du début du paléolithique supérieur (15 000 ans environ, période aurignacienne). Au premier étage, collections de paléontologie : nombreux fossiles trouvés dans la vallée de la Cesse.

Redescendre la rue des Martyrs et prendre à gauche une ruelle étroite, grossièrement empierrée, qui descend vers les remparts.

Il reste quelques vestiges de la double enceinte qui protégeait Minerve au 12e s., dont la poterne Sud pourvue d'un arc brisé.

Suivre le chemin à gauche qui longe le bas du village.

Puits St-Rustique. – Relié aux remparts par un chemin couvert (dont on peut encore voir quelques pans de murs en ruines) il devait assurer le ravitaillement en eau des assiégés au cours du siège de 1210. Simon de Montfort le détruisit grâce à une puissante catapulte installée de l'autre côté de la rivière, ce qui entraîna la chute de Minerve.

La vallée du Briant. – Un sentier étroit contourne le village en suivant la vallée encaissée du Briant. Il remonte sous le reste du donjon, vestige de la forteresse.

Les ponts naturels. – *Prendre la D 147 au Sud-Ouest du village.*
La route offre de belles vues sur les ponts naturels.

Ils ont été ouverts au début du quaternaire quand la Cesse a abandonné les deux méandres qu'elle décrivait avant de rencontrer le Briant, pour attaquer la paroi calcaire. En empruntant les failles qui la sillonnaient et qu'elle a agrandies, elle a percé deux véritables tunnels : le **Grand Pont,** le premier, que traverse la rivière, mesure 250 m de long et se termine par une ouverture d'une trentaine de mètres de hauteur ; le **Petit Pont** que la Cesse emprunte en amont sur une longueur de 110 m pour une quinzaine de mètres de hauteur.
En période de sécheresse, on peut suivre à pied le lit de la rivière.

EXCURSION

★ **Circuit dans le Haut Minervois.** – *35 km. Prendre la D 10^E à l'Ouest en direction de Fauzan.*
La route suit les méandres encaissés de la Cesse.

Canyon de la Cesse. – Au début du quaternaire les eaux de cette rivière ont creusé la vallée en canyon, agrandi les grottes existantes et en ont percé de nouvelles. En amont de Minerve la vallée se resserre, les eaux, abandonnant les terrains primaires imperméables, s'infiltrent sur une longueur de 20 km ne reprenant leur lit superficiel qu'en période de gros orages en hiver.

> *Prendre à gauche la route de Cesseras qui descend vers la plaine et les vignes. Traverser Cesseras et prendre à droite la D 168 vers Siran. 2 km plus loin, tourner de nouveau à droite.*

⊘ **Chapelle de St-Germain.** – Nichée dans un bouquet de pins, cette chapelle romane est remarquable pour le décor de son abside.

> *Revenir à la D 168 et poursuivre vers Siran.*

Après un peu moins d'1 km, une colline plantée de pins se détache sur la gauche. Arrêter la voiture après le pont qui enjambe un chemin et prendre le sentier qui monte vers le sommet de la colline. Là se trouve un intéressant **dolmen** à allée couverte appelé **Mourel des Fades** (dolmen des Fées).

★ **Chapelle de Centeilles.** – *Au Nord de Siran.* Entourée de cyprès, de chênes verts et de vignes,
⊘ cette chapelle du 13ᵉ s., située à la limite entre le causse de Minerve et la plaine, embrasse un vaste panorama sur le vignoble, la Livinière et le curieux clocher de sa basilique surmonté d'une coupole, et au loin par temps clair, les Pyrénées.
A l'intérieur, de belles **fresques**★ du 14ᵉ s. et du début du 15ᵉ s. représentent un Arbre de Jessé, saint Michel et saint Bruno. Dans le transept a été déposée une mosaïque romaine du 3ᵉ s. exhumée à Siran.
Aux alentours de la chapelle on aperçoit quelques constructions en pierres sèches appelées capitelles dans la région.

> *Revenir au village de Siran et emprunter, à gauche après le château d'eau, une petite route qui contourne le pic St-Martin et rejoint au Nord la D 182 en surplombant les gorges de la Cesse. Tourner à droite vers Minerve. Peu après le hameau de Fauzan, prendre un chemin à gauche.*

Après 1,5 km, près des bâtiments d'une usine désaffectée, un vaste terre-plein donne sur les gorges de la Cesse et procure de belles vues sur les **grottes** qui trouent la falaise. C'est dans l'une de ces grottes, celle d'Aldène, que fut découvert en 1948 les traces d'un homme du paléolithique *(voir au musée de Minerve, page précédente).* Un petit chemin entre deux rochers mène à la **grotte de Fauzan** où furent aussi relevées des traces de pas préhistoriques.

> *Revenir à Minerve par le Canyon de la Cesse.*

★ La MONTAGNE NOIRE

Cartes Michelin nᵒˢ 🅱🄰 pli 20 et 🅱🅱 plis 11, 12 ou 🄰🅱🅱 plis 35, 36, 40.

La Montagne Noire constitue l'extrême Sud-Ouest du Massif central. Elle est séparée du massif de l'Agout (Sidobre, monts de Lacaune, monts de l'Espinouse) par le sillon du Thoré que prolongent les vallées du Jaur et de l'Orb supérieur.
Elle se caractérise par un fort contraste entre son versant Nord qui s'élève brusquement au-dessus du Thoré et son versant Sud, doucement incliné vers les plaines du Lauragais et du Minervois, en vue des Pyrénées. Sur l'abrupt versant Nord, culmine le pic de Nore (1 210 m).
Sur ce relief diversifié, les vents se transforment : ceux de l'Ouest chargés de pluie se font violents et secs quand ils atteignent la plaine du Bas Languedoc ; le « marin », venu de l'Est chargé d'humidité, devient le sec vent d'autan du Haut Languedoc. C'est ainsi que la Montagne Noire reçoit plus d'un mètre d'eau par an.

Végétation. – Le versant Nord, le plus arrosé, se couvre de sombres forêts (chênes rouvres, hêtres, sapins, épicéas), tandis que le versant Sud prend un aspect méditerranéen, âpre et dénudé, où se mêlent garrigue, genêt, châtaignier, vigne et olivier.

La vie dans la Montagne Noire. – L'élevage et la culture ne représentent que de maigres ressources ; et depuis longtemps on ne tisse plus la laine ou le chanvre. Salsigne continue d'exploiter ses mines d'or *(voir p. 110)*, Caunes-Minervois d'extraire ses marbres, mais les principales activités sont concentrées dans la vallée du Thoré, industrialisée sous l'impulsion de Mazamet *(voir p. 101)*.
D'abondantes réserves en eau, de beaux paysages sont aujourd'hui les richesses de la Montagne Noire.

LES EAUX CAPTIVES

Circuit au départ de Revel *114 km – environ 5 h – schéma ci-dessous*

Revel. – A la limite de la Montagne Noire et du Lauragais, Revel est la patrie de **Vincent Auriol**, président de la République de 1947 à 1954.
Son passé de bastide lui vaut un réseau de rues disposées géométriquement autour de la place centrale à « couverts ».La **halle** du 14e s. a conservé sa charpente de bois et son beffroi (remanié au 19e s.). Des fabriques de meubles, des ateliers d'ébénisterie et de marqueterie, le travail du bronze, de la dorure, de la laque ainsi que des distilleries sont ses principales activités.

★**Bassin de St-Ferréol. –** *Lieu de séjour*. Encadré de collines boisées, il s'étend sur 70 ha ; sa digue de retenue mesure 800 m de longueur. Ce magnifique plan d'eau permet la pratique de la voile, la baignade et attire une foule de promeneurs. Situé sur le versant océanique, il est le principal réservoir du canal du Midi.
Le bassin de St-Ferréol est lui-même alimenté par le bassin du Lampy et la rigole de la Montagne, constituée par la prise d'eau d'Alzeau.
Dans le parc, cascades et « gerbe d'eau » de 20 m de hauteur.

Dans un site verdoyant, la route se poursuit en longeant le Laudot.

Après les Cammazes, prendre à gauche la route conduisant au barrage.

Barrage des Cammazes. – Cette retenue de 90 ha ne fait pas partie des réserves d'eau du canal. Constituée par un barrage-voûte de 70 m de hauteur, elle alimente en eau potable 116 communes et a permis l'irrigation de toute la plaine du Lauragais à l'Est de Toulouse. Des sentiers permettent de descendre au bord du Sor.

Reprendre la D 629.

Saissac. – 709 h. Le village est perché au-dessus du ravin de la Vernassonne que dominent les ruines d'un château du 14e s. Une petite route, contournant le village au Nord, offre une bonne vue sur ce site pittoresque.
Pour contempler le panorama lointain, monter à la plate-forme de la plus grosse tour de l'ancienne enceinte. Dans les salles de cette tour, un **musée** présente divers objets et outils évoquant l'histoire de Saissac et les métiers traditionnels qui y étaient pratiqués.

Prendre la D 4 à l'Ouest de Saissac, puis à droite la D 324.

Bassin du Lampy. – Cette retenue de 1 672 000 m³ d'eau sur le Lampy se déverse dans la rigole de la Montagne qui, de la prise d'eau d'Alzeau, se poursuit jusqu'au bassin de St-Ferréol. Un chemin, agréable à parcourir à pied, longe cette rigole sur 23 km, jusqu'au bourg des Cammazes.
Le barrage fut construit de 1778 à 1782 pour assurer la sécurité d'alimentation du canal du Midi, après l'ouverture de l'embranchement de la Robine de Narbonne. De magnifiques hêtraies, sillonnées de sentiers ombragés, font du bassin du Lampy un but de promenade apprécié.

Reprendre la D 4.

Arfons. – 179 h. Autrefois propriété des Hospitaliers de Saint-Jean de Jérusalem ou de Malte, Arfons a aujourd'hui l'aspect d'un paisible village de montagne aux toits d'ardoise. Entouré de forêts, il est le point de départ de belles promenades à pied *(sentier GR 7)*.
A l'angle d'une maison de la rue principale, belle Vierge de pierre du 14e s.

Faire demi-tour ; à 1,5 km prendre à gauche la route de la Galaube.

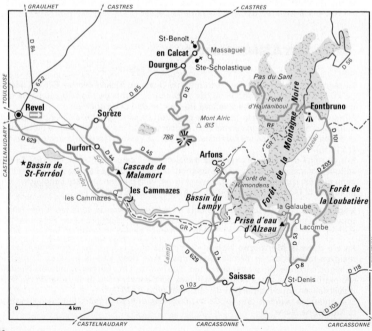

Forêt domaniale de la Montagne Noire. – Cette forêt de 3 650 ha, essentiellement peuplée de hêtres et de sapins, regroupe les forêts de Ramondens et d'Hautaniboul.
La route franchit l'Alzeau à la Galaube dans un beau site forestier.

Après le pont, continuer jusqu'à Lacombe, traverser le village, prendre la direction St-Denis puis, après 1,5 km, tourner à droite et suivre la route jusqu'à la prise d'eau d'Alzeau.

Prise d'eau d'Alzeau. – Un monument élevé à la mémoire de Pierre-Paul Riquet, créateur du canal du Midi, retrace les étapes de la construction du canal. Il marque l'origine de la rigole de la Montagne qui capte les eaux de l'Alzeau, de la Vernassonne et du Lampy, les conduit dans le Laudot qui alimente le bassin de St-Ferréol.
Ensuite, le **poste des Thommasses** (au Sud de Revel, sur la D 624) capte les eaux arrivant de St-Ferréol ainsi que celles du Sor, elles-mêmes captées à Pontcrouzet et acheminées par une rigole qui traverse Revel. Les eaux ainsi réunies sont ensuite dirigées vers le Seuil de Naurouze.

Revenir à la D 53 que l'on prend à droite vers St-Denis puis tourner à gauche dans la D 8 puis la D 203.

Forêt de la Loubatière. – La D 203 qui la traverse est particulièrement agréable à parcourir, parmi les hêtres, essence noble de cette forêt, les chênes et les sapins.

Fontbruno. – Au-dessus d'une crypte, se dresse le monument aux morts du maquis de la Montagne Noire. De là, belle vue sur la plaine.

Aussitôt après le monument, tourner à gauche dans la forêt d'Hautaniboul.

La route forestière atteint, à la croisée de trois routes, le **Pas du Sant.**

Prendre à gauche la D 14 et, après Massaguel, de nouveau à gauche la D 85 vers St-Ferréol.

En Calcat. – Deux abbayes bénédictines y sont installées, fondées par le père Romain Banquet sur sa propriété personnelle. L'**abbaye St-Benoît,** réservée aux hommes, reçut la bénédiction abbatiale en 1896. Cette abbaye présente le visage d'une communauté active. Entre autres travaux artistiques réalisés par les moines, un atelier exécute les cartons de tapisseries de Dom Robert. Les tapisseries sont ensuite fabriquées à Aubusson.
Un peu plus loin, sur la gauche, se dresse l'**abbaye Ste-Scholastique** (fondée en 1890), occupée par des moniales.

Poursuivre jusqu'à Dourgne ; dans le village, prendre à gauche la D 12 vers Arfons.

Dourgne. – 1 275 h. Ce village exploite des ardoisières et des carrières de pierre.

A 10 km, prendre un chemin à droite.

Table d'orientation du mont Alric. – Alt. 788 m. La vue s'étend à l'Ouest sur la plaine de Revel, au Sud jusqu'aux Pyrénées. Au premier plan, à l'Est, le mont Alric (813 m).

Reprendre la D 12 puis à droite la D 45.

Sorèze. – 1 834 h. Ce village s'est développé au 8e s. autour d'une abbaye dont il ne reste que le majestueux **clocher** octogonal (13e s.).
Son célèbre **collège,** fondé au 17e s. par les Bénédictins, devint une école royale militaire sous le règne de Louis XVI. Racheté par les Dominicains en 1854, il eut comme premier Supérieur le Père Lacordaire, qui y mourut en 1861. La sépulture de l'illustre prédicateur se trouve sous la chapelle de l'école, sa statue, en marbre blanc, dans la cour d'entrée. Sorèze a été choisie comme l'un des centres d'animation du Parc naturel régional du Haut Languedoc (« maison du Parc » ; *voir p. 28*).

A la sortie de Sorèze, prendre la première route à gauche qui rejoint la D 44.

Durfort. – 326 h. Au seuil de la vallée encaissée du Sor, Durfort est un village encore marqué par l'artisanat : des chaudronniers sur cuivre y façonnent divers objets, parfois artistement.

La route se fait plus étroite pour s'insinuer dans les solitaires gorges du Sor. Entre deux versants abrupts, le Sor prend l'allure d'un torrent impétueux.

A l'usine électrique de Malamort, à gauche de la route, laisser la voiture.

Cascade de Malamort. – 1/2 h à pied AR par un sentier étroit et malaisé en certains endroits. Le sentier, parfois remplacé par une passerelle, longe ou surplombe la rivière. Le Sor, amaigri par la retenue des Cammazes à 3 km en amont, fait une belle chute dans un gouffre, puis s'écoule en cascatelles entre les rochers.

La route rejoint la D 629 en procurant de belles échappées sur les gorges, et ramène à Revel.

★**Circuit au départ de Mazamet** 105 km – *environ 5 h – schéma p. 110*

Cet itinéraire donne un bon aperçu du relief de la Montagne Noire avec son versant Nord abrupt, ses hauteurs couvertes de forêts et son versant Sud, le **Cabardès,** strié de rivières encaissées dans de profondes gorges à la végétation méditerranéenne.

Mazamet. – *Page 101.*

Quitter Mazamet par ② du plan, la D 118 en direction de Carcassonne.

La route s'élève en lacet. Après 3 km, faire un arrêt au belvédère du **Plo de la Bise** *(p. 102).*

Poursuivre par la D 118 puis prendre à droite une petite route qui conduit au lac des Montagnés.

Lac des Montagnés. – Situé dans un écrin de collines et de bois, ce beau lac artificiel, réservoir d'eau pour Mazamet, est fréquenté par les pêcheurs et les promeneurs.

Poursuivre par la D 118, puis prendre à gauche la D 101 en direction de Mas-Cabardès.

Cette route très pittoresque descend à travers des versants boisés que dominent d'impressionnants rochers. Sur la droite on peut voir les ruines gothiques de l'église de St-Pierre-de-Vals.

Mas-Cabardès. – 245 h. Ce village a gardé une fière allure, blotti au pied des ruines de son château fort.

Les rues étroites mènent à **l'église** dont le clocher, terminé par une tour octogonale, a conservé l'empreinte romane, bien que datant du 15ᵉ s. L'église elle-même a été reconstruite au 16ᵉ s. sur un édifice du 14ᵉ s. dont il reste à l'intérieur *(à gauche en entrant)* une colonne à chapiteau roman et un bas-relief. Dans la chapelle Notre-Dame, à gauche du chœur, remarquer une belle statue en pierre de la Vierge à l'Enfant (14ᵉ s.) et un retable en bois doré.

En redescendant la rue à gauche de l'église, on arrive à une intersection avec une autre rue où s'élève une **croix** de pierre du 16ᵉ s. sur laquelle on distingue une navette sculptée, emblème des tisserands, témoignant d'une activité textile dans la vallée de l'Orbiel.

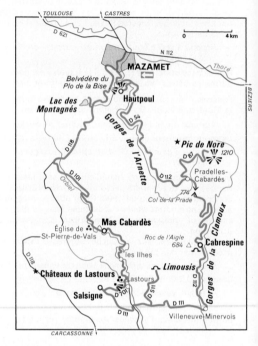

> *Poursuivre par la même route et, 2 km après les Ilhes, laisser la voiture dans des garages aménagés sur la droite au pied des châteaux de Lastours.*

★ **Châteaux de Lastours.** – *Accès par un sentier s'amorçant à droite de la route. 3/4 h à pied AR.*

Entre les profonds vallons de l'Orbiel et du ruisseau de Grésillou, une arête rocheuse porte les ruines de quatre châteaux dans un site sauvage. Nommés Cabaret, Tour Régine, Fleur d'Espine et Quertinheux, ces châteaux constituaient au 12ᵉ s. la forteresse de **Cabaret** dont le Seigneur, Pierre Roger de Cabaret, était un ardent défenseur de la cause cathare.

Pendant la **croisade contre les Albigeois** *(voir p. 31)*, en 1210, Simon de Montfort dut reculer devant ces murailles, alors que Minerve *(p. 106)* puis Termes (au Sud-Est de Carcassonne) capitulaient. Les rescapés venaient se réfugier à Cabaret qui résistait à toutes les attaques. Simon de Montfort n'en prit possession qu'en 1211 à la suite de la reddition volontaire de Pierre-Roger de Cabaret.

Pour avoir une très **belle vue** d'ensemble sur les ruines de Cabaret dressant leurs silhouettes squelettiques en harmonie avec le paysage parsemé de cyprès effilés, il faut se rendre en voiture au belvédère situé en face des châteaux *(dans Lastours, prendre à droite la D 701 en direction de Salsigne puis, au sommet de la montée, une route à droite mène à un lotissement que l'on contourne pour accéder au belvédère).*

> *Revenir à la route de Salsigne.*

On traverse un paysage de garrigue et de genêts.

Salsigne. – 437 h. L'exploitation minière y est très ancienne. Déjà Romains et Sarrasins y extrayaient le fer, le cuivre, le plomb et l'argent. En 1892, on y découvrit de l'or. Actuellement des concessions se trouvent sur les territoires de Salsigne, Lastours et Villanière. Depuis 1924, elles ont produit 700 000 t de minerai qui ont donné 72 t d'or, 200 t d'argent, 20 000 t de cuivre et 320 0000 t d'arsenic.

> *A partir de Salsigne, suivre la signalisation vers la grotte de Limousis.*

Grotte de Limousis. – Son entrée se trouve dans un paysage calcaire, aride et dénudé, où poussent la vigne et l'olivier. Découverte en 1811, cette grotte présente une suite de salles qui s'étirent sur environ 600 m, où se succèdent concrétions curieusement ouvragées et miroirs d'eau limpide. Dans la dernière salle, un énorme **bouquet★** de cristaux d'aragonite de 10 m de circonférence d'une remarquable blancheur constitue le principal intérêt de la grotte.

> *Revenir, par la D 511, à la D 111 et là, prendre la direction de Villeneuve-Minervois. Traverser ce village qui vit essentiellement de la vigne et prendre la D 112 en direction de Cabrespine.*

Gorges de la Clamoux. – Elles permettent de saisir le contraste qui marque les deux versants de la Montagne Noire. La route suit d'abord le fond du vallon cultivé en vergers et vignes. Elle atteint Cabrespine, dominé par le roc de l'Aigle à gauche, puis s'élève rapidement en lacet à travers les châtaigniers et surplombe de profonds ravins au creux desquels se nichent quelques rares hameaux.

Au col de la Prade, la route franchit la ligne de partage des eaux et quitte le versant méditerranéen.

A Pradelles-Cabardès, prendre la D 87 à droite vers le pic de Nore.

★ **Pic de Nore.** – Alt. 1 210 m. Point culminant de la Montagne Noire, il émerge dans un paysage aux formes arrondies, couvert de lande. Non loin des installations de l'émetteur de télévision, une table d'orientation permet de jouir d'un **panorama★** qui s'étend amplement des monts de Lacaune, de l'Espinouse et des Corbières jusqu'au Canigou, au massif du Carlit et au pic du Midi de Bigorre.

Revenir à Pradelles-Cabardès et prendre la direction de Mazamet.

Gorges de l'Arnette. – A mesure que l'on approche de Mazamet elles se peuplent d'usines, essentiellement spécialisées dans le délainage et produisant « la laine de Mazamet ».

Hautpoul. – Bâti sur un éperon qui porte les ruines de son château et de son église, ce hameau est à l'origine de l'installation de Mazamet *(voir p. 101)*. Son site, à pic sur les gorges de l'Arnette, permet une belle vue sur Mazamet et la vallée du Thoré.

★★ MONTMIRAT (Route du col de)

Carte Michelin n° **80** plis 5, 6 ou **240** plis 2, 6.

A l'extrémité Est du causse de Sauveterre, la route du col de Montmirat est une belle voie d'accès aux gorges du Tarn.

DE MENDE A FLORAC *39 km – environ 1 h 1/2 – schéma p. 96*

★ **Mende.** – *Page 103.*

Quitter Mende par ③ du plan.

La N 88 longe le Lot entre les escarpements boisés des causses de Mende et de Changefège.

Balsièges. – 313 h. Le village est dominé au Sud par les falaises du causse de Sauveterre au sommet duquel se dressent deux gros rochers calcaires dont l'un est appelé, en raison de sa forme, le lion de Balsièges.

A Balsièges, prendre à gauche la N 106 vers Florac.

On remonte la vallée du Bramon qui s'élargit et offre des vues lointaines sur les contreforts du mont Lozère puis sur le Truc de Balduc, petit causse aux escarpements abrupts. Après le hameau de Molines, la route s'élève vers le col de Montmirat et procure de belles vues.

★ **Col de Montmirat.** – Alt. 1 046 m. Il s'ouvre entre le mont Lozère, granitique, et le causse de Sauveterre, calcaire. Vers le Sud, on embrasse un immense **panorama★** : au premier plan se creusent les « valats » qui vont rejoindre la vallée du Tarn, au-delà de laquelle apparaissent les escarpements du causse Méjean ; plus à gauche se dessinent les crêtes des Cévennes ; par temps clair, on aperçoit l'Aigoual.

A la fin d'une très belle descente en corniche, laisser à droite la route des **gorges du Tarn★★★** *(p. 152)*. Bientôt, le rocher de Rochefort signale les approches de Florac.

Florac. – *Page 81.*

★★ MONTPELLIER   201 067 h. (les Montpelliérains)

Carte Michelin n° **83** pli 7 ou **240** pli 23 – Plans p. 114, 115, 116.
Voir aussi plan d'agglomération dans le guide Rouge Michelin France.

Baignée par la lumière méditéranéenne, la capitale du Bas Languedoc offre le charme de ses quartiers anciens, de ses superbes jardins que côtoient les réalisations modernes, témoins du dynamisme de ce grand centre administratif et universitaire.

UN PEU D'HISTOIRE

Le Moyen Age. – Contrairement à Nîmes, Béziers, Narbonne, ses voisines, Montpellier n'entra dans l'histoire que vers le 10ᵉ s. Deux villages, Montpellieret qui dépendait de l'évêque de Maguelone et Montpellier, propriété des seigneurs de Guilhem, formaient alors l'amorce de la future agglomération.
En 1204 à la suite du mariage de Marie de Montpellier (fille de Guilhem VIII) avec Pierre d'Aragon, Montpellier devint enclave espagnole et le resta jusqu'en 1349 date à laquelle Jacques III de Majorque la vendit au roi de France pour 120 000 écus.
La ville s'était alors beaucoup développée et jouait un rôle important dans le commerce avec l'Orient. Ses marchands d'épices et de plantes tinctoriales connaissaient les vertus thérapeutiques des produits qu'ils vendaient ; certains, plus instruits, lisaient des traductions d'Hippocrate et initiaient à la science médicale des élèves attirés par leur savoir. Ainsi se créèrent les premières « écoles » de médecine qui devinrent une université au début du 13ᵉ s., à laquelle vinrent s'ajouter des écoles de droit et d'art. Une bulle du pape Nicolas IV reconnaissant tous ces établissements constitua la charte de fondation de l'**université de Montpellier.** Des élèves prestigieux vinrent y étudier : **Rabelais** y termina ses études dans les années 1530 et y conquit son grade de docteur en médecine. La fin du 14ᵉ s. fut marquée par plusieurs désastres : peste, disette... Pour conjurer le mauvais sort la ville décida de confectionner un **cierge monstre** aussi long que son enceinte fortifiée (3 888 m) ; il s'agissait d'un cierge flexible, enroulé sur un cylindre, que l'on déroulait, à mesure que la cire brûlait, devant l'autel de Notre-Dame. Au milieu du 15ᵉ s., le commerce redevint florissant. Montpellier était alors un des centres de l'activité économique de **Jacques Cœur**, l'argentier du roi Charles VII.
La réunion de la Provence à la France en 1481 fut un coup très dur, car Marseille devint alors le grand port de l'Orient.

MONTPELLIER★★

Montpellier capitale. – Au 16ᵉ s. la Réforme fut introduite à Montpellier, protestants et catholiques furent alors successivement les maîtres de la ville. Devenu fief protestant, la ville fut le théâtre d'affrontements violents ; églises et couvents furent en grande partie détruits. En 1622 les armées royales de Louis XIII vinrent mettre le siège devant les fortifications de Montpellier qui capitula au bout de trois mois. Richelieu fit alors construire la citadelle pour surveiller la cité rebelle. Une partie des protestants quittèrent la ville et vendirent leurs charges ou offices aux « bons Montpelliérains ». Louis XIV fit de Montpellier la capitale administrative du Bas Languedoc, des manufactures s'y établirent tandis que l'Université, sous l'autorité royale, se développait de plus en plus. Depuis 1593, la chaire de botanique disposait d'un « jardin des Plantes ».

La ville devenue prospère fit alors l'objet de nombreux travaux d'embellissement. De grands architectes, **d'Aviler** qui avait étudié à Rome, et les trois **Giral,** (Étienne, Jean son frère, et Jean-Antoine son fils) rivalisaient de talent. Ils réalisèrent la promenade du Peyrou, l'Esplanade, les fontaines et travaillèrent en même temps pour de riches financiers ou de hauts fonctionnaires qui faisaient édifier les superbes hôtels particuliers que l'on voit aujourd'hui dans le vieux Montpellier.

Montpellier aujourd'hui. – Après la Révolution la ville perdit son rôle de capitale du Languedoc pour devenir la simple préfecture de l'Hérault. D'autre part, le tracé des nouvelles voies ferrées, au départ de Nîmes et de Béziers, a porté un rude coup à l'activité Montpelliéraine. Seule l'Université garda toute son importance ainsi que le commerce, surtout celui du vin. La foire internationale de la Vigne et du Vin a lieu chaque année en octobre.

Depuis les années 60, la ville a repris son essor économique avec l'installation de la société I.B.M., le retour des Français d'Afrique du Nord, le développement d'un grand centre commercial, le Polygone, relié au vieux Montpellier par la vaste dalle du Triangle, l'établissement de la Paillade, satellite de Montpellier, qui a accueilli plus de 30 000 personnes.

La construction de divers ensembles d'architecture contemporaine prouve le dynamisme de la ville. A l'Est du centre historique, le quartier **Antigone** conçu par l'architecte catalan Ricardo Bofill en est un exemple patent. Attenant au complexe du Polygone, ce vaste ensemble néo-classique allie la technique de la préfabrication à la recherche d'une harmonie rigoureuse et gigantesque. Il abrite derrière ses façades « grand siècle » des logements sociaux et des équipements collectifs disposés autour de multiples placettes et patios.

Capitale administrative, Montpellier occupe près des trois quarts de la population active dans des emplois du secteur tertiaire.

★★ LE VIEUX MONTPELLIER *visite : 3 h*

Entre la place de la Comédie et l'arc de triomphe du Peyrou, de part et d'autre de la trouée de la rue Foch, s'étendent les vieux quartiers de Montpellier, aux rues tortueuses et étroites, vestiges du plan de la cité médiévale.

Le long de ces rues se sont édifiés au 17ᵉ et au 18ᵉ s. de superbes hôtels particuliers qui cachent leurs façades principales et leurs remarquables escaliers à l'intérieur des cours.

Place de la Comédie (FY). – Centre animé de Montpellier, elle fait le lien entre les quartiers anciens et les réalisations modernes. La façade 19ᵉ s. du théâtre sert de toile de fond à la fontaine des Trois Grâces, du sculpteur Étienne Antoine. Autour de cette fontaine un tracé ovoïde rappelle les limites d'un ancien terre-plein qui avait fait surnommer la place de la Comédie « l'œuf ».

La place de la Comédie se poursuit au Nord par l'**Esplanade (FY)**, promenade plantée de beaux platanes où l'été les Montpelliérains flânent parmi les terrasses de café et viennent écouter les musiciens qui se produisent dans les kiosques, et à l'Est par la dalle du Triangle et le complexe du **Polygone** (centre commercial, bâtiments administratifs, **CU**).

> *Prendre la rue de la Loge.*

Son nom évoque la loge des marchands, toute puissante au 15ᵉ s.

> *Tourner à droite dans la rue des Trésoriers-de-France.*

À l'entrée de la rue, sur la gauche, un panneau rappelle que Rondelet reçut Rabelais dans cette maison.

Hôtel des Trésoriers de France (FY B). – *Au n° 5.* Cet hôtel particulier, qui donne aussi sur la rue Jacques-Cœur, répond à plusieurs appellations selon l'ancien propriétaire que l'on évoque. Ce fut l'hôtel Jacques-Cœur quand celui-ci y résidait au 15ᵉ s. (une statue, moulage de celle conservée à Bourges, le représente) ; puis l'hôtel des Trésoriers de France, au 17ᵉ s., lorsque les hauts fonctionnaires firent édifier le bel escalier et la façade sur cour, solennelle avec ses deux colonnades superposées surmontées des emblèmes du roi Soleil ; et enfin l'hôtel de Lunaret en hommage à Henri de Lunaret qui en fit don à la société archéologique dont les **collections** sont exposées dans l'hôtel.

> *Continuer par la rue Embouque-d'Or.*

Hôtel de Manse (FY D). – *4, rue Embouque-d'Or.* Le comte de Manse, trésorier du roi de France, avait fait appel à des artistes italiens pour dessiner cette façade intérieure à double colonnade formant les baies d'un très bel escalier que l'on appelait « le degré de Manse ».

La rue Embouque-d'Or s'élargit pour former la place Pétrarque. Sur la droite s'élève la façade 18ᵉ s. de l'hôtel de Varennes.

★ **Hôtel de Varennes** (FY M1). – *2 place Pétrarque.* On pénètre sous une voûte qui mène à plusieurs salles gothiques sous croisées d'ogives – l'une d'elles abrite des colonnes et chapiteaux romans de la 1ère église N.-D. des Tables ; des fenêtres géminées, des portes de château ont été incorporées dans les murs, formant un ensemble très harmonieux. La **salle Pétrarque** sert à la municipalité de Montpellier de lieu de réception.

Tourner à droite dans la rue de l'Aiguillerie.

C'était l'ancienne rue des métiers au Moyen Age.

Dans certaines boutiques subsistent de belles voûtes des 14e et 15e s.

Prendre à droite la rue Montpellieret.

★★ **Musée Fabre** (FY M²). – Le musée fut créé en 1825 grâce à la générosité du peintre montpelliérain François-Xavier Fabre. Celui-ci, après avoir été élève de David, séjourna de nombreuses années en Italie où il hérita de la superbe collection de la comtesse d'Albany qui l'avait elle-même reçue du poète Vittorio Alfieri. Fabre offrit cet ensemble de livres, tableaux, dessins et estampes à la ville de Montpellier.

Montpellier. - Musée Fabre, L'homme au chapeau blanc, de Teniers le Jeune.

A cette collection se joignit en 1836 la donation Antoine Valedeau qui comprenait des œuvres flamandes et hollandaises, puis en 1868 la collection Alfred Bruyas. Ce fils de banquier, ami de Courbet et de nombreux peintres de cette génération, possédait un riche ensemble d'œuvres contemporaines. Depuis 1981 le musée s'est agrandi d'une section aménagée dans l'ancien collège de jésuites, ce qui a permis une meilleure présentation des collections. Celles-ci comprennent des œuvres des écoles anglaise (Reynolds), espagnole (Ribera, Zurbarán), italienne (Raphaël, Véronèse), hollandaise et flamande (Téniers le jeune, Steen, Campana) et française. La peinture française de la première moitié du 19e s. y est particulièrement bien représentée. Dans la grande galerie Bruyas sont exposées les œuvres des « luminophiles », surnom donné aux peintres du Languedoc qui s'appliquèrent à rendre la superbe lumière de leur région. A côté des portraits de Bruyas (au nombre de 19) réalisés par ses amis Delacroix, Alexandre Cabanel, sont présentées des œuvres de Courbet dont Bonjour Monsieur Courbet ou la Rencontre, autoportrait fort original, et les Baigneuses qui firent scandale par leur indécence au salon de 1853 ; de Frédéric Bazille on admirera la Vue du village et la Toilette, ainsi que des peintures de Max Leenhardt. Delacroix est représenté par plusieurs œuvres (Femmes d'Alger) tandis qu'une petite salle est réservée aux portraits d'enfants et de jeunes filles de Greuze.

Revenir sur ses pas et traverser la rue de l'Aiguillerie pour prendre la rue de la Carbonnerie.

Hôtel Baudon de Maury (FY E). – *1 rue Carbonnerie.* Il élève sur la rue une élégante façade Louis XVI décorée de guirlandes de fleurs.

Rue du Cannau (FY). – Elle est bordée de beaux hôtels classiques :

Hôtel de Rochemore. – *Au n° 1.* La façade Louis XIII s'orne d'un portail de pierres en pointe de diamant et de pilastres cannelés. Dans la cour remarquer un ravissant escalier à vis évidée formant un mouvement en ellipse.

Hôtel d'Avèze. – *Au n° 3.* Un large porche donne accès à la cour intérieure d'inspiration italienne.

Hôtel de Beaulac. – *Au n° 6.* L'escalier à ferronneries se cache derrière des portiques surbaissés, marque de l'architecte d'Aviler, surmontés d'une majestueuse colonnade, le tout couronné d'un vaste fronton cintré.

Hôtel Deydé. – *Au n° 8.* Son arc surbaissé ou « davilerte » et son fronton triangulaire montrent les innovations architecturales introduites à la fin du 17e s., par d'Aviler.

Revenir sur ses pas et gagner la place du Marché-aux-Fleurs.

MONTPELLIER

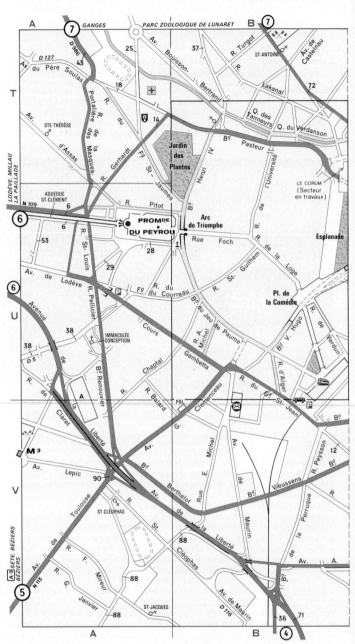

⊘ **Hôtel de Mirman** (FY F). – *7, place du Marché-aux-Fleurs*. Dans la cour, une cage ajourée garnie de balustrades et pilastres laisse voir le superbe escalier à vis *(illustration p. 38)*. Le puits est abrité par une remarquable ferronnerie du 17ᵉ s.

Revenir sur ses pas et prendre à gauche la rue de Girone puis la rue Fournarié.

Hôtel de Solas (FY K). – *1 rue Fournarié*. Hôtel du 17ᵉ s. au portail Louis XIII. Remarquer les gypseries ornant le plafond du porche.

Continuer par la rue Cambacérès qui mène à la place Chabaneau.

Place Chabaneau (EY 24). – La façade de la Préfecture qui donne sur cette place est celle de l'ancien hôtel de Ganges construit au 17ᵉ s. par le Cardinal de Bouzy et qui en avait fait don à son amie la Comtesse de Ganges. Devant la Préfecture, la charmante fontaine de Cybèle date du 18ᵉ s.

Reprendre la rue de la Vieille-Intendance.

Au nº 9 se trouve l'hôtel de la Vieille Intendance.

Place de la Canourgue (EY). – Au 17ᵉ s., c'était le centre de Montpellier, et de nombreux hôtels subsistent autour du jardin orné de la fontaine des Licornes, la dernière des trois fontaines installées pour distribuer l'eau acheminée par l'aqueduc Saint-Clément.

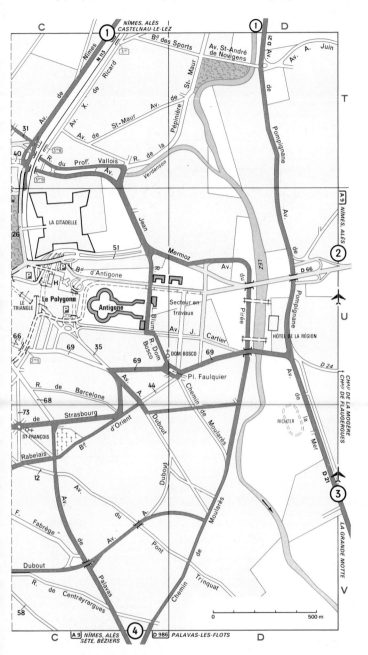

De la place on a une vue plongeante sur la cathédrale et la Faculté de Médecine.

Hôtel Richer de Belleval (**EY N**). – *Annexe du Palais de Justice.* La cour carrée s'orne de bustes et de balustrades caractéristiques de la fin du 18ᵉ s.

Hôtel de Cambacérès-Murles (**EY R**). – Situé en face de l'hôtel précédent, sa façade, œuvre de Giral, montre l'élégance et la richesse des décorations du 18ᵉ s. : ferronneries galbées, mascarons, etc.

Hôtel du Sarret (**EY S**). – On l'appelle maison de la Coquille à cause des trompes qui le caractérisent, véritable tour de force architectural qui consiste à faire soutenir une partie du bâtiment par une portion de voûte. L'une escamote l'un des angles sur la rue, l'autre, à l'intérieur de la cour, se trouve au départ d'une tour d'angle.

Prendre la rue Astruc et traverser la rue Foch.

On pénètre alors dans le quartier rénové de l'**Ancien Courrier,** la partie la plus ancienne de Montpellier, aux rues piétonnes étroites où se sont installés les commerces de luxe.

De la rue Foch, prendre la rue St-Firmin jusqu'à la place Castellane, tourner dans la rue Saint-Guilhem puis dans la rue de la Friperie.

Au nº 5, l'**Hôtel de Montcalm** (**EY V**) possède un bel escalier à vis évidée.

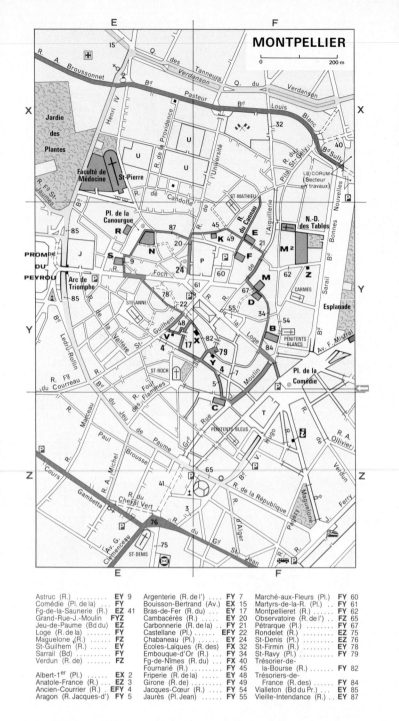

MONTPELLIER

0   200 m

On prend à gauche la rue du Bras-de-Fer puis à droite la rue des Trésoriers-de-la-Bourse.

★ **Hôtel des Trésoriers de la Bourse** (FY X). – *4 rue des Trésoriers-de-la-Bourse.* Appelée aussi Hôtel Rodez-Benavent, cette réalisation de l'architecte Jean Giral frappe par son escalier à degrés entouré d'un arc rampant, transition entre l'escalier à vis et l'escalier à degrés.

La façade sur cour s'orne de ravissants amours. Une seconde cour offre la paix d'un grand jardin dont le mur arrière est décoré de pots à feu.

Revenir sur ses pas.

L'étroite **rue du Bras-de-Fer** (EY 17) est une ruelle médiévale enjambée par un arc gothique. Elle descend jusqu'à la **rue de l'Ancien-Courrier★** (EFY 4), ancienne rue des Relais-de-Poste, aujourd'hui bordée de galeries d'art et de boutiques élégantes.

Prendre à gauche la rue St-Ravy qui mène à la place du même nom.

Sur la **place St-Ravy** (FY 79) subsistent des vestiges (baies gothiques) du palais des rois de Majorque. La **salle St-Ravy** (FY Y) présente de belles voûtes ornées de clefs.

Revenir rue de l'Ancien-Courrier et prendre la rue Jacques-d'Aragon.

⊘ **Hôtel St-Côme** (FZ C). – Aujourd'hui Chambre de Commerce, cet hôtel fut construit au 18ᵉ s. par J. A. Giral grâce à la donation de François Gigot de la Peyronie, chirurgien de Louis XV, qui légua une partie de sa fortune aux chirurgiens de Montpellier pour qu'ils construisent un amphithéâtre d'anatomie semblable à celui de Paris.
Le bâtiment donnant sur la rue est orné d'une double colonnade. L'autre bâtiment abrite le fameux amphithéâtre polygonal, sous une superbe coupole dont les oculi et lanternons procurent la lumière en abondance.

Revenir à la place de la Comédie par la Grand-rue commerçante Jean-Moulin.

★★ PROMENADE DU PEYROU (AU, EY) *visite : 1 h*

Une histoire à épisodes. – En 1688 le conseil de la ville décide de créer une promenade au point culminant de Montpellier pour accueillir une statue monumentale de Louis XIV. L'architecte d'Aviler conçoit une terrasse dominant la ville et les environs. Il n'y manque alors que la statue, qui, fondue à Paris en 1692, n'atteindra son emplacement qu'en 1718 à la suite d'un périple qui la conduisit du Havre à Bordeaux, puis sur le canal du Midi, périple marqué d'épisodes malencontreux, dont une chute dans la Garonne. Un chenal fut même construit spécialement dans les étangs du Frontignan pour l'amener de la Méditerranée à Montpellier. Détruite à la Révolution, elle fut remplacée par la statue actuelle en 1838. Entre temps la promenade du Peyrou avait changé de physionomie. La construction de l'aqueduc St-Clément (1753 à 1766) par l'ingénieur Pitot avait entraîné le réaménagement du Peyrou confié cette fois-ci à Jean Antoine Giral et à son neveu Jacques Donnat. Giral conçoit alors le ravissant **château d'eau** (AU G), petit temple à colonnes destiné à masquer le réservoir. En 1773 la promenade du Peyrou a enfin son visage actuel.

Montpellier. - Château d'eau du Peyrou.

Visite. – La promenade comporte deux étages de terrasses. De la terrasse supérieure décorée de la statue équestre de Louis XIV, on a une **vue★** étendue au Nord sur les Garrigues et les Cévennes, au Sud sur la mer et, par temps clair, sur le Canigou. Des escaliers monumentaux conduisent aux terrasses basses ornées de grilles en fer forgé exécutées d'après les dessins de Giral. La partie la plus originale du Peyrou est constituée par le château d'eau et l'aqueduc St-Clément long de 880 m et haut de 22 m. Ses deux étages d'arcades furent inspirées par le Pont du Gard. Il transporte l'eau de la source du Lez jusqu'au château d'eau, lui-même relié aux trois fontaines de la ville édifiées à la même époque : la fontaine des Trois Grâces (Place de la Comédie), la fontaine de Cybèle (Place Chabaneau) et la fontaine des Licornes (Place de la Canourgue). Sous les arches, la promenade des Arceaux devient, le samedi, le cadre du marché aux puces.

L'arc de triomphe (EY). – Construit à la fin du 17ᵉ s., il est décoré de bas-reliefs figurant les victoires de Louis XIV et de grands épisodes de son règne. Vers le Peyrou : la révocation de l'édit de Nantes, la jonction des deux mers par le canal du Midi ; vers la ville : les provinces des Pays-Bas pliant genou devant Louis XIV.

AUTRES CURIOSITÉS

⊘ **Hôtel Sabatier d'Espeyran** (FY Z). – La visite de cet hôtel particulier du 19ᵉ s. permet de connaître l'aspect d'une riche demeure sous le Second Empire.

⊘ **Cathédrale St-Pierre** (EX). – S'élevant telle une forteresse, cette cathédrale paraît d'autant plus massive qu'elle est prolongée par la façade de la Faculté de Médecine. C'est la seule église de Montpellier qui n'ait pas été complètement détruite pendant les guerres de Religion. Restaurée au 17ᵉ s. puis au 19ᵉ s., cette ancienne chapelle du collège St-Benoît (14ᵉ s.), devenue cathédrale au 16ᵉ s. lorsque le siège du diocèse fut transféré de Maguelone à Montpellier, a gardé son caractère primitif.

Malgré son style gothique, elle rappelle les églises romanes, à une seule nef, du littoral. Le porche est formé de deux tourelles du 14e s. qui précèdent une voûte s'appuyant sur la façade. A l'intérieur, le chœur et le transept, reconstruits au 19e s., contrastent avec la sévère nef du 14e s. Les arcs d'une portée de 14 m ne dépassent pas 27 m de haut.

Faculté de Médecine (EX). – Elle occupe un ancien monastère bénédictin, créé au 14e s. sur l'ordre du pape Urbain V, et dont le bâtiment a été remanié au 18e s. Deux statues en bronze, représentant les médecins montpelliérains Barthez et Lapayronie, en gardent l'entrée.

★**Musée Atger.** – *On y parvient en montant au 1er étage et en traversant la bibliothèque.* Présenté dans des meubles qui lui sont adaptés, la collection de dessins léguée par Xavier Atger en 1823 rassemble des œuvres d'artistes méridionaux (Bourdon, Mignard, Rigaud, Fragonard, Natoire, J.-M. Vien), italiens (Tiepolo) et flamands.

Crypte N.-D. des Tables (FY). – Son nom lui vient des tables qu'installaient les changeurs d'or au Moyen Age autour de l'édifice. Démolie pendant les guerres de Religion, il ne reste de cette église que la crypte qui abrite une exposition sur l'histoire de Montpellier réalisée à partir d'archives et de photos. En souvenir, une autre église, construite au 18e s. par Giral, a repris ce nom.

Jardin des Plantes (EX). – Fondé en 1593 par Henri IV et réalisé par Richer de Belleval, il s'étendait alors jusqu'au Peyrou. Plus ancien jardin botanique de France, il avait été créé pour l'école de botanique de Montpellier et pour permettre l'étude des plantes médicinales. Il est doté de serres tempérées et tropicales. Diverses essences méditerranéennes y sont rassemblées : micocouliers, chênes verts, phyllaires.
La partie Sud est occupée par un jardin botanique où 3 000 espèces sont présentées. Il s'agit de **« l'école systématique »**, créée par le botaniste Candolle au début du 19e s. et consacrée à l'étude de la classification des plantes. L'orangerie en occupe une extrémité ; les bustes de célèbres naturalistes de l'École de Montpellier s'alignent le long du jardin.

Musée de l'Infanterie (AV M³). – *Installé dans l'enceinte de l'École d'application de l'Infanterie.*
Quatre salles évoquent l'évolution de l'Infanterie française depuis le 15e s. jusqu'à nos jours : armes anciennes et modernes, documents graphiques, fanions d'unités de combat, nombreux uniformes (55 mannequins)... La dernière salle présente séparément les souvenirs et les trophées de l'infanterie de l'armée d'Afrique et de l'infanterie coloniale.

EXCURSIONS

★**Parc zoologique de Lunaret.** – *6 km au Nord de la ville. Sortir par l'avenue Bouisson-Bertrand* (BT) *et prendre la route de Mende.*
Sur ce vaste domaine de 80 ha légué à la ville par Henri de Lunaret, les animaux, en semi-liberté, s'ébattent dans un paysage de garrigues et de sous-bois. C'est un lieu de promenade fort agréable, où l'on peut contempler tout à loisir des zèbres, des bisons, des élans du Cap, des alpagas, des mouflons, des loups... et des oiseaux exotiques dans les volières.

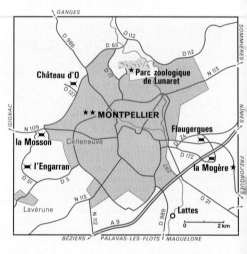

★**Château de la Mogère.** – *5 km à l'Est du centre de Montpellier. Sortir de la place de la Comédie par le souterrain signalé « aéroport de Fréjorgues ». Suivre la signalisation vers l'aéroport jusqu'à la rivière du Lez par la D 24* (DU) *puis la D 172 et suivre le fléchage conduisant au château de la Mogère.*
Dessinée par Jean Giral, cette élégante folie du 18e s. présente une façade harmonieuse surmontée d'un fronton dont la silhouette se découpe sur un fond de pins. Dans le parc, une belle fontaine baroque de style italien est décorée de coquillages et surmontée de groupes de chérubins.
A l'intérieur, nombreux portraits de famille, meubles et peintures du 18e s. (Seghers, Hyacinthe Rigaud, Louis David). Le grand salon est orné de délicates gypseries.

Château de Flaugergues. – *3 km à l'Est du centre de Montpellier dans le quartier du Millénaire. Suivre la signalisation vers l'aéroport de Fréjorgues, après le pont sur le Lez prendre la route de Mauguio* (D 24). *Le château se trouve à 2 km.*
Acheté et remanié par Étienne de Flaugergues en 1696, ce château présente une façade sobre, donnant sur des terrasses et des jardins, évoquant une villa italienne. A l'intérieur, un escalier monumental, surmonté d'une voûte à clefs pendantes, est décoré d'une série de cinq magnifiques tapisseries de Bruxelles du 17e s. représentant la vie de Moïse.

Les folies du 18e s. – *Circuit de 20 km.*

Montpellier est entouré d'élégantes folies que les aristocrates ou grands bourgeois montpelliérains se firent construire comme résidences d'été. Certaines se retrouvent aujourd'hui cernées par la banlieue tandis que d'autres se détachent encore sur un paysage de vignobles. Outre les châteaux de la Mogère et de Flaugergues décrits page 118, d'autres folies sont disséminées au Nord et à l'Ouest de Montpellier.

Prendre la route de Ganges (D 986) pendant 6 km puis tourner à gauche vers Celleneuve et ensuite à droite. Un peu plus loin se détachent deux piliers surmontés de lions annonçant l'allée du château d'O.

Ⓥ **Château d'O.** – Le bâtiment du 18e s. est entouré d'un très beau parc, animé par des statues provenant du château de la Mosson. Appartenant à la ville de Montpellier, il sert de cadre à des réceptions.

Continuer vers Celleneuve. A l'échangeur prendre la N 109 vers Gignac et tourner tout de suite à gauche au panneau « Parc de la Mosson ».

Ⓥ **Château de la Mosson.** – Ce fut la plus somptueuse demeure des environs de Montpellier, bâtie de 1728 à 1729 par un richissime banquier, Joseph Bonnier, fait baron de la Mosson. Le fronton de la façade sur jardin avait été sculpté par le Lorrain Adam. Le parc était décoré de belles statues qui furent dispersées et seule la fontaine baroque, en triste état, rappelle la décoration fastueuse de ce parc, devenu jardin public.

Revenir sur la N 109 et prendre la première rue à gauche vers Lavérune.

On arrive rapidement dans le vignoble.

Château de l'Engarran. – Derrière la superbe grille d'entrée qui provient du château de la Mosson, se détache un bâtiment de style Louis XV.

De l'Engarran rejoindre le centre de Montpellier.

Lattes. – *6 km de Montpellier. Sortir par ④ du plan.* Depuis 1963, la petite ville de Lattes a redécouvert le site archéologique de Lattara qui huit siècles durant (du 6e s. avant notre ère au 2e s. après J.-C.) fut un port florissant, ouvert au commerce méditerranéen ; installé à l'embouchure du Lez, il alimentait l'arrière-pays, en particulier Sextantio, l'ancêtre de Montpellier. Les indigènes importaient du vin, de l'huile, des céramiques de luxe, des objets maufacturés et exportaient en échange les ressources traditionnelles du pays : poissons des étangs, laine et peaux de bêtes, résine, minerais... Cet emplacement, favorable au commerce, eut cependant à souffrir des marais environnants et du lent enfoncement de la ville dans le sol. La stratigraphie a permis de découvrir que douze villes furent successivement élevées sur le site : la montée des nappes phréatiques obligeait en effet à surélever la ville de 20 à 30 cm tous les 50 ans (deux villes furent également détruites par incendie vers 550 et 50 avant J.-C.). Ces nombreux vestiges ont révélé qu'après une phase d'apparente libre concurrence entre Étrusques et Hellènes, le port devint un centre de redistribution du commerce marseillais jusqu'à la chute de la cité phocéenne en 49 avant J.-C. Devenu port fluvial à l'époque gallo-romaine, le site fut totalement envasé à la fin du 2e s. et très rapidement abandonné de ses occupants, dont la seule richesse résidait dans le commerce.

Ⓥ **Musée archéologique.** – *Sortie Sud-Est de Lattes, sur la D 132 direction Pérols.* Installé dans l'ancien mas du peintre Bazille, le musée présente au premier étage des expositions temporaires (collections archéologiques régionales), au deuxième étage et à la mezzanine les découvertes faites sur place. Dans cette seconde partie sont traités l'urbanisation du site au deuxième âge du fer et la création du port, puis la vie quotidienne à Lattara (maison, mobilier, cuisine ; importantes collections de céramique et de verrerie), le monde des morts (stèles et mobilier funéraire) et le port de Lattara lui-même. Une dernière partie est consacrée au site après l'abandon du port : présentation de la nécropole St-Michel des 3e et 4e s. où furent découvertes 76 tombes.

Palavas-les-Flots. – *12 km de Montpellier. Sortir par ④ du plan. Lieu de séjour.* Situé à l'embouchure du Lez canalisé, ce port de pêche conserve dans son vieux quartier une animation pittoresque. Palavas devint surtout le front de mer de Montpellier avec la mise en service en 1872 d'un célèbre petit train (aujourd'hui disparu).
Ce fut longtemps la seule plage de cette partie du littoral jusqu'à l'aménagement de la côte du Languedoc-Roussillon et l'installation des stations voisines de la Grande-Motte et de Carnon-Plage. Les joutes nautiques de Palavas constituent un spectacle très populaire. A proximité de Palavas se trouve la très intéressante **cathédrale de Maguelone★** *(voir p. 97).*

Afin de donner à nos lecteurs l'information la plus récente possible, les Conditions de Visite des curiosités décrites dans ce guide ont été groupées en fin de volume, p. 176 à 185.

Les curiosités soumises à des conditions de visite y sont énumérées soit sous le nom de la localité soit sous leur nom propre si elles sont isolées.

Dans la partie descriptive du guide, p. 45 à 172, le signe Ⓥ placé en regard de la curiosité les signale au visiteur.

★★★ MONTPELLIER-LE-VIEUX (Chaos de)

Carte Michelin n° 80 pli 14 ou 240 pli 10 – 18 km au Nord-Est de Millau – Schémas p. 73 et 85.

Montpellier-le-Vieux n'est pas une ville mais un extraordinaire ensemble rocheux dû à l'ancien ruissellement des eaux à la surface du causse Noir dont il recouvre environ 120 ha. Ce sont les bergers des troupeaux transhumants du Languedoc qui, apercevant de loin ce gigantesque amas de rochers, lui auraient donné son nom, par analogie d'aspect avec une grande ville ruinée *(détails p. 19)*.

Jusqu'en 1870, ce chaos, masqué par une forêt impénétrable, était considéré par les habitants d'alentour comme une « cité maudite », hantée par le diable. Les brebis et les chèvres qui s'aventuraient un peu trop près disparaissaient à la nuit, happées par les loups très nombreux. Des coupes ont été effectuées, qui ont fait disparaître ces hôtes indésirables et dégagé la « ville ».

Montpellier-le-Vieux fut découvert en 1883 par MM. J. et L. de Malafosse et M. de Barbeyrac-Saint-Maurice. En 1885, E.-A. Martel en leva le plan.

« Tout cet enchevêtrement de rues, de voûtes, de cheminements, de saillies sur corniches, tantôt se croisant à angle droit comme une ville tirée au cordeau, tantôt formant un vrai labyrinthe où l'on erre quelquefois avec un grand embarras, tout cet ensemble comme ces détails ne peuvent se décrire », dit M. de Malafosse.

Accès. – L'accès au chaos de Montpellier-le-Vieux se fait à partir de l'auberge du Maubert. On l'atteint :

– au départ de Millau *(p. 104)* par la D 110 - 16 km ;

– au départ du Rozier *(p. 135)* ou de Peyreleau *(p. 126)* par la D 29 et la D 110 - 10 km ;

– au départ de Nant *(p. 122)* par la D 991, la Roque-Ste-Marguerite, la route étroite au Nord du village et la D 110 - 26 km.

⊙ **VISITE** *environ 1 h 1/2*

Suivre en voiture la route privée (1,5 km) qui aboutit au parking. Prendre le chemin à droite en arrivant (sentier bien tracé et abondamment balisé).

Le **site** de Montpellier-le-Vieux est si curieux et si attachant, la végétation y est si belle que bien des touristes aimeront sans doute à s'y attarder plus longtemps que ne l'exige la visite normale *(attention, il est facile de se perdre si l'on s'écarte du parcours balisé)*. Une journée passée à flâner parmi ces rochers ombragés de pins sylvestres et de chênes, ces colonnes

et ces murailles, laissera à tous les amis de la nature un très agréable souvenir.

Les rochers de Montpellier-le-Vieux ont presque tous reçu, d'après leur forme, leur silhouette, des noms évocateurs : il y a le Lapin, le Navire, le Juge, l'Amphore, la Porte de Mycènes, le Sphinx, la Tête de Chien, etc.

Si l'on ne désire pas effectuer tout le parcours décrit ci-dessous, on pourra suivre l'itinéraire balisé en bleu qui permet de se rendre directement au Belvédère.

A 300 m du départ, après les rochers du Cénotaphe et de la Tête d'Arlequin, prendre le sentier de gauche qui passe près du Chameau et conduit au belvédère du Douminal.

Douminal. – Véritable donjon naturel commandant quatre cirques irréguliers (le Lac, les Amats, les Rouquettes, la Millière) séparés par de hautes crêtes rocheuses et entourés par les falaises du causse Noir, cette plate-forme offre un panorama étendu. De là, le regard embrasse au Nord le rocher de la Croix et, sur la droite, le cirque du Lac (souvent de pins (on distingue les falaises nettement découpées du canyon du Tarn) ; au Sud, la vallée de la Dourbie et la corniche du causse du Larzac ; à l'Ouest, le cirque des Rouquettes ; à l'Est, le chaos de Roquesaltes.

Une fois franchi le rocher de la Poterne, le sentier offre presque aussitôt, du **Rempart** (alt. 830 m), une vue d'ensemble particulièrement impressionnante sur le chaos. La descente vers le cirque des Amats conduit à la Porte de Mycènes.

Porte de Mycènes. – Elle évoquait, pour E.-A. Martel, la célèbre porte de la Grèce antique. Par ses dimensions et par la hauteur de son arche naturelle (12 m), elle se classe parmi les sites les plus originaux de Montpellier-le-Vieux.

Le sentier franchit un ponceau et conduit à la grotte de **Baume Obscure** où E.-A. Martel mit au jour des ossements d'ours des cavernes. Des abords de la grotte, un regard à gauche découvre le Nez de Cyrano. Puis on monte vers le Belvédère.

Belvédère. – Vue sur le cirque des Rouquettes que l'on vient de contourner, au Sud, la vallée encaissée de la Dourbie et, au Nord, le cirque de la Millière.

Le sentier revient ensuite vers le point de départ en longeant, à mi-hauteur, le cirque de la Millière. Sur la droite, à quelque 200 m du belvédère, s'ouvre l'Aven.

Aven. – Sa profondeur atteint 53 m.

De là, le sentier ramène directement à la voiture.

★★ MOURÈZE (Cirque de)

Carte Michelin n° 83 pli 5 ou 240 pli 22 – 8 km à l'Ouest de Clermont-l'Hérault.

Entre les vallées de l'Orb et de l'Hérault, se creuse, sur le versant Sud de la montagne de Liausson, le cirque de Mourèze *(1)*.

VISITE *environ 3/4 h*

Le village. – Le village ancien de Mourèze, dominé par un rocher aux parois verticales portant son château, est très pittoresque avec ses ruelles étroites, ses petites maisons aux escaliers extérieurs, sa fontaine de marbre rouge.
Son église romane, très remaniée, possède une abside du 15e s.

Mourèze.

★★ Le cirque. – De tous côtés, d'énormes blocs l'entourent. Ce vaste chaos de rochers dolomitiques dessine un amphithéâtre qui couvre une surface de 340 ha, offrant de grandes dénivellations (altitude variant de 170 à 526 m). Les strates jurassiques de la montagne de Liausson en constituent le fond, tandis qu'au Sud le vallon verdoyant de la petite Dourbie le limite.
Bien qu'un seul véritable sentier, le chemin des Charbonniers, soit tracé, il est facile de se promener dans le cirque. On rencontre, sans transition, des coins frais et verdoyants, à côté de rocs auxquels l'érosion a donné les formes les plus étranges : tête de Démon, Serpent, Grenouille, Chimère, Sphinx. Il y a aussi les Fées et le Trou aux Fées, la Religieuse, le Zèbre, la Tour et l'Anse, la Sirène. C'est le matin et le soir que le spectacle est le plus impressionnant.

Pour bien lire les plans de villes, voir la page de légende.

MUR-DE-BARREZ   1 374 h. (les Baréziens)

Carte Michelin n° 76 pli 12 ou 239 pli 42 – Schéma p. 161.

Le petit pays du Barrez était, sous l'ancien régime, une viguerie qui dépendait de la vicomté de Carlat ou Carladez. Mur est une bourgade pittoresque, campée sur une crête volcanique séparant les vallées du Goul et de la Bromme.

Château. – Il ne reste que quelques ruines. La vue est très étendue sur toute la région environnante : monts du Cantal, vallée de la Bromme, Planèze, monts d'Aubrac, Barrez, Carladez ; à l'Est, en contrebas, bâtiments du couvent de Ste-Claire, entourés des maisons typiques du pays, au toit en forte pente et à quatre pans.

Église. – De style gothique, elle fut démolie jusqu'au transept par les Calvinistes ; remarquer, à l'intérieur, quelques curieux chapiteaux, un retable du 17e s. et des clefs de voûte ; l'une d'entre elles, au-dessus de la tribune, présente l'aspect d'un gisant.
Voir également la porte de l'Horloge, vestige de l'ancienne enceinte, et un hôtel Renaissance, décoré d'armoiries sculptées.

EXCURSION

Château de Messilhac. – *7 km au Nord-Ouest. Suivre la D 600. A 5,5 km, tourner à gauche et suivre le chemin d'accès (non revêtu).* Messilhac se dresse fièrement, dans un cadre vallonné et boisé, sur un mamelon dominant le Goul. Au 16e s., cet ancien château féodal a subi d'importantes transformations.
La façade Renaissance, qu'encadrent deux tours carrées à mâchicoulis, coiffées de toits pointus, présente trois étages de fenêtres à croisillons. La porte et les deux fenêtres qui la surmontent forment un bel ensemble décoratif. Au-dessus du linteau, buste de Jean de Montamat, le bâtisseur de cette façade. L'escalier, à l'intérieur, ajoute de l'intérêt à la visite.

---

(1) Pour plus de détails lire : « Mourèze ou les pierres qui parlent » par Gaston Combarnous (Clermont-l'Hérault).

★ **NAJAC** 818 h. (les Najacois)

Carte Michelin n° 79 pli 20 ou 235 pli 19 – Lieu de séjour.

Dressé sur un piton que contourne une boucle de l'Aveyron, à la limite du Rouergue et du Quercy, le vieux bourg de Najac occupe un **site**★★ remarquable. Les ruines de son château fort dominent les toits d'ardoises du bourg.
Deux importants « villages de vacances » des environs concourent à l'animation locale.
C'est de la D 239, à l'Est, que l'on découvre la meilleure **vue**★ d'ensemble sur Najac :
les maisons bordant la longue rue étroite et sinueuse épousent le profil de la ligne de crête, tandis que sur un piton se dressent les tours du château fort qui occupait une position stratégique de premier ordre.

Najac et l'hérésie albigeoise. – Bertrand de Saint-Gilles, fils du comte de Toulouse Raymond IV, ordonna la construction du château primitif et fit de Najac le siège de l'administration de la province du Rouergue. En 1182, Philippe Auguste confirme Najac comme fief de son vassal, le comte de Toulouse Raymond V de Saint-Gilles ; trois ans plus tard, les Anglais s'emparent de la forteresse et y signent, avec le roi d'Aragon, un traité d'alliance contre le comte de Toulouse ; en 1196, Najac redevient le fief de Raymond VI de Toulouse. Peu après 1200, l'hérésie cathare gagne Najac *(voir p. 31)*.
Détruit par les troupes de Simon de Montfort, le château fut reconstruit par Alphonse de Poitiers, frère de Saint Louis et époux de la sœur du comte de Toulouse, Jeanne. Les habitants, taxés d'hérésie, sont, alors, condamnés à bâtir l'église.

Le bourg. – Gagner les ruines du château en suivant à pied la rue principale, bordée de maisons construites pour la plupart entre le 13e et le 16e s. On voit au passage deux fontaines à vasque, la deuxième taillée dans un énorme bloc monolithe de granit, portant la date de 1344 et les armes de Blanche de Castille.

★ **Ruines du château.** – Un premier château avait été construit par Bertrand de Saint-Gilles. Il fut remplacé par cette forteresse, chef-d'œuvre de l'art militaire du 13e s., qui surveille la vallée de l'Aveyron. A l'époque, une importante garnison vivait dans le village qui comptait plus de 2 000 habitants.
Des trois enceintes primitives subsiste un important système fortifié flanqué de grosses tours rondes. Le château proprement dit, défendu par d'épaisses murailles, a la forme d'un trapèze. La plus puissante des tours, au Sud-Est, constituait le donjon.
Après avoir franchi, par des poternes, les enceintes successives, on atteint la plate-forme du donjon. De là, magnifique **vue**★ sur le château, le village en enfilade, la pittoresque vallée de l'Aveyron, l'église, bâtie entre le château et la rivière, au cœur de la bourgade primitive.

Église. – Malgré des adjonctions, c'est un intéressant édifice de style gothique. La façade Ouest est surmontée d'une rosace, la nef unique, terminée par un chevet plat. Le long du mur de la nef, à droite, est conservée une curieuse cage en fer forgé du 14e s., destinée à renfermer la « chandelle Notre-Dame » (cierge pascal). Dans le chœur remarquer l'autel primitif (14e s.) constitué par une vaste dalle de grès fin ; un Christ de l'école espagnole du 15e s. ; deux statues : la Vierge et saint Jean, du 15e s. A gauche du chœur, belle statue de saint Pierre assis, en bois polychrome, du 16e s.

Les églises ne se visitent pas pendant les offices.

NANT 972 h. (les Nantais)

Carte Michelin n° 80 pli 15 ou 240 pli 14 – Schémas p. 73 et 85.

Ce vieux bourg s'élève sur les bords de la Dourbie, à l'entrée des gorges, dans un « jardin » qui couvre toute la région de St-Jean-du-Bruel à Nant. En face se dresse le roc Nantais.
Ce fertile « **Jardin de l'Aveyron** » a été créé par les moines du monastère de Nant.
La fondation du monastère remonte au 7e s. A peine installés dans cette région marécageuse, les moines commencent les travaux d'assèchement de la vallée. Mais, vers 730, le monastère est détruit par les Sarrasins ; les religieux sont dispersés.
Deux siècles plus tard, le couvent est reconstruit et la tâche d'assèchement est reprise : le Durzon est canalisé (les canalisations subsistent encore). La région, autrefois couverte d'ajoncs, devient un véritable jardin planté de vignes, entouré de belles prairies.
La colonie bénédictine reçoit de nombreuses donations. Les moines construisent, au milieu de la vallée, de vastes bâtiments abbatiaux et l'église St-Pierre.
En 1135, le pape Innocent II érige le monastère en abbaye. L'église St-Pierre est reconstruite, plusieurs églises sont édifiées aux environs : St-Martin-du-Vican, N.-D.-des-Cuns, etc. Les abbés attirent un noyau de population qui forme peu à peu une petite ville dont ils sont les seigneurs. Cette ville, entourée de fortifications, devient aux 14e et 15e s. une solide place forte qui, au cours des guerres de Religion, sera un pilier du catholicisme.
A la fin du 16e s., l'abbaye est mise en commende. Les abbés qui la détiennent ne songent qu'à en tirer des revenus. Ils paraissent rarement à Nant. L'abbaye reste cependant assez prospère jusqu'à la Révolution. Son collège, créé en 1662, qui enseigne les belles lettres et la philosophie, est le plus fréquenté du Rouergue.

Église abbatiale St-Pierre. – 12e s. Elle offre le caractère sévère d'une forteresse dominée par son donjon. Celui-ci, après la démolition, en 1794, du clocher qui s'élevait à la croisée du transept, fut surmonté d'une flèche, refaite en 1960.
Un narthex s'ouvrait par trois grandes arcades. Deux sont murées depuis le 14e s. Dans celle du centre, a été inséré un portail gothique. Une arcature trilobée plaquée sur la façade le surmonte.

Intérieurement la masse carrée des piliers flanqués sur chaque face de colonnes jumelées, le nombre et la qualité des **chapiteaux**★ historiés ou à motifs géométriques et floraux, le chœur et sa série d'arcatures, deux tribunes, l'une au-dessus du narthex, l'autre sur pendentifs au carré du transept, retiendront l'attention.

Vieille halle. – Elle faisait partie de la cour de l'ancien monastère. Ses cinq arcades trapues datent du 14ᵉ s. Elle abrita un marché qui fut longtemps prospère.

Pont de la Prade. – 14ᵉ s. Très belle arche ; on en aura une bonne vue depuis la chapelle du Claux (mémorial érigé en souvenir des Nantais victimes des guerres de Religion).

NASBINALS
614 h. (les Nasbinalais)

Carte Michelin n° 🔢 pli 14 ou 🔢 pli 43 – Schéma p. 55 – Lieu de séjour.

Nasbinals, dont la petite église romane mérite une halte, est un centre actif pour le commerce des bestiaux. Ses **foires** très animées ont lieu plusieurs fois par an.
Nasbinals est également une station de ski de piste et de fond.

Le cantonnier médecin. – Nasbinals eut, à la fin du siècle dernier, son heure de célébrité. **Pierre Brioude**, dit **« Pierrounet »,** cantonnier du village, avait acquis dans l'art de « petasser » (raccommoder) les membres brisés ou luxés une réputation qui s'étendait bien au-delà des limites du canton et du département. De toute l'Auvergne, du Languedoc et du Rouergue affluaient les éclopés, les infirmes et jusqu'aux malades, car les clients du célèbre « rhabilleur » lui attribuaient des dons universels. La gare d'Aumont, où les gens débarquaient par dizaines pour gagner en diligence ou en carriole le domicile du rebouteux, était devenue la plus fréquentée de la ligne. Pierrounet, assure-t-on, recevait jusqu'à 10 000 clients par an. Mort en 1907, il a laissé un souvenir vivace à Nasbinals où un monument, dont le socle représente des béquilles, lui a été élevé.

EXCURSION

★ **L'Aubrac.** – *Page 54.*

★★★ NAVACELLES (Cirque de)

Carte Michelin n° 🔢 pli 16 ou 🔢 pli 18 – Schémas p. 85 et 88.

Le Cirque de Navacelles *(illustration p. 20)* est le site le plus prestigieux de la vallée de la Vis *(p. 172)* qui sépare, là, les causses de Blandas au Nord et du Larzac au Sud. C'est un immense et magnifique méandre, profondément encaissé, dont les parois calcaires sont surmontées de falaises escarpées et blanchâtres tachées seulement de maigres touffes de buis. Ce méandre qui enserrait un petit promontoire a été abandonné par la Vis qui a coupé par une cascade son pédoncule étroit, là où s'est installé le hameau de Navacelles.
Le fond de la vallée, horizontal et demeuré humide, a pu être cultivé.

DE BLANDAS A LA BAUME-AURIOL *13 km – environ 1 h 1/4*

La D 713 qui s'embranche sur la D 158 atteint le rebord du causse de Blandas.

Belvédère Nord. – Alt. 613 m. Sur le rebord même du plateau, il offre la révélation du cirque et une vue intéressante sur le canyon de la Vis. A l'horizon la vue s'arrête à la longue chaîne de la Séranne.

La route de descente, très bien tracée, dessine quelques lacets à hauteur de la falaise, puis une ample boucle dans la combe du Four ; elle plonge jusqu'au fond du cirque et gagne Navacelles.

Navacelles. – 204 h. A 325 m d'altitude ce petit village possède un joli pont à une seule arche sur la Vis.
La D 130 gravit la paroi Sud du canyon.

La Baume-Auriol. – Alt. 618 m. Du Nord de la ferme s'offre une vue saisissante sur le cirque. Le canyon est splendide avec ses méandres resserrés qui emboîtent leur pédoncules effilés aux hautes parois très abruptes vers l'amont. Au loin se profilent les montagnes du Lingas et de Lesperou.
Point de vue un peu plus loin, sur la droite.

★ NÎMES-LE-VIEUX (Chaos de)

Carte Michelin n° 80 Sud-Ouest du pli 6 ou 240 pli 6.

De loin surgit une cité ruiniforme sur l'étendue dénudée du causse Méjean. On raconte que, durant les guerres de Religion, les troupes royales à la recherche des protestants avaient enfin cru atteindre leur but « Nîmes ». Cruelle désillusion !

Accès. – *On l'atteint par le col du Perjuret où entrent en contact le massif de l'Aigoual et le causse Méjean. De là, prendre la route signalisée et continuer jusqu'au Veygalier où l'on peut garer la voiture.*

Visite. – *1 h environ. L'itinéraire est balisé à travers le chaos.* Dans Veygalier, beau village caussenard où seule une famille demeure encore toute l'année, une maison a été aménagée pour présenter une **exposition** sur la géologie du causse. Là commence l'itinéraire qui mène à travers des « rues » de pierre surmontées de rochers de 10 à 50 m de haut aux formes étranges. En montant sur la colline au-dessus de Veygalier, de belles vues s'offrent sur le cirque hérissé des rocs dolomitiques, où les maisons de pierre se confondent avec leur curieux décor.

Chaque année,
*le **guide Michelin France***
indique (avec adresse et n° de téléphone)
> *les réparateurs, concessionnaires, spécialistes du pneu*
> *et les garagistes assurant, la nuit, les réparations courantes...*

Tout compte fait, le guide de l'année, c'est une économie.

OLARGUES
529 h.

Carte Michelin n° 83 Sud du pli 3 ou 240 pli 21 – Schéma p. 78 – Lieu de séjour.

Situé au pied du massif de l'Espinouse, ce pittoresque village aux ruelles escarpées, dominé par une tour, est bâti sur un promontoire que contourne une boucle du Jaur. On a une belle **vue** d'ensemble depuis le pont en venant de St-Pons.

Belvédère. – On y accède par l'escalier couvert de la Commanderie qui s'ouvre curieusement sur la rue de la Place par un porche *(en face du Syndicat d'initiative).* De la plate-forme située à côté de la tour-clocher, une **vue** très agréable s'offre sur le Jaur et son vieux pont en dos d'âne du 13e s., sur l'Espinouse et le Caroux au Nord-Est. La tour est un reste de l'ancien château féodal du 11e s., aménagé en clocher au 15e s.

EXCURSIONS

★★ **Gorges d'Héric.** – *Page 88.*

L'Espinouse. – *Page 78.*

Prieuré de St-Julien, Lac de l'Airette. – *Quitter Olargues par la D 908 à l'Est vers Lamalou-Les-Bains, puis, environ à 1,5 km après un viaduc, tourner à gauche.*

Prieuré de St-Julien. – Dans un site paisible, parmi les vignes, les collines boisées et les cyprès, le prieuré du 12e s., église paroissiale des Castagnès, se dresse sur le fond des cimes découpées du Caroux et de l'Espinouse. Du premier âge roman, cette église se signale par son haut clocher carré, son chevet à bandes lombardes et son portail d'entrée décoré d'incrustations noires en pierres de pays.

> *Reprendre la route de Lamalou et la quitter après deux ponts pour tourner à gauche vers Mons puis de nouveau à gauche vers les Pradals.*

La route qui est une des rares voies de pénétration au cœur de l'Espinouse, permet de belles échappées sur la vallée du Jaur. Parmi les châtaigniers, elle longe les pentes du massif de la Gleyse à droite et des Castélas sur la gauche. Surplombant vertigineusement le torrent du Rec Grand, elle parvient au col de Cazagat.

Lac de l'Airette. – Enchâssé dans un site austère de montagnes, ce petit barrage retient 250 000 m³ d'eau alimentant les communes avoisinantes.

ORB (Vallée de l')

Carte Michelin n° 83 plis 4, 14 ou 240 plis 18, 21, 22, 26 – Schéma p. 125.

Né dans les terrains calcaires de la bordure méridionale du causse du Larzac, l'Orb (145 km) côtoie le bassin houiller de Graissessac, oblique vers l'Ouest dans la vallée qui prolonge le sillon du Thoré, reçoit le Jaur et bifurque vers le Sud ; enfin il rejoint la plaine du Bas Languedoc en aval de Cessenon. La vigne est partout présente. Tantôt voisinant avec le chêne vert, tantôt cultivée en terrasses parmi les oliviers et les figuiers, elle marque les paysages d'une empreinte méditerranéenne.

D'AVÈNE A ROQUEBRUN *72 km – environ 3 h 1/2*

Barrage d'Avène. – Lac artificiel de 194 ha dont on a une vue agréable depuis la route. En période sèche, il alimente l'Orb et permet l'irrigation des terres voisines.

La D 8 traverse l'Orb aux **Bains-d'Avène** dont les eaux soignent les maladies de la peau. Jusqu'en aval de Truscas, la route serpente entre les versants boisés de châtaigniers puis elle entre dans les gorges de l'Orb et longe le pied de hautes parois rocheuses. Ensuite apparaissent la vigne et les chênes verts. On laisse le roc Mendic à droite et la vallée s'élargit.

2,5 km après le village de Sérieys, le château de Cazilhac apparaît sur la gauche.

Château de Cazilhac. – Flanqué de deux tours carrées, le château se détache sur un fond de collines et de vignes. Au 12e s., les moines d'une abbaye proche édifièrent une maison forte sur l'éperon rocheux qui surplombe la rivière ; il en reste quelques vestiges. A la Renaissance, Cazilhac fut transformé en château résidentiel. On visite les jardins et les terrasses qui dominent la vallée de l'Orb et quelques pièces du château.

Après le Bousquet-d'Orb, poursuivre par la D 35 en direction de Bédarieux. A la Tour-sur-Orb, laisser la D 35 et prendre la D 23E qui passe sous le viaduc du chemin de fer.

Boussagues. – Boussagues aurait été un oppidum romain, édifié par César au temps de la guerre des Gaules et destiné à empêcher les Ruthènes cantonnés sur la rive droite de l'Orb, au Nord de Boussagues, de tenter une expédition vers la Méditerranée pour couper la route d'Espagne aux légions romaines. Une belle vue sur cet ancien village fortifié s'offre de la D 23E au Nord-Est. Dominé par les ruines de sa citadelle, il a conservé son château du 14e s., son église romane ainsi que l'élégante **maison du bailli** (16e s.), reconnaissable à sa tour ronde et qui aurait appartenu à Toulouse-Lautrec.

Rejoindre la D 23 au Nord-Est, que l'on prend à gauche ; au terme d'une descente, prendre à gauche pour traverser la voie ferrée et descendre la vallée de la Mare et de nouveau à gauche la D 922 vers Villemagne.

Pont du Diable. – Ce petit pont assez délabré, datant probablement des 12e-13e s., enjambe la Mare en une arche très prononcée.

Villemagne. – 317 h. Villemagne fut le siège d'une abbaye bénédictine du 7e s. à la fin du 18e s. Ses mines de plomb argentifère la firent nommer Villemagne l'Argentière.
L'église St-Martin et St-Majan est une ancienne abbatiale de style gothique rayonnant. Reconstruite au 13e s. sur les murs d'une église romane dont faisait partie la tour-clocher, elle ne fut jamais achevée. La belle abside à cinq pans date du 14e s.
L'église St-Grégoire a conservé son portail roman.
Dans la ruelle derrière le bureau de tabac, belle **maison romane** du 12e s., à la décoration raffinée et improprement nommée « hôtel des monnaies ».

Pénétrer dans Hérépian pour traverser l'Orb (direction de Béziers). Aussitôt après le pont, prendre à droite la D 160 jusqu'au Moulinas et, de là, prendre à gauche la route du château de St-Michel.

★ **Château de St-Michel de Mourcairol.** – *Page 90.*

Poursuivre la descente de la vallée ; traverser à nouveau l'Orb pour en suivre la rive droite (D 908).
La route, pittoresque, longe le versant méridional du Caroux.

Gorges de Colombières. – *Page 90.*

Traverser la rivière par le pont suspendu de Tarassac.

Moulin de Tarassac. – Du pont suspendu, on a une vue plongeante sur un beau moulin transformé en base de loisirs par le Parc naturel régional du Haut Languedoc.

Le paysage devient nettement méditerranéen. L'Orb serpente en terrain calcaire et les roches blanchâtres affleurent. Oliviers étincelants, figuiers et chênes verts se mêlent à la vigne et aux cultures en terrasses. Quelques villages s'accrochent aux rochers.

Roquebrun. – 573 h. *Lieu de séjour.* Ce village, étagé au-dessus de la rivière, est dominé par les ruines de sa tour du Moyen Age. A l'abri des vents du Nord, il bénéficie d'un climat tout à fait exceptionnel qui lui permet de faire pousser en pleine terre des mimosas (floraison en février), des orangers, des citronniers et des mandariniers.
Une « maison du Parc » (Parc naturel régional du Haut Languedoc), installée dans un ancien moulin, seconde son développement *(voir p. 28).*

Carte Michelin n° **80** Sud du pli 4 ou **240** pli 10 – Schémas p. 85, 154 et 156.

Peyreleau est séparé du Rozier *(p. 135)* par la Jonte.

De la route, on aperçoit le **château de Triadou** (commencé en 1470) qui appartint à la famille d'Albignac jusqu'à la Révolution. En 1628, Simon d'Albignac rêve d'ajouter une aile au bâtiment. Mais sa bourse est plate. Viennent à passer des troupes protestantes du duc de Rohan *(détails p. 52)* ; Simon les attaque, les défait et pille le trésor de guerre qu'elles transportent. Peu après, l'aile tant désirée s'élève. En action de grâces, une belle chapelle est dédiée à la Vierge. Une partie de l'argent est cachée sous une marche du grand escalier. A la Révolution, les paysans, alléchés par la légende du « trésor de Triadou », font une descente au château, sondent l'escalier marche par marche et découvrent deux caisses de plomb contenant des pièces d'or et d'argent.

Pendant ce temps, émigré à Londres, le marquis d'Albignac gagne largement sa vie, grâce à son talent particulier pour assaisonner la salade. Il court de dîner en dîner et, les manches retroussées, brasse à pleines mains, dans une sauce savante, la scarole ou la laitue.

Le village. – Étagé sur les pentes escarpées d'une butte, il est dominé par son église moderne et une vieille tour carrée et crénelée, dernier vestige d'un château fort.

★ PEYRUSSE-LE-ROC
374 h. (les Pétruciens)

Carte Michelin n° **79** pli 10 ou **235** pli 15 – 15 km au Sud-Est de Capdenac.

Située sur les planèzes qui séparent les vallées de l'Aveyron et du Lot, la forteresse de Peyrusse surveillait la vallée de l'Audiernes. Elle connut un passé mouvementé dont témoignent encore les vestiges de ses anciens monuments. Conquise en 767 par Pépin le Bref, rattachée en 781 par Charlemagne au royaume d'Aquitaine, passée en 1152 aux mains de l'Angleterre après le divorce de Louis VII et d'Éléonore d'Aquitaine, l'antique Petrucia occupa le rang de chef-lieu de baillage jusqu'au début du 18ᵉ s. Comptant plus de 3 000 habitants à certaines époques, elle devait une partie de sa richesse à ses mines argentifères. Celles-ci furent abandonnées quand le métal américain les concurrença au 18ᵉ s. ; la ville basse fortifiée, n'ayant plus sa raison d'être, fut désertée. A partir de ce moment se développa sur le plateau le village actuel de Peyrusse-le-Roc.

Place St-Georges. – Belle croix de pierre du 15ᵉ s. où se distingue une Vierge à l'Enfant sous un dais.

Porte du Château. – Vestige de l'enceinte médiévale.

Église. – Édifiée au 18ᵉ s. elle se signale par sa grande nef unique de cinq travées et ses voûtes à pénétration portées par des piliers carrés. Pietà du 15ᵉ s.

Place des Treize-Vents. – Elle était occupée au Moyen Age par le château des seigneurs de Peyrusse dont il ne reste aujourd'hui qu'une salle qui servait de prison et une tour (le clocher de l'église) qui abrite un petit **musée archéologique.**

RUINES MÉDIÉVALES visite : 1 h 1/2

Sur la gauche de l'église, franchir la porte Neuve et les fortifications. Le sentier sur la gauche descend vers les ruines de la ville basse ; au-delà du cimetière, appuyer à droite (escalier).

Roc del Thaluc. – *Accès par des escaliers métalliques.* En haut de ce roc, hérissé des deux tours carrées du château inférieur et dominant de 150 m la vallée de l'Audiernes, on comprend, au mieux, le rôle de vigie et l'importance stratégique de Peyrusse durant ces périodes médiévales troublées.

Suivre le sentier vers le fond de la vallée.

Tombeau du Roi. – Abrité sous un édicule, c'est un mausolée richement sculpté et datant probablement du 14ᵉ s.

Notre-Dame-de-Laval. – De cette ancienne église paroissiale subsistent, à l'aplomb des deux tours du Roc del Thaluc, les imposants arcs ogifs de la nef effondrée, les vestiges des cinq chapelles latérales droites et du chœur à trois pans adossé au rocher, les restes d'un tombeau, avec gisant, à gauche.

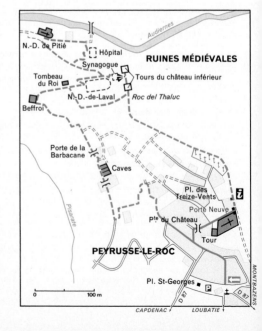

RUINES MÉDIÉVALES

N.-D. de Pitié
Hôpital
Synagogue
Tombeau du Roi
Tours du château inférieur
N.-D.-de-Laval
Roc del Thaluc
Beffroi
Audiernes
Porte de la Barbacane
Caves
Pisarde
Pl. des Treize-Vents
Porte Neuve
Pte du Château
Tour
PEYRUSSE-LE-ROC
Pl. St-Georges
0   100 m
CAPDENAC   LOUBATIÈRE
MONTBAZENS

Synagogue. – Des juifs y auraient trouvé refuge au 13ᵉ s. ; mais peut-être aussi s'agit-il de la base d'une tour ayant appartenu au château inférieur.

Hôpital des Anglais. – 13ᵉ s. Il a conservé sa belle cheminée extérieure ronde.

Chapelle Notre-Dame de Pitié. – 1874. Au bord de la rivière, elle marque l'emplacement d'un oratoire.

Beffroi (dit Barbacane). – Cette haute tour carrée est l'ancien clocher de Notre-Dame-de-Laval ; avec la porte de la Barbacane (bel arc ogival de décharge), il défendait la ville au Nord-Ouest.

En regagnant le village, remarquer à gauche les caves voûtées (appelées Marché couvert).

★ PÉZENAS

7 841 h. (les Piscénois)

Carte Michelin n° **83** pli 15 ou **240** pli 26.

Autrefois appelée « Piscenae », cette petite ville est bâtie dans une plaine fertile où s'étendent les vignobles. Pézenas tire surtout sa gloire de son passé, inscrit dans ses ruelles pittoresques, dans ses hôtels, restés intacts depuis le 17ᵉ s. Vidal de la Blache, fondateur de l'école géographique française, naquit à Pézenas en 1845.

Un marché lainier. – Ville fortifiée au temps des Romains, Pézenas est déjà un important marché pour les draps. Seigneurie royale à partir de 1261, ses foires prennent une extension nouvelle. Il y en a trois chaque année. Tout est mis en œuvre pour en assurer le succès : les marchandises sont exemptes des droits pendant trente jours ; les marchands ne peuvent être saisis pour dette ; par ordre du roi, les seigneurs du voisinage doivent les protéger pendant leur voyage. Pour ces faveurs, la ville paie au trésor royal une redevance de 2 500 livres.

Le « Versailles » du Languedoc. – Pour la première fois, en 1456, les États Généraux du Languedoc tiennent leurs séances à Pézenas. La ville devient plus tard la résidence des gouverneurs du Languedoc : les Montmorency, puis Conti. Armand de Bourbon, prince de Conti, fait de Pézenas le « Versailles » du Languedoc. Installé dans le domaine de la Grange des Prés, célèbre pour la beauté de ses jardins, de ses parterres, de ses jeux d'eau, il s'entoure d'une véritable cour de gentilshommes, d'artistes et d'écrivains. Chaque session des États est marquée par des fêtes somptueuses.

Molière à Pézenas. – A l'occasion d'une de ces fêtes, Molière, attiré par la réputation de la ville, vient à Pézenas avec son « illustre Théâtre ». En 1650, admis à jouer devant Conti, il a tant de succès que le grand seigneur lui donne le titre de « Comédien de S.A.S. le prince de Conti ».

Molière joue aussi devant le peuple, sur la place couverte. Son répertoire comprend des pièces empruntées à la comédie italienne et des farces de sa composition.

Habitant dans la maison d'un barbier de la ville, Gély, il s'installe tous les jours dans sa boutique, observe les caractères et fait provision de traits piquants qu'il utilisera par la suite dans ses œuvres. Molière revient plusieurs fois à Pézenas entre 1653 et 1656. La partie nomade de sa carrière se termine : l'auteur-comédien s'installe à Paris. La mort d'Armand de Bourbon en 1666 marque la fin des splendeurs de Pézenas.

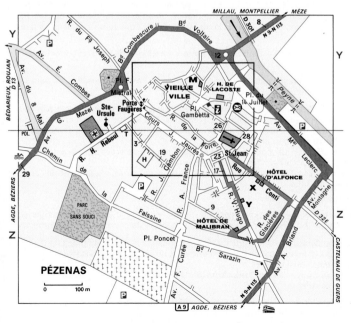

★★ LE VIEUX PÉZENAS (X)
visite : 2 h

Les hôtels anciens, ornés d'élégants balcons et de portes ouvragées, et les échoppes, occupées aujourd'hui par des artisans et des artistes, se succèdent le long des rues aux noms évocateurs : rues de la Foire, Triperie-Vieille, Fromagerie-Vieille.

En été, à l'occasion de la « Mirondela dels Arts » la ville s'anime ; les artisans exposent leurs œuvres, des manifestations folkloriques, des représentations théâtrales, des concerts sont organisés.

Partir de la place du 14-Juillet.

Place du 14-Juillet. – Dans un square se trouve le monument élevé à Molière, par Injalbert (1845-1933).

★ **Hôtel de Lacoste.** – Cet ancien hôtel du début du 16e s. montre un très bel escalier et des galeries à voûtes gothiques.

Pézenas. - Hôtel de Lacoste.

Place Gambetta. – Autrefois « Place-au-bled » elle a conservé sa structure médiévale. Sur la gauche s'ouvre l'ancienne **échoppe du barbier Gély** (siège du Syndicat d'initiative) où Molière aimait venir.

Sur la droite, la **Maison Consulaire** dresse sa façade du 18e s., avec fronton et belles ferronneries, dissimulant le corps de bâtiment qui date de 1552. Les États du Languedoc y tinrent souvent leurs séances, en particulier la réunion d'où partit la révolte de Henri ll de Montmorency contre l'autorité royale, en 1632.

Au fond de la place, à gauche, s'ouvre la rue **Triperie-Vieille**, autrefois bordée d'échoppes. S'avancer jusqu'au n° 11 où l'on découvre, dans une cour au bout d'un couloir voûté, une belle cage d'escalier du début du 17e s.

A l'angle de la place Gambetta et de la rue Alfred-Sabatier, l'**hôtel Flottes de Sébasan (F)** déploie sa large façade du 16e s. dont la partie droite a été remaniée au 18e s. (fenêtres et ferronneries), mais a conservé sa niche d'angle Renaissance (1511) abritant un Saint Roch du 19e s. Une plaque rappelle que la Reine Anne d'Autriche logea dans cet hôtel en 1660.

Prendre à droite la rue A.-P.-Alliès.

Tout de suite à droite dans l'impasse Simon-Ducros, remarquer la belle **porte** (17e s.) de l'hôtel de Plantavit de la Pause **(K)**. Au n° 3 de la rue Alliès se trouve l'hôtel de Saint-Germain qui abrite le musée *(voir p. 129)*. Prendre à gauche la rue Béranger (maison du 17e s.) qui donne dans la rue de Montmorency.

Rue de Montmorency (22). – Sur la droite s'élèvent les échauguettes de l'**îlot des prisons (R)**. En remontant la rue, on voit à gauche une **Pietà** en faïence, du 17e s., et à droite la porte de l'enceinte de l'ancien château démantelé par ordre du cardinal de Richelieu après la révolte de Henri ll de Montmorency. Juste avant de tourner dans la rue du Château, jeter un coup d'œil sur la **rue des Litanies** (18) qui était l'un des deux axes du Ghetto.

Rue du Château (6) – La très belle porte en accolade de l'**hôtel de Graves (B)** date du 16e s.

Rue Alfred-Sabatier (25). – Au n° 12 la **maison des Pauvres (N)** possède un bel escalier et des ferronneries du 18e s.

Rue Émile-Zola (32). – Au n° 7 l'**hôtel Jacques Cœur (Q)** dresse une façade ornée de culs-de-lampe représentant des petits personnages. Cas unique d'ornementation pour un hôtel du 15e s. à Pézenas, il est probablement l'œuvre d'artistes franco-flamands envoyés par le grand argentier du roi.

Au bout de cette rue s'ouvre la **porte du Ghetto** qui donne accès à la **rue de la Juiverie** (16) deux noms qui illustrent le passé de ce quartier.

A gauche, la **porte Faugères**, qui donne sur le cours Jean-Jaurès, faisait partie de l'ancienne enceinte du 14e s.

Revenir sur ses pas.

Rue de la Foire. – Anciennement rue Droite, elle servait de cadre aux fêtes et aux processions. Au n° 16, linteau sculpté représentant de charmants enfants musiciens.

Hôtel de Wicque. – Une élégante façade Renaissance surmonte une galerie d'art. Le couloir qui s'ouvre à gauche mène à une cour du même style conservant ses fenêtres et ses médaillons sculptés.

En face se trouve l'**hôtel de Carrion-Nizas (S)**. Une porte du 17e s. donne accès à une cour et à un escalier du 16e s.

Collégiale St-Jean. – Elle fut édifiée au 18e s. et abrite une Vierge en marbre attribuée à Coustou (chapelle à gauche du chœur).

Commanderie de St-Jean-de-Jérusalem (V). – Deux façades intactes du début du 17e s. subsistent avec leurs fenêtres à meneaux. Une tourelle d'angle est soutenue par un contrefort de maçonnerie.

PÉZENAS

Les églises
ne se visitent pas
pendant les offices.

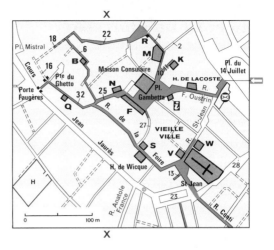

Cour de la sacristie des Pénitents Blancs (**W**). – Cour élégante du 15ᵉ s. Gagner l'impasse de la Fromagerie-Vieille pour admirer une belle porte du 17ᵉ s.

C'est ici que l'on quitte le cœur de la ville ancienne pour continuer dans le « faubourg » qui s'est développé au 17ᵉ s. et au 18ᵉ s. autour de la rue Conti. Rejoindre cette rue en traversant la place de la République.

Rue Conti (**Z**). – Plusieurs hôtels particuliers ont été élevés sur cette artère qui, au 17ᵉ s., était aussi la rue des auberges et des commerces. Au nᵒ 30, l'**hôtel de Conti** (**X**) présente une façade, refaite au 18ᵉ s., avec des balcons et appuis de fenêtre en ferronnerie de style Louis XV.

★ **Hôtel d'Alfonce** (**Z**). – nᵒ 32. Ce bel ensemble du 17ᵉ s., l'un des mieux conservés de Pézenas, servit de théâtre à Molière de novembre 1655 à février 1656. Dans la cour d'entrée, une jolie terrasse intérieure est ornée de balustrades. La façade donnant sur la seconde cour présente un portique surmonté de deux étages de loggias. A droite, bel escalier à vis du 15ᵉ s.

Continuer à suivre la rue de Conti et passer devant la façade de l'**hostellerie du Griffon d'Or** (nᵒ 36) avant de pénétrer dans la cour de l'**hostellerie du Bât d'Argent** (nᵒ 44) où sont installés plusieurs artisans (potier, peintre, artisans du cuir...).

Tourner à droite dans la rue des Glacières, traverser la rue Victor-Hugo et prendre un escalier en face.

★ **Hôtel de Malibran** (**Z**). – Sa magnifique façade du 18ᵉ s. s'orne de belles fenêtres surmontées de mascarons représentant des visages féminins souriant, tandis que les balcons reposent sur des consoles décorées de feuillages. La porte donne directement accès à un escalier intérieur du 17ᵉ s., porté par deux séries de colonnes superposées.

Rejoindre la rue Victor Hugo ; au nᵒ 11, belle façade de l'**hôtel de l'Épine** (**Z Y**) (18ᵉ s.).

Revenir place de la République par la rue des Juvenel.

AUTRES CURIOSITÉS

Musée Vulliod-St-Germain (**X M**). – Les collections de ce musée sont installées dans l'hôtel de Saint-Germain, bel ensemble du 16ᵉ s. remanié au 18ᵉ s.
Au rez-de-chaussée, à côté du hall d'entrée où ont été déposées des pierres tombales et quelques sculptures provenant de divers édifices de la ville, un intérieur rustique piscénois a été reconstitué.
Au premier étage un groupe de tapisseries d'Aubusson du 17ᵉ s. représente le triomphe d'Alexandre. Parmi les meubles des 16ᵉ, 17ᵉ et 18ᵉ s., il faut distinguer une belle armoire Louis XIII ornée de panneaux sculptés représentant les quatre cavaliers de l'Apocalypse. Dans une salle voisine, des souvenirs de Molière ont été rassemblés.
A l'étage supérieur : chapeaux et bannières des corporations du 17ᵉ au 19ᵉ s. Collection de faïences et de pots à pharmacie.
Un montage audio-visuel évoque le passé de Pézenas et le séjour de Molière.

Rue Henri-Reboul (**Z**). – L'ancienne rue des Capucins fut créée au 17ᵉ s., quand Pézenas commença à s'étendre en dehors de l'enceinte médiévale.
Au nᵒ 13, la façade de l'**hôtel de Montmorency,** qui était la demeure du gouverneur du Languedoc, s'orne d'une très belle porte 17ᵉ s. à bossages et fronton.
En face, l'**église Ste-Ursule** abrite une Vierge noire du 13ᵉ s. Plus loin, l'**hôtel de Guers de Paulhan** (aujourd'hui hôpital) présente aussi une intéressante porte 17ᵉ s.

Cours Jean-Jaurès (**X**). – Le cours Jean-Jaurès fut percé au 17ᵉ s. par Henri II de Montmorency qui voulait agrandir la ville en dehors de l'enceinte. Il s'appelait alors le Quay et supplanta la rue de la foire comme grand pôle d'attraction de la ville. Des hôtels aristocratiques se construisirent face au midi, s'ouvrant rue de la Foire sur l'arrière. On pénètre dans ces hôtels par les passages voûtés menant à des cours aux beaux escaliers ouverts. Les façades toutes simples sont parfois décorées de mascarons. Les édifices les plus intéressants sont les nᵒ 18 : **hôtel de Landes de Saint-Palais,** nᵒ 20 : **hôtel de Grasset** et de l'autre côté du cours le nᵒ 33 : **hôtel Darles de Chamberlain.**

EXCURSION

★ **Abbaye de Valmagne.** – *14 km au Nord-Est par N 9, N 113 puis D 5 à gauche à Montagnac. Description p. 163.*

Le PONT-DE-MONTVERT

Carte Michelin n° 80 pli 6 ou 240 pli 7 – Schéma p. 97.

Les hautes maisons grises du Pont-de-Montvert se dressent de part et d'autre du Tarn qu'enjambe un pont en dos d'âne du 17ᵉ s. surmonté d'une tour à péage.

La mort de l'Abbé du Chayla. – Inspecteur des missions des Cévennes, cet abbé qui résidait à Pont-de-Montvert retenait prisonnier quelques protestants qu'il avait réussi à capturer. Le 24 juillet 1702, Abraham Mazel et Esprit Séguier, deux personnalités du mouvement protestant, décidèrent d'aller délivrer leurs coreligionnaires. Une expédition fut montée qui s'acheva par la mort de l'abbé du Chayla rattrapé en pleine fuite. Cet épisode marqua le début de la guerre des Camisards *(voir p. 100).*

CURIOSITÉ

ⓥ **Maison du mont Lozère.** – Chef-lieu de l'écomusée du mont Lozère *(p. 95),* ce grand bâtiment moderne de forme polygonale abrite une exposition permanente relatant l'histoire naturelle et humaine du mont Lozère, et un gîte pour les randonneurs pédestres.

EXCURSIONS

★**Mas Camargues.** – *12 km à l'Est du Pont-de-Montvert. Prendre la direction du Bleymard et tourner à droite à la sortie du Pont-de-Montvert.*
La route *(en partie non revêtue)* traverse les paysages dénudés de pâtures et de landes parsemées de rochers.

L'Hôpital. – Ce hameau fut une commanderie des Hospitaliers de Saint-Jean de Jérusalem. Quelques estivants restaurent ses bâtisses de granit et l'écomusée a réaménagé le moulin à eau avec son antique toit de chaume.

Le GR 7 qui traverse l'Hôpital permet d'accéder à Pont-du-Tarn.

Pont du Tarn. – *De l'Hôpital, 1 h à pied AR.* Suivant la draille *(voir p. 27)* de la Margeride qu'emprunte le GR 7, cette promenade fort agréable offre de belles vues sur les paysages de la plaine du Tarn, nom donné à ce plateau où s'écoule la rivière naissante. Un très joli pont enjambe la rivière qui se faufile à travers les rochers polis, au pied du bois du Commandeur.

★**Mas Camargues.** – Cette maison de maître frappe par ses vastes dimensions et la régularité
ⓥ de sa façade constituée de blocs de granit taillés. Elle a été restaurée par l'écomusée du mont Lozère. Un **sentier d'observation** a été aménagé alentour pour expliquer les différents éléments d'une exploitation agricole dans cette région : la bergerie, le moulin, le béal (petit canal), le réservoir d'eau, ainsi que les paysages qui l'entourent (chaos de boules de granit, hêtraies).
Un guide du sentier d'observation est en vente ici et dans les centres d'information du Parc national des Cévennes (voir p. 28).

On peut poursuivre à pied jusqu'à **Bellecoste** (1 km), exemple intéressant d'architecture rurale où subsiste un four banal.

Fermes de Troubat et de l'Aubaret. – *Du Pont-de-Montvert, prendre la D 998 vers Génolhac, puis tourner à gauche vers Masméjan.*

ⓥ **Ferme de Troubat.** – Cette ancienne exploitation agricole aux bâtiments de granit rose restaurés par l'écomusée du mont Lozère a conservé sa grange-étable, son four à pain, son moulin et son aire à battre le grain.

Ferme fortifiée de l'Aubaret. – Cette ferme fortifiée sur le tracé de la draille de la Margeride apparaît au pied d'un vaste chaos de rochers. Ses robustes murs de granit rose ont été percés de fenêtres à meneaux.

Cascade de Rûnes. – *11 km à l'Ouest. Du Pont-de-Montvert, prendre la route de Florac, puis à droite la D 35 vers Fraissinet-de-Lozère.*
Cette route bordée de frênes offre de jolies vues sur la vallée du Tarn. Au Sud de Rûnes, un sentier *(3/4 h à pied AR)* conduit à une belle cascade sur le Mirals, tombant de 58 m.

★ PRAFRANCE (Bambouseraie de)

Carte Michelin n° 80 pli 17 ou 240 pli 14 au Sud-Ouest d'Alès.

Ce parc exotique, surprenant dans les Cévennes, fut créé en 1855 par le Cévenol Eugène Mazel. Celui-ci, parti en Extrême-Orient pour étudier les mûriers indispensables à la culture des vers à soie, fut séduit par ces curieuses plantes que sont les bambous et en rapporta des plants. A Prafrance, bénéficiant d'un sol enrichi par les alluvions du Gardon, d'une nappe phréatique et d'un micro-climat, la forêt de bambous devint vite une jungle étonnante.

ⓥ **Visite.** – On pénètre dans ce parc de 35 ha par une magnifique allée bordée de bambous hauts de 20 m et de séquoias de Californie. On peut ensuite voir l'arboretum avec ses arbres importés du Japon, de Chine, d'Amérique, les serres, intéressantes surtout durant la floraison, les bassins de lotus et le village asiatique en bambou.
La forêt de bambous, comprenant une centaine de variétés, s'étend sur une dizaine d'hectares. Le bambou croît de 30 à 35 cm par jour, atteignant très rapidement sa taille définitive, mais il ne prend la consistance du bois qu'au bout de trois ans. En Asie on l'utilise pour la fabrication d'échelles, pour les tuyaux d'irrigation, les échafaudages, les constructions des maisons, etc. Certains bambous, reconnaissables à leur tronc jaune, servent à façonner des instruments de musique. Les rhizomes (tiges souterraines) sont transformés en anses de paniers, manches de parapluies. Le décor original de Prafrance a été utilisé pour plusieurs films comme « Le salaire de la Peur » ou « Les héros sont fatigués ».

QUARANTE

Carte Michelin n° 83 pli 14 ou 240 pli 25.

A la limite des monts du Minervois, Quarante est situé en plein pays de la vigne.

★ **Église Ste-Marie.** – Bâtie sur un édifice antérieur dont on a conservé les murs des bas-côtés, cette église fut consacrée en 1053 en présence de l'archevêque de Narbonne, des évêques de Béziers et d'Agde et dédiée à la Vierge.
Le chevet, dont le mur a été rehaussé dans un but défensif, est antérieur à celui de St-Guilhem-le-Désert. Le clocher du croisillon droit a été ajouté à l'époque gothique. On pénètre dans l'église par un massif porche carré.
La croisée du transept et le croisillon droit sont surmontés d'une coupole sur trompes. Deux belles tables d'autel décorées de lobes ont été réutilisées, l'une, de 1053, au maître-autel, l'autre, romane, dans le bras gauche du transept. Dans l'abside, devant d'autel en marbre représentant la Cène (18e s.).

Ⓥ **Trésor.** – Dans un local à côté du croisillon gauche est présenté un sarcophage antique du 3e s. ; au centre de la face antérieure, un médaillon représente un couple.
A l'étage, admirer le buste reliquaire de saint Jean-Baptiste en feuilles d'argent rehaussées de vermeil (barbe et cheveux), exécuté en 1440 par un orfèvre de Montpellier.

RIEUPEYROUX (Chapelle de)

Carte Michelin n° 80 pli 1 ou 235 plis 15, 19 – 2 km au Nord-Ouest de Rieupeyroux.

Perchée sur une des buttes qui donnent aux plateaux du Ségala sa physionomie ondulée, la chapelle de Rieupeyroux fut bâtie par un seigneur de la région pour remercier Dieu de l'avoir sauvé des mains de bandits qui l'avaient attaqué en cet endroit.
De la **table d'orientation,** panorama sur les monts d'Aubrac et du Cantal au Nord-Est et, du Sud-Est au Sud, sur les Cévennes, les monts de Lacaune et la Montagne Noire.

Pour trouver la description d'une ville ou d'une curiosité isolée,
consultez l'index à la fin du volume.

★ RODEZ

Carte Michelin n° 80 pli 2 ou 235 pli 16.

Ancienne capitale du Rouergue, Rodez est située aux confins de deux régions très différentes, les plateaux secs des Causses et les collines humides du Ségala. Perchée sur une butte, la ville ancienne domine de 120 m le lit de l'Aveyron.

Comtes et évêques. – Au Moyen Age, deux pouvoirs se partageaient la ville. Les évêques, qui furent longtemps les plus puissants, occupaient la Cité ; les comtes avaient le Bourg pour domaine.
Ces deux quartiers voisins étaient séparés par de hautes fortifications et leur rivalité fut, pendant plusieurs siècles, un sujet de luttes presque incessantes entre les Ruthénois. Les places de la Cité et du Bourg rappellent cette dualité de pouvoirs et de quartiers.
A l'avènement de Henri IV, le comté de Rodez fut réuni à la couronne ; les évêques profitèrent de cette circonstance pour prendre eux-mêmes le titre d'évêques et comtes de Rodez et introduire dans leurs armoiries la couronne comtale.

L'affaire Fualdès. – Sous la Restauration, Rodez fut le théâtre d'un crime qui eut dans toute la France un extraordinaire retentissement.
Un Bonapartiste convaincu, Fualdès, ancien procureur de Rodez sous l'Empire, avait été révoqué par Louis XVIII. Un matin de mars 1817, son cadavre fut découvert flottant sur l'Aveyron et l'enquête révéla que l'ancien magistrat avait été assassiné dans un bouge de la ville, par deux de ses amis, royalistes notoires.
Le procès se déroula à Rodez, puis à Albi. Il fut fertile en incidents et en coups de théâtre. Le lieu suspect où le meurtre avait été commis, les circonstances grandguignolesques qui l'avaient entouré, la présence insolite d'une « dame de bien » dans la maison du crime, enfin, et surtout, les divergences politiques qui séparaient la victime et les accusés, tout concourut à donner aux débats un caractère scandaleux et passionné qui défraya longuement la chronique et donna matière à la complainte de Fualdès, restée longtemps populaire.

★★ CATHÉDRALE NOTRE-DAME (Y) *visite : 1 h*

La cathédrale, construite en grès rouge, a été mise en œuvre en 1277 à la suite de l'effondrement, un an plus tôt, du chœur et du clocher de l'édifice précédent. Un demi-siècle plus tard, l'abside et deux travées du chœur étaient achevées, au 14e s., un transept et deux travées de la nef, au 15e s. l'ensemble de l'édifice.

Extérieur. – La façade Ouest donnant sur la place d'Armes frappe par son allure de forteresse avec son mur nu jusqu'à mi-hauteur, sans porche, percé de rares meurtrières, ses contreforts massifs, ses tourelles aux ouvertures ébrasées et ses deux tours dépourvues d'ornements. Cette façade austère, édifiée en dehors du mur d'enceinte, jouait en quelque sorte le rôle de bastion avancé pour la défense de la cité. Seule la partie haute entre les deux tours, achevée au 17e s., présente une décoration Renaissance surmontée d'un fronton classique.

Faire le tour de l'église par la gauche.

Le portail Nord s'ouvre sous trois rangées d'archivoltes et un galbe aigu ; ses sculptures mutilées représentent au linteau la Nativité, l'Adoration des bergers et des mages, la Présentation au temple et, au tympan, le Couronnement de la Vierge.

Le magnifique **clocher★★★** édifié sur une tour massive du 14ᵉ s. et haut de 87 m compte six étages.

Le troisième, élevé au 16ᵉ s., offre de grandes ouvertures fortement moulurées, au quatrième, de plan octogonal, les statues des apôtres garnissent les niches qui cantonnent les baies, au cinquième, des tourelles, des arcatures flamboyantes, des pinacles enrichissent encore la décoration.

La partie supérieure avec sa terrasse à balustrade, son dôme et son lanternon porte une statue de la Vierge.

Rodez. - Cathédrale Notre-Dame.

L'abside vaut par ses chapelles et son déambulatoire couverts en terrasses sur lesquelles des arcs-boutants à double volée reçoivent au niveau des retombées des voûtes les poussées exercées par les parties hautes du chœur.

Au portail Sud observer le fenestrage élégant qui garnit le tympan.

Intérieur. – L'élégance du gothique apparaît dans la verticalité du chœur aux fines lancettes, dans la légèreté des piliers de la nef à peine moulurés à l'emplacement des chapiteaux, dans l'élévation des grandes arcades surmontées d'un triforium dont l'ordonnance reprend celle des fenêtres hautes.

La beauté de la grande nef et de ses vastes bas-côtés, flanqués de chapelles latérales très éclairées apparaît, au mieux, en se plaçant derrière l'autel paroissial, à l'extrémité Ouest de la nef.

Le chœur est meublé de stalles d'André Sulpice (15ᵉ s.) ; on en remarquera la délicatesse et les scènes amusantes décorant les miséricordes.

La 3ᵉ chapelle latérale du bas-côté droit est fermée par une belle **clôture de pierre★** du 16ᵉ s., dont les sculptures ont été malheureusement très mutilées. Sur les piliers figuraient douze statues de sibylles, prophétesses de l'antiquité qui, selon la tradition chrétienne, prédirent certains événements sacrés. Quatre seulement de ces statues subsistent, ainsi qu'un Ecce Homo, sur la face intérieure de la clôture. Cette chapelle contient, en outre, un autel Renaissance, orné de peintures et surmonté d'un grand retable dont le **Saint-Sépulcre★** est célèbre dans l'histoire de la sculpture du 16ᵉ s.

Dans la chapelle suivante on peut admirer un beau retable du 15ᵉ s., « le Christ au jardin des Oliviers ». Dans le bras droit du transept a été transporté le grand **jubé★** qui rompait la perspective de la nef : c'est une œuvre très riche du 15ᵉ s. Dans le bras gauche, le **buffet d'orgues★** est une superbe boiserie sculptée du 17ᵉ s.

Sur le maître-autel, remarquer une belle statue de la Vierge à l'Enfant (fin 14ᵉ s.). Le chœur (stalles du 15ᵉ s.) est entouré d'un déambulatoire sur lequel s'ouvrent les chapelles ; dans la première travée des collatéraux du chœur, ont été disposés deux beaux sarcophages en marbre, ainsi qu'une Mise au tombeau du début du 15ᵉ s. ; dans les chapelles se trouvent les tombeaux de plusieurs évêques de Rodez : parmi ceux-ci, il faut remarquer celui de l'évêque Gilbert de Cantobre (mort en 1349) dans la chapelle située dans l'axe de la nef principale ; il est surmonté d'une table d'autel romane en marbre à pourtour de lobes. La chapelle Renaissance à l'entrée de la sacristie mérite également l'attention.

LE VIEUX RODEZ

Autour de la cathédrale et au Nord s'étend l'ancien quartier de la cité qui était le domaine des évêques. Il y subsiste quelques maisons et hôtels particuliers.

Partir de la cathédrale et rejoindre la place de la Cité.

Place de la Cité (Y). – A l'extrémité Est se dresse la statue de bronze d'un glorieux enfant du pays, Mgr. Affre, archevêque de Paris, tué le 25 juin 1848 sur la barricade du faubourg St-Antoine alors qu'il s'efforçait de faire cesser le combat.

Prendre les rues de Bonald puis de l'Embergue bordées de maisons anciennes, de magasins d'antiquités, d'échoppes d'artisans. Entre ces deux rues a été aménagé l'**Espace public des Embergues,** sorte de place à l'italienne où en été s'installent des cafés et des restaurants.

Traverser en diagonale la place de la Cité et prendre la rue du Touat, jusqu'à son croisement avec la rue Bosc.

RODEZ

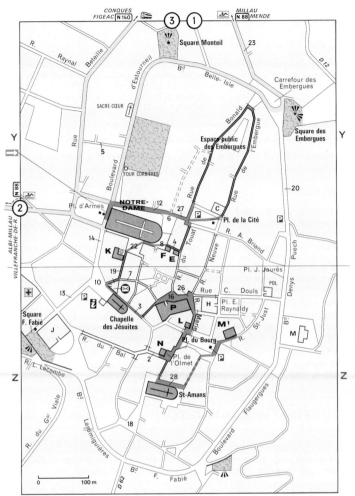

Maison Guitard dite Tour des Anglais (Y E). – Cette maison du 14ᵉ s. présente une massive tour fortifiée.

Maison du Benoît (Y F). – *Place d'Estaing*. Dans la cour *(privée)* de cette demeure Renaissance une galerie gothique occupe deux côtés.

Maison Molinier (Y K). – *2 rue Penavayre*. Cette ancienne maison canoniale construite au 16ᵉ s., est précédée d'un mur de clôture, surmonté d'une galerie et de deux loggias gothiques (15ᵉ s.). Dans la cour un vieux puits est décoré d'une coquille, emblème de Saint Jacques de Compostelle.

Continuer la rue Penavayre et tourner à droite.

On arrive devant la façade de la **chapelle des Jésuites** (Z) dont le style spécifique s'est inscrit dans le grès rose. Le lycée attenant a eu pour élève le futur maréchal Foch. Remonter la rue Louis-Blanc et contourner les bâtiments de la préfecture (Z P) pour admirer le bel hôtel 18ᵉ s. où celle-ci s'est établie.

Place du Bourg (Z). – Centre de l'ancien quartier du Bourg, domaine des comtes et des marchands, cette place qui a gardé sa vocation marchande est entourée de rues piétonnes bordées de magasins. Sur la place s'élèvent quelques maisons anciennes.

Maison de l'Annonciation (Z L). – Un bas-relief de l'annonciation a donné son nom à cette maison du 14ᵉ s.

Maison dite d'Armagnac (Z N). – *4 place de l'Olmet*. La façade de ce bel édifice du 16ᵉ s. est ornée de charmants médaillons à l'effigie des comtes et comtesses de Rodez. De la place de l'Olmet, on aperçoit dans la rue d'Armagnac une maison du 16ᵉ s. occupée par une pharmacie.

⊙ **Église St-Amans** (Z). – Entièrement refaite à l'extérieur au 18ᵉ s., elle conserve à l'intérieur de beaux chapiteaux romans. Dans le chœur et le déambulatoire ont été placées des tapisseries du 16ᵉ s. La chapelle des fonts baptismaux abrite une curieuse statue de la Trinité en pierre polychrome.

★ **Musée Fenaille** (Z M¹). – Dans deux hôtels des 14ᵉ s. et 16ᵉ s. sont présentées des collections de préhistoire, d'archéologie gallo-romaine et mérovingienne, des sculptures du Moyen Age et de la Renaissance, des meubles anciens, des objets d'art religieux, des manuscrits enluminés. On remarquera tout particulièrement les **statues-menhirs**★ provenant du sud de l'Aveyron et qui remontent à la fin de la préhistoire (la plus célèbre est celle de « Saint Sernin »), une très belle Vierge de l'Annonciation du 16ᵉ s. et une collection de poteries de la Graufesenque *(voir p. 104)*.

TOUR DE VILLE

Construite sur une butte, Rodez offre de nombreux points de vue sur la région. On peut entreprendre le tour de la ville en voiture (en dehors des heures d'affluence) en suivant les boulevards établis sur l'emplacement des anciens remparts. Partir de la place d'Armes et prendre le boulevard d'Estourneil. A droite, vestiges des remparts (16ᵉ s.) et terrasses de l'évêché se terminant à la tour Corbières (15ᵉ s.).

Square Monteil (Y). – Vue sur le causse du Comtal, les monts d'Aubrac et du Cantal.

Square des Embergues (Y). – Vues vers le Nord et l'Est. Table d'Orientation.

Square François-Fabié (Z). – Vue sur le Ségala. Monument à la mémoire du poète rouergat Fabié.

EXCURSIONS

Églises fortifiées de Ste-Radegonde et d'Inières. – *12 km. Sortir de Rodez par la route de la gare puis suivre la signalisation vers le Monastère. Après avoir traversé la banlieue de Rodez, prendre la D 12 vers Ste-Radegonde.*

Ste-Radegonde. – Ce village aux grosses maisons de pierres grises est dominé par le puissant donjon-clocher et les tours de défense de l'église. Construite au 13ᵉ s., elle a été fortifiée à la fin du 14ᵉ s., pour abriter la population du village au cours de conflits. 60 pièces y sont aménagées qui étaient « louées » aux villageois qui venaient s'y installer avec troupeaux, fourrages et provisions.

Prendre la D 112 vers Inières.

Inières. – Sous l'énorme donjon carré en pierre ocre dominé par un chemin de ronde, on découvre une petite église abritant une ravissante **Annonciation**★ en pierre polychrome du 15ᵉ s. Au-dessus, comme à Ste-Radegonde, des chambres sont aménagées pour accueillir la population.

Salles-la-Source. – *12 km. Sortir par ③ du plan et prendre la route de Conques (D 901). Description p. 143.*

★ ROQUEFORT-SUR-SOULZON   880 hab. (les Roquefortais)

Carte Michelin n° 80 pli 14 ou 240 plis 13, 14 – Schéma p. 85.

Ce gros bourg, situé entre Millau et St-Affrique, est célèbre par son fromage, le succulent roquefort. Le village ne révèle pas sa vie industrieuse : toute l'activité est concentrée sous terre. On compte à l'heure actuelle 11 fabricants-affineurs.

Le roquefort. – Le territoire de production de lait de brebis et la zone dans laquelle sont aménagées les caves d'affinage font l'objet de délimitations rigoureuses. Son appellation d'origine, probablement la plus ancienne – puisque le roquefort était déjà apprécié à Rome au temps de Pline et à Aix-la-Chapelle à la table de Charlemagne – a reçu un statut précis dans l'ancien droit, tant sous la forme de chartes royales que d'arrêts de la Cour du parlement du Languedoc et, à l'époque moderne, en application de la loi générique sur les appella-

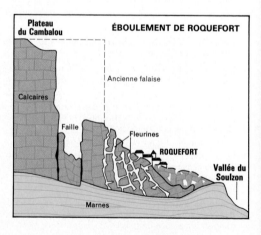

tions de 1919, avant de recevoir la consécration d'une loi spéciale, le 26 juillet 1925, suivie par le décret du 22 octobre 1979.

La région de production du lait de brebis s'est progressivement étendue vers le Nord jusqu'à la vallée du Lot, vers l'Ouest jusqu'à la Montagne Noire et, débordant des Grands Causses vers le Sud et le Sud-Est, dans les régions montagneuses de l'Hérault et les contreforts des Cévennes. Le fromage est fabriqué exclusivement avec du lait de brebis cru, pur et entier, sans qu'homogénéisation ou pasteurisation soient nécessaires, dans des laiteries situées sur les lieux même de la collecte.

Les laiteries transforment d'abord le lait en fromage simplement ensemencé d'une moisissure noble : le Pénicillium roqueforti, originaire des grottes du Cambalou.

Les pains « ou formes » sont ensuite transportés à Roquefort.

★ Les caves de Roquefort. – Le village, qui s'étage au pied de la falaise, est dominé par un petit plateau calcaire appelé « Cambalou » dont la partie Nord-Est s'est effondrée en glissant sur son assise argileuse. Cette situation particulière fait bénéficier les anfractuosités, subsistant entre les blocs disloqués, d'une température et d'une humidité qui sont à l'origine de la destination donnée à ces grottes par leurs premiers propriétaires.

Après leur transformation dans les laiteries, les pains sont disposés en longues files sur des étagères de chêne dans les caves naturelles aménagées, où s'affairent les « cabanières ». Une lente maturation commence. Grâce à l'air froid et humide soufflé par les « fleurines » le Pénicillium roqueforti se développe en donnant les marbrures vert-bleu bien connues. Pour obtenir un bon roquefort il faut au minimum trois mois d'affinage. La production annuelle avoisine 17 000 tonnes. L'exportation, essentiellement aux U.S.A. et dans les pays du Marché Commun, représente environ 15 %.

Rocher St-Pierre. – *169 marches.*
Adossé à la falaise du Cambalou, ce belvédère (alt. 690 m) offre une **vue**★ (table d'orientation), à gauche jusqu'aux monts du Lévézou, à droite sur la vallée du Soulzon et le cirque de Tournemire, en face sur les falaises tabulaires du causse du Larzac, et au pied sur le village de Roquefort.

Musée de préhistoire. – Le produit des fouilles (poteries, objets en bronze et en cuivre, etc.) révèle que la région de Roquefort et des Causses connut des périodes de peuplement dense entre le début du néolithique et l'époque gallo-romaine.

EXCURSION

St-Jean-d'Alcas. – *8 km au Sud de Roquefort par la D 93 vers Fondamente puis tourner à droite au panneau « St-Jean-d'Alcas ».*
Ce beau village fortifié possède une église romane toute simple enclose dans les remparts. Certaines maisons, aux porches arrondis et aux fenêtres à meneaux, ont été bien restaurées ; on peut apercevoir de belles voûtes à l'intérieur.

Le ROZIER
111 h.

Carte Michelin n° 80 Sud du pli 4 ou 240 pli 10 – Schémas p. 85 et 154 – Lieu de séjour.

Le visiteur des gorges du Tarn passe inévitablement au Rozier, village bâti au confluent du Tarn et de la Jonte, au pied des escarpements des grands causses de Sauveterre, Noir et Méjean. Sa situation en fait un excellent point de départ pour des excursions à pied ou en voiture.
Au Rozier survit en automne une tradition gourmande autour du gibier. Si la grive des Causses n'est plus qu'un souvenir, le sanglier, la bécasse et d'autres gibiers garnissent encore la table du gourmet. Les truffes des environs restent recherchées.
A proximité du Rozier se trouve le charmant village de Peyreleau *(p. 126).*

EXCURSIONS

★★**Corniche du causse Noir.** – *Excursion de 25 km AR. Description p. 86.*

Liaucous ; Mostuéjouls. – *Circuit de 18 km – environ 1 h. Traverser le Tarn et prendre vers Millau. Quitter aussitôt la grande route pour monter à Liaucous, à droite.*
Liaucous. – Ce village, bien situé, possède une charmante église romane.
Par un chemin en descente vers le fond du vallon, regagner la route de Millau ; la quitter presque aussitôt pour monter à Mostuéjouls à droite.
Mostuéjouls. – 232 h. Vieux village dominé par son château et construit dans un joli site, au pied de la falaise qui limite au Sud le causse de Sauveterre.
Reprendre la route de Millau ; la quitter de nouveau, 1 km plus loin, pour un chemin en descente, à gauche.
Église St-Pierre. – 11e s. Construite dans un site charmant, restaurée, elle est surmontée d'un beau clocher à peigne.

★★★**Corniches du causse Méjean.** – *7 h à pied AR. Description p. 156.*

ST-AFFRIQUE
9 188 h. (les Saint-Affricains)

Carte Michelin n° 80 pli 13 ou 240 pli 13.

L'évêque saint Affrique (ou saint Affricain ou saint Fric) trouva refuge dans le Rouergue quand les Wisigoths le chassèrent de St-Bertrand-de-Comminges. Une petite ville naquit autour de son tombeau et prit son nom.
Située au contact de régions très diverses (le Ségala, l'Albigeois, les monts de Lacaune et les Causses) et desservie par de nombreuses routes, elle est un foyer actif d'échanges commerciaux, en relation avec Roquefort et Millau. St-Affrique est un important centre d'abattage d'ovins et de porcins et possède une usine de transformation et conditionnement des produits agricoles.
Arrosée par la Sorgues, affluent du Dourdou, elle offre aux pêcheurs ses rivières et ruisseaux où abondent truites, tanches, gardons et carpes.

Église (D). – Elle renferme une statue de la Vierge en bois doré, probablement du 15e s.

Statue du général de Castelnau (B). – Elle a été érigée dans le jardin public. St-Affrique a vu naître le général de Castelnau (1851-1944) qui s'illustra lors de la guerre de 1914-1918, notamment lors de la défense de Nancy.

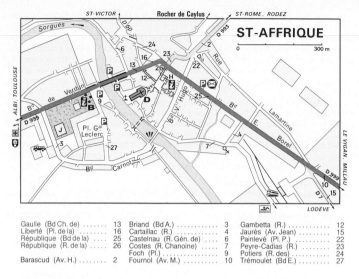

Gaulle (Bd Ch. de)	13	Briand (Bd A.)	3	Gambetta (R.)	12
Liberté (Pl. de la)	16	Cartaillac (R.)	4	Jaurès (Av. Jean)	15
République (Bd de la)	25	Castelnau (R. Gén. de)	6	Painlevé (Pl. P.)	22
République (R. de la)	26	Costes (R. Chanoine)	7	Peyre-Cadias (R.)	23
		Foch (Pl.)	9	Potiers (R. des)	24
Barascud (Av. H.)	2	Fournol (Av. M.)	10	Trémoulet (Bd E.)	27

Rocher de Caylus. – *1,5 km au Nord, par l'avenue de Caylus.*
Cet énorme bloc déchiqueté aurait porté le château des comtes de Caylus, connus pour la résistance qu'ils opposèrent en vain au comte de Toulouse en 1238. Du rocher, belle vue sur la ville et ses environs.

EXCURSIONS

★**Roquefort-sur-Soulzon.** – *14 km à l'Est par D 999 puis D 23 après Lauras. Description p. 134.*

Dolmen de Tiergues. – *7 km. Quitter St-Affrique au Nord par la D 993 puis, après Tiergues, prendre à gauche la D 250.*
Il constitue un exemple imposant de monument mégalithique trouvé dans la région.

⊙**Château de Montaigut.** – *19 km de St-Affrique. Sortir à l'Ouest par la D 999 en direction d'Albi, puis à gauche la D 12 vers Camarès, prendre de nouveau à gauche la D 101 vers Montlaur et suivre la signalisation vers Montaigut.*
Construite sur une butte, cette forteresse médiévale du 11e s., aménagée au 15e s., domine le pays du Rougier qui doit ce nom à la couleur de la terre.
A l'intérieur, dans l'une des salles voûtées en berceau, ont été découvertes des sépultures du haut Moyen Age (7e-8e s.) creusées dans le roc.
Exposition sur une maison rurale en 1914.

ST-ANDRÉ-DE-VALBORGNE   443 h. (Les Saint-Andréens)

Carte Michelin n° 80 Nord du pli 16 ou 240 pli 11.

Dans la vallée Borgne que ferme la crête des Cévennes et qu'arrose le Gardon de St-Jean, St-André est une petite ville aux rues étroites, bordées de sévères maisons anciennes, qui témoignent de la prospérité économique engendrée, naguère, par le développement de l'industrie de la soie.

★ ST-CÔME-D'OLT   1 207 h. (les Saint-Cômois)

Carte Michelin n° 80 pli 3 ou 240 plis 1, 5 – Schéma p. 55.

St-Côme est une petite ville fortifiée. On peut pénétrer à l'intérieur de son enceinte, aujourd'hui intégrée aux habitations, par l'une des trois portes anciennes. Les ruelles sont bordées de maisons des 15e et 16e s.

Église. – Surmontée d'un curieux clocher en vrille de style flamboyant (16e s.), elle possède aussi un intéressant portail aux vantaux sculptés de style Renaissance. A l'intérieur un mausolée renferme le cœur de Mgr. Frayssinous qui fut ministre de l'Instruction Publique sous la Restauration *(voir aussi p. 137)*.

Château. – Ancienne demeure des seigneurs de Calmont et de Castelnau, il est aujourd'hui occupé par la mairie.

ST-GENIEZ-D'OLT   2 201 h. (les Marmots)

Carte Michelin n° 80 pli 4 ou 240 pli 5 – Schéma p. 55.

St-Geniez est bâti sur le Lot dans un site agréable, en vue des dernières pentes du massif de l'Aubrac.

Église des Pénitents. – Reste de l'ancien couvent des Augustins, cette chapelle, élevée au 14e s., possède un beau retable gothique : le triptyque représente l'Adoration des mages ; dans la première chapelle, à gauche, sont conservés des lanternes et des bâtons de confrérie portés par les Pénitents blancs dans leurs processions.

Rive droite. – Elle est bordée de maisons anciennes et dominée par le **monument Talabot** élevé sur une terrasse d'où la vue est pittoresque sur St-Geniez et le Lot. Riche mausolée orné de bas-reliefs de Denys Puech, ce monument a été érigé à la mémoire de la femme de Paulin Talabot, premier directeur général des chemins de fer P. L. M.

Église. – On y accède par un escalier monumental à double révolution, du 18e s. Cet édifice du 12e s. a été complètement remanié au 17e s. La chapelle du Sacré-Cœur abrite un beau retable en bois doré, du 17e s. Dans une chapelle, à droite de l'entrée, le mausolée de Mgr Frayssinous *(voir aussi p. 136)* a été élevé au 19e s. par Gayrard, sculpteur aveyronnais, et offert par le duc de Bordeaux, comte de Chambord, dont Mgr Frayssinous (1765-1841) fut le précepteur. Un bas-relief illustre la présentation du jeune duc à son maître en présence du roi Charles X.

★ ST-GUILHEM-LE-DÉSERT 236 h.

Carte Michelin n° 83 pli 6 ou 240 pli 18 – Schéma p. 88.

Ce village, très pittoresque, est bâti autour d'une ancienne abbaye *(1)*, au confluent du Verdus et de l'Hérault, dans un **site**★ curieux, à l'entrée de gorges sauvages. L'histoire de ses origines est étroitement mêlée à la légende, propagée par la chanson de geste de Guillaume d'Orange (12e s.).

Le petit marquis au court nez. – Petit-fils de Charles Martel par sa mère, Guilhem naît vers 755. Élevé avec les fils de Pépin le Bref, il se fait remarquer de bonne heure par son habileté dans les armes, son intelligence et sa piété. Les jeunes princes, qui l'appellent « le petit marquis au court nez », lui sont très attachés : son amitié avec l'un d'eux, Charles, futur Charlemagne, ne cessera qu'avec la mort.
En 768 Charlemagne monte sur le trône. Guilhem est un de ses plus vaillants lieutenants ; il conquiert l'Aquitaine et en reçoit le gouvernement. Une invasion des Sarrasins lui permet de remporter de nouvelles victoires à Nîmes, Orange, Narbonne, et lui vaut le titre de prince d'Orange. Il gagne sa dernière bataille à Barcelone. Quand il revient en France, il a 48 ans. Sa femme, qu'il aimait tendrement, est morte. Dès lors, le guerrier aspire à la solitude. Il laisse à son fils aîné la principauté d'Orange et vient à Paris en aviser son roi.

La relique de la vraie Croix. – Charlemagne ne veut pas laisser partir son ami d'enfance. Il le garde auprès de lui comme conseiller. Guilhem accompagne l'empereur à Rome. C'est là que le prêtre Zacharius remet à Charles une relique insigne : « un morceau long de 3 pouces du bois sacré de la Croix, déposé par sainte Hélène en l'église de Jérusalem ».
A son retour, Guilhem, visitant ses terres aux environs de Lodève, pénètre dans le val de Gellone. Ce coin perdu lui semble un lieu choisi pour une sainte retraite. Sur le conseil de son ami Benoît d'Aniane, il fait élever un monastère et s'y installe avec quelques religieux. Rappelé encore une fois par Charlemagne au moment du partage des biens, Guilhem assiste l'empereur puis lui fait ses adieux : ils s'embrassent et pleurent longuement. Charles lui fait don de la relique de la Croix qui est déposée dans l'église de l'abbaye. Guilhem regagne son monastère. Pendant un an encore, il s'occupe à l'améliorer, crée des jardins, facilite les communications, amène l'eau dans le couvent. Ayant abandonné définitivement le monde, le héros se retire dans sa cellule et termine sa vie en 812, dans le jeûne et la prière. Il est enterré solennellement dans l'église abbatiale.

L'Abbaye de St-Guilhem. – Après la mort de Guilhem, le monastère de Gellone devient un lieu de pèlerinage important. Les pèlerins viennent en grand nombre prier sur la relique de la Croix et sur le tombeau de saint Guilhem. D'autre part c'est une étape conseillée sur le chemin de St-Jacques-de-Compostelle. Aux 12e et 13e s., le monastère compte plus d'une centaine de moines et le village de Gellone est alors rebaptisé St-Guilhem-le-Désert. Mais le déclin vient peu à peu et se confirme quand l'abbaye voit introduire la commende au 15e s. Désormais le roi nomme l'abbé qui n'est plus élu par les moines. Un certain renouveau a lieu aux 17e et 18e s. quand les moines de la congrégation de Saint-Maur s'y installent, restaurent et reconstruisent les bâtiments. Ils y resteront jusqu'à la Révolution. Six moines y vivaient alors.

★ ÉGLISE ABBATIALE *visite : 1/2 h*

De l'abbaye, fondée en 804 par Guilhem, il ne reste que l'église construite au 11e s., désaffectée à la Révolution ; ses bâtiments monastiques furent dépecés et les colonnes du cloître reléguées dans un jardin. Depuis décembre 1978, une communauté de religieuses de l'ordre du Carmel a redonné à l'abbaye une certaine animation.
Donnant sur une place ombragée d'un magnifique platane, le large portail à voussures de l'abbatiale est surmonté d'un clocher du 15e s. Les colonnettes des piédroits et les médaillons incrustés sont des fragments gallo-romains. Ce portail donne accès au narthex, « lo gimel » dont la voûte sur croisées d'ogives a été édifiée à la fin du 12e s.

Intérieur. – La nef (11e s.) est d'une grande sobriété ; la cuve baptismale, au fond du bas-côté Nord à gauche, provient de l'ancienne église paroissiale St-Laurent. L'abside et le transept, ajoutés à la fin du 11e s., sont disproportionnés par rapport au reste de l'édifice. L'abside, voûtée en cul-de-four, est décorée par sept grandes arcatures. De part et d'autre, dans deux cavités creusées dans le mur, sont exposés, à gauche la châsse de saint Guilhem contenant ses ossements, à droite le morceau de la sainte Croix remis par Charlemagne. Cette relique est portée en procession sur la place du village, chaque année au mois de mai.

---

(1) Pour plus de détails, lire : « Saint Guilhem » par G. Alzieu et R. Saint-Jean (Zodiaque – Coll. La Carte du Ciel – Exclusivité Weber) (en vente sur place).

Sous le sanctuaire se trouve la **crypte** qui abritait primitivement le tombeau de saint Guilhem. C'est un vestige de la première église.

L'orgue, œuvre de J.-P. Cavaillé, a été exécuté en 1789. Il s'orne d'anges musiciens.

Cloître. – *Accès par la porte qui s'ouvre dans le bras droit du transept.* Du cloître à deux étages, il ne reste que les galeries Nord et Ouest du rez-de-chaussée, ornées de fenêtres géminées dont les

St-Guilhem-le-Désert. - Eglise abbatiale.

arcatures reposent sur un mufle d'animal aux sculptures naïves.

Une partie des sculptures et colonnes du cloître, achetées par le sculpteur George Grey Barnard en 1906, ont permis de le reconstituer au célèbre musée des Cloîtres de New York.

Musée. – Il a été aménagé dans le réfectoire, vaste bâtiment en tuf, revoûté au 17e s. Des éléments sculptés provenant de l'abbaye y ont été rassemblés ainsi que des photos d'archives évoquant l'histoire de l'abbaye.

Remarquer un sarcophage paléochrétien (6e s.) en marbre gris, qui aurait contenu les restes des sœurs de saint Guilhem. Sur la face principale, on voit le Christ entouré des apôtres, sur les faces latérales Adam et Ève tentés par le serpent et les trois jeunes Hébreux dans la fournaise, et sur le devant du couvercle le prophète Daniel dans la fosse aux lions.

Un autre sarcophage en marbre blanc, du 4e s., est dit « de saint Guilhem ».

Chevet. – *Pour le voir, contourner l'église sur la gauche.* De la ruelle bordée de maisons anciennes, on peut admirer la richesse de sa décoration. Flanqué de deux absidioles, il est éclairé par trois baies. Une suite d'arcades séparées par de fines colonnettes aux curieux chapiteaux les surmontent. Il est souligné par une frise en dents d'engrenage qui rappelle celle du portail.

AUTRES CURIOSITÉS

Château. – *1 h à pied AR. De l'église, prendre la rue du Bout-du-Monde pour suivre la signalisation rouge et blanche du GR.*

Ce sentier passe sous une des portes de l'ancienne enceinte puis offre de belles vues sur le cirque de l'Infernet.

En arrivant à la ligne de crête quitter le GR et prendre à droite le chemin escarpé et un peu dangereux qui mène au château.

Des ruines de ce château perché, excellente **vue★** sur le site de St-Guilhem et les gorges du Verdus.

Point de vue. – En descendant un escalier juste après l'hôtel Fonzes, on a une vue très curieuse sur le cours de l'Hérault, encaissé entre les parois calcaires creusées de nombreuses marmites d'érosion.

EXCURSIONS

Source de la Buèges. – *23 km, par la D 4 au Nord-Est de St-Guilhem-le-Désert. De St-Guilhem à Causse-de-la-Selle, l'itinéraire est décrit en sens inverse, p. 88.*

A Causse-de-la-Selle prendre à gauche la D 122.

Après un passage sur le causse, on découvre une belle vue sur St-Jean-de-Buèges et sa fraîche vallée.

St-Jean-de-Buèges. – 125 h. Le village, tassé au pied de son château ruiné, est dominé par les hautes falaises calcaires du causse de la Selle. Ses hautes maisons en pierres dorées s'ornent de belles portes arrondies et de petites fenêtres.

Gorges de la Buèges. – *1 h 1/4 à pied AR au départ de St-Jean. De la place principale de St-Jean, traverser à pied le village ; le sentier qui s'amorce sous le château permet de descendre les gorges jusqu'au pont du 15e s. sur la Buèges, avant Vareilles.*

Faire demi-tour ; aussitôt après le pont sur la Buèges, prendre à droite la D 122.

Source de la Buèges. – Peu avant Pégairolles-de-Buèges, dominé par les ruines d'un château, prendre à droite le chemin du Méjanel qui traverse le ruisseau de Coudoulières. Après le pont, un chemin à droite conduit à la source de la rivière. Dans cette vallée aux versants brûlés, qui se creuse entre les escarpements de la montagne de la Séranne et ceux du causse de la Selle, cette résurgence apporte la fraîcheur. Vigne, mûriers, oliviers y sont cultivés et offrent un contraste saisissant avec les montagnes environnantes.

Forêt domaniale de St-Guilhem-le-Désert. – *15 km par la D 4 au Sud. La route forestière non revêtue et étroite, (difficile dans la dernière partie) s'amorce sur la D 141, au Sud-Ouest de St-Jean-de-Fos, et rejoint la D 122.* La forêt de St-Guilhem, d'environ 2 000 ha, est peuplée notamment de pins laricio de Salzmann.

ST-JEAN-DU-BRUEL

843 h. (les Saint-Jeantais)

Carte Michelin n° 80 pli 15 ou 240 pli 14 – Schéma p. 73 – Lieu de séjour.

Cette station estivale est située à l'extrémité Est de cette verte vallée, surnommée le « jardin de l'Aveyron ». C'est un centre fruitier qui produit surtout des pommes et des prunes. Un **vieux pont** en dos d'âne unit les deux rives de la Dourbie.

Les artisans fabriquent des comportes, cuves en bois utilisées pour les vendanges.

Du Pont Neuf, vue pittoresque sur les rives de la Dourbie ; à côté, belle halle du 18e s.

ST-JEAN-DU-GARD

2 619 h. (les Saint-Jeannais)

Carte Michelin n° 80 pli 17 ou 240 plis 11, 15 – Schéma p. 82 – Lieu de séjour.

Cette petite ville déjà méridionale, avec sa Grand'Rue étroite bordée de hautes maisons, s'élève sur la rive gauche du Gardon, au milieu de vergers. Le gardon de St-Jean est sujet à des crues subites (les « gardonnades ») dues aux pluies torrentielles causées par le refroidissement brutal des nuages venant de la Méditerranée au contact des montagnes cévenoles.

C'est ainsi qu'en 1958, le pittoresque **vieux pont** en dos d'âne qui franchissait le Gardon fut en partie détruit. Ce pont, dont les six arches en plein cintre, de hauteur inégale, reposent sur des piles protégées par des éperons à bec, est aujourd'hui reconstruit.

La tour de l'Horloge, de style roman, domine la vieille ville.

★ **Musée des vallées cévenoles.** – Installé dans une ancienne auberge construite au 17e s., ce musée évoque la vie quotidienne et traditionnelle des habitants de cette partie des Cévennes. Les collections d'objets, d'outils, de documents, de photographies... ont été rassemblées par des habitants de St-Jean.

On y trouve des outils agricoles utilisés pour la culture des céréales, de la vigne, des châtaigniers ; des objets ayant trait à l'élevage des moutons, des chèvres, des abeilles ; les différents types de portages pratiqués dans cette région accidentée : à dos d'homme, à dos de mulet, etc. ; des informations sur les problèmes engendrés par l'eau.

Une place particulière est réservée aux deux principales activités traditionnelles : la culture des châtaigniers et l'élevage des vers à soie.

Le châtaignier, véritable « arbre à pain », était la base de l'économie cévenole. Son bois était utilisé pour la construction et le mobilier, ses feuilles pour l'alimentation du bétail, les éclisses pour la vannerie, enfin ses fruits entraient dans la composition de tous les repas. Les châtaignes étaient ramassées à l'aide de divers instruments exposés ici, dont la « grata », fourche à trois pointes. Elles étaient ensuite mises à sécher dans un petit bâtiment, la **clède**, composé de deux pièces superposées. Le feu, alimenté au rez-de-chaussée, provoquait la dessication des châtaignes entreposées au premier étage. Ensuite on brisait les peaux des châtaignes ainsi déshydratées à l'aide des « solas », curieuses chaussures à pointe de fer, ou dans un sac que l'on battait sur un billot de bois ou, plus tard, dans des machines formées de gros cylindres dans lesquels se trouvait un râteau à grandes dents. Les châtaignes blanches ainsi obtenues étaient conservées pour nourrir la famille toute l'année, quelques-unes étaient vendues, les brises étaient réservées au bétail, aux porcs surtout.

L'élevage du ver à soie s'est largement développé dans les Cévennes à partir de 1709, quand les châtaigniers, détruits par un hiver particulièrement rigoureux, furent remplacés par des mûriers. Il devint vite la principale source de richesse de la région ; c'est ainsi que l'on passe de l'ère de « l'arbre à pain » à celle de « l'arbre d'or ».

Les graines (œufs pondus par le bombyx) étaient mises à incuber dans un endroit chaud, soit dans des petits sachets que les femmes suspendaient au creux tiède de leur poitrine, soit dans des castelets (couveuses artificielles). Après l'éclosion, les vers étaient disposés sur un support à étages jusqu'à la troisième mue (il en faut quatre). Ils étaient alors placés dans la magnanerie, pièce située au niveau supérieur du mas, avec quatre cheminées d'angle pour maintenir une température constante. C'est le moment où le ver est le plus vorace : il faut 1 000 kg de feuilles de mûrier pour élever 25 g de graines. Juste avant qu'ils ne commencent leur cocon, on installe une litière de bruyère sur laquelle ils s'accrocheront. Le cocon fini, on entre dans la phase de la filature. Jusqu'à la fin du 18e s. la production du fil se faisait dans les maisons, puis les filatures se multiplièrent. Chaque cocon produit de 500 à 1 000 m de fil, parfois plus. Pour l'obtenir, après étouffage de la chrysalide, on bat les cocons dans de l'eau bouillante. Cette opération permet de trouver l'origine du fil et d'amorcer le tirage. Le fil va s'enrouler autour d'un guindre tandis que les cocons se dévident. Les filatures des Cévennes alimentaient les ateliers de soieries de Nîmes et de Lyon.

EXCURSIONS

★★★ **Corniche des Cévennes.** – 53 km. *Sortir de St-Jean par la D 907, au Nord-Ouest ; à 2 km, prendre la D 260. Description en sens inverse p. 66.*

★★ **Route du col de l'Asclier.** – 44 km. *Description p. 53.*

Train à vapeur des Cévennes. – La ligne de chemin de fer qui desservait, de 1905 à 1960, les gares de St-Jean-du-Gard, Générargues et Anduze a été remise en service en tant que ligne touristique. Son tracé qui traverse les Gardons de St-Jean, de Mialet et d'Anduze, passe par la bambouseraie de Prafrance *(p. 130)* et débouche, après un long tunnel, en face de la « Porte des Cévennes » à Anduze *(p. 52).*

*Les **cartes Michelin** de la région figurent sur le tableau d'assemblage p. 3.*
Dans les descriptions nous renvoyons à celles qui, par leur échelle
ou leur découpage, présentent le plus de clarté ou de commodité.

★★ ST-LOUP (Pic)

Carte Michelin n° 80 pli 17 ou 240 pli 19.

Le pic St-Loup est le point culminant (658 m) d'une longue arête dominant les Garrigues montpelliéraines. Il dresse presque verticalement ses couches calcaires et rompt de façon surprenante la monotonie des étendues qui l'entourent.

Accès. – *Par la D 113. Laisser la voiture à Cazevieille et suivre le fléchage vers le pic St-Loup. Le large chemin de pierre monte jusqu'à un calvaire. De là, prendre un petit sentier qui monte en zigzaguant jusqu'à la chapelle et l'observatoire. Compter 2 h 1/2 AR.*

★★**Panorama.** – Du pic St-Loup, magnifique panorama circulaire. La face Nord tombe verticalement dans un ravin qui sépare le pic St-Loup de l'arête rocheuse de la montagne de l'Hortus ; au-delà, au Nord-Ouest et au Nord, la vue s'étend sur les Cévennes. A l'Est, on découvre les ruines de Montferrand, la plaine de Nîmes et, au-delà de la vallée du Rhône, le Ventoux, les Alpilles, le Lubéron ; au Sud-Est, la Camargue ; au Sud, la plaine de Montpellier, la Méditerranée et sa côte lagunaire ; au Sud-Ouest, le causse de Viols et, à l'horizon, le Canigou et les Corbières ; à l'Ouest, les montagnes de la Celette, de Labat et de la Suque et, au-delà, la Séranne.

★ ST-MARTIN-DE-LONDRES   1 073 h. (les Saint-Martinois)

Carte Michelin n° 80 pli 16 ou 240 pli 19 – Schéma p. 88.

Accolé à la bordure orientale du causse qui limite la plaine de Londres (du mot celtique « lund » : marais), St-Martin-de-Londres a conservé presque intact le charmant décor de son ancien prieuré.

Au centre du vieux village, dont il subsiste des vestiges de murailles élevées au 14e s., on retrouve, avec quelques modifications, l'ancien « enclos », fortifié au 12e s. par le seigneur du lieu et limité par une porte ; celui-ci fut appelé plus tard le « vieux fort ».

L'église, dans un cadre de maisons anciennes, en occupe le centre. On y accède par un escalier. La maison claustrale, actuellement presbytère, s'élève derrière le chevet de l'église au-dessus d'un passage voûté aboutissant au portail du cloître.

ⓥ **Église.** – Bâtie à la fin du 11e s. par les moines de St-Guilhem, elle subit de fâcheuses transformations dans la seconde moitié du 19e s. Son clocher fut démoli ainsi que sa façade par suite de l'adjonction d'une travée à la nef et l'abside fut revêtue de lambris. Elle reste néanmoins une réussite et un bel exemple d'art roman avec ses croisillons et son abside en hémicycle voûtés en cul-de-four, sa sobre corniche dentelée surmontant de petits arcs qui retombent de trois en trois sur des pilastres, ses ouvertures petites et peu nombreuses, et ses harmonieuses proportions.

EXCURSIONS

★★**Pic St-Loup.** – *11 km par la D 986 que l'on prend au Sud vers Montpellier, puis la D 113 vers Cazevieille. Description ci-dessus.*

★**Ravin des Arcs.** – *2 km au Nord par la D 986 vers Ganges. S'arrêter juste avant le pont sur le Lamalou et prendre à gauche le sentier du Ravin des Arcs. Celui-ci monte jusqu'à un mur et là bifurque à gauche. Les marques rouges et blanches du GR 60 sont alors bien visibles, compter 1 h 1/4 AR.*
Le sentier traverse un paysage de garrigues et de chênes verts, puis descend vers le ravin des Arcs, étroit canyon aux parois hautes de 150 à 200 m. Il doit son nom à la multiplicité des portes et des arches naturelles façonnées par le Lamalou, dont la plus belle est appelée le **Grand Arc**.

Notre-Dame-de-Londres. – *6 km au Nord-Est par la D 986 vers Ganges, puis par la D 1E. Beau village languedocien.*

★**Château.** – Ancienne demeure fortifiée du 14e s. qui a conservé créneaux, mâchicoulis et tours d'angle, ce château a été réaménagé à la Renaissance. On y admire plusieurs plafonds à la française, peints, tout particulièrement celui du grand salon représentant des scènes religieuses, des scènes de la vie quotidienne avec les signes du zodiaque et le monogramme des Roquefeuille qui furent les propriétaires du château pendant trois siècles. De nombreux meubles, cheminées, tapisseries et tableaux des 16e et 17e s. ornent les différentes pièces.

★ ST-PIERRE (Arcs de)

Carte Michelin n° 80 Sud-Ouest du pli 5 ou 240 pli 10 – Schéma p. 156.

Le site des Arcs de St-Pierre est un amas de rochers ruiniformes, sur le causse Méjean.

Accès. – *Deux accès sont possibles :*

1°) Par la D 63 qui s'embranche sur la D 986 à Hures-la-Parade ; à 3 km, prendre à droite vers St-Pierre-des-Tripiers puis 1 km après ce village, de nouveau à droite, dans le chemin non revêtu face à l'embranchement vers la Viale.

2°) Par la route étroite, sinueuse et en montée qui s'embranche sur la D 996, au Truel en direction de St-Pierre-des-Tripiers, dans la vallée de la Jonte. A hauteur de l'embranchement vers la Viale, prendre à gauche le chemin non revêtu.

Visite. – *1 h 1/2 à pied AR.* S'engager dans le sentier en descente *(balisé en rouge)* qui gagne d'abord la **Grande Place**. Au centre de ce cirque rocheux se dresse une colonne monolithe haute de 10 m. Le sentier s'élève légèrement sur la gauche et atteint la grotte de **la Balmelle**.

On peut encore y voir des murs de pierres sèches, longtemps entretenus par les bergers qui abritaient là leurs brebis. On remarque un petit arc naturel à proximité de l'entrée de la grotte.

Revenir à la Grande Place d'où le sentier balisé conduit à la **caverne de l'Homme mort ;** cinquante squelettes humains s'apparentant à celui de l'homme de Cro-Magnon y furent découverts ; la plupart d'entre eux avaient été trépanés au moyen de silex.

On découvre ensuite sur la gauche d'énormes rochers aux formes évocatrices : l'un d'eux a été surnommé **la poule de Houdan ;** un autre **la République au bonnet phrygien.**

Le sentier décrit un coude à gauche et, 300 m plus loin environ, on arrive sur les lieux d'un **village préhistorique** dont il reste quelques pans de murs ruinés ou à demi-enfouis dans le sol. Les cavités que l'on peut distinguer dans les parois ont été identifiées par les préhistoriens comme des encoches destinées à fixer les poutrelles du toit.

On atteint enfin les trois arches naturelles des **Arcs de St-Pierre :** la première, munie d'un éperon en avancée, compte parmi les plus belles des Causses. La deuxième, très régulière, s'ouvre sur un espace boisé de fragiles pins élancés vers la lumière. Le vent et les intempéries les ont quelquefois courbés ou brisés. C'est que les terres sur le causse Méjean ne sont jamais bien épaisses. La troisième présente une vaste voûte.

ST-PONS-DE-THOMIÈRES 2 998 h. (les Saint-Ponais)

Carte Michelin n° 83 pli 13 ou 240 pli 25 – Schéma p. 78 – Lieu de séjour.

Dans la haute vallée du Jaur, St-Pons est installé dans un site pittoresque de montagnes. En 936 Raymond Pons, comte de Toulouse, et son épouse Garsinde y fondèrent une abbaye bénédictine érigée en évêché en 1318.

La ville a été choisie comme siège **du Parc naturel régional du Haut Languedoc** *(p. 28),* qui y entretient un bureau central d'accueil et de documentation *(13 rue du Cloître).*

Ancienne cathédrale. – *Visite 1/2 h.* Ancienne abbatiale, puis cathédrale, elle a été construite au 12e s. et transformée aux 15e, 16e et 18e s.

Le côté droit, au Nord, présente un aspect fortifié : deux des quatre tours d'angle, crénelées, subsistent ; une rangée de meurtrières court au-dessus des fenêtres.

Le portail, connu sous le nom de « porte des morts », très richement décoré, reposait sur de fines colonnettes ; au-dessus de l'archivolte, les sept niches et les quatre personnages sculptés sur la pierre constituent une énigme.

La façade Ouest, dans laquelle était percée autrefois l'entrée principale, retient l'attention par ses deux tympans sculptés, malheureusement peu visibles : à gauche, la Cène et le Lavement des pieds. A droite, la Crucifixion : à côté du Christ, on distingue la Vierge et saint Jean ; la représentation du supplice des deux larrons est particulièrement originale (leurs bras sont tordus et engagés dans des trous percés sur la traverse de la croix). La façade par laquelle on pénètre dans l'église a remplacé au 18e s. le chœur gothique du 16e s.

L'intérieur, aux dimensions imposantes, a subi de nombreux remaniements.

Les stalles sont du 17e s., à l'exception de la cathèdre, du 19e s. Elle fut offerte à l'évêque de Béziers par Sahuc, historien de la ville et du pays de St-Pons.

Le chœur, fermé par une élégante grille, est orné de nombreuses décorations en marbre : remarquer les angelots et le Christ en médaillon, au dessus de l'autel, ainsi que l'orgue qui date du 18e s.

Musée de préhistoire régionale. – Les civilisations qui se sont succédé dans la proche région de St-Pons sont présentées au moyen d'objets provenant de fouilles effectuées dans les grottes, particulièrement dans celle de Camprafaud.

Les périodes historiques, du Bronze ancien au Moyen Age, sont également évoquées.

Source du Jaur. – *Accès par la rive droite de la rivière.* Du pont qui franchit le Jaur, on aperçoit la tour crénelée du comte de Pons qui appartenait à l'enceinte fortifiée de l'évêché. Au pied d'un rocher, le Jaur naissant s'étale paisiblement.

EXCURSIONS

Circuit dans le Somail. – *Page 77.*

Chapelle Notre-Dame de Tredos. – *17 km. Quitter St-Pons par la D 908, à l'Est en direction de Bédarieux. A l'entrée de St-Étienne d'Albagnan, prendre à droite la D 176E.* La route s'élève jusqu'à Sahuc qui domine le ravin de l'Esparasol.

Parvenu à un col, 1,5 km au-delà de Sahuc, monter à la chapelle, à droite.

Notre-Dame de Tredos, parmi les sapins, est un lieu de pèlerinage. Belle vue sur les monts de l'Espinouse au Nord-Ouest et du Minervois au Sud-Ouest.

★**Grotte de la Devèze.** – *5 km à l'Ouest par la N 112. Description p. 73.*

ST-SERNIN-SUR-RANCE

636 h. (les Saint-Serninois)

Carte Michelin n° 83 pli 2 ou 235 pli 28 – Lieu de séjour.

Sur un promontoire au-dessus du Rance, St-Sernin a conservé quelques maisons du 15e s. et d'étroites ruelles qui dévalent vers la rivière où abondent truites et écrevisses.

Église. – Ancienne collégiale gothique, elle renferme de belles boiseries. Clés de voûte et culs-de-lampe bien décorés.

EXCURSIONS

Laval-Rocquecezière. – 474 h. *15 km, par la D 33 au Sud puis la D 607 et un chemin s'amorçant sur la gauche de celle-ci.* Le rocher de Rocquecezière est dominé par une statue de la Vierge. Une table d'orientation offre un vaste panorama : au Nord sur la vallée du Rance où se niche N.-D. d'Orient ; à l'Est sur Belmont-sur-Rance, reconnaissable à son clocher, tandis qu'au loin le regard se perd sur le plateau du Larzac ; au Sud-Est sur les monts de Lacaune, d'où émerge le roc de Montalet (1 259 m) ; au Sud-Ouest sur la Montagne Noire.

Belmont-sur-Rance. – *23 km au Sud-Est par la D 999 et la D 32. Description p. 57.*

★ STE-ÉNIMIE

500 h. (les Santrimiols)

Carte Michelin n° 80 pli 5 ou 240 pli 6 – Schémas p. 85 et 155 – Lieu de séjour.

Le bourg de Ste-Énimie s'étage au bas des falaises escarpées qui bordent une boucle du Tarn, à l'un des passages les plus resserrés du canyon. Elles y forment un véritable couloir de 500 à 600 m de profondeur sur 2 km d'écartement. Le fond de la gorge est très verdoyant. Chacun de ces petits jardins qui montent en larges escaliers, depuis le bord du Tarn, a été créé par les paysans. La terre végétale, apportée sac après sac, a permis d'entourer Ste-Énimie de vergers plantés de vigne, de pêchers et d'amandiers dont la couleur fraîche et reposante contraste avec les falaises ocrées et arides qui les surmontent. De la D 986, 5 km avant Ste-Énimie en venant de Mende, les automobilistes auront un beau point de vue sur la petite ville et son site.

Le Tarn en crue monte, à Ste-Énimie, à des hauteurs impressionnantes. On verra, dans l'église, près du bénitier, la marque du niveau atteint le 29 septembre 1900. L'autel baignait dans l'eau. La dernière crue exceptionnelle remonte à 1965.

La légende de sainte Énimie. – Énimie était une princesse mérovingienne, fille de Clotaire II et sœur du roi Dagobert. Tous les seigneurs de la cour en sont épris, car elle est d'une beauté merveilleuse ; mais elle repousse les demandes en mariage les plus flatteuses : elle désire se consacrer à Dieu. Le roi s'y refuse et fiance Énimie à l'un de ses barons. Aussitôt, la lèpre atteint la jeune fille et écarte le prétendant. Tous les remèdes sont sans effet. Un jour, dans une vision, un ange ordonne à Énimie de partir pour le Gévaudan : une fontaine lui redonnera sa beauté passée.

Accompagnée d'une nombreuse escorte, elle parvient, après plusieurs jours d'un pénible voyage, dans un lieu où les malades viennent se baigner (l'actuel Bagnols-les-Bains). Elle veut s'arrêter, mais l'ange apparaît et lui dit de continuer sa route. Enfin, dans une vallée profonde et sauvage, elle apprend, par des pâtres, qu'une fontaine – celle de Burle – est toute proche. La princesse se plonge dans l'eau miraculeuse qui fait aussitôt disparaître les traces de son mal. Dans la plus grande allégresse, elle prend, avec sa suite, le chemin du retour. Mais à peine est-elle sortie de la vallée que la lèpre couvre à nouveau son corps. Elle revient à la fontaine qui accomplit le même miracle. Chaque fois qu'elle essaye de quitter ces lieux, la maladie reprend. Comprenant la volonté du Seigneur, elle décide de s'établir à Burle.

Désormais, vivant dans une grotte avec sa filleule, elle répand les bienfaits autour d'elle, fait bâtir un monastère de femmes, lutte contre le diable qui s'attaque à son œuvre et détruit les murs qui s'élèvent. Elle arrive à le chasser *(voir au Pas de Souci, p. 154).* Saint Hilaire, évêque de Mende, ayant entendu l'histoire merveilleuse d'Énimie, vient lui rendre visite et la consacre abbesse du couvent de Burle.

Elle termine sa vie dans la sainteté, aux environs de l'an 628.

On l'enterre dans la grotte-ermitage, dans une belle châsse d'argent, et ce lieu, hanté désormais par les pèlerins, voit se multiplier les miracles. Au-dessous du rocher sur lequel était bâti le monastère, un petit village s'est développé.

CURIOSITÉS

Une flânerie au hasard des ruelles pittoresques du village permet d'en apprécier le charme anachronique.

Ancien monastère. – *Accès au départ de la place du Plot. Suivre les flèches vers la salle capitulaire. Traverser une salle voûtée, monter un escalier qui passe devant la crypte, longer un terrain de sport. Au fond se trouve la salle capitulaire.*

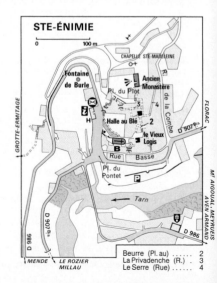

STE-ÉNIMIE

Beurre (Pl. au)	2
La Privadenche (R.)	3
Le Serre (Rue)	4

On peut voir encore une salle capitulaire romane. De l'intérieur de la salle, un escalier conduit à une terrasse : vue sur le bourg et les gorges et, juste derrière, sur la chapelle Ste-Madeleine. Autour du monastère, les ruines d'anciennes fortifications subsistent.

« Le vieux Logis ». – Ce petit musée folklorique, qui ne comprend qu'une salle contenant l'alcôve, l'âtre, la table et divers ustensiles, donne une idée des conditions de vie d'autrefois.

Place au Beurre (2) et halle au Blé. – Au cœur du village ancien, la place présente une jolie maison ancienne, tandis que la halle a conservé une mesure à froment.

Église. (B) – Du 12e s., elle a subi quelques transformations. Des panneaux de céramique moderne, de Henri Constans, illustrent la légende de sainte Énimie.

Fontaine de Burle. – Résurgence des eaux de pluie tombées sur le causse de Sauveterre. Ce sont les eaux de la fontaine de Burle qui, selon la légende, guérirent de la lèpre sainte Énimie.

EXCURSIONS

Grotte-Ermitage. – *3/4 h à pied AR au départ de Ste-Énimie par un sentier (situé derrière les gîtes St-Vincent) ; ou bien : 2,5 km par la D 986 en direction de Mende, puis 1/2 h à pied AR.*
Nous recommandons de monter à la grotte le matin de très bonne heure de façon à assister au lever du soleil. A l'entrée de la grotte, deux pierres creusées en forme de fauteuil servaient, dit-on, de siège à sainte Énimie.
Tout près de la chapelle construite dans la grotte même de la sainte, une plate-forme porte une croix appelée Croix de la Saint-Jean ; de là, vue remarquable sur le Tarn et la ville.

★★**Points de vue sur le canyon du Tarn.** – *6,5 km. Quitter Ste-Énimie au Sud par la D 986.*
La route franchit le Tarn et, s'élevant sur le causse Méjean, offre sur le canyon du Tarn, le cirque de St-Chély et celui de Pougnadoires des vues extrordinaires, qui justifient cette « pointe » hors des gorges.

★ SALAGOU (Lac du)

Carte Michelin n° **83** pli 5 ou **240** pli 22.

A la suite de l'édification d'un barrage, une vaste nappe d'eau (750 ha) a envahi le bassin où coulait le Salagou, modeste affluent de la Lergue, créant un paysage insolite. Ce lac aux contours sinueux baigne des collines, devenues îles ou presqu'îles, dont la couleur pourpre de la tuffe, ou rougier (une sorte de grès), contraste avec le bleu de l'eau. Ces berges, aménagées pour accueillir les pêcheurs, les campings, des bases nautiques, des plages, font un lieu de séjour particulièrement agréable.

TOUR DU LAC *42 km – environ 3 h*

De Clermont l'Hérault (p. 68), prendre la D 908 en direction de Bédarieux, jusqu'à la large allée de platanes annonçant Villeneuvette.

Villeneuvette. – *Page 172.*

Reprendre la D 908, puis à droite la D 8E en direction de Mourèze.

★★**Cirque de Mourèze.** – *Page 121.*

De Mourèze à Salasc, la route traverse un impressionnant paysage dolomitique, avant de déboucher sur les étendues pourpres où la vigne aime à pousser.

Le lac du Salagou.

Salasc. – Une vaste place se déploie autour d'une ravissante fontaine fleurie.

De Salasc à Octon, la D 148ᴱ traverse les vignes. A Octon, prendre la D 148 vers la N 9.

La route longe le lac procurant des **vues**★ superbes sur la vaste étendue d'eau où se reflètent les collines coniques. En contrebas, le village de **Celles,** abandonné depuis la mise en eau, revit pendant l'été.

Après Celles prendre une route à droite indiquée « Lac de Salagou » et juste avant le camping tourner à gauche dans la route forestière du Salagou qui domine le lac.
Après le Mas-Audran, rejoindre la D 140 qui ramène vers Clermont-l'Hérault.

SALLES-LA-SOURCE

1 294 h. (les Salles-Sourçois)

Carte Michelin n° 80 pli 2 ou 240 pli 5 – 12 km au Nord-Ouest de Rodez.

Construit au flanc du causse du Comtal, Salles-la-Source se compose de trois hameaux superposés, aux belles maisons de pierre. Son nom lui vient d'une source, résurgence d'une rivière souterraine qui sort du causse sous forme de cascades aujourd'hui canalisées par E.D.F. La présence de cette eau et de son énergie avait attiré ici de nombreux moulins et quelques usines dont la filature où s'est installé le musée du Rouergue.

★ **Musée du Rouergue.** – Sous ce nom se regroupent plusieurs musées de la région présentant divers aspects de la vie du Rouergue ; ce sont : le musée du Rouergue à Espalion *(p. 76),* le musée du charroi à Salmiech (à 24 km au Sud de Rodez), et le musée des arts et métiers à Salles-la-Source.
Ce dernier est installé dans un ancien bâtiment industriel du début du 19ᵉ s. La grande salle du rez-de-chaussée, dont le plafond est soutenu par de solides colonnes de pierre, abrite des machines anciennes évoquant la longue quête de l'homme cherchant à maîtriser l'énergie de l'eau et du vent : pressoirs, moulin à huile, à farine, martinet, scierie... Le premier étage illustre les rapports de l'homme avec le milieu végétal : agriculture, arboriculture, métiers du bois (sabotier, tonnelier, charron, menuisier, tourneur, etc.).

★★ SARRANS (Barrage de)

Carte Michelin n° 76 pli 13 ou 239 pli 42 – Schéma p. 161.

Le barrage de Sarrans, l'un des principaux ouvrages hydro-électriques du Massif central, transforme en lac une partie des gorges de la Truyère *(p. 160).*

★★ **Le barrage.** – Long de 220 m, haut de 105 m, épais de 75 m à la base, le barrage de Sarrans est du type « barrage-poids », c'est-à-dire qu'il résiste par sa masse à la poussée des eaux, mais une légère courbure à l'amont fait effet de voûte. Le lac-réservoir qu'il retient est long d'environ 35 km ; sa superficie atteint 1 000 ha et sa capacité 296,2 millions de mètres cubes.

Usine de Sarrans. – Établie au pied du barrage, elle compte quatre groupes principaux, dont trois d'une puissance de 38 500 kW chacun et le quatrième de 63 500 kW, télécommandés de Brive-la-Gaillarde.

Belvédère. – Les installations de l'usine ne se visitent pas mais on pourra avoir une vue d'ensemble des installations de Sarrans en empruntant, sur la rive gauche de la Truyère, la D 98 (route de Cantoin) jusqu'à un belvédère aménagé *(1,5 km depuis l'extrémité Ouest du barrage).*

L'ensemble Sarrans - Brommat. – Cet ensemble constitue une des réalisations hydro-électriques les plus importantes de France. Sa puissance installée totale atteint 596 200 kW et sa production plus d'un milliard de kW par an.
A 5 km en aval de Sarrans, le **barrage de la Barthe,** haut de 70 m, dérive, par un canal souterrain long de 10,5 km, les eaux de la Truyère. Trois conduites forcées, établies dans des puits verticaux de 250 m de hauteur, amènent ces eaux à l'**usine souterraine de Brommat** construite en plein granit.
Après passage dans le poste d'interconnexion de Rueyres, le courant est évacué à 150 000 et à 380 000 volts sur le réseau français de répartition.

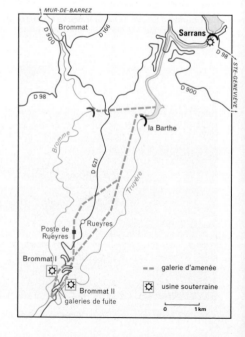

SAUVE

1 417 h (les Sauvains)

Carte Michelin n° 83 Nord du pli 7 ou 240 pli 15.

Du pont sur la Vidourle s'offre une belle vue d'ensemble sur ce village, aux hautes maisons étroites, dominé par des chaos de rochers et les ruines d'un château.
Sauve est spécialisé dans la fabrication des fourches de micocoulier, arbre de la famille de l'orme qui aime à pousser dans les sols rocailleux.

VISITE

Le village. – Dans ce dédale de ruelles étroites, de passages voûtés, de places à couverts (place Jean-Astruc), une promenade au hasard des rues de Sauve présente beaucoup de charme.
En suivant la Grand-Rue on arrive à la tour de Mole. En face, s'amorce la rue de l'évêché (façade Renaissance avec fenêtres à meneaux) qui mène à la place ombragée où s'élève la maison des Comtes et une galerie d'art. En continuant à monter, on passe devant l'hôtel de la Monnaie, et on emprunte la montée des capucins, sous voûtes ; en poursuivant son chemin on arrive à la mer de rochers.

Mer de rochers. – *20 mn à pied AR.* Au sommet de la falaise d'où l'on a une belle vue sur le village et ses toits, on découvre tout à coup la garrigue et les chaos de rochers qui la parsèment. De ce paysage sauvage émerge un donjon entouré de cyprès, vestige du château de Roquevaire.

SAUVETERRE-DE-ROUERGUE

793 h (les Sauveterrats)

Carte Michelin n° 80 Sud-Est du pli 1 ou 235 pli 19.

Guillaume de Mâcon, sénéchal de la province du Rouergue au 13e s., fonda cette bastide, en 1281, au cœur du Ségala pour protéger les populations des bandes de brigands qui sévissaient dans la région. Dès son origine, **la ville** fortifiée fut un centre administratif et commercial.
Bâtie sur plan rectangulaire, Sauveterre a gardé sa vaste **place centrale**★ bordée de « couverts » appelés ici « chistats », dont les voûtes ogivales remontent pour la plupart aux 14e et 15e s.
La collégiale gothique du 14e s., la maison Unal avec ses encorbellements, ses colombages et ses pierres de taille, l'Oustal rouergat (intérieur régional) et les vieilles maisons de la rue St-Vital retiendront aussi l'attention.
Sur la promenade qui a remplacé l'enceinte fortifiée dont il subsiste quelques vestiges, s'élève un calvaire du 13e s.

★ SÈTE

40 466 h. (les Sétois)

Carte Michelin n° 83 pli 16 ou 240 pli 27.

Sète est construite sur les pentes et au pied du mont St-Clair, promontoire calcaire qui se dresse à 175 m en bordure du bassin de Thau ; ancienne île, il n'est réuni à la terre que par deux étroites langues de sable.
La ville neuve, à l'Est et au Nord-Est du mont, arrive jusqu'à la mer, traversée en tous sens par des canaux.
Une belle plage de sable fin s'étend sur 15 km jusqu'au Cap d'Agde.

« Je suis né dans un de ces lieux où j'aurais aimé de naître. » – **Paul Valéry** (1871-1945) rend ainsi hommage à Sète, sa ville natale. En 1925, au conseil municipal de Sète qui l'avait félicité pour son élection à l'Académie Française, il écrit : « Il me semble que toute mon œuvre se ressent de mon origine ». Dans « Charmes », paru en 1922, le poète immortalise le cimetière marin où il sera inhumé en juillet 1945. Au pied de ce lieu paisible, la mer s'étale, tel un immense toit :

> « Ce toit tranquille où marchent des colombes
> Entre les pins palpite, entre les tombes ;
> Midi le Juste y compose de feux
> La mer, la mer, toujours recommencée !
> O récompense après une pensée
> Qu'un long regard sur le calme des dieux ! »

Autre Sétois célèbre, **Georges Brassens** (1921-1981) chanta les lieux de son enfance dans sa « Supplique pour être enterré à la plage de Sète ».

LA VIE SÉTOISE

Avec ses ports de commerce, de pêche et de plaisance, Sète est le foyer d'une activité maritime très vivante.
Sète est le premier port de pêche fraîche de la côte française de la Méditerranée et le deuxième port pour le trafic des marchandises. L'agglomération sétoise (y compris Frontignan, la Peyrade et Balaruc) forme une enclave industrielle dans la plaine du Bas Languedoc vouée essentiellement à la viticulture. De nombreuses activités sont liées à cette vocation portuaire : industrie chimique (engrais), cimenteries, scieries, industries alimentaires (confiseries d'olives et de condiments, conserveries de poisson). Le raffinage du pétrole s'effectue à Frontignan *(voir p. 83)*.

Les réjouissances. – Sète organise, depuis sa fondation en 1666, de célèbres joutes nautiques. *Voir le chapitre des Renseignements Pratiques en fin de volume.*

Les joutes nautiques. – Deux barques, une rouge et une bleue, portent à l'arrière la « tintaine », plate-forme qui s'avance de trois mètres au-dessus de l'eau. Dix rameurs manœuvrent chacune des embarcations qui s'élancent l'une vers l'autre.

Les jouteurs, vêtus de blanc, la poitrine protégée par un pavois, sont campés sur la plate-forme, armés d'une lance d'environ 3 m, que termine un fer à trois pointes. Chacun cherche, par un coup bien ajusté, à culbuter son adversaire. Le plongeon du vaincu soulève les rires et les lazzi tandis que le vainqueur, appuyé sur sa lance, bombe le torse sous les acclamations.
A l'avant de chaque barque, un hautbois et un tambour jouent l'air des joutes, vieux de 300 ans.

Festival du théâtre. – Depuis 1960, il anime la ville dans le cadre du théâtre de plein air de plus de 2 000 places, aménagé dans un ancien fort construit par Vauban, bien situé au bord de la mer, au pied du cimetière martin.

Sète. - Les joutes.

LE PORT

Des fouilles effectuées à la pointe du Barrou, au Nord du mont St-Clair, ont révélé que l'île de Sète était habitée à l'époque gallo-romaine. Mais la ville elle-même naît au 17e s. quand Colbert décide de réaliser la construction d'un port, déjà envisagée par Henri IV : Sète sera le débouché sur la Méditerranée du canal des Deux Mers. La première pierre est posée le 29 juillet 1666. Dès lors, l'histoire de la ville se confond avec celle de son port.
Dès 1669, **Pierre-Paul Riquet,** créateur du canal du Midi, est chargé de terminer les travaux. Sète ne comprend alors que quelques cabanes de pêcheurs. Pour favoriser son développement, Louis XIV, en 1673, permet « à toutes personnes, de bâtir des maisons, vendre et débiter toutes sortes de marchandises avec exemption du péage ». En quelques années, une ville industrielle et commerçante se crée. Pendant ce temps, Riquet fait construire les deux jetées qui protègent l'avant-port, creuser le canal de Sète qui réunit l'étang de Thau à la mer.
Il n'empêche que la ville et le port croissent lentement pendant tout le 18e s., Montpellier, puissante place commerciale, dirigeant l'activité sétoise. C'est au 19e s. que Sète connaît son âge d'or. Pour éviter les ensablements, on construit en 1821 une jetée isolée ou « brise-lames » qui, presque parallèle au rivage, protège l'entrée du port. Dès 1839, on entreprend le creusement du nouveau bassin et du canal maritime, tandis que les compagnies de chemins de fer relient Sète au réseau P.L.M. et au réseau du Midi. Vers 1840 Sète occupe le 5e rang parmi les ports français. Après la conquête de l'Algérie, Sète, spécialisée dans le commerce des vins, trouve ses principaux débouchés en Afrique du Nord.

Le port industriel et commercial d'aujourd'hui. – Avec un tonnage de 4 millions de tonnes de marchandises en 1988, le port de Sète se place au 2e rang des ports français de la Méditerranée. Si l'activité des hydrocarbures a fortement baissé, 3 secteurs sont déterminants pour l'avenir portuaire.
D'abord les marchandises en vrac solides tels que minerais, charbon, matières premières, aliments pour le bétail représentent près d'un million de tonnes. Le quai multivrac de la darse 2 permet la réception de navires de commerce de 13 m de tirant d'eau.
Aux industries traditionnelles de fabrication d'engrais est venue s'ajouter une nouvelle vocation agro-alimentaire avec notamment la mise en service d'une usine de trituration de graines oléagineuses Vamo-Mills d'une capacité de 400 000 tonnes par an.
Escale pour les produits forestiers, Sète est devenu le 2e port français pour l'importation des bois tropicaux de la Côte Occidentale d'Afrique et de l'Asie du Sud-Est. Il assure également l'import (États-Unis, Canada) et l'export des pâtes à papier.
Sète accueille aussi les mélasses, le méthanol, les vins stockés dans des chais d'une capacité de 1 530 000 hl.
Le trafic des conteneurs et le réseau de lignes régulières se font vers le Maghreb, la Côte Occidentale d'Afrique, les Antilles, l'Amérique du Sud, l'Australie.
Port de voyageurs, Sète assure des liaisons avec le Maroc (Tanger et Nador) et les Baléares (Palma, Ibiza).
Les capacités portuaires permettent d'accueillir tout navire jusqu'à 240 m de largeur sur 3,5 km de quais d'une profondeur de – 7,50 m à – 14,50 m répartis sur 4 bassins. Pour le stockage, 80 ha de terre-plein et 4 ha de hangars sont disponibles.
Les abords du môle St-Louis ont été aménagés pour servir de base d'entraînement pour l'America's cup.

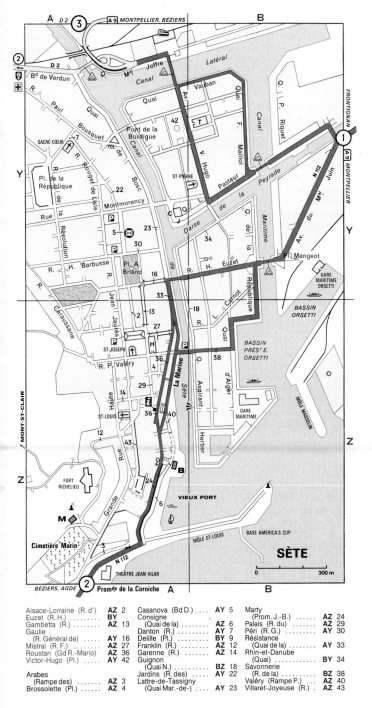

SÈTE

Alsace-Lorraine (R. d')	**AZ** 2	Casanova (Bd D.)	**AY** 5	Marty
Euzet (R. H.)	**BY**	Consigne		(Prom. J.-B.) .... **AZ** 24
Gambetta (R.)	**AZ** 13	(Quai de la) .... **AZ** 6		Palais (R. du) .... **AZ** 29
Gaulle		Danton (R.) .... **AY** 7		Péri (R. G.) .... **AY** 30
(R. Général de)	**AY** 16	Delille (Pl.) .... **BY** 9		Résistance
Mistral (R. F.)	**AZ** 27	Franklin (R.) .... **AZ** 12		(Quai de la) .... **AY** 33
Roustan (Gd R.-Mario)	**AZ** 36	Garenne (R.) .... **AZ** 14		Rhin-et-Danube
Victor-Hugo (Pl.)	**AY** 42	Guignon		(Quai) .... **BY** 34
		(Quai N.) .... **BZ** 18		Savonnerie
Arabes		Jardins (R. des) ..... **AY** 22		(R. de la) .... **BZ** 38
(Rampe des)	**AZ** 3	Lattre-de-Tassigny		Valéry (Rampe P.) ... **AZ** 40
Brossolette (Pl.)	**AZ** 4	(Quai Mar.-de-) .... **AY** 23		Villaret-Joyeuse (R.) . **AZ** 43

CURIOSITÉS

Vieux Port (BZ). – Avec ses embarcations de plaisance et ses bateaux de pêche, c'est la partie la plus pittoresque du port de Sète.

La **Marine** est bordée de restaurants de fruits de mer dont les terrasses ont vue sur le canal de Sète. Des vedettes y proposent des **excursions** dans le port et sur le bassin de Thau, ou des parties de pêche.

Un peu plus loin, la **« criée électronique »** (B) rassemble pêcheurs et badauds au moment du retour des bateaux.

Du quai de l'Aspirant-Herbert, belle vue sur la ville qui s'étage au flanc du mont St-Clair. L'activité des autres bassins et des canaux pourra retenir le flâneur.

Musée Paul Valéry (AZ M). – Face à la mer et tout près du **cimetière marin** où reposent Paul Valéry et Jean Vilar, il abrite de nombreux documents sur l'histoire de Sète. Les diverses salles, séparées par des panneaux mobiles, permettent de varier la présentation des expositions.

Au rez-de-chaussée, sont disposés les vestiges archéologiques résultant des fouilles effectuées au Barrou et des documents sur les joutes nautiques ; animés et colorés, ces jeux ont été un sujet de choix pour les peintres et ont offert au fil des siècles une variété de costumes dont on peut suivre l'évolution de 1666 à 1891.

Une salle est dédiée à Georges Brassens : des photos évoquent son enfance à Sète ; certains de ses manuscrits y sont exposés, entre autres celui de la célèbre « Supplique pour être enterré à la plage de Sète ».

Au premier étage une salle est consacrée à Paul Valéry, évoqué depuis son enfance sétoise. Poète et philosophe, il s'exprima aussi admirablement par le dessin, la sculpture, la peinture.

Promenade de la Corniche. – *Sortir par ② du plan.* Cette promenade fréquentée qui conduit à la plage de la Corniche, située à 2 km de la ville, entaille la base du mont St-Clair aux pentes couvertes de villas.

★**Mont St-Clair.** – *Circuit de 8 km. De la corniche, suivre les panneaux de signalisation « Circuit panoramique du mont St-Clair ».* Le meilleur souvenir qu'un touriste puisse emporter de Sète est l'excursion au mont St-Clair. Cette colline, autrefois couverte de forêts de pins et de chênes, s'élève à 175 m au-dessus de la mer.

Pierres Blanches. – De la table d'orientation, ample **vue**★ sur la partie Ouest du bassin de Thau, la basse plaine de l'Hérault, la pleine mer, la Corniche, la plage.

Chapelle Notre-Dame-de-la-Salette. – Le mont doit son nom au saint qui, dès le haut Moyen Age, était vénéré en ce lieu. Au 17ᵉ s., un ermitage existe encore près du fortin dit « la Montmorencette » édifié par le duc de Montmorency contre les Barbaresques. Le duc s'étant révolté, le roi fit démanteler le fort et transformer une ancienne casemate en chapelle expiatoire. En 1864, elle fut dédiée à Notre-Dame-de-la-Salette. Des fresques modernes, dues à l'artiste biterrois J. Bringuier, décorent ses murs. Elle attire de nombreux pèlerins toute l'année, surtout en septembre et octobre.

Points de vue. – De l'esplanade, face à la chapelle, où une grande croix est illuminée toutes les nuits, la **vue**★ est très belle sur Sète, la partie Est du bassin de Thau, les Garrigues, les Cévennes, le pic St-Loup, la montagne de la Gardiole, la côte avec ses étangs et ses petites villes. Valéry Larbaud écrivit après une montée au mont St-Clair : « De là-haut on voit tout le paysage comme une carte murale, et le port tel que les architectes l'ont dessiné. »

D'une tour d'orientation aménagée sur la terrasse du presbytère, le **panorama**★★ est splendide. Si les premiers plans vibrent de lumière et de couleur, dans les lointains formes et teintes se fondent en nuances douces. Par temps clair, la vue s'étend vers le Sud-Ouest, au-delà des lagunes et de la mer, jusqu'aux Pyrénées et, vers l'Est, jusqu'aux Alpilles.

Poursuivre par le chemin de St-Clair en très forte descente.

A droite, s'étagent le cimetière marin chanté par Paul Valéry et le musée qui lui est dédié.

On regagne Sète par la Grande-Rue-Haute.

EXCURSIONS

★**Abbaye de Valmagne.** – *Page 163.*

Bassin de Thau. – *Page 158.*

Pour un bon usage des plans de villes, consultez la légende p. 44.

★ # SÉVÉRAC-LE-CHÂTEAU   2 838 h. (les Sévéraguais)

Carte Michelin nº 🟦 pli 4 ou 🟦 pli 6 – Schéma p. 85.

Ce bourg, autrefois fortifié, s'élève sur les flancs d'une colline isolée au milieu de la dépression qu'arrosent l'Aveyron et ses affluents. Il est dominé par un rocher abrupt qui porte les restes d'un château imposant. Carrefour routier et gare d'embranchement, Sévérac doit une partie de son activité à son industrie du meuble et à ses ateliers de mécanique.

Le plus étonnant des seigneurs de Sévérac. – C'est **Louis d'Arpajon,** guerrier fameux et mari meurtrier. Sa bravoure et ses talents lui valent, en 1637, le titre de général d'armée et, plus tard, le comté de Rodez. Sa popularité s'accroît encore quand il part au secours de l'Ordre de Malte, en guerre contre les Turcs. Le marquisat de Sévérac est érigé en duché ; Louis est nommé ministre d'État. Il loge, dans son hôtel parisien, Cyrano de Bergerac. C'est en se rendant chez le duc que le poète reçoit sur la tête la bûche fatale.

Arpajon se retire dans son château à l'apogée de sa gloire, en 1663, et finit ses jours en philosophe, ne s'occupant plus que de ses terres.

Il s'est marié en 1622 avec Gloriande de Thémines, qui lui a été destinée dès le berceau. Très fière de son « vaillant seigneur », Gloriande transforme le château en une brillante demeure où les fêtes se succèdent. Sa belle-mère, austère calviniste convertie au catholicisme, ne le lui pardonne point. Louis d'Arpajon résiste longtemps à la pression de sa mère, aux calomnies qu'elle accumule. En 1632, un fils naît. La famille, liguée par la belle-mère, parvient à lui faire croire que l'enfant n'est pas de son sang. Fou de jalousie, il tue son rival supposé et séquestre sa femme jusqu'à l'époque du pèlerinage à Notre-Dame-de-Ceignac.

Gloriande entreprend le voyage. Arrivés à la hauteur d'une forêt, les porteurs s'enfoncent dans les bois. Des hommes armés, cachés dans les fourrés, s'emparent de la litière et maintiennent Gloriande pendant qu'un chirurgien-barbier lui ouvre les artères des poignets et des chevilles. Quand la mort a fait son œuvre, on bande les plaies et le corps est ramené au château. Personne n'ose discuter la version d'une crise cardiaque foudroyante.

CURIOSITÉS

Ⓥ **Château.** – Une entrée du 17ᵉ s. donne accès à la cour d'honneur. Au Nord s'élèvent des constructions plus anciennes (13ᵉ s.) : vestiges de courtines, deux tours et chapelle ; au Sud, les ruines de bâtiments du 17ᵉ s. et les restes d'un escalier monumental à double volée.
De la terrasse, située à l'Est de la cour d'honneur, vue sur le bourg et le bassin de Sévérac, les causses de Sévérac et de Sauveterre, les Cévennes et, plus à droite, le Lévézou.
De l'extrémité Ouest de la cour, vue étendue sur la vallée de l'Aveyron, dans laquelle on distingue, au loin, le château de Loupiac, flanqué de ses quatre tours rondes.

Maisons anciennes. – 15ᵉ-16ᵉ s. Dans les ruelles conduisant au château s'élèvent des maisons fort pittoresques avec leurs encadrements de fenêtres, leurs tourelles en encorbellement et leurs étages surplombant la chaussée.

★ Le SIDOBRE

Carte Michelin n° 🅱️🅱️ plis 1 et 2 ou 🅱️🅱️🅱️ plis 31, 32.

A l'Est de Castres s'étend le Sidobre, plateau granitique délimité par l'Agout encaissé dans de profondes gorges et son affluent la Durenque.
Ce massif, compris dans le périmètre du Parc naturel régional du Haut Languedoc *(p. 28),* présente un double intérêt. D'une part, les carrières gigantesques dont il est entaillé, quelquefois cruellement, témoignent de son importance économique. C'est l'un des plus importants gisements d'Europe et une partie de sa production est façonnée et polie sur place pour en faire des pierres tombales, des monuments, etc. D'autre part, il offre aux touristes ses curieux paysages de roches granitiques sculptées en boules par l'érosion. D'énormes masses arrondies, en équilibre les unes sur les autres, des rivières de rochers, les **compayrés,** véritables chaos formés de blocs isolés par le ruissellement de la rivière qu'ils recouvrent, en font un site touristique réputé.

CIRCUIT AU DÉPART DE CASTRES

53 km – environ 3 h

★**Castres.** – *Page 63.*

> *Quitter Castres par la D 622 en direction de Brassac, ③ du plan. Au hameau de la Fontasse, tourner à droite.*

Chaos de St-Dominique. – Dans un agréable site boisé, cette rivière de rochers recouvre le Lézert sur une longueur de 4 km environ.

Grotte de St-Dominique. – *1/4 h à pied AR.* Descendre le long de la rive droite de la rivière puis la traverser. Donnant sur une paisible clairière, elle aurait abrité, sinon saint Dominique lui-même, du moins un de ses lointains disciples traqué sous la Révolution.

> *Revenir à la D 622 et reprendre la direction de Brassac. Après 5 km, juste après un café, tourner à gauche puis, dans le hameau de Loustalou, s'arrêter au café-tabac « Au rocher tremblant ».*

Rocher de Sept-Faux. – C'est le plus bel exemple de rocher tremblant du Sidobre. Deux blocs juchés l'un sur l'autre, d'une masse de 900 t, peuvent être ébranlés par simple pression sur un levier de bois.

> *Reprendre la route de Brassac et tourner à gauche vers Lacrouzette.*

Lac du Merle. – Alimenté par les eaux du Lignon, ce beau lac d'où émergent de gros blocs arrondis est entouré de forêts.

Chaos de la Resse (ou rivière de Rochers). – En s'approchant, on entend les grondements du Lignon qui disparaît totalement sous ce chaos de rochers.

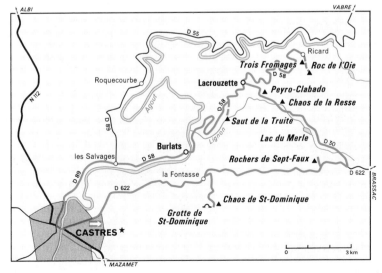

Peyro Clabado. – La Peyro Clabado (ou Roc Clabat) est la curiosité la plus impressionnante du Sidobre. Un bloc de granit, dont le poids est estimé à 780 t, se maintient en équilibre sur un socle de très petites dimensions. Un coin, naturellement disposé entre le piédestal et le rocher, assure la stabilité de l'ensemble.

Lacrouzette. – 1 955 h. Une grande partie de sa population vit de l'exploitation et du travail de granit.

De Lacrouzette, prendre la D 58 vers Thérondel.

Cette très belle route offre des vues plongeantes sur la vallée de l'Agout.

S'arrêter au village de Ricard, le traverser pour prendre le sentier vers les Trois Fromages et le Roc de l'Oie.

Trois Fromages ; Roc de l'Oie. – *3/4 h à pied AR, suivre la signalisation rouge et blanche du GR, agréable sentier en sous-bois.*
Les Trois Fromages sont un unique bloc divisé par diaclase (fissure) en trois parties arrondies par l'érosion.
Plus loin, le Roc de l'Oie, vu du sentier en provenance de Crémaussel, présente une ressemblance frappante avec l'animal des basses-cours *(lire la légende du Roc de l'Oie, p. 42).*

Le Sidobre. - La Peyro Clabado.

Reprendre la D 58 en direction de Lacrouzette et Burlats. Environ 2 km après Lacrouzette, après l'embranchement de Campselves, une petite route à gauche est signalée.

Saut de la Truite. – *S'arrêter près du Lignon, puis prendre un chemin à droite du torrent. 10 mn à pied AR jusqu'au pied de la cascade.* Le paysage, généralement verdoyant, présente à hauteur de cette cascade aux eaux tumultueuses un aspect plus aride.

Burlats. – Au débouché des gorges de l'Agout se dresse un ensemble comprenant les vestiges d'une abbaye bénédictine fondée au 10e s., ornée de portails romans, de chapiteaux et moulures, de fenêtres à croisillons. A côté se dresse le **pavillon d'Adélaïde,** belle maison romane aux ravissantes fenêtres, qui abrita au 12e s. Adélaïde de Toulouse et sa cour d'Amour où venaient chanter les troubadours.

Revenir à Castres par les Salvages et la D 89.

SOMMIÈRES   3 026 h. (les Sommiérois)

Carte Michelin n° 80 pli 18 ou 240 pli 19 – Lieu de séjour.

Au Sud des garrigues, dans une région viticole drainée par le Vidourle, Sommières a conservé son caractère de gros bourg médiéval avec ses portes fortifiées, ses ruelles étroites et pittoresques, ses places à « couverts ».
Née au pied de son château fort, dominée par une belle tour carrée, la cité fut annexée au domaine royal en 1248 par Saint Louis à la suite de la croisade contre les Albigeois. Place de sûreté protestante, elle fut assiégée en 1622 par Louis XIII. C'était un centre réputé de fabrication de cuirs puis d'étoffes de laine.
En été, des courses de taureaux se déroulent à Sommières *(voir le chapitre des Renseignements Pratiques en fin de volume).*
Sa terre est utilisée dans la fabrication d'un détachant.

SOMMIÈRES

Les églises ne se visitent pas pendant les offices.

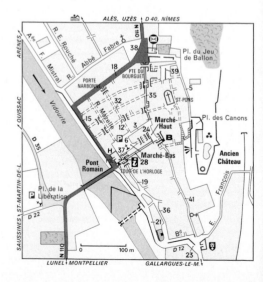

CURIOSITÉS

Pont romain. – Le pont d'origine, long de 190 m, fut lancé là, sur le Vidourle, par Tibère, au début du 1er s. Restauré au 18e s., il se prolonge dans la partie basse de la cité. Au débouché du pont, la tour de l'Horloge, gothique, garde l'entrée de la ville basse.

Marché-bas. – *Accès par l'escalier de Reilhe, à gauche, aussitôt franchie la tour de l'Horloge.*
Cette place, entourée de maisons à arcades, était limitée au Sud par des arches accolées au pont romain (on peut voir un vestige de la cinquième arche sous le passage voûté). Installée dans l'ancien lit du Vidourle, elle est inondable par fortes crues appelées « vidourlades ».

Marché-haut. – Il communique avec le Marché-bas par une curieuse ruelle en partie voûtée qui ne marque qu'un très faible dénivelé. Également connu sous le nom de Place Jean-Jaurès, c'est l'ancien marché au blé de Sommières. Dans un angle, un passage couvert dessert la rue de la Taillade, ancienne voie romaine donnant accès au pont romain ; aussitôt à gauche, au n° 3, hôtel du 17e s. (**B**) présentant une intéressante cage d'escalier.

Ancien château. – *Suivre les panneaux « Ruines du château ». Une route en forte montée mène en haut de la colline.*
De là une belle **vue** s'offre sur Sommières, les garrigues et, au-delà, sur les Cévennes.

EXCURSIONS

Chapelle St-Julien de Salinelles. – *3 km au Nord de Sommières par la D 35 en direction de Quissac. Tourner à gauche en entrant dans le village de Salinelles.*
Cette chapelle romane du 11e s. forme un ravissant tableau avec son cimetière, ses cyprès et son environnement champêtre. Fort bien restaurée, elle sert de cadre en été à des expositions de peinture et à des concerts.

⊙ **Château de Villevieille.** – *2 km par la D 40 vers Nîmes.*
Bâti sur un éperon rocheux, le château offre aux regards ses tours médiévales et sa façade Renaissance. De la terrasse, vue agréable sur la vallée du Vidourle. L'intérieur présente plusieurs salles intéressantes. Au rez-de-chaussée, salle à manger Louis XIII tendue en cuir des Flandres ; au premier étage, la chambre que Louis XIII occupa pendant le siège de Sommières, la chambre de Saint Louis, à l'imposante cheminée médiévale, et le grand salon décoré de gypseries du 18e s. Différentes salles abritent de belles tapisseries du 17e s. et des collections de faïence.

Les églises ne se visitent pas pendant les offices.

SYLVANÈS (Ancienne abbaye de)

Carte Michelin n° 80 plis 13, 14 ou 240 pli 17 – 9 km à l'Est de Camarès.

⊙ Sur les bords d'un affluent du Dourdou, cette ancienne abbaye cistercienne fut fondée en 1138 par un grand seigneur, brigand repenti. Elle résista en 1591 aux protestants, mais elle disparut à la Révolution. Le monastère fut vendu, l'église devint paroissiale. Depuis 1976, l'association des Amis de l'Abbaye de Sylvanès a entrepris un vaste programme de restauration des bâtiments et a créé un « Centre de Rencontres Culturelles » organisant des stages de musique, des concerts, des expositions, des conférences et des retraites spirituelles.

Église. – Cet édifice de grès fut construit en 1157. Au chevet, sont particulièrement remarquables les grilles de fer forgé (fin 12e s.) des fenêtres et le motif à arcatures de la corniche.
A l'intérieur, l'église présente les caractéristiques du style cistercien méridional. Composée d'une vaste nef voûtée en berceau brisé, elle est munie de contreforts intérieurs qui forment autant de chapelles latérales couvertes de voûtes en berceau brisé également. Les épaisses nervures qui soutiennent le berceau de la croisée du transept donnent l'illusion d'une voûte d'ogives ; il s'agit en réalité d'un artifice sans portée architecturale.

Bâtiments abbatiaux. – L'église se prolonge au Sud par les bâtiments abbatiaux. Une galerie du cloître comprenant quatre travées ouvre sur la salle capitulaire et l'ancienne sacristie. La grande salle des moines ou scriptorium, voûtée sur croisée d'ogives, est divisée en deux nefs par une rangée de colonnes très dépouillées.

★ TAPOUL (Gorges du)

Carte Michelin n° 80 plis 6, 16 ou 240 pli 10.

Le petit ruisseau du Trépalous, descendu de l'Aigoual, a creusé dans le granit rose un lit très profond aux berges escarpées, entre Massevaques et son confluent avec le Tarnon. Ce sont les gorges du Tapoul, où se glisse la D 119, route étroite et impressionnante par endroits.

Elle peut être obstruée par la neige de la mi-décembre à fin mars entre Cabrillac et Massevaques.

En suivant le ravin, on verra de belles cascades bondissantes, les Escouffourens, et des excavations géantes creusées dans le lit de la rivière. Le ruissellement de l'eau sur le granit coloré donne des tons très particuliers.

Carte Michelin n° 80 plis 4 à 6 ou 240 plis 6, 10 – Schéma p. 85.

Les gorges du Tarn constituent la grande curiosité de la région des Causses. Sur plus de 50 km, elles offrent une succession prodigieuse de perspectives et de sites admirables.

UN PEU DE GÉOGRAPHIE

Le cours du Tarn. – Le Tarn, qui prend sa source au mont Lozère, à 1 575 m d'altitude, descend les pentes des Cévennes d'un cours rapide et torrentueux. Chemin faisant, il reçoit de multiples affluents, notamment le Tarnon, près de Florac.

Le Tarn pénètre alors dans la région des Causses. Désormais, son cours est guidé par une série de failles qu'il a utilisées puis approfondies en canyon *(voir p. 19)*. Dans cette région calcaire, il n'aura, jusqu'au Rozier, pas un seul affluent à ciel ouvert. Il est alimenté uniquement par quarante résurgences *(explication p. 21)* venant du causse Méjean ou du causse de Sauveterre et dont trois seulement forment une petite rivière sur un trajet de quelques centaines de mètres. La plupart tombent directement dans le Tarn en cascades.

Le profil de la vallée. – Le sous-sol du causse étant formé de calcaires francs, de dolomies, de marnes présentant une résistance variable à l'érosion et à la corrosion, les vallées et les gorges qui l'entaillent offrent des aspects différents. Les couches compactes de calcaire et de dolomie, sapées ou minées de l'intérieur, s'abattent en pans entiers, formant des lignes de falaises ou de chicots rocheux. Les calcaires en lits minces et les marnes, moins résistants, se désagrègent et s'éboulent en talus.

Le profil se complique et varie suivant l'ordre des sédiments rencontrés. Tantôt les hautes parois abruptes dominent les talus de leurs à-pic (1 – *fig. ci-contre*) et tantôt elles étranglent en superbes couloirs le lit même de la rivière (2), le surplombant

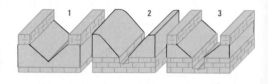

parfois. Quelquefois encore, les falaises se dressent en haut et en bas du canyon, séparées par des éboulis souvent boisés (3).

Dans le bas, le canyon est large de 30 à 500 m ; au sommet des falaises, les corniches des Causses sont écartées au plus de 2 km ; en trois points, la distance ne dépasse pas 1 200 m.

La présence des hommes. – Dans cette gorge, brûlante l'été, les agglomérations, que menacent parfois des crues subites, sont rares et peu importantes. Elles s'échelonnent au débouché de ravins secs ou dans un élargissement de la vallée. Les pentes qui les entourent se couvrent de vergers et de vignes.

La forte concentration des habitations, en certains points des gorges, contraste avec l'absence de peuplement des Causses. Elle surprend le voyageur qui découvre subitement les villages, après avoir parcouru sur les plateaux des dizaines de kilomètres, sans rencontrer le moindre hameau. Souvent, au bord même du Tarn ou haut perchés sur les versants, se dressent des châteaux ruinés qui furent pour la plupart, au Moyen Age, des repaires de pillards.

L'animation de la vallée est stimulée par le développement de bases de loisirs mettant à la portée du plus grand nombre – des jeunes en particulier – la pratique du canoë-kayak, de la spéléologie, de l'escalade, etc. De telles bases fonctionnent, par exemple, à Florac, Ispagnac, Ste-Énimie, le Rozier-Peyreleau, Meyrueis (gorges de la Jonte) et, plus en aval, Millau, St-Rome-du-Tarn, Trébas et Albi-Aigulèze.

VISITE

Pour connaître les gorges du Tarn, trois méthodes, qui peuvent naturellement se combiner, s'offrent au touriste : le parcours de la route des gorges, la descente en barque de la partie la plus spectaculaire de la vallée, une randonnée pédestre sur les sentiers des hautes corniches du causse Méjean. La plus rapide ou la plus facile n'est pas la plus exaltante.

Le long de la route D 907bis qui suit les gorges de bout en bout, ce ne sont que châteaux, belvédères, villages pittoresques qui défilent, offrant un paysage admirable. Les travaux d'élargissement de la chaussée, la création de parkings ont facilité la circulation mais porté atteinte à l'intégrité de certains sites.

La barque et le canoë permettent d'approcher les falaises et offrent sur le versant droit des gorges des vues qui restent insoupçonnées de la route tracée trop près de la falaise. Seule, la promenade sur les eaux du Tarn permet de bien voir les Détroits et le cirque des Baumes, deux des curiosités les plus belles du canyon.

Mais les paysages les plus étonnants, les contacts les plus intimes avec les parois rocheuses sont réservés à ceux qui accepteront l'épreuve d'une incomparable randonnée pédestre qui leur laissera l'impression d'avoir été complice de cette grandeur naturelle.

① LA ROUTE DES GORGES

Constamment tracée au fond des gorges, sur la rive droite du Tarn, la D 907bis est toujours pittoresque et sans monotonie grâce aux mille aspects de la gorge, dont les teintes varient suivant les heures du jour ; mais c'est vers la fin de l'après-midi, quand les rayons obliques du soleil dorent les falaises, que le canyon apparaît dans toute sa splendeur.

De Florac à Ste-Énimie *30 km – environ 1 h 1/2 – schéma p. 155*

Tout au long de ce parcours, on rencontre encore quelques maisons qui ont conservé leurs toits de lauzes de schiste : l'arête centrale est faite de plaques disposées en « ailes de moulin » ou « lignolets », témoins de la proximité des Cévennes.

Florac. – *Page 81.*

Quitter Florac au Nord par la N 106.

La route suit la vallée du Tarn bordée à l'Est par les Cévennes et à l'Ouest par les escarpements du causse Méjean qui dominent de 500 m le lit de la rivière.

En vue du village de Biesset, sur la rive opposée du Tarn, laisser à droite la route de Mende par le col de Montmirat et prendre à gauche la D 907bis qui longe la rive droite de la rivière.

A hauteur d'Ispagnac, le Tarn tourne brusquement ; là commence vraiment le canyon, gigantesque trait de scie profond de 400 à 600 m qui sépare les causses Méjean et de Sauveterre.

Ispagnac. – 601 h. A l'entrée du canyon du Tarn, le bassin d'Ispagnac, planté d'arbres fruitiers et de vignes et où se développe la culture des fraises, abrité des vents du Nord et du Nord-Ouest, jouit d'un climat très doux qui fut de tout temps renommé. Ce « jardin de la Lozère », qui attirait autrefois les gentilshommes lozériens, est devenu un centre de villégiature d'été.

L'**église d'Ispagnac**, du 12ᵉ s., s'ouvre par un portail roman surmonté d'une belle rosace. L'intérieur, à trois nefs, est remarquable surtout pour le chœur. A la croisée du transept, un clocher octogonal surmonte une coupole, l'autre clocher est de construction récente. L'édifice est accolé aux restes d'un prieuré qui garde des vestiges de fortifications. On peut voir encore le portail de l'ancien château et quelques maisons gothiques du 14ᵉ s., aux belles croisées.

1 km environ après Ispagnac, prendre à gauche.

Quézac. – 245 h. Le **pont de Quézac**, gothique, franchit le Tarn. Le pape Urbain V, originaire de Grizac, en Lozère, eut l'idée de le construire pour permettre aux pèlerins de gagner le sanctuaire élevé par lui à Quézac ; ce fut son successeur qui exécuta le projet. Détruit pendant les guerres de Religion, le pont fut réédifié sur le plan primitif, au début du 17ᵉ s., par l'évêque de Mende.

L'**église de Quézac** a été construite sur le lieu même où l'on découvrit en 1050 la statue de la Vierge, devant laquelle de nombreux pèlerins viennent prier. Elle s'ouvre par un joli porche datant du 16ᵉ s.

A l'intérieur, ses clefs de voûte et quelques-uns de ses chapiteaux sont ornés des armes du pape Urbain V. Un grand pèlerinage a lieu en septembre.

Revenir à la D 907bis.

Entre Molines et Blajoux, deux châteaux apparaissent.

Tout d'abord sur la rive droite, celui de **Rocheblave** (16ᵉ s.) – reconnaissable à ses mâchicoulis – dominé par les ruines d'un manoir du 12ᵉ s. et par une curieuse aiguille calcaire.

Plus loin, sur la rive gauche, celui de **Charbonnières** (16ᵉ s.) est situé en aval du village de Montbrun.

★ **Castelbouc.** – *Sur la rive gauche du Tarn.* Le site très curieux de Castelbouc apparaît de la route même. Le nom de Castelbouc remonterait aux Croisades. Un seigneur, resté seul parmi ses sujettes, périt alors de son excès de complaisance. Lorsque son âme s'envola, dit la chronique, on vit planer un énorme bouc sur le château qui, depuis, s'est appelé Castelbouc. L'édifice fut démoli au 16ᵉ s. pour en chasser les occupants qui rançonnaient la vallée.

Castelbouc dresse les ruines de son château sur un rocher escarpé, haut de 60 m, qui surplombe, creusé dans le roc, un petit village dont les maisons ont utilisé la falaise comme mur de fond.

Une résurgence extrêmement puissante jaillit par trois ouvertures, deux dans une grotte, une dans le village. Son bassin d'alimentation s'étend à plus de 10 km au Sud, sous le causse Méjean, jusqu'à l'aven de Hures.

Peu après, à gauche de la route, apparaît le château de Prades.

Ⓥ **Château de Prades.** – Se dressant sur un éperon rocheux au-dessus du Tarn, cette forteresse construite du 13ᵉ au 15ᵉ s. fut la propriété des seigneurs-prieurs de l'abbaye de Ste-Énimie jusqu'à la Révolution. Elle défendait l'accès aux gorges. En 1581 elle résista à l'assaut des armées protestantes menées par le capitaine Merle *(voir p. 103).* La visite de la salle des gardes, de l'escalier à vis, de la grande salle voûtée sur croisée d'ogives, des cheminées monumentales, permet d'imaginer la vie des seigneurs qui y demeuraient.

★ **Ste-Énimie.** – *Page 142.*

De Ste-Énimie au Rozier *60 km – environ 2 h 1/2 – schéma p. 154 et 155*

★ **Ste-Énimie.** – *Page 142.*

Quitter Ste-Énimie au Sud par la D 907bis.

★ **Cirque de St-Chély.** – Le joli village de St-Chély s'élève sur la rive gauche du Tarn à l'entrée d'un gigantesque « bout du monde » formé, au pied du causse Méjean, par le cirque de St-Chély aux superbes falaises.

En franchissant le Tarn sur un pont élégant, on ira voir l'église romane au joli clocher carré, les vieilles maisons (portes et cheminées Renaissance) qui ont gardé tout leur caractère, les beaux vergers.

Deux résurgences tombent en cascades dans le Tarn. L'une s'échappe de la grotte de Cénaret à l'entrée de laquelle a été bâtie une chapelle.

De belles grottes, situées aux environs, en particulier la grotte du Grand-Duc avec ses 150 m de galeries, pourront intéresser les touristes.

★ **Cirque de Pougnadoires.** – Le village de Pougnadoires encastre ses maisons dans les anfractuosités de la roche. Il s'adosse à ces gigantesques rochers dont les hautes murailles percées de cavernes, aux teintes rougeâtres révélant l'apparition de la dolomie, forment le cirque de Pougnadoires.

★ **Château de la Caze.** – Ce château du 15ᵉ s. occupe un site romantique, sur les bords mêmes du Tarn.

Il fut construit, sous le règne de Charles VIII, par Soubeyrane Alamand dont les huit filles, surnommées « les Nymphes du Tarn », d'une égale beauté, firent battre les cœurs de tous les hobereaux d'alentour.

Ce décor d'ombrages, de vieilles pierres et de rochers surplombants semble sortir d'un conte.

Plus au Sud, on aperçoit, sur la rive opposée, les ruines du château de Haute-Rive qui dominent un village dont les belles maisons traditionnelles en pierres grises et dorées ont été fort bien restaurées.

La Malène. – *Page 98.*

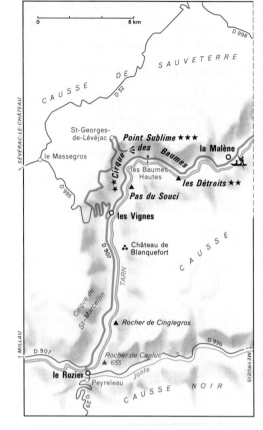

Après la Malène, la route parcourt les **Détroits★★** *(p. 155).* Un **belvédère** aménagé, à gauche, offre un beau coup d'œil sur cette partie la plus resserrée des gorges. Plus loin, on passe au pied du **cirque des Baumes★★** *(p. 155).*

Pas du Souci. – Ici le Tarn disparaît sous d'énormes blocs qui forment un véritable chaos provoqué par deux effondrements (en dialecte « soussitch »), dont le plus récent serait dû au tremblement de terre de 580.

Plus poétique est la légende qui raconte ainsi la formation de ce chaos : le diable, poursuivi par sainte Énimie, fuit de roc en roc le long de la falaise dominant le Tarn. Voyant qu'elle ne peut l'attraper, la sainte appelle les roches à la rescousse. Un éboulement gigantesque répond à cette prière. Un rocher, Roque Sourde, de tout son énorme poids, se précipite sur Satan. Mais le Malin se glisse dans une fente du lit du Tarn et, fort meurtri, regagne l'Enfer.

Gorges du Tarn. - Le cirque de Pougnadoires.

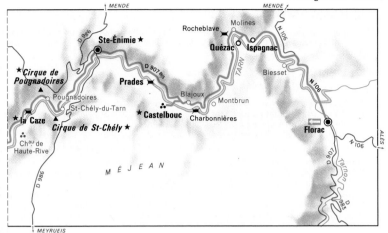

Descendre au bord de la rivière *(1/4 h AR)*. De là, on aperçoit la masse de Roque Sourde qui s'est écroulée sans se briser. A 150 m au-dessus, la Roche Aiguille, haute de 80 m, s'incline vers l'abîme. La traversée du Tarn de bloc en bloc peut être dangereuse, en raison de la nature glissante de la roche et de l'impétuosité du torrent.

Si l'on veut avoir une vue d'ensemble du Pas du Souci, on pourra monter *(1/4 h AR)* au **belvédère** qui a été aménagé sur **Roque Sourde.**

Les Vignes. – 107 h. *Lieu de séjour.* Ce village est installé à un carrefour de routes, dans un élargissement très ensoleillé de la vallée.

> *Quitter les Vignes en voiture, par la D 995, route en corniche aux lacets serrés. A 5 km, prendre à droite la D 46 qui court sur le causse de Sauveterre et, à St-Georges-de-Lévéjac, encore à droite.*

★★★ **Point Sublime.** – Du Point Sublime, on découvre un splendide panorama sur le canyon du Tarn, des Détroits jusqu'au Pas du Souci et à la Roche Aiguille. Au pied du petit plateau, qui domine le Tarn de plus de 400 m, se creuse le magnifique cirque des Baumes, aux gigantesques parois calcaires.

> *Faire demi-tour et regagner les Vignes.*

Après ce village, la route des gorges offre de belles vues. On aperçoit bientôt au flanc du causse Méjean, sur un gros rocher, les maigres ruines du **château de Blanquefort.**

Plus loin apparaît en avant l'énorme rocher de **Cinglegros** *(p. 157)*, détaché du causse Méjean. Sur la rive droite, les escarpements du causse de Sauveterre s'écartent du Tarn en formant le cirque de St-Marcellin.

Puis, sur la gauche, se dessine le rocher de Capluc, reconnaissable à la croix qui le surmonte : telle une étrave à l'extrémité du causse Méjean, il domine le confluent du Tarn et de la Jonte.

Enfin, après avoir franchi le pont sur la rivière où s'élève un monument à la gloire d'Édouard-Alfred Martel *(p. 22)*, on gagne le Rozier.

Le Rozier. – Page 135.

② DESCENTE EN BARQUE OU EN CANOË

Descente en barque de la Malène au cirque des Baumes. – *Nous recommandons d'effectuer la descente de préférence le matin, au moment où cette partie du canyon se présente sous son éclairage le plus favorable.*

Les eaux du Tarn, tantôt rapides, tantôt calmes, sont toujours transparentes ; si bien qu'aux endroits les plus profonds de la rivière, on aperçoit encore les galets qui forment son lit.

★★ **Les Détroits.** – Ils constituent la partie la plus belle et la plus resserrée du canyon. La barque passe devant une ouverture dénommée la grotte de la Momie puis s'engage entre deux hautes murailles qui plongent, à pic, dans la rivière. Plus haut, la deuxième falaise étage ses gradins jusqu'à plus de 400 m au-dessus du Tarn. Le défilé est admirable avec ses parois colorées qui enserrent la rivière.

★★ **Cirque des Baumes.** – A la sortie des Détroits, le canyon du Tarn s'élargit. On entre dans le magnifique cirque des Baumes (« baume » signifie grotte).

« La couleur rouge y domine ; mais le blanc, le noir, le bleu, le gris, le jaune y nuancent les parois et des bouquets d'arbres, des broussailles y mêlent des tons verts et des tons sombres ».

Les barques s'arrêtent aux Baumes-Hautes.

Descente du Tarn en canoë. – Elle peut être effectuée par des canoéistes ayant acquis un peu d'expérience sur des rivières à courant vif.

De Florac à Ste-Énimie, la descente peut, dans les mois d'été, être gênée par le manque d'eau. A part quelques rapides francs, parcours facile de Ste-Énimie au Pas du Souci ; à partir de là, un portage jusqu'au pont des Vignes est nécessaire, ce court passage étant très dangereux. La section pont des Vignes-le-Rozier est plus mouvementée ; quelques rapides devront être pris avec prudence.

Les véritables amateurs de gorges, partant le matin de la Malène, pourront emporter des provisions, s'arrêter sur une plage des Détroits, se baigner, pique-niquer au bord de la rivière et flâner tout l'après-midi dans les gorges, à pied ou en canoë.

③ RANDONNÉES A PIED

On peut effectuer de très nombreuses randonnées dans les gorges ou sur le causse ; les deux itinéraires que nous décrivons ci-dessous comptent parmi les plus intéressants.

★★★ Corniches du Causse Méjean

Circuit au départ du Rozier – environ 7 h. Voir aussi p. 86.

Le sentier remarquablement tracé et bien entretenu, s'il ne présente pas de grandes difficultés, comporte cependant certains passages en corniche impressionnants. Prévoir des provisions et de l'eau pour la journée.
Derrière l'église du Rozier, prendre le sentier à la jonction des deux routes.

Capluc. – Après 1/2 h de montée, on atteint le pittoresque hameau de Capluc, déserté.

Rocher de Capluc. – *Déconseillé aux personnes sujettes au vertige.*
Prendre à gauche, en direction du rocher de Capluc ; repérable grâce à la croix métallique qui le surmonte, il forme l'extrême pointe d'un promontoire qui termine, au Sud-Ouest, le causse Méjean. Après avoir gravi un escalier de pierre, on laisse sur la droite une maison appuyée à la paroi rocheuse et s'ouvrant par un arc en tiers-point. Puis, une rampe métallique et de nouveau un escalier de pierre conduisent à la plate-forme en terrasse autour du rocher. La montée au sommet au moyen d'échelles métalliques est vertigineuse ; d'en haut, la vue plonge sur Peyreleau, et le confluent de la Jonte et du Tarn. Très belle vue en face, sur les villages perchés de Liaucous et Mostuéjouls.

Regagner Capluc.

Montée au col de Francbouteille. – Traverser le hameau de Capluc puis prendre, 200 m plus loin, à gauche, les escaliers qui amorcent le sentier Jacques-Brunet s'élevant parmi les genévriers, les buis et les pins. Il se faufile à travers de petites cheminées, atteint le sommet d'une crête d'où la vue est merveilleuse sur les deux canyons du Tarn et de la Jonte puis se poursuit sur le versant Tarn.
Parmi de fantastiques murailles, se détache « l'Enclume » que l'on contourne. Après un passage rafraîchissant en sous-bois où les échappées sur la vallée du Tarn sont nombreuses, le sentier atteint le col.

Col de Francbouteille. – Encore appelé col des deux canyons, il est marqué d'une stèle du Club Alpin. A droite, telle une gigantesque proue, s'élève le rocher de Francbouteille.

Suivre les flèches conduisant au GR 6ᴬ.

Bientôt, à gauche, sourd la fontaine du Teil. Les sources sont rares sur le plateau du causse Méjean et celle-ci est particulièrement appréciée des marcheurs.

Au col de Cassagnes, laisser à gauche le chemin du rocher de Cinglegros (p. 157) et obliquer à droite vers le village isolé de Cassagnes (illustration p. 39).

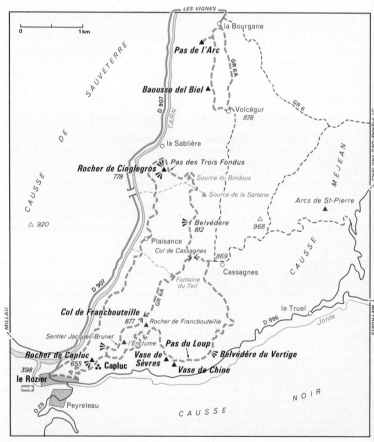

La traversée du causse commence, monotone ; seul le cri du vautour fauve, réintroduit sur le Méjean, rompt le silence. On laisse sur la droite une plantation de pins, puis on prend à droite le sentier des corniches de la Jonte.

Belvédère du Vertige. – Après une heure de marche environ, s'offre une vision grandiose. D'un belvédère, protégé par une rambarde, la vue plonge dans le canyon de la Jonte ; la rivière coule à plus de 400 m en contrebas. Légèrement en amont, on distingue les belvédères des Terrasses, minuscules au bord de la route de la vallée. Au premier plan, tout un énorme roc est détaché de la paroi.

Pas du Loup ; Vase de Chine ; Vase de Sèvres. – On passe ensuite devant une grotte, naguère aménagée en bergerie, puis entre deux ponts naturels. La descente raide, barrée en son milieu par une grille destinée à protéger les brebis d'un saut dans le ravin, porte le nom de Pas du Loup. Aussitôt celui-ci franchi, le Vase de Chine, situé à la sortie même du défilé, puis le Vase de Sèvres apparaissent, récompense inestimable à l'effort fourni pour les atteindre. Chacun de ces deux énormes monolithes permet une bonne vue sur l'autre. Au loin : Peyreleau et le Rozier, le rocher de Capluc, les escarpements du causse Noir au-dessus de la rive gauche de la Jonte.

Reprendre le sentier qui descend dans un ensemble de blocs dolomitiques extraordinairement déchiquetés. On laisse à droite le sentier qui joint le col de Francbouteille puis, par le Ravin des Échos et la Brèche Magnifique, on regagne Capluc et Le Rozier.

Rocher de Cinglegros
Circuit au départ du Rozier – 1 journée à pied – Schéma p. 156

Cette excursion ne doit être entreprise que par des touristes très alertes et non sujets au vertige.
Suivre l'itinéraire des Corniches du Causse Méjean décrit p. 156 jusqu'au col de Cassagnes et prendre à gauche en direction du rocher de Cinglegros.

Le sentier, bien tracé, offre d'abord d'excellentes vues sur les falaises qui surplombent la rive droite du Tarn. Après 20 minutes environ de marche, un **belvédère** naturel de rochers révèle une vue plongeante dans un ravin impressionnant. Puis on arrive à la source de la Sartane (quelquefois à sec) et, aussitôt après, le sentier s'élargit. De nouveau, à gauche du sentier, une petite mare : c'est la source du Bindous.
A l'embranchement suivant, laisser à droite le sentier vers Volcégur et prendre à gauche dans un sous-bois, en direction du Pas des Trois Fondus. On atteint bientôt, après un passage en descente, une terrasse d'où la vue est très belle sur la brèche de Cinglegros.

Prendre le sentier en descente abrupte, sur la gauche.

Le **Pas des Trois Fondus** permet de descendre au fond du ravin qui isole le rocher de Cinglegros. On commence par franchir deux échelles métalliques puis deux passages faits de crampons fixés dans le roc, et des escaliers taillés dans la pierre. Un sentier en sous-bois conduit au pied du rocher. Les installations qui permettent de monter au sommet sont très bien entretenues, mais le trajet n'en est pas moins impressionnant. Il s'effectue grâce à neuf échelles métalliques et six mains courantes, entre lesquelles s'intercalent des escaliers taillés dans le roc ou des crampons de fer fixés au rocher. Une fois parvenu là-haut, on peut à loisir se promener sur la plate-forme qui occupe le sommet du rocher, d'où la vue est incomparable sur le canyon du Tarn.

Revenir par un sentier descendant vers le hameau de Plaisance et rejoindre Le Rozier par le chemin de la Sablière.

Corniche du Tarn
Circuit au départ du Rozier – 21 km en voiture, plus 2 h 1/2 à pied.

Du Rozier, prendre la route des gorges du Tarn (D 907) jusqu'aux Vignes. Tourner à droite vers Florac. La route s'élève en lacet au-dessus des gorges. Tourner vers la Bourgarie et y laisser la voiture.

Au bout du hameau suivre le sentier signalisé en rouge. Il passe devant la fontaine du Bout du monde. Juste après, à un embranchement, le chemin de droite mène au Pas de l'Arc.

Pas de l'Arc. – C'est une ouverture ogivale naturelle que l'érosion a creusée dans le roc.

Revenir sur ses pas et, à l'embranchement, poursuivre vers Baousso del Biel.

Baousso del Biel. – Avec ses 40 m d'ouverture sous la voûte, c'est la plus grande arche naturelle de la région.
Le sentier atteint le point où l'arche se rattache au plateau. Avancer sur ce pont et continuer en remontant vers la gauche jusqu'à la ferme abandonnée de Volcégur.

De là un chemin forestier (le GR 6[A]) ramène à la Bourgarie.

LES GUIDES VERTS MICHELIN

Paysages
Monuments
Routes touristiques
Géographie
Histoire, Art
Itinéraires de visite
Lieux de séjour
Plans de villes et de monuments

Une collection de guide régionaux sur la France.

TARN (Moyenne vallée du)

Carte Michelin n° 80 plis 11 à 14 ou 240 plis 13, 14 et 235 plis 23, 24.

Au sortir des gorges du Tarn *(voir p. 152)* la vallée perd son aspect spectaculaire et impressionnant, mais n'en est pas moins agréable à parcourir. Des routes pittoresques se déroulent entre des versants aux pentes souvent abruptes.

DE MILLAU A ALBI *156 km - environ 5 h*

Sur plusieurs sections l'itinéraire emprunte, au fond de la vallée, des routes construites sur une plate-forme prévue pour la voie ferrée (tunnels étroits).

★ **Millau.** – *Page 104.*

Quitter Millau au Sud-Ouest par la D 41.

Cette route épouse les méandres du Tarn. Elle passe à Peyre, accroché au roc, puis elle côtoie le plateau du Lévézou et s'élève jusqu'à Montjaux en procurant de belles vues sur la vallée.

Montjaux. – Accroché au plateau, ce village possède quelques belles maisons anciennes le long des rues qui descendent vers l'église romane (12e s.) ornée de chapiteaux historiés.

Prendre à gauche dans le village, puis à droite la D 993, route de Rodez, et de nouveau à droite la D 515.

Castelnau-Pégayrols. – *Page 62.*

Revenir à Montjaux et continuer la D 993 vers le Sud pour rejoindre la vallée du Tarn.

De là s'offre une vue sur les ruines d'Auriac, sur l'autre rive du Tarn. Après avoir franchi le Tarn la route traverse St-Rome-de-Tarn, étagé au-dessus de la rivière. La vallée s'encaisse dans un passage appelé les « raspes » du Tarn. La D 31 gagne le Truel, dans un site très verdoyant, siège d'une des plus importantes centrales hydro-électriques du Sud-Ouest.

Au-delà du village du Truel, remonter sur le plateau puis prendre à droite la D 25.

Lac de Villefranche-de-Panat. – C'est un des grands lacs du Sud-Aveyron (197 ha), recherché des pêcheurs et des baigneurs en été. Plusieurs plages y sont aménagées. Son rôle est de première importance dans l'aménagement hydro-électrique du Viaur et du Tarn. Construit sur l'Alrance, un affluent du Tarn, il est alimenté par les eaux des lacs de Pont-de-Salars, du Bage, de Pareloup. Ces eaux sont ensuite dirigées vers le barrage de St-Amans, pour actionner l'usine du Pouget.

Rejoindre la vallée par la route de Réquista, puis tourner à gauche dans la D 143 au panneau indiquant St-Martin-de-Brousse.

★ **Brousse-le-Château.** – 225 h. *Lieu de séjour.* Au confluent de l'Alrance et du Tarn, Brousse se distingue par son site perché, dominé par son château fort et son église au clocher fortifié. Ses maisons des 17e et 18e s. se dressent le long de l'Alrance qu'enjambe un pont gothique.

Passer le Tarn et descendre la rive gauche (D 902). Traverser le village de Lincou (en direction de Réquista) et continuer jusqu'à un pont où l'on rejoint la rive droite (D 200) vers Trébas. Après Trébas traverser de nouveau le Tarn pour gagner Ambialet par la rive la plus pittoresque (D 77).

Ambialet. – *Page 51.*

La D 77 se maintient sur la rive gauche et passe sous deux tunnels étroits *(voie unique).*

A Arthès, prendre à gauche la D 70.

★ **Église St-Michel-de-Lescure.** – *Description dans le guide Vert Michelin Pyrénées Roussillon Albigeois.*

★★ **Albi.** – *Description dans le guide Vert Michelin Pyrénées Roussillon Albigeois.*

*Les **guides Verts Michelin** sont périodiquement révisés.*
Leurs éditions les plus récentes assurent la réussite de vos vacances.

THAU (Bassin de)

Carte Michelin n° 83 pli 16 ou 240 plis 26, 27.

S'étendant sur 8 000 ha, c'est le plus vaste des étangs de la côte du Languedoc, séparé de la mer par l'isthme des Onglous (la plage de Sète). Toute une vie s'est organisée sur ses rives : à l'Est s'est installé un complexe industriel en plein essor, le cordon littoral, au Sud, est aménagé en plage, tandis que sur la rive Nord, quelques villages, nés de la pêche, s'adonnent à l'élevage des huîtres et des moules. Pendant longtemps, les pêcheurs vécurent isolés dans des cabanes de roseaux, puis ils se groupèrent en villages, tels Marseillan ou Mèze.

Ostréiculture et mytiliculture. – Ces deux activités, l'élevage des huîtres et celui des moules, sont regroupées sous le nom plus général de conchyliculture. En Méditerranée, on élève des **huîtres** plates et des « creuses ». Celles qui proviennent des bassins de Thau sont commercialisées sous l'appellation d'huîtres de **Bouzigues,** du nom du village où naquit l'ostréiculture sur le bassin. Fixées au moyen de ciment sur des cordes ou des barres, elles sont immergées jusqu'à ce qu'elles aient atteint la taille voulue.

Les **moules** à l'état de naissain (moins de 2 cm) sont placées par grappes et suspendues le long de cordes et de filets-tubes formant de gigantesques chapelets qui sont immergés.

Bassin de THAU

CIRCUIT AU DÉPART DE SÈTE *74 km – environ 4 h*

★ **Sète.** – *Page 144.*

Quitter Sète par ③ du plan, longer la rive orientale du bassin de Thau, et prendre la direction de Balaruc-les-Bains.

Balaruc-les-Bains, Balaruc-le-Vieux. – *Page 57.*

De Balaruc-le-Vieux, prendre la D 2 et rejoindre la N 113 vers Gigean. De là suivre les panneaux de signalisation vers St-Félix-de-Montceau.

Ⓥ **Ancienne abbaye St-Félix-de-Montceau.** – Merveilleusement situés sur une colline d'où se découvre un vaste **panorama**★ sur la plaine et le bassin de Thau, les vestiges de cette ancienne abbaye bénédictine, bâtie au 11ᵉ et 13ᵉ s., montrent la coexistence d'une chapelle romane et d'une église gothique dont le chevet à sept pans était éclairé par trois baies géminées.

De Gigean reprendre la N 113 vers Béziers puis tourner à droite vers Loupian.

Loupian. – *Page 94.*

Rejoindre la N 113 et Mèze.

Mèze. – 5 742 h. Centre de conchyliculture important, cette ville attire de nombreux touristes autour de son port et dans ses rues étroites. Son église gothique date du 15ᵉ s.
Ⓥ La **station de lagunage** montre des expériences intéressantes d'aquaculture (films et exposition de photos) et possède un **aquarium** où sont présentés divers poissons tropicaux.

Reprendre la N 113 vers Béziers puis à gauche la D 51 en direction d'Agde.

Marseillan. – 4 040 h. Probablement fondé au 6ᵉ s. avant J.–C. par des marins massaliotes (1), Marseillan compte toujours des pêcheurs. Le port constitue une escale agréable pour la navigation de plaisance intérieure.
A 6 km **Marseillan-Plage** propose des kilomètres de plages de sable.

Revenir à Sète en suivant le cordon littoral, occupé tout le long par la plage de Sète. En arrivant à la corniche, on peut effectuer le tour panoramique du mont St-Clair (page 148).

---

*Pour circuler en ville, utilisez les plans du **guide Rouge Michelin France** :*
— *axes de pénétration ou de contournement, rues nouvelles*
— *parcs de stationnement, sens interdits...*
Une abondante documentation, mise à jour chaque année.

★★ THINES
83 h. (les Thiniens)

Carte Michelin n° 80 pli 7 ou 240 pli 7 – Schéma p. 165.

Au terme d'une charmante route remontant le ravin de la Thines, cet humble village vivarois occupe un **site**★★ perché au-dessus du torrent. Dans un âpre décor de terres schisteuses, il conserve ses vieilles maisons accrochées au rocher, ses ruelles étroites, enchevêtrées, et une belle église romane.

Église. – Le portail latéral construit en blocs de grès de différentes couleurs compte quatre belles statues-colonnes. Sur le linteau, une frise à petits personnages sculptés représente, de gauche à droite, l'entrée à Jérusalem, la Cène et le baiser de Judas. La décoration des parties hautes de l'édifice, particulièrement celle du **chevet**★, frappent d'admiration en ce site perdu. Au-dessous de la corniche, ornée de motifs d'une grande fantaisie, se déroule une petite arcature retombant sur des consoles sculptées ; au niveau du chevet, cette arcature s'appuie sur quatre colonnes engagées, prolongées jusqu'au sol par des pilastres. L'alternance des claveaux en grès rouge et en granit gris, les chapiteaux en calcaire blanc, créent une harmonie colorée.
A l'intérieur, l'appareil de l'abside montre la même recherche de polychromie qu'à l'extérieur. Remarquer le chapiteau de grande dimension, à l'entrée du chœur.

★ TRABUC (Grotte de)

Carte Michelin n° 80 Nord du pli 17 ou 240 pli 11 – 11 km au Nord d'Anduze.

La grotte de Trabuc, la plus grande des Cévennes, fut habitée à l'époque néolithique et servit de demeure aux Romains au commencement de notre ère. Plus récemment, pendant les guerres de Religion, des Camisards se réfugiaient dans ses galeries ramifiées qui étaient la plus sûre des cachettes. Elle servit même de repaire à des brigands, les Trabucaires, auxquels elle doit son nom – trabuc étant le nom du pistolet que portaient ces bandits.
Plusieurs explorations s'y effectuèrent au 19ᵉ s. ; la plus décisive fut celle de Mazauric en 1899. Les travaux de G. Vaucher, à partir de 1945, portèrent à plus de 7 km la longueur des galeries prospectées. Actuellement une douzaine de kilomètres de grandes galeries ont été reconnues.

---

(1) *Dans l'Antiquité et jusqu'au 16ᵉ s., les petits bâtiments de mer pouvaient pénétrer dans les étangs languedociens par les « graus ». L'envasement progressif de ces pertuis semblait condamner l'activité maritime de la côte, d'où l'importance de la création de Sète.*

🕑 **VISITE** *environ 1 h – température : 14°*

On pénètre dans la grotte par un couloir artificiel de 40 m, foré par les mineurs d'Alès à 120 m au-dessus de l'orifice naturel.

On découvre la salle du Gong et sa grande draperie en oreille d'éléphant qui résonne comme cet instrument de musique, les gours, bassins formés par des barrages de calcite, les fistuleuses du grand couloir, les coulées colorées d'oxyde surnommées cascades rouges, les curieux cristaux d'aragonite, teintés de noir par le manganèse. On parvient ensuite au remarquable paysage souterrain que composent les **Cent mille soldats★★**, concrétions exceptionnelles formées dans des gours évoquant la grande muraille de Chine. Leur origine demeure mystérieuse. Elles composent un spectacle étonnant : hautes de quelques centimètres et très proches les unes des autres, ces concrétions donnent l'illusion d'une armée de fantassins assiégeant une cité fortifiée. Au cour de la remontée, un arrêt dans la salle du Lac permet d'admirer la très belle pendeloque du Grand papillon, des « méduses », des excentriques et surtout le lac de Minuit dont les eaux verdâtres connaissent des variations de niveau de 25 m.

★★ TRUYÈRE (Gorges de la)

Carte Michelin n° **76** plis 12 à 14 ou **239** plis 41, 42.

La Truyère a creusé, dans les plateaux granitiques de la haute Auvergne, des gorges étroites, profondes, sinueuses, souvent boisées et sauvages. Elles figurent parmi les plus belles curiosités naturelles de la France centrale. Des barrages, créés pour l'industrie de la houille blanche, les ont transformées en lac sur une grande longueur, modifiant ainsi leur aspect sans nuire à leur pittoresque, sauf en période de basses eaux. Aucune route ne permet de suivre longtemps la vallée, mais beaucoup la coupent et offrent, sur ses sites, de très beaux points de vue.

Nous ne décrivons dans ce guide que la partie Sud-Ouest des gorges. La partie Nord est décrite dans le guide Vert Michelin Auvergne.

Un détournement. – Autrefois, la Truyère coulait vers le Nord ; elle était un affluent de l'Alagnon et, par là, tributaire de l'Allier. On peut suivre encore, jusqu'aux environs de St-Flour, les traînées d'alluvions anciennes de son cours supérieur ; leur altitude diminue en allant vers le Nord ; elles sont constituées de cailloux de plus en plus roulés. Actuellement, cet ancien lit est abandonné ; la rivière fait un coude brusque près de Garabit, coule vers le Sud-Ouest et va se jeter dans le Lot ; elle est ainsi tributaire de la Garonne. Ce détournement est dû à une « capture » de l'ancienne haute Truyère par un affluent du Lot dont la source remontait vers le Nord-Est et dont le lit était à une altitude inférieure à celui de l'Alagnon.

Le contrecoup du plissement qui a fait surgir les Pyrénées a fortement exhaussé le plateau où coulait la rivière et a fracturé le socle primitif du Massif central. Les grandes éruptions du Cantal ont épanché leurs laves autour du massif volcanique et une coulée est venue se figer dans l'ancienne vallée de la Truyère, contribuant ainsi au détournement de la rivière vers le Sud-Ouest. Après le coude de Garabit, la Truyère creuse profondément son lit et s'enfonce dans des gorges sinueuses pour rétablir son « profil d'équilibre » détruit par ce détournement.

L'équipement hydro-électrique. – Par son étroitesse et par la résistance des roches granitiques qui constituent ses versants, la vallée de la Truyère se prêtait fort bien à la construction de barrages-réservoirs.

D'autre part, le fait que peu de villages et de routes en occupaient le fond favorisait l'acquisition des terrains et la création de vastes retenues.

En 1928 commençaient les grands travaux. Dès 1933, l'usine de Brommat était réalisée et en 1934, le barrage de Sarrans construit *(p. 143)*. Ce lac-réservoir s'étend sur

35 km jusqu'au pont de Lanau. Un second grand ouvrage a été achevé en 1950 : le barrage de Couesque *(p. 161)*, dont la retenue a treize kilomètres de longueur. Le barrage de Cambeyrac, qui sert de régulateur de débit des ouvrages amont, a été terminé en 1957 ; celui de Grandval en 1960. La construction, en 1963, d'un autre ouvrage, en amont du pont de Lanau, permet l'utilisation intégrale de la différence d'altitude existant entre Garabit et Entraygues-sur-Truyère.

Complété par d'autres installations sur certains de ses affluents, comme la Bromme, la Plane, le Goul et la Selves, l'aménagement hydro-électrique de la Truyère peut produire actuellement 1 milliard 634 millions de kWh par an. À cette valeur, s'ajoutent 1 milliard 150 millions de kWh produits par l'usine souterraine de Montézic, mise en service en 1982 ; il s'agit d'une station de transfert d'énergie par pompage *(voir p. 162)*. Toutes les usines sur la Truyère sont télécommandées depuis le poste de commande hydraulique de Brive-la-Gaillarde.

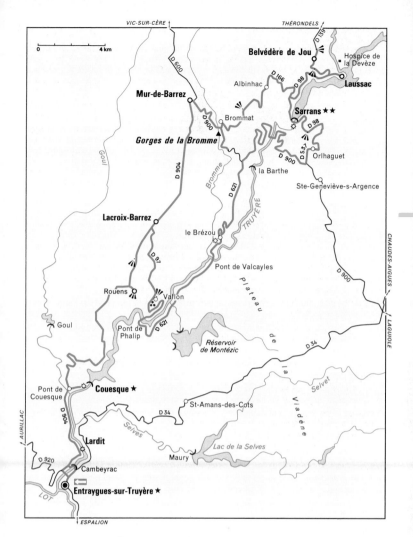

CIRCUIT AU DÉPART D'ENTRAYGUES

128 km – environ 3 h 1/2

★ **Entraygues-sur-Truyère.** – *Page 75.*

   Prendre au Nord la D 34 et traverser la Truyère au barrage de Cambeyrac.

La route suit la vallée de la Truyère sur environ 6 km. Le **barrage de Cambeyrac,** régulateur de la rivière, constitue le dernier ouvrage de l'ensemble hydro-électrique de la vallée de la Truyère, avant sa jonction avec la vallée du Lot. Il mesure 14,5 m de hauteur et possède deux groupes « bulbes » de 5 150 kWh. Sa productibilité annuelle est de 36 millions de kWh. Un peu en amont, après un coude de la rivière, on aperçoit sur l'autre rive l'usine hydro-électrique de Lardit.

Usine hydro-électrique de Lardit. – Cet ouvrage, dont la productibilité annuelle est de 101 millions de kWh, utilise les eaux de la Selves et de son affluent le Selvet, retenues par le barrage de Maury *(voir p. 76)* sur la Selves, au Sud de St-Amans-des-Cots. Les eaux sont amenées à l'usine de Lardit par un tunnel de 6 km auquel font suite deux conduites forcées.

La vallée, d'abord couverte de prés et plantée de vignes et d'arbres fruitiers, devient plus sévère à mesure que l'on monte vers le Nord.

   Après le pont de Couesque, sur le Goul, prendre à droite une route qui longe la Truyère et conduit à l'usine et au barrage de Couesque.

★ **Barrage de Couesque.** – Ce barrage du type voûte-mince, en surplomb vers l'aval, est haut de 60 m. Sa retenue s'étend jusqu'au confluent de la Bromme et de la Truyère, où débouche le canal de fuite de l'usine souterraine de Brommat *(p. 143).*

D'une capacité de 56 millions de mètres cubes, la retenue emmagasine également les eaux du Goul, amenées par une dérivation souterraine longue de 3,3 km. L'usine construite à 300 m en aval du barrage produit annuellement 220 millions de kWh. Son extension est en cours.

   Revenir au pont de Couesque et prendre à droite la D 904 vers le Nord.

La route quitte alors le fond de la vallée, offrant en arrière de belles vues plongeantes sur la vallée du Goul puis sur les gorges très profondes de la Truyère, le barrage de Couesque et son lac de retenue. On atteint enfin le plateau et le hameau de **Rouens,** à droite de la route. En contrebas de l'église, vue pittoresque sur le lac de Couesque et le pont de Phalip.

   Continuer au Nord vers Lacroix-Barrez. Avant le village prendre à droite la D 97.

On descend dans un profond ravin boisé. Au hameau de **Vallon**, un belvédère aménagé offre un beau point de vue sur les gorges de la Truyère. Contournant les ruines du château de Vallon, perché sur un éperon dominant la vallée, la route débouche dans les très belles gorges de la Truyère et franchit la retenue de Couesque sur le pont suspendu de Phalip.

Peu après la rivière, prendre à gauche, en épingle à cheveux, la D 621.

La route suit quelque temps la rive gauche de la Truyère que le barrage de Couesque, en aval, transforme en retenue. On se trouve à la hauteur de **l'usine souterraine de Montézic**. Il s'agit d'une station de transfert d'énergie par pompage, qui permet de transformer l'énergie électrique, excédentaire en heures creuses, en énergie hydraulique, stockée et redistribuée sous forme d'énergie électrique pendant les heures de forte consommation. Le **réservoir de Montézic**, situé sur le plateau granitique de la Viadène, est formé par deux barrages sur le ruisseau de la Plane. Cette retenue de 245 ha et d'une capacité de 32,5 millions de m^3, fait office de réservoir supérieur par rapport à celle de Couesque et alimente l'usine souterraine par des galeries « haute pression ». De l'usine, implantée au cœur de la roche, une galerie « basse pression » aboutit à la retenue de Couesque. L'accès à l'usine se fait par une galerie souterraine rejoignant la D 621 qui longe la Truyère *(accès interdit)*.

Plus loin en amont, la route traverse la Truyère au pont de Valcayles. Près du hameau du Brézou se trouve l'usine souterraine de Brommat et le poste d'interconnexion de Rueyres appartenant tous deux à l'ensemble hydro-électrique de **Sarrans-Brommat**. De cet ensemble font également partie le barrage de la Barthe et le barrage de Sarrans *(pour plus de détails sur l'aménagement de Sarrans-Brommat, voir p. 143).*

La D 900 descend vers la rivière en de nombreux lacets et remonte sur l'autre rive pour atteindre le plateau.

Au carrefour de la Croix-l'Évêque, peu avant Ste-Geneviève-sur-Argence, prendre à gauche la D 537 qui traverse le hameau d'Orlhaguet. À l'un des calvaires, tourner à gauche sur la D 98.

Peu après, un belvédère permet une vue sur le haut mur du barrage de Sarrans.

★★ **Barrage de Sarrans**. – *Page 143.*

Après avoir passé la crête du barrage, la D 98 longe le lac de retenue jusqu'aux abords du village de Laussac que l'on atteint par la D 537.

Laussac. – Le village est bâti sur un promontoire que l'immersion de la vallée a transformé en presqu'île.

Revenir à la D 98 que l'on emprunte à droite.

A 1,5 km de l'embranchement, belle vue sur le lac.

Poursuivre la D 98 jusqu'à un croisement où l'on prend la D 139 à droite.

Belvédère de Jou. – Après le hameau de Jou on découvre un panorama sur la presqu'île de Laussac, l'hospice de la Devèze et la retenue de Sarrans.

Revenir vers Laussac en reprenant à gauche la D 98 puis la D 166 vers Albinhac et Brommat.

La route offre des vues étendues sur le pays du Barrez, les monts du Cantal et l'Aubrac. Remarquer les jolis toits à quatre pans de la région, avec leurs lauzes en forme d'écailles.

Tourner à gauche à Brommat et prendre encore à gauche la D 900 vers Ste-Geneviève-sur-Argence.

Gorges de la Bromme. – On suivra la Bromme, affluent de la Truyère, sur deux ou trois kilomètres. Le cours d'eau a creusé dans le basalte des gorges profondes et sauvages dont la route offre un bon aperçu.

Revenir à Brommat et poursuivre la D 900 vers Mur-de-Barrez.

Mur-de-Barrez. – *Page 121.*

Quitter Mur-de-Barrez par la D 904 au Sud.

La route, droite et rapide, court sur le plateau barrezien entre les vallées du Goul et de la Bromme.

Lacroix-Barrez. – 632 h. C'est le pays natal du cardinal Verdier, archevêque de Paris, qui fit construire autour de la capitale, de 1930 à 1940, plus de cent églises ou chapelles. Au centre du village, un monument a été élevé, en 1949, à la mémoire du « cardinal des chantiers ».

A 3 km de Lacroix-Barrez, la D 904 offre des vues lointaines, à droite sur le plateau de la Châtaigneraie, à gauche sur le plateau de la Viadène.

On regagne Entraygues par la D 904.

Dans ce sens, les vues plongeantes qu'offre la route en corniche au-dessus des gorges de la Truyère, sont particulièrement belles.

★ **Entraygues-sur-Truyère**. – *Page 75.*

Afin de donner à nos lecteurs l'information la plus récente possible, les Conditions de Visite des curiosités décrites dans ce guide ont été groupées en fin de volume, sous le chapitre Renseignements Pratiques.

Les curiosités soumises à des conditions de visite y sont énumérées soit sous le nom de la localité soit sous leur nom propre si elles sont isolées.

Dans la partie descriptive du guide, p. 45 à 172, le signe ⓥ placé en regard de la curiosité les signale au visiteur.

VALLERAUGUE
1 041 h. (les Valleraugois)

Carte Michelin n° 80 Nord du pli 16 ou 240 pli 14 – Schéma p. 48 – Lieu de séjour.

Ce gros bourg cévenol est situé à 350 m d'altitude, au pied du mont Aigoual, dans le creux bien abrité de la haute vallée de l'Hérault. Le petit centre de ski du col de Prat-Peirot constitue son annexe hivernale.

Valleraugue offre un cachet déjà méridional et chacune de ses fermes possède une magnanerie qui était naguère occupée par les vers à soie pendant la période d'élevage. Les agriculteurs de la vallée se sont, en outre, spécialisés dans la production de la pomme dite « Reinette Canada du Vigan ». Le fond de la vallée de l'Hérault, en amont de Valleraugue, le long de la D 986 conduisant à l'Espérou, est planté de vergers.

Église. – D'époque romane, l'église fut fondée par des moines bénédictins à la fin du 12e s. et au début du 13e s.

Sentier des 4 000 marches. – *1 journée AR. Pour marcheurs entraînés. Départ derrière l'église de Valleraugue. Suivre les panneaux représentant une chaussure de marche ou deux empreintes de pieds.*

Ce sentier empierré – les marches n'apparaissent que dans son nom – rejoint le sommet de l'Aigoual. Il grimpe dans la châtaigneraie en offrant de belles vues sur Valleraugue et sa vallée. Il se poursuit dans un paysage plus sauvage de landes de bruyère et de genêts, pénètre dans l'Hort-de-Dieu *(p. 48)*, arboretum aux essences variées, et atteint enfin le sommet dénudé de l'Aigoual. Pour redescendre, reprendre le même chemin *(3 h)* ou suivre un autre itinéraire plus varié *(4 h)* qui mène à Aire-de-Côte puis suit les crêtes et les vallées procurant de nombreuses vues sur la succession des serres.

★ VALMAGNE (Abbaye de)

Carte Michelin n° 83 pli 16 ou 240 pli 26 – 8 km au Nord de Mèze.

Isolée dans un bouquet de pins, la grande abbaye aux pierres rosées s'élève au milieu du vignoble languedocien.

L'abbaye de Valmagne fut fondée en 1138 par Raymond Trencavel, vicomte de Béziers, qui l'avait confiée à des moines bénédictins. Ceux-ci se rattachèrent très vite à Cîteaux (1159) et édifièrent les bâtiments de leur monastère sur le plan cistercien. Du 12e au 14e s., ce fut une des abbayes les plus riches du Sud de la France comptant jusqu'à 300 moines. La guerre de Cent Ans puis les guerres de Religion la ruinèrent peu à peu. En 1573, l'un des abbés commendataires prit le parti de la religion réformée ; il vint assiéger sa propre abbaye et y tuer les moines.

Au 17e et au 18e s. quelques riches abbés restaurèrent les bâtiments. Le cardinal de Bonzi en fit un véritable palais. Mais quand la Révolution arriva, la décadence s'était déjà installée et cinq moines seulement y vivaient. Valmagne fut saccagée puis revendue. Son nouveau propriétaire en fit un domaine viticole et son successeur, le comte de Turenne, se préoccupa de lui redonner sa belle allure d'antan.

Depuis 1975, l'Association des Amis de Valmagne restaure et anime les lieux.

⊙ VISITE *environ 1 h*

Église. – Commencée au milieu du 13e s. et terminée au 14e s., elle témoigne, par son architecture et l'élan de son vaisseau, d'un style gothique classique aussi éloigné des traditions du Languedoc que de la coutume cistercienne. Elle rappelle plutôt les cathédrales du Nord de la France par ses dimensions (23 m de haut et 83 m de long), mais aussi par sa façade flanquée de tours, son vaisseau épaulé d'arcs-boutants, ses murs très ajourés (les fenêtres hautes ont été malheureusement obturées au 17e s.), l'hémicycle du chœur aux grandes arcades en tiers-point et son déambulatoire aux chapelles rayonnantes.

Depuis la Révolution elle sert de chai de vieillissement du vin, ce qui lui a permis d'être entretenue.

Bâtiments monastiques. – Fortement rénovés depuis le 13e s., ils remontent encore pour partie à la fondation (12e s.). Le **cloître** reconstruit au 14e s. séduit par la couleur dorée de ses pierres. Ses galeries et ses baies sont presque privées de décor. On trouvera plus de fantaisie dans la **salle capitulaire**, du 12e s., où les colonnettes et les chapiteaux présentent une certaine variété, et surtout dans le ravissante **fontaine** (1) coiffée d'un élégant ensemble du 18e s. formé de huit nervures reliées par une clef pendante.

Le vaste **réfectoire** des abbés, restauré au 19e s., possède une remarquable cheminée Renaissance *(ouvert uniquement lors des concerts).*

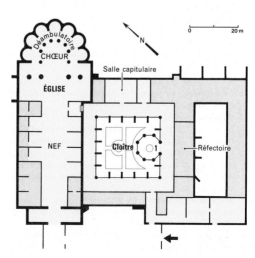

Les VANS

2 098 h. (les Vanséens)

Carte Michelin n° **80** pli 8 ou **240** plis 3, 7 – Schéma p. 165 – Lieu de séjour.

Au cœur du Bas Vivarais cévenol, dominés à l'Ouest par l'échine déchiquetée du serre de Barre, les Vans occupent le centre d'un riant bassin qu'arrose le Chassezac.
Le site, pour qui descend des Cévennes, constitue une magnifique révélation de la nature méridionale. A l'âpre décor de serres schisteux, succède l'éclatante blancheur du bas pays calcaire.

RÉFORME ET CONTRE-RÉVOLUTION

Les deux Claude de Roure. – Dès 1517, la Réforme gagne les Vans ; en 1563, les habitants se convertissent au protestantisme sous la conduite de Claude de Roure. L'église est détruite et remplacée par un temple. Mais après la prise de Privas, en 1629, par Louis XIII, le temple devient lieu de réunion pour les catholiques. En 1664, il est démoli et remplacé par une nouvelle église, sous l'impulsion d'un autre Claude de Roure, neveu du précédent. De ces périodes troublées, subsistent aux Vans une église catholique (15e s.), restaurée, et un temple protestant à façade classique.

Le camp de Jalès. – La dépression s'étendant au Sud-Est des Vans, de part et d'autre du village de Jalès, demeure liée à un épisode sanglant de la contre-révolution.
Entre 1790 et 1792, au château de Jalès se rassemblent les fidèles de l'Ancien Régime. La Constitution civile du clergé renforce les divisions ; de nombreux prêtres réfractaires se joignent aux royalistes.
Le 21 juin 1792, la cocarde tricolore est foulée aux pieds à Berrias. Reconnu pour chef des royalistes de la région, le **comte de Saillans,** Dauphinois d'origine, hâte la date du soulèvement. Son complot est dévoilé. Une troupe, envoyée contre les hommes de Saillans, les défait près de Courry *(18 km au Sud des Vans)* le 11 juillet. Saillans se réfugie au château de Banne, puis prend la fuite avec quelques compagnons. Arrêtés sur la route de Villefort, ils sont conduits aux Vans : la foule, qui reproche à Saillans l'exécution de plusieurs « patriotes », les massacre dans la rue. Selon la tradition, quelques royalistes auraient réussi à gagner le bois de Païolive (au Sud-Est des Vans) où ils périrent de faim.

EXCURSIONS

Naves. – 286 h. *2,5 km – Circuit* **1** *sur la carte. A la sortie des Vans, en direction de Villefort, tourner à gauche.* Ce vieux village qui domine le bassin des Vans a conservé son aspect médiéval. Ses ruelles à arceaux, ses maisons où s'allient le schiste et le calcaire, sa charmante église romane – malheureusement en mauvais état – bien située à l'extrémité du village, y attirent des artistes.

Route du Frontal. – *14 km – Circuit* **2** *sur la carte. Quitter les Vans au Sud-Est par la D 901 ; à la hauteur du temple, prendre à droite la D 216 ; puis encore à droite la D 251 en direction de Brahic.* On pénètre en terrain schisteux, parmi les châtaigniers couvrant les flancs du serre de Barre.

Brahic. – 93 h. Village aux sombres maisons de schiste.

> *Laisser la voiture à l'entrée du village, où l'on pénètre par un passage voûté. Tourner à droite et emprunter le sentier s'amorçant à la hauteur d'une croix de Mission et menant à une châtaigneraie.*

De là, la vue s'étend sur la vallée du Chassezac, dominée par la montagne du Serre.

Passé Brahic, la route s'enfonce dans le sauvage ravin cévenol de la Ganière en longeant le versant Sud du serre de Barre. Au-delà du hameau du Frontal, la route se prolonge jusqu'à Malons.
Au retour, à 2 km de Brahic, le passage du schiste au calcaire est encore plus frappant ; les murettes des anciennes terrasses accusent ce changement.

★Villages du Vivarais cévenol

Circuit de 34 km, circuit **3** *sur la carte – environ 2 h 1/2.*

> *Quitter les Vans au Nord par la D 10. Prendre à droite la D 250.*

Chambonas. – 520 h. On accède au village par un vieux pont pointant ses avant-becs dans les eaux vertes du Chassezac.
L'église, en partie romane, est un robuste édifice dont la corniche du chevet s'orne d'une frise sculptée.
Près de l'église, le château (12e-17e s.) se signale par ses tours à tuiles vernissées ; jardins à la française dont le dessin est attribué à Le Nôtre.

> *Poursuivre la D 250.*

Après avoir longé le Chassezac, la route franchit le ruisseau de Sure et s'élève sur le versant gréseux parmi les vignobles et les pins ; jolie vue sur le serre de Barre et le clocher de St-Pierre-le-Déchausselat.

Payzac. – 424 h. Charmante église rurale (12e-15e s.) campée sur le plateau gréseux ; à l'intérieur, à gauche du retable, statue en bois de saint Pierre, vigoureusement traitée.

> *Prendre la D 207, direction St-Jean-de-Pourcharesse.*

Le grès, de grisâtre, devient rouge : vue sur l'église de St-Pierre, l'arête du serre de Barre. Après le village de Brès, construit en grès rouge, nouveau changement d'aspect : le grès cède la place au schiste. La route serpente au flanc de versants ombragés de châtaigniers.

St-Jean-de-Pourcharesse. – 55 h. Église typique du pays du schiste avec son toit de lauzes, son clocher-peigne. De la terrasse, vue en direction des Vans, des « becs » de la Bannelle et du Guidon du Bouquet.

> *Rebrousser chemin jusqu'à l'entrée du village où l'on prend, à droite, la route en direction de Lauriol.*

A partir de ce hameau, la route se poursuit parmi les châtaigniers, dans un décor de ravins abrupts où s'agrippent de pauvres hameaux. Remarquer au passage le mode de couverture des maisons de schiste, avec la curieuse disposition de leurs lauzes au faîte des toits.

St-Pierre-le-Déchausselat. – 136 h. Village étagé en terrasses. Laisser la voiture devant l'église et gagner les vignobles de la ferme en contrebas : vue, de gauche à droite, vers la Dent de Rès, le rocher de Sampzon, le mont Ventoux, le Guidon du Bouquet, la Bannelle et le serre de Barre.

De St-Pierre, la D 350, tracée au flanc d'un vallon cultivé, descend vers le Chassezac.

Retour aux Vans par Chambonas.

★Circuit de 77 km par la vallée du Chassezac

environ 3 h – circuit 4 *sur la carte*

> *Quitter les Vans par la D 901 en direction de Villefort et tourner à droite dans la D 113.*

Gravières. – 445 h. L'église (12ᵉ-15ᵉ s.) est caractérisée par un clocher puissant ; elle abrite dans le mur du chœur, à gauche, un arbre de Jessé en pierre sculptée (14ᵉ s.), malheureusement mutilé. Retable en bois doré et chapelles gothiques.

> *Poursuivre par la D 113. Après le pont sur le Chassezac, prendre à droite la D 413.*

Les Salelles. – 181 h. Sur une plate-forme dominant un méandre du Chassezac, l'église St-Sauveur, gothique, est construite en beaux moellons de grès rose. Le clocher fortifié, détruit par la foudre, a été reconstruit au début du 20ᵉ s.

> *Revenir à la D 113 que l'on prend à droite.*

Le cours de la rivière est jalonné de barrages de retenue, de conduites forcées et d'usines appartenant à l'ensemble hydro-électrique du Chassezac *(voir ci-dessous).*

> *Prendre à droite la D 513.*

★★Thines. – *Page 159.*

Au confluent de l'Altier, du Chassezac et de la Borne, l'**usine de Pied-de-Borne** est alimentée par le barrage de Villefort *(p. 168)* et celui de Roujanel, plus au Nord sur la Borne. Cette usine, pièce maîtresse de l'ensemble hydro-électrique du Chassezac, produit plus de la moitié de l'énergie fournie par ce bassin.

> *Après avoir traversé la Borne et contourné l'usine, prendre à droite la D 151 vers la Bastide-Puylaurent.*

La route suit, en hauteur, la vallée de la Borne, assez encaissée.

> *A la sortie du hameau des Beaumes, prendre à droite une petite route qui rejoint le fond de la vallée et traverse la rivière.*

Après avoir longé l'étroite vallée de Chamier, la route s'élève en nombreux lacets jusqu'au plateau de Montselgues qui domine les vallées environnantes à une altitude moyenne de 1 000 m.

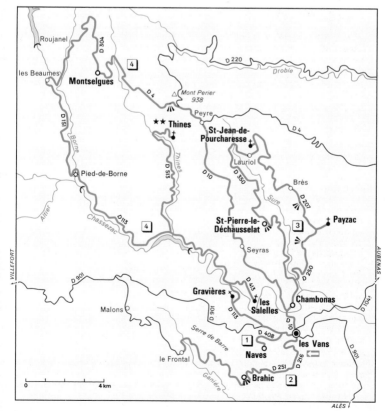

Montselgues. – Ce petit village isolé au milieu d'un vaste plateau ondulé, parsemé en juin de narcisses sauvages et de genêts, possède une robuste église au beau porche roman, accolée à une grande maison cévenole. Montselgues est un centre de ski de fond.

A l'entrée Nord du village, prendre la D 304 vers l'Est. La route descend vers la D 4 que l'on prend à droite.

Sur un replat, peu avant Peyre, **vue**★, à droite, sur le village de Thines, en contrebas, isolé sur un piton. Dans ce désert de pierraille, on aperçoit, à gauche de la route, près d'une ferme, un curieux ensemble de ruches creusées dans les troncs de châtaigniers et simplement couvertes d'une lauze (dalle) de schiste.
Suivant le tracé de la corniche alternant d'un versant à l'autre, le panorama se révèle tantôt sur les serres désolés s'étendant de la Drobie au Tanargue, tantôt vers les bassins de la Basse Ardèche.
Après un long parcours parmi les pins, on atteint Seyras où apparaît la vigne annonçant la nature méridionale.

Regagner les Vans par le pont de Chambonas (description p. 164).

VIAS
2 934 h. (les Viassois)

Carte Michelin n° 83 pli 15 ou 240 plis 26, 30 – 4 km à l'Ouest d'Agde.

Ancien bourg fortifié sur la route d'Agde à Béziers (N 112), Vias est un lieu de pèlerinage. On vient encore prier la Vierge antique et miraculeuse de Vias, belle statue de bois sculpté, mi-partie noyer, mi-partie sapin, recouverte de dorure sur plâtre. Elle aurait été rapportée de Syrie par des marins.

Église. – De style gothique (fin 14e-début 15e s.), cette église est construite en pierre noire d'origine volcanique. Sur la façade Ouest, une très belle rose était encadrée autrefois de deux tourelles polygonales crénelées dont une seule subsiste. Au Nord du sanctuaire s'élève un clocher carré, surmonté d'une galerie ajourée et d'une flèche pyramidale. La large nef n'a que deux travées. Une troisième travée forme le chœur, en avant de l'abside à sept pans. La décoration est très sobre. On trouve la Vierge miraculeuse dans la chapelle du Saint-Sacrement (à droite du maître-autel).

VIAUR (Vallée du)

Carte Michelin n° 80 plis 3, 11, 12, 13 ou 235 plis 19, 20, 24.

Le Viaur prend sa source sur le plateau du Lévézou à l'Ouest des Grands Causses, traverse le Ségala et rejoint l'Aveyron à Laguépie. Sa vallée, agréable tout au long de son cours, offre de part et d'autre du pont de Tanus quelques sites intéressants et d'un accès assez facile.

L'aménagement hydro-électrique du Viaur et de ses affluents. – Par une série d'ouvrages, EDF a conduit les eaux du Viaur et de ses affluents dans le Tarn, bien avant qu'elles n'aillent le rejoindre naturellement par l'intermédiaire de l'Aveyron. Ainsi la retenue de Pont-de-Salars sur le Viaur déverse ses eaux dans la retenue de Bage, d'où elles sont pompées dans le lac de Pareloup ; les eaux actionnent alors l'usine d'Alrance et sont rejetées dans le lac de Villefranche-de-Panat *(voir p. 158)*, puis dans le lac de St-Amans (sur un petit affluent du Tarn) pour alimenter la centrale hydro-électrique du Pouget ; elles rejoignent alors le Tarn. La productivité en année moyenne approche de 300 millions de kWh.

Lac de Pareloup. – Il est le plus vaste des lacs du Sud-Aveyron (1 298 ha). Ses eaux s'étalent dans le vallon du Vioulou, affluent du Viaur, en langues festonnées ; les routes pittoresques qui le bordent et le traversent en font un centre de tourisme.

Quelques sites

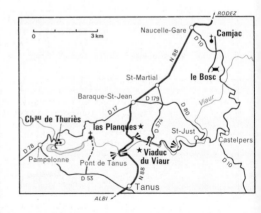

ⓥ **Château du Bosc.** – *De Nau- celle-gare, 5 km par la D 10, puis la 1re route à droite.*
Propriété de la famille du peintre Toulouse-Lautrec, le château du Bosc, situé dans un cadre agréable de bosquets et de prairies, évoque le souvenir de l'artiste, qui y séjourna fréquemment dans son enfance.
A l'intérieur, on visite la salle des Gardes, parée d'une cheminée Renaissance, les salons où sont conservées de belles tapisseries d'Aubusson, la chambre du jeune Henri. De nombreux dessins sont rassemblés en un musée du souvenir familial.

Église de Camjac. – Non loin du château du Bosc, à environ 1 km au Nord de la D 10, on pourra visiter la surprenante église campagnarde de Camjac dont la banale architecture du 19e s. renferme des peintures murales exécutées dans les années 50 par de jeunes artistes de l'École des Beaux Arts de Clermont-Ferrand.

Le viaduc du Viaur.

★ **Viaduc du Viaur.** – *De St-Martial, 4 km par la D 574.*
Il est l'œuvre de l'ingénieur Paul Bodin, qui le construisit de 1897 à 1902. Cette masse de 3 734 t enjambe le Viaur en 460 m, à 116 m de hauteur. Reposant sur un arc central de 200 m d'envergure, cet ouvrage métallique, qui ne manque pas d'élégance dans son site verdoyant, permet à la voie ferrée Carmaux-Rodez de franchir la rivière.

★ **Église de Las Planques.** – *De Tanus, 3 km, puis 1 h à pied AR. A la sortie Sud du village, prendre la D 53 vers Pampelonne. Tourner dans la 2e route s'embranchant à droite sur cette D 53 et suivre les panneaux du GR sentier des Gorges du Viaur et laisser la voiture à l'aire de stationnement. Suivre l'agréable sentier en sous-bois, bordé de châtaigniers.*
L'église de Las Planques doit probablement son nom à la proximité d'un pont de planches sur le Viaur. Propriété de l'abbaye de Conques, elle a groupé autour d'elle un petit village dont subsistent quelques vestiges envahis par les fougères et les ronces. Dans un site sauvage, à pic sur le Viaur, cet édifice du 11e s. se caractérise par son aspect rude et sévère, accentué par la rusticité de l'appareil de pierre, le clocher trapu aux puissants contreforts. Les bandes lombardes du chevet constituent le seul élément décoratif. L'intérieur n'est éclairé que par de rares fenêtres ébrasées, véritables meurtrières. Le chœur est décoré de fresques datant de 1692.

Château de Thuriès. – *De Tanus, 8,5 km par la D 53, Pampelonne et la D 78, à droite.*
Importante forteresse au 13e s., ses ruines, pittoresques, enserrées dans un méandre encaissé de la vallée du Viaur, dominent le barrage qui alimente une usine électrique.

Le VIGAN   4 593 h. (les Viganais)

Carte Michelin n° 80 pli 16 ou 240 pli 14 – Schémas p. 48 et 85.

Cette petite ville cévenole, bien exposée au pied du versant Sud du mont Aigoual, dans la vallée de l'Arre qui présente, au confluent du Souls et du Coudoulous, un bassin fertile, est un centre industriel (bonneteries, filatures de soie).
Le Vigan a vu naître deux héros, inégalement célèbres, mais de la même trempe morale, le chevalier d'Assas et le sergent Triaire. A chacun d'eux, la ville a élevé une statue.

Le chevalier d'Assas. – Né au Vigan en 1733, Louis d'Assas appartenait à une famille de petite noblesse. Devenu capitaine au régiment des chasseurs d'Auvergne, il meurt à 27 ans, dans la bataille de Clostercamp, durant la campagne de Hanovre (1760). Au cours d'une reconnaissance, le jeune homme est surpris dans un bois. On lui met la pointe des baïonnettes sur la poitrine en le menaçant de mort s'il pousse un cri. C'est alors qu'est lancé le fameux : « A moi, Auvergne, ce sont les ennemis. » Le chevalier tombe, percé de coups, mais les Français sont alertés. Sur le moment même, ce fait d'armes ne s'ébruite pas. Le héros est simplement cité parmi les cinquante officiers que le régiment a perdus, sur quatre-vingts. C'est Voltaire qui, en 1768, tire la scène de l'oubli.
La maison natale du chevalier d'Assas existe encore, boulevard du Plan-d'Auvergne.

Le sergent Triaire. – Né en 1771, Triaire s'enrôle à 18 ans et devient artilleur du régiment de Bourgogne. En 1793, il fait partie des troupes qui combattent les Anglais à Toulon. A l'assaut du fort Malbousquet, c'est lui qui plante le drapeau tricolore sur l'ouvrage conquis. Pendant la campagne d'Italie, il occupe à Castiglione une redoute abandonnée et, avec quelques camarades, contient l'ennemi pendant deux heures. Plus tard, sergent canonnier des corps expéditionnaires d'Égypte, il se trouve au fort d'El-Arich, investi par les troupes turques. Des traîtres jettent des cordes aux ennemis qui pénètrent dans la forteresse. Triaire s'enferme dans le magasin à poudre et fait sauter le fort avec les Turcs qui l'occupent.

LE VIGAN

CURIOSITÉS

Promenade des Châtaigniers. – Belle promenade qu'ombragent d'énormes châtaigniers séculaires.

Statues de Louis d'Assas et de Triaire. – La statue du chevalier est sur la place d'Assas (**B**), celle du sergent sur la place de l'Hôtel-de-Ville (**D**).

Vieux pont. – Enjambant l'Arre, il est antérieur au 13ᵉ s. On en a une bonne vue depuis une plate-forme au bord de la rivière, en amont du pont.

★ **Musée cévenol.** Installé dans les bâtiments d'une filature de soie du 18ᵉ s., ce musée est presque entièrement consacré à l'artisanat et aux traditions populaires du pays cévenol.

La salle des Métiers présente les artisanats traditionnels : le travail du banastaire (fabricant de paniers), celui du vannier, de l'orpailleur, du ferblantier... Des reconstitutions d'échoppes et d'un intérieur cévenol complètent cette présentation. Une salle est consacrée à André Chamson, écrivain viganois dont une partie de l'œuvre se déroule au pied de l'Aigoual. La salle du Temps évoque l'histoire, depuis la nuit des temps (géologie, préhistoire) jusqu'à l'époque de la réforme et au 19ᵉ s., représenté par une collection de costumes en soie des Cévennes.

EXCURSIONS

Col des Mourèzes. – *5 km par la D 370, à l'Ouest du plan puis la D 170 à droite.* Du col (alt. 560 m), vue sur la vallée d'Aulas.

Vallée de l'Arre. – *18 km. Quitter le Vigan par la D 999 en direction de St-Affrique.* La route suit la vallée qui offre un curieux contraste entre son versant Sud, calcaire et aride, formé par les escarpements du causse de Blandas, et son versant Nord, schisteux et boisé, constitué par les contreforts de la montagne du Lingas. Le long de la route s'élèvent les bâtiments d'anciennes filatures de soie datant du 18ᵉ ou du 19ᵉ s. Arre est spécialisé dans la teinture des textiles.

D'Arre, revenir à Bez et prendre une petite route tortueuse qui va vers Esparon.

Très pittoresque, cette route s'élève jusqu'au village perché d'**Esparon** puis redescend vers Molières-Cavaillac en offrant de belles vues sur les contreforts orientaux de la montagne du Lingas.

Après Molières-Cavaillac, prendre à gauche, puis à droite et rentrer au Vigan.

Vous trouverez, de la p. 7 à la p. 9, un choix d'itinéraires de visite régionaux.

Pour organiser vous-même votre voyage, consultez la carte des principales curiosités et régions touristiques, de la p. 4 à la p. 6.

VILLEFORT   791 h. (les Villefortais)

Carte Michelin n° **80** pli 7 ou **240** pli 7 – Schéma p. 97 – Lieu de séjour.

Au débouché du vallon de Phalère, ce bourg accueillant offre de multiples distractions grâce à son lac où l'on pratique les sports nautiques et à sa situation qui permet d'entreprendre de nombreuses excursions à pied ou en voiture dans les Cévennes et le Bas Vivarais. Villefort possède en saison un **centre d'information sur le Parc national des Cévennes** (*voir p. 28*).

Lac et barrage de Villefort. – *1,5 km. Prendre au Nord la D 906 vers La Bastide-Puylaurent.*
Ce lac a noyé les gorges de l'Altier et un ravin adjacent, formant un vaste plan d'eau ramifié. Le barrage, long de 190 m à la crête, s'élève à 70 m au-dessus du lit du torrent ; il alimente l'usine de Pied-de-Borne située à 9 km en aval. L'aménagement du bassin du Chassezac – 4 barrages et usines sont achevés – fournit 420 millions de kWh ; ces différents ouvrages permettent en outre l'irrigation des terres de la basse vallée.

EXCURSIONS

Château de Castanet. – *5 km. Peu avant le barrage de Villefort prendre à gauche la D 901 qui traverse le lac et longe sa rive Nord. Le château est décrit p. 96.*

> *Les trois premières excursions ci-dessous, toutes au Nord de Villefort, peuvent se faire à la suite l'une de l'autre en parcourant la D 906.*

★ **La Garde-Guérin.** – *8 km. Description p. 84.*

★★ **Belvédère du Chassezac.** – *9 km. 1/4 h à pied AR. Laisser la voiture au panneau « belvédère », à gauche de la route. Un sentier mène à une étroite plate-forme.*
Le site est saisissant : le regard plonge en à-pic au-dessus des gorges du Chassezac ; le grondement des eaux répercuté par les parois, l'aspect chaotique ou déchiqueté des roches, la profondeur de l'abîme vertical laissent une impression très vive.

Prévenchères. – *17 km.* L'église à clocher-peigne (12e-15e s.) présente une abside décorée, à l'extérieur et à l'intérieur, d'une arcature romane.

Versant Est du mont Lozère. – *Circuit de 47 km. De Villefort à Génolhac, le parcours est décrit p. 96.* La D 906, au Nord de Génolhac ramène à Villefort. La route suit ou croise la voie ferrée empruntée par le « Cévenol » qui s'enfonce dans de nombreux tunnels.

Concoules. – 238 h. Le village, agréablement situé en terrasse, met une tache colorée dans le paysage, avec ses maisons aux toits rouges. La petite église romane présente un clocher-peigne.

★ # VILLEFRANCHE-DE-ROUERGUE 13 869 h. (les Villefranchois)

Carte Michelin n° **79** Nord du pli 20 ou **235** pli 15.

Aux confins du Rouergue et du Quercy, l'ancienne bastide de Villefranche, dont les toits se pressent au pied de la puissante tour de l'église Notre-Dame, se blottit dans un bassin encadré de collines verdoyantes, au confluent de l'Aveyron et de l'Alzou.

Commerce et prospérité. – Sa situation au contact du Causse et du Ségala, à la croisée de voies de communication empruntées depuis l'Antiquité, fait de Villefranche, au Moyen Age, un important centre commercial ; c'est aussi une étape sur le chemin des pèlerinages de St-Jacques-de-Compostelle. Au 15e s., la ville obtient de Charles V le privilège de battre monnaie ; l'exploitation des mines d'argent et de cuivre ajoute à la prospérité de Villefranche, siège de la sénéchaussée du Rouergue et capitale de la Haute Guyenne.
C'est aujourd'hui un centre d'industries agro-alimentaires et métallurgiques (boulons).

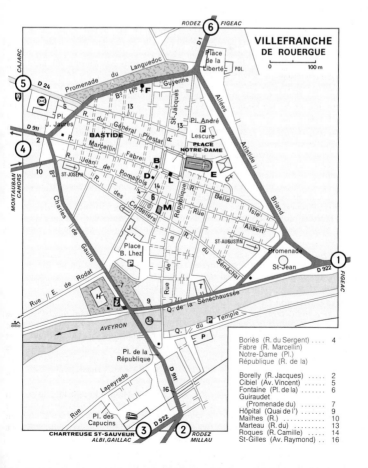

Boriès (R. du Sergent) 4
Fabre (R. Marcellin)
Notre-Dame (Pl.)
République (R. de la)

Borelly (R. Jacques) 2
Cibiel (Av. Vincent) 5
Fontaine (Pl. de la) 6
Guiraudet
  (Promenade du) 7
Hôpital (Quai de l') 9
Mailhes (R.) 10
Marteau (R. du) 13
Roques (R. Camille) 14
St-Gilles (Av. Raymond) .. 16

CURIOSITÉS

★ **La bastide.** — Fondée en 1099 par Raymond IV de Saint-Gilles, comte de Toulouse, sur la rive gauche de l'Aveyron, Villefranche connaît un nouvel essor lorsque, en 1252, Alphonse de Poitiers, frère de Saint Louis, décide de créer une ville nouvelle sur la rive droite de la rivière. Bâtie selon un plan de bastide *(détails p. 37),* elle est terminée en 1256. Malgré le désaccord survenu entre le fondateur et l'évêque de Rodez, qui va jusqu'à excommunier les nouveaux arrivants, le peuplement est rapide.

Villefranche a perdu aujourd'hui une partie de son aspect du Moyen Age avec la destruction de ses fossés, de ses remparts et de ses portes fortifiées, elle conserve pourtant le visage d'une bastide avec sa place centrale et son plan en damier.

★ **Place Notre-Dame.** — Située au cœur de la ville, cette belle place, qui s'anime les jours de marché, est encadrée de maisons à « couverts » dont certaines ont conservé leurs fenêtres à meneaux et leurs clochetons de pierre. Sur l'un des côtés de la place se dresse la haute et massive silhouette de l'ancienne collégiale.

Faire le tour des couverts *(en prenant garde aux voitures)* et observer les arcades et les anciennes portes sculptées. En avant de la terrasse qui domine la place au Nord se dresse un grand Christ en ferronnerie. L'ensemble offre une physionomie quelque peu espagnole qui permit à André Malraux d'y tourner certaines scènes de son film « l'Espoir ».

A l'angle de la rue Marcellin-Fabre et de la place donnant sur la rue, très belle maison à colombage, du 15e s., dont le corps central, de 7 étages, abrite l'escalier éclairé par des fenêtres à meneaux ; l'escalier ouvre par une belle **porte en pierre (B)** dont la partie inférieure de l'auvent est sculptée de rinceaux et de feuillages.

Rue du Sergent-Boriès, au Sud de la place, la première **maison (D)** à droite présente une autre belle tour d'escalier, fin 15e s., avec pilastres et tympan sculpté.

Maison du Président Raynal (L). — Belle façade du 15e s. dont les fenêtres contiguës, disposées sur trois étages, sont de tradition romane.

Maison Dardennes (L.). — *Voisine de la précédente.* Au fond d'une cour, une tour d'escalier Renaissance présente deux galeries ornées de portraits sculptés selon la mode du temps.

★ **Église Notre-Dame (E).** — Commencée en 1260 par l'abside, la construction de cet édifice se prolongea durant trois siècles, avec des fortunes diverses. Le clocher-porche, haut de 54 m, illustrerait la rivalité de Villefranche-de-Rouergue et de Rodez, chacune d'elles voulant l'emporter par la hauteur de la tour de sa cathédrale. A en juger par la puissance des assises de la sienne, Villefranche nourrissait d'immenses ambitions : les guerres et la pénurie de subsides devaient l'empêcher de poursuivre ses efforts et le clocher fut, en 1585, recouvert par la toiture qui existe encore.

Avec ses puissants contreforts d'angles décorés de pinacles, ce clocher-porche sous lequel passe une rue a une allure de forteresse.

Au 2e étage, une galerie à balustrade règne sur ses 4 faces en retrait ou en encorbellement et se glisse au travers des contreforts.

Un portail surmonté d'un gâble ajouré donne accès à l'ample nef unique bordée de chapelles logées entre les contreforts intérieurs, suivant l'usage du gothique méridional *(voir p. 38).* Dans le croisillon gauche, l'autel porte un médaillon de marbre attribué à l'école de Pierre Puget et représentant la Visitation. Le chœur, éclairé de hautes et étroites fenêtres dont deux vitraux du 15e s., abrite un ensemble de 36 stalles de chêne sortant de l'atelier d'André Sulpice (1473-1487) mais mutilées pendant les guerres de Religion ; observer les sculptures des panneaux (la Vierge, les prophètes) et celle des miséricordes (animaux fabuleux, personnages...). A gauche de l'entrée, les fonts baptismaux sont entourés par une intéressante grille de ferronnerie.

⊙ **Chapelle des Pénitents Noirs (F).** — Coiffée d'un curieux clocheton double, cette chapelle fut construite au cours du 17e s. pour servir d'oratoire à la confrérie des Pénitents Noirs. La fondation de cette confrérie, en 1609, correspondait au renouveau de ferveur qui fit suite à l'époque troublée des guerres de Religion. Elle groupa jusqu'à 200 membres et fut très florissante jusqu'en 1789 ; elle cessa d'exister en 1904. La chapelle, en forme de croix grecque, est décorée d'un plafond peint, œuvre d'un artiste du terroir ; elle abrite un retable en bois du 18e s., doré à la feuille, représentant les scènes de la Passion. Dans la sacristie, sont conservés des ornements sacerdotaux du 18e s., le premier registre de la confrérie, la grande croix processionnelle ainsi que des cagoules et des bourdons, bâtons surmontés de scènes religieuses, que portaient les pénitents.

⊙ **Musée Urbain Cabrol (M).** — Dans un élégant hôtel Louis XV ont été rassemblées les collections d'Urbain Cabrol concernant l'archéologie, l'histoire et les traditions populaires de Villefranche et de sa région.

Devant le musée, une belle fontaine du 14e s. a donné son nom à la place.

★ **Ancienne chartreuse St-Sauveur.** — *Accès par ③ du plan.* Fondée en 1461 par Vézian-
⊙ Valette, riche marchand de la ville, cette chartreuse fut bâtie, en huit ans, d'un seul jet dans un style gothique très pur. Déclarée bien national à la Révolution, elle était destinée à être démolie lorsque la municipalité de Villefranche, ayant besoin d'un hôpital, l'acheta, la sauvant ainsi de la destruction.

Chapelle des Étrangers. — Édifiée autrefois en dehors de la clôture de la chartreuse, elle recevait les pèlerins se rendant à St-Jacques-de-Compostelle et aussi, pour les offices, les fidèles du quartier. Belles voûtes en étoile.

Grand cloître. — C'est l'un des plus vastes de France (66 m × 44 m). Il frappe par l'harmonie de ses perspectives. Sur ses côtés s'ouvraient les 13 maisons des chartreux. Chacune d'elles comprenait quatre pièces, deux au rez-de-chaussée : réserve de bois et atelier ; deux à l'étage : oratoire (appelée « Ave Maria ») et chambre ; un jardinet encadrait la maison.

Petit cloître. – Le seul « cloître » authentique au sens monastique du terme (galerie sur laquelle s'ouvrent les locaux de la vie communautaire). Voûté sur croisées d'ogives, c'est un chef-d'œuvre du style flamboyant, avec ses clefs de voûte très ouvragées, ses baies décorées de fenestrages d'une grande élégance, ses culs-de-lampe ornant la retombée des arcs. A l'entrée du réfectoire, une fontaine représentant le « Lavement des pieds » témoigne de l'influence de l'école bourguignonne.

Réfectoire. – Suivant la règle de l'ordre, il était utilisé par les pères chartreux les dimanches seulement et à l'occasion de certaines fêtes ; c'est une vaste salle rectangulaire de trois travées voûtées sur croisées d'ogives. Dans l'épaisseur du mur est aménagée la **chaire du lecteur★**, en pierre, avec sa balustrade à décoration flamboyante. Les chartreux ne parlent jamais au réfectoire ; ils entendent chaque année la Bible presque tout entière, soit à l'église, soit lors des repas pris en commun.

Salle capitulaire. – Elle est éclairée par des verrières du 16e s. représentant, au centre, l'Annonce de la Nativité aux bergers et, de chaque côté, les fondateurs.

Chapelle. – Précédée d'un vaste porche, elle se compose d'une nef de trois travées et d'un chœur à abside polygonale. Une porte dont les vantaux représentent

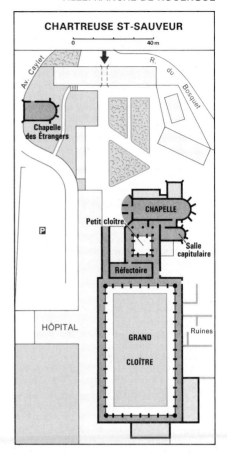

deux chartreux portant les armes des fondateurs, des stalles exécutées dans la seconde moitié du 15e s. par le maître menuisier André Sulpice, un autel en bois doré style Louis XV, un enfeu de style flamboyant au pied duquel sont conservés les tombeaux du fondateur et de sa femme, la décorent.

VILLENEUVE

1 649 h. (les Villeneuvois)

Carte Michelin n° 79 pli 10 ou 235 pli 15.

Aux confins du Rouergue et du Quercy, sur un causse que limitent les vallées du Lot et de l'Aveyron, Villeneuve est une ancienne bastide qu'enserre un boulevard circulaire. De très importantes foires aux bestiaux s'y déroulent chaque mois, créant dans ce cadre ancien une animation et une atmosphère colorées.

Laisser la voiture à l'extérieur de la ville, près de la porte Haute. Un circuit fléché permet de saisir les aspects les plus curieux de Villeneuve.

Place à arcades. – Sur les façades des vieilles demeures qui la bordent d'un côté, s'ouvrent des fenêtres à meneaux. De la place, on aperçoit la silhouette massive de la Porte Haute, grosse tour carrée, autrefois utilisée comme prison.

Église. – C'est au milieu du 11e s. que fut fondé par Pierre Béranger, évêque de Rodez, le monastère de Villeneuve en l'honneur du saint sépulcre. L'église primitive fut bâtie, au début du 12e s., en forme de trèfle autour d'un carré central limité par quatre piliers. Au 14e s., le chœur fut détruit et prolongé par une nef gothique, terminée par une abside à cinq pans dont la voûte repose sur six branches d'ogives ; dans l'absidiole Nord, voûte ornée d'une peinture (13e s.), figurant un Christ en majesté entouré des symboles des évangélistes. Le clocher roman, élevé sur la croisée du transept, a été surhaussé à l'époque gothique.

Tour Savignac. – Près du chevet de l'église, se dresse cette porte fortifiée du 14e s., qui appartenait à la ligne de défense de la ville.

Participez à notre effort permanent de mise à jour.

Adressez-nous vos remarques et vos suggestions.

Cartes et Guides Michelin
46 avenue de Breteuil,
75341 Paris Cedex 07

VILLENEUVETTE
75 h. (les Villeneuvettois)

Carte Michelin n° 83 – pli 5 ou 240 pli 22 – 4 km au Sud-Ouest de Clermont-l'Hérault.

Une majestueuse allée de platanes, donnant sur la D 908, conduit à la porte d'honneur de Villeneuvette. Cette ancienne manufacture royale fut fondée au 17ᵉ s. par Colbert, aux portes de Clermont-l'Hérault, et spécialisée comme cette dernière dans la fabrication de drap militaire pour lutter contre la concurrence étrangère en employant des laines du Languedoc. Les ateliers fermèrent en 1955.

La cité présente encore sa physionomie monumentale. On y pénètre par une porte sur laquelle on lit l'inscription « Honneur au travail ». Elle a conservé son ancienne porterie à droite et son église à gauche et donne sur une grande place rectangulaire, la place Louis XIV, équipée d'une fontaine.

La rue principale a conservé ses gros pavés du 17ᵉ s.

Au cours de la promenade dans Villeneuvette, on observe la maison du Directeur avec sa porte et ses fenêtres aux encadrements à bossages, d'anciennes fabriques, des dessus de porte au linteau intéressant, des maisons au toit débordant à génoises. Quelques artisans y sont installés.

★ VIS (Vallée de la)

Carte Michelin n° 80 plis 15 et 16 ou 240 plis 14, 15, 18.

La Vis prend sa source à 997 m d'altitude au col des Tempêtes, dans la montagne du Lingas, sur le versant Sud du massif de l'Aigoual.

C'est d'abord un torrent de montagne qui dévale les pentes granitiques ; mais à Alzon sa physionomie change : la Vis pénètre dans les calcaires de l'ère secondaire et devient caussenarde.

D'ALZON A GANGES *57 km – environ 2 h*

En aval d'Alzon, la route descend au fond de la vallée, boisée de chênes et de sapins, dont les versants s'accusent peu à peu ; elle franchit la rivière sur des radiers. Puis apparaissent des bancs de calcaire ferrugineux et des restes de cultures en terrasses. La Vis dessine des méandres de plus en plus larges sur le fond plat de sa vallée.

Gagner Vissec par la D 113 qui reste au fond des gorges et franchit le pont sur la Vis souvent à sec.

Vissec. – L'aridité des lieux et la blancheur des pierres donnent à cet endroit perdu un caractère tout à fait insolite. Ce village blotti au fond du canyon se compose de deux quartiers chacun sur un promontoire, dont l'un est presque complètement encerclé par un méandre de la Vis. Ancien château.

★ **Cirque de Vissec.** – Au cours de la montée (9 %) vers Blandas la vue se dégage sur le canyon aux parois dénudées. Le cirque de Vissec, plus modeste que celui de Navacelles, plaira aux amateurs de paysages sévères. La rivière ne devient abondante qu'en aval de la source de Lafoux, résurgence de la Vis et de la Virenque, « perdues » aux environs d'Alzon.

Par le plateau caussenard la route gagne Blandas.

★★★ **Cirque de Navacelles.** – *Page 123.*

Après la Baume-Auriol, la route gagne St-Maurice-Navacelles où l'on prend à gauche vers Ganges.

Plus loin la route plonge en lacet, par le Rau de Fontenilles, vers le canyon de la Vis, sur lequel le début de la descente vers Madières offre une jolie vue.

★★ **Gorges de la Vis.** – Au-delà de Madières la route traverse des pépinières riches en conifères ; elle suit au plus près la berge de la Vis toujours pittoresque qui sépare les hautes falaises dolomitiques du causse de Blandas à gauche et les versants de la montagne de la Séranne à droite. Après la maison forestière de Grenouillet apparaissent quelques vignes, des mûriers et des oliviers. Passé le Claux remarquer en avant et à droite les ruines du château de Castelas, plaqué contre la falaise au débouché d'un ravin.

Après Gorniès, un pont enjambe la Vis. On a alors une belle vue sur **Beauquiniès,** village pittoresquement étagé, puis sur le **roc de Senescal** qui s'avance en proue sur le versant gauche. La vallée devient sauvage et étroite avant de déboucher dans les gorges de l'Hérault dont on suit la rive jusqu'au Pont et à Ganges *(p. 83).*

Le potier.

Renseignements pratiques

LOISIRS

Navigation de plaisance, voile. – Association des Ports de Plaisance du Languedoc-Roussillon, s'adresser au Syndicat d'initiative 34280 La Grande-Motte, ☎ 67 56 62 62.
Ligue Régionale de voile du Languedoc-Roussillon : Maison des Sports, 200 av. du Père-Soulas, 34000 Montpellier, ☎ 67 54 62 44.
Fédération française de Voile, 55 av. Kléber, 75084 Paris Cedex 16, ☎ 45 53 68 00.

Tennis. – Ligue du Languedoc-Roussillon, 361 av. du Père-Soulas, 34090 Montpellier, ☎ 67 63 40 36.

Randonnées pédestres. – Les topo-guides sont édités par la Fédération française de la Randonnée pédestre - Comité national des sentiers de Grandes Randonnées. Pour les acheter, s'adresser au 64 rue de Gergovie, 75014 Paris, ☎ 45 45 31 02.
Les offices de Tourisme et syndicats d'initiative des gorges du Tarn éditent une brochure consacrée aux randonnées pédestres dans la région des gorges du Tarn. La brochure est disponible au Syndicat d'initiative de Ste-Énimie. Le parc naturel régional du Haut-Languedoc édite également un ensemble de plaquettes renfermant par secteurs des dépliants de randonnée pédestre.

Randonnées équestres. – Renseignements auprès de l'Association régionale pour le Tourisme Équestre et l'Équitation de loisir en Cévennes, Roussillon et Languedoc (ATECREL), M. Segui, 14 rue des Logis, Loupian, 34140 Mèze, ☎ 67 43 82 50.

Canoë-Kayak. – Fédération française de Canoë-Kayak, 87 quai de la Marne, 94340 Joinville-le-Pont, ☎ 48 89 39 89.
Pour les gorges du Tarn, consulter le Guide du Tarn de Florac à Montauban, en vente à la fédération.

Spéléologie. – Fédération française de Spéléologie, 130 rue St-Maur, 75011 Paris, ☎ 43 57 56 54.
École française de Spéléologie, 23 rue de Nuits, 69004 Lyon, ☎ 78 39 43 30.

Ski de fond. – S'adresser aux offices départementaux du Tourisme, voir leur adresse p. 174, ou bien à la Fédération française de Ski, BP 451, 74009 Annecy Cedex, ☎ 50 51 40 34 ou à la Maison de la Neige, 81, av. des Ternes, 75017 Paris, ☎ 45 72 64 40.

Artisanat. – Stages : Club des Vacances actives et insolites dans le Rouergue (Comité départemental de l'Aveyron), 39 av. Victor-Hugo, 12000 Rodez, ☎ 65 68 57 89.
Informations, exposition, vente : Coopérative des artisans et paysans de la Lozère, 4 rue de l'Ange, 48000 Mende, ☎ 66 65 01 57 ; à Paris, 1 bis rue Hautefeuille 75006, ☎ 43 26 93 99.
Artisans du Rouergue, Château de Roquelaure 12500 Espalion, ☎ 65 44 01 09.

Parc naturel régional du Haut Languedoc. – Pour tous renseignements sur les activités pratiquées dans le parc : Parc naturel régional du Haut Languedoc, BP 9, 13 rue du Cloître, 34220 St-Pons-de-Thomières, ☎ 67 97 02 10.
La base de plein air de Mons-la-Trivalle est ouverte toute l'année, sauf du 15 septembre au 15 octobre ☎ 67 97 72 80.

Parc national des Cévennes. – Pour tous renseignements, s'adresser au Parc national des Cévennes, BP 15, 48400 Florac, ☎ 66 45 01 75, poste 41.

Pêche en eau douce. – Quel que soit l'endroit choisi, il convient d'observer la réglementation en vigueur et de prendre contact avec les associations de pêche et de pisciculture, les syndicats d'initiative, les offices de Tourisme ou les représentants des Eaux et Forêts.
Documentation courante : La carte-dépliant commentée « Pêche en France », publiée et diffusée par le Conseil supérieur de la pêche, 134, av. de Malakoff, 75016 Paris, ☎ 45 01 20 20. On peut également se la procurer auprès des Associations départementales de Pêche et de Pisciculture (à Albi, Mende, Montpellier, Nîmes, Rodez, Toulouse).

Hébergement. – Guide Rouge Michelin France (hôtels et restaurants) et guide Michelin Camping Caravaning France : voir p. 10 et 11.
Pour les randonneurs (pédestres et équestres) : consulter le guide « Gîtes et refuges en France » par A. et S. Mouraret, Éditions CRÉER, 63340 Nonette, ☎ 73 96 14 07.

Hébergement rural : s'adresser à la Fédération française des Gîtes ruraux, 35 rue Godot-de-Mauroy, 75009 Paris, ☎ 47 42 25 43, qui donne les adresses des comités locaux.

---

*Les **guides** Verti Michelin sont périodiquement révisés.*
Leurs éditions les plus récentes assurent la réussite de vos vacances.

QUELQUES ADRESSES UTILES

Comité Régional du Tourisme du Languedoc-Roussillon : 20 rue de la République 34000 Montpellier ☎ 67 92 67 92.

Comités Départementaux du Tourisme :

Aveyron : 33 avenue Victor-Hugo, 12000 Rodez, ☎ 65 68 11 43.

Gard : 3 place des Arènes, 30000 Nîmes, ☎ 66 21 02 51.

Haute-Garonne : 31 rue de Metz, 31000 Toulouse, ☎ 61 33 43 66.

Hérault : 1 Place Marcel Godechot, 34000 Montpellier, ☎ 67 54 20 66.

Lozère : Place Urbain V, 48000 Mende, ☎ 66 65 34 55.

Tarn : 4 rue A.-Malroux, 81000 Albi, ☎ 63 41 02 44.

A Paris : Maison de l'Aveyron, 46 rue Berger, 75001, ☎ 42 36 84 63.
Espace Hérault, 8 rue de la Harpe, 75005, ☎ 43 54 04 00.
Maison de la Lozère, 4 rue Hautefeuille, 75006, ☎ 43 54 26 64.
Maison du Tarn, 34 av. de Villiers, 75017, ☎ 47 63 06 26.

Tourisme et handicapés. – Un certain nombre de curiosités décrites dans ce guide sont accessibles aux personnes handicapées. Pour les connaître, consulter l'ouvrage « Touristes quand même ! Promenades en France pour les voyageurs handicapés », édité par le Comité National Français de Liaison pour la Réadaptation des handicapés (30-32 quai de la Loire, 75019 Paris). Ce recueil fournit, par ailleurs, pour près de 90 villes en France, de très nombreux renseignements d'ordre pratique, facilitant le séjour aux personnes à mobilité réduite, déficients visuels et mal-entendants.
Les **guides Rouge Michelin France** et **Camping Caravaning France** indiquent respectivement les chambres accessibles aux handicapés physiques et les installations sanitaires aménagées.

QUELQUES LIVRES

Languedoc méditerranéen et Roussillon, par Marcel Durliat *(Paris, Arthaud).*

Le Languedoc *(Paris, Larousse, coll. Beautés de la France).*

Pays et gens du Languedoc et du Roussillon *(Paris, Larousse/Sélection du Reader's Digest).*

Quercy, par P. Grimal *(Paris, Arthaud).*

Histoire du Languedoc, sous la direction de Ph. Wolff *(Toulouse, Privat).*

Histoire du Languedoc, par E. Le Roy Ladurie *(Paris, P.U.F., coll. « Que sais-je ? »).*

La vie quotidienne en Rouergue avant 1914, par R. Béteille *(Paris, Hachette, coll. « La Vie Quotidienne »).*

La vie quotidienne des Cathares, par René Nelli *(Paris, Hachette, coll. « La Vie Quotidienne »).*

La croisade contre les Albigeois, par P. Belperron *(Paris, Librairie Académique Perrin).*

Découvrir la France Cathare, par A. Cauvin *(Guide Marabout).*

Rouergue roman, Languedoc roman *(coll. Zodiaque, exclusivité Weber).*

Sentiers et randonnées du Languedoc (à pied et à bicyclette) par J. Ribas *(Paris, Fayard).*

Récits - romans *(voir aussi p. 41)*

Voyage avec un âne dans les Cévennes, par R.L. Stevenson *(Paris, U.G.E.-Coll. 10-18).*

Au cœur de l'Hérault, par G. Combarnous *(Clermont-l'Hérault).*

Mamette du Salagou, par G. Combarnous *(Clermont-l'Hérault).*

L'épervier de Maheux, par J. Carrière. Prix Goncourt 1972 *(Paris, J.-J. Pauvert).*

Contes du Languedoc, par Tiberi et Monzon *(F. Loubatières, Portet-sur-Garonne).*

Au cœur de la Cévenne avec ses écrivains par A. G. Fabre *(Anduze).*

Les Fous de Dieu par J.-P. Chabrol *(Gallimard).*

Les Rebelles par J.-P. Chabrol *(Presse Pocket).*

Suite cévenole par A. Chamson *(Plon).*

*Dans le **guide Rouge Michelin France** de l'année*
vous trouverez un choix d'hôtels agréables, tranquilles bien situés
avec l'indication de leur équipement :
piscines, tennis, plages aménagées, aire de repos...
ainsi que les périodes d'ouverture et de fermeture des établissements.

Vous y trouverez aussi un choix révisé de maisons qui se signalent
par la qualité de leur cuisine :
repas soignés à prix modérés, étoiles de bonne table.

PRINCIPALES MANIFESTATIONS TOURISTIQUES

Fin avril à fin mai
Montpellier .... Journées internationales de la photographie et de l'audiovisuel

Mi-juin à mi-septembre
Pézanas .... « Mirondela dels Arts » *(voir p. 128)*

Fin juin à mi-juillet
Montpellier .... Festival international de Radio-France (musique)

Juillet-août
Agde .... Joutes nautiques
Abbaye de Sylvanès .... Festival de musique

1er dimanche de juillet
Estaing .... Procession de la Saint-Fleuret (reconstitution historique)

2e samedi de juillet
Agde .... Joutes nautiques nocturnes

14 juillet
Palavas-les-Flots .... Joutes nautiques sur le canal

Mi-juillet à début août
Sète .... Festival de théâtre

3e semaine de juillet
La Grande Motte .... Festival mondial du folklore

Dernier dimanche de juillet
Sauveterre-de-Rouergue ...... Fête de la Saint-Christophe : bénédiction des voitures

2e quinzaine de juillet
Castres .... Festival Goya

3e semaine de juillet
Frontignan .... Festival du Muscat

Mi-juillet à mi-août
La Grande Motte .... Nuits musicales du palais.

Du 20 juillet au 20 août
Sorèze .... Festival « Musique de nuit à Sorèze »

Dernière semaine de juillet à la 1re semaine de septembre
Lamalou-les-Bains .... Festival national d'opérettes

Fin juillet début août
Plusieurs communes du .... Festival du Minervois
canton d'Olonzac .... (danse, musique, théâtre)

Début août
Sommières .... « Journées » : du terroir (1er mardi), de la brocante, etc.
Courses de taureaux

1re quinzaine d'août
Béziers .... Feria (corsos, corridas), « folle nuit » (du 14 au 15 août)
Château de Villevieille .... Soirées musicales

2e dimanche d'août
Pont-de-Salars 80 pli 3 *(1)* .... Festival folklorique international
Peyrusse-le-Roc .... Fête médiévale

15 août
Palavas-les-Flots .... Joutes nautiques sur le canal

2e quinzaine d'août ·
Sorèze .... Foire des produits du terroir

Fin août
Sète .... Fête de la Saint-Louis : joutes, pyromélodie,
traversées de Sète à la nage

3e vendredi, samedi et dimanche d'août
Génolhac .... Fête à caractère historique (défilé, tir à l'arc,
tavernes, création théâtrale par les habitants)

Septembre
Montpellier .... Festival du film sportif

2e quinzaine de septembre
Mazamet et localités du Haut Languedoc .... Festival J.-S. Bach

2e quinzaine de septembre
Castres .... Foire économique

Mi-octobre (10 jours)
Montpellier .... Foire internationale (à Montpellier-Fréjorgues)

3e dimanche d'octobre
Béziers .... Fête du vin nouveau (danses des treilles et du chevalet,
bénédiction du vin nouveau, etc.)

---

(1) Pour les localités non décrites, nous indiquons le n° de la carte Michelin et le n° du pli.

Conditions de visite

En raison des variations du coût de la vie et de l'évolution incessante des horaires d'ouverture de la plupart des curiosités, nous ne pouvons donner les informations ci-dessous qu'à titre indicatif.

Ces renseignements s'appliquent à des touristes voyageant isolément et ne bénéficiant pas de réduction. Pour les groupes constitués, il est généralement possible d'obtenir des conditions particulières concernant les horaires ou les tarifs, avec un accord préalable.

Les églises ne se visitent pas pendant les offices : elles sont ordinairement fermées de 12 h à 14 h. Les conditions de visite en sont données si l'intérieur présente un intérêt particulier. La visite de la plupart des chapelles ne peut se faire qu'accompagnée par la personne qui détient la clé. Une rétribution ou une offrande est toujours à prévoir.

Des visites-conférences sont organisées de façon régulière en saison touristique à Béziers, Lodève, Meyrueis, Montpellier, Olargues, Pézenas, Rodez, Ste-Énimie. S'adresser à l'Office du Tourisme ou au syndicat d'initiative.

Dans la partie descriptive du guide, p. 46 à 172, les curiosités soumises à des conditions de visite sont signalées au visiteur par le signe ⊙

a

AGDE

Ancienne cathédrale St-Étienne. – Pour visiter, s'adresser au Syndicat d'initiative.

Musée agathois. – Visite le matin et l'après-midi. Fermé le mardi hors saison. 10 F. ☎ 67 94 82 51.

ALÈS

Cathédrale St-Jean Baptiste. – Fermée le dimanche après-midi.

Musée du Colombier. – Visite le matin et l'après-midi. Fermé le mardi et les jours fériés. 7 F, gratuit le mercredi. ☎ 66 86 30 40.

Musée-Bibliothèque P.A. Benoit. – Visite de 11 h à 19 h tous les jours de mi-juin à mi-septembre, du mercredi au dimanche le reste de l'année. Fermé les 1er mai, 25 décembre, en janvier et février. 15 F. ☎ 66 86 98 69.

Mine-témoin. – Visite accompagnée (1 h 20) de Pâques au 11 novembre le matin et l'après-midi. Visite possible le reste de l'année en se joignant à un groupe : se renseigner, ☎ 66 30 45 15. Entrée : 28 F ; enfants : 11 F. Port du casque obligatoire.

AMBIALET

Musée du Prieuré. – Visite le matin (sauf les dimanches et fêtes religieuses) et l'après-midi. ☎ 63 55 32 02.

AUBIN

Musée de la Mine. – Visite de juin à mi-septembre, tous les jours le matin et l'après-midi ; le reste de l'année, visite l'après-midi des samedis et dimanches.

AVEN ARMAND

Visite accompagnée (3/4 h) de fin mars à début novembre, le matin et l'après-midi ; sans interruption à midi de juin à fin août. 29 F ; enfants : 10 F. ☎ 66 45 61 31.

b

La BAUME

Château. – Visite accompagnée (3/4 h) de mi-juin à mi-septembre, le matin et l'après-midi ; le reste de l'année visite l'après-midi sauf le mardi ou sur rendez-vous. ☎ 66 32 51 59. Entrée : 18 F.

BÉZIERS

Ancienne Cathédrale St-Nazaire. – Visite libre. On peut demander une visite guidée en s'adressant à l'archiprêtre. En dehors de la période de vacances, s'adresser également à l'archiprêtre ou au sacristain pour voir la tour, la crypte, la sacristie et le diaporama. ☎ 67 28 22 89.

Musée du vieux Biterrois et du vin. – Actuellement fermé. Il doit être transféré courant 1990 dans la caserne St-Jacques.

Musée des Beaux-Arts. – Hôtel Fabrégat : visite le matin et l'après-midi, fermé le dimanche matin, le lundi et les jours fériés. ☎ 67 28 38 78.

Hôtel Fayet : visite en juillet et août le matin et l'après-midi sauf les samedis et dimanches ; le reste de l'année, le matin et l'après-midi des mardis et jeudis, sauf jours fériés.

Basilique St-Aphrodise. – Fermée le dimanche après-midi.

Le BOSC

Château. – Visite accompagnée (3/4 h) le matin et l'après-midi, des vacances de printemps aux vacances de Noël. 16 F. ☎ 65 69 20 83.

BOURNAZEL

Château. – Visite extérieure seulement.

BRAMABIAU (Abîme du)

Visite accompagnée (1 h 1/2) toute la journée de Pâques à mi-novembre. 20 F. ☎ 67 82 60 78.

CAMBOUS

Village préhistorique. – Visite accompagnée (1 h) en juillet et août le matin et l'après-midi ; le reste de l'année, l'après-midi des dimanches et jours fériés. 12 F ; billet groupé avec l'exposition « l'âge des garrigues » à Viol-le-Fort : 17 F. ☎ 67 65 06 73.

CAP D'AGDE

Musée d'archéologie sous-marine. – Visite le matin et l'après-midi (de 14 h à 15 h en hiver). Fermé le lundi d'octobre à fin avril. 10 F. De mai à octobre nombreuses expositions temporaires. ☎ 67 26 81 00.

Aqualand. – Ouvert de fin mai à fin septembre toute la journée. 65 F ; enfants : 53 F. ☎ 67 26 71 09.

CASTANET

Château. – Visite libre ou accompagnée (3/4 h) en juillet et août, toute la journée. 15 F.

CASTRES

Musée Goya. – Visite le matin et l'après-midi. Fermé le lundi sauf en juillet et août et les 1er janvier, 1er mai, 1er novembre et 25 décembre. 10 F, 20 F en juillet et août comprenant la visite du centre d'Art contemporain ; gratuit le mercredi et le dimanche de novembre à fin mars. ☎ 63 59 62 63.

CASTRIES

Château. – Visite accompagnée (1 h) de début avril à mi-décembre le matin et l'après-midi. Fermé le lundi sauf férié. 25 F. ☎ 67 70 68 66.

CAZILHAC

Château. – Visite (accompagnée pour le château, 3/4 h) de mi-juillet à mi-septembre, l'après-midi, du vendredi au lundi inclu. 15 F.

Le CAYLAR

Chapelle du Rocastel. – Ouverte en été seulement.

CENTEILLES

Chapelle. – Visite accompagnée le dimanche après-midi ; les autres jours. s'adresser à M. le curé d'Olonzac, ☎ 68 91 21 77.

CÉVENNES

Train à vapeur. – Circule plusieurs fois par jour de Pâques à la Toussaint entre les gares de St-Jean-du-Gard et d'Anduze. Durée du trajet : 40 mn dans chaque sens. Tarif : 36 F (46 F AR) ; enfants : 22 F (26 F AR). Se renseigner à la gare de St-Jean-du-Gard, ☎ 66 85 13 17.

CHATEAUNEUF-DE-RANDON

Foires. – Le 1er juin, le mercredi avant le 24 juin, le 26 juillet, le 20 août et le 22 septembre. Si ces dates tombent un dimanche ou un jour férié, la foire est reportée au lendemain.

Pour choisir un lieu de séjour à votre convenance,
consultez la carte p. 10 et 11.

Conditions de visite

CLAMOUSE

Grotte. – Visite accompagnée (1 h) de Pâques au 11 novembre, le matin et l'après-midi (toute la journée sans interruption en juillet et août) ; le reste de l'année visite le dimanche après midi. 28 F. ☎ 67 57 71 05.

COMBEROUMAL

Prieuré. – Visite toute l'année, toute la journée.

CONQUES

Église Ste-Foy. – Possibilité de visite guidée en juillet et août du lundi au vendredi à 17 h. Pour tout renseignement complémentaire, s'adresser au Syndicat d'initiative, ☎ 65 72 85 00.

Trésor I. – Visite tous les jours le matin et l'après-midi ; le dimanche matin visite de 9 h à 10 h 30, seulement. Fermé le 1er janvier et le matin du 25 décembre. Le billet, 18 F, donne droit également à la visite du Trésor II. ☎ 65 72 85 00.

Trésor II. – Mêmes conditions de visite que pour le Trésor I.

La COUVERTOIRADE

Les Remparts. – Visite de mars au 11 novembre le matin et l'après-midi (toute la journée sans interruption de juin à septembre). 12 F.

Eglise. – En cas de fermeture, s'adresser à Mlle Pinet.

DARGILAN

Grotte. – Visite accompagnée (1 h), des vacances de printemps à la Toussaint le matin et l'après-midi (toute la journée sans interruption en juillet et août), en octobre l'après-midi seulement. 26 F ; enfants : 10 F. ☎ 66 45 60 20.

DECAZEVILLE

Eglise Notre-Dame. – Possibilité de visite guidée en s'adressant à l'office de tourisme, square Jean Ségalat, BP 48, 12300 Decazeville, ☎ 65 43 18 36.

Musée régional de Géologie. – Visite pendant les vacances d'été le matin et l'après-midi. 12 F. ☎ 65 43 37 01.

La « découverte » de Lasalle. – Possibilité de visite en juillet et août le mercredi à 10 h en s'inscrivant à l'office du tourisme, square Jean Ségalat.

DEMOISELLES

Grotte. – Visite toute l'année le matin et l'après-midi. 27 F. ☎ 67 73 70 02. A Noël, messe de minuit dans la grande salle, dite cathédrale.

DEVÈZE

Grotte. – Visite accompagnée (1 h) de Pâques à fin septembre l'après-midi (toute la journée sans interruption en juillet et août) ; le reste de l'année, l'après-midi des dimanches et jours feriés. Tarif non communiqué. ☎ 67 97 03 24.

ENSÉRUNE (Oppidum d')

Site. – Visite toute l'année, toute la journée.

Musée. – Visite le matin et l'après-midi (toute la journée sans interruption en juillet et août). Fermé le mardi d'octobre à mars et les 1er janvier, 1er mai, 1er et 11 novembre et 25 décembre. Projection de 15 mn. 15 F. ☎ 67 37 01 23.

ESPALION

Musée Joseph Vaylet. – Visite de juin à fin septembre, le matin et l'après-midi. 6 F. Renseignements : ☎ 65 44 09 18.

Musée du Rouergue. – Visite de début juin à mi-septembre le matin et l'après-midi. Le reste de l'année sur rendez-vous, ☎ 65 42 55 17. 10 F.

Église de Perse. – S'adresser au presbytère. ☎ 65 44 01 81 ou à la mairie ☎ 65 44 05 46.

ESTAING

Château. – Visite le matin et l'après-midi. Fermé le mardi et certains jours de l'année.

FERRIÈRES

Château. – Visite accompagnée (3/4 h) de l'intérieur, en juillet et août, le matin et l'après-midi. 15 F. ☎ 63 74 03 53.

Musée du Protestantisme. – Visite de mi-juin à mi-septembre, le matin et l'après-midi. 10 F. ☎ 63 74 03 53.

FLAUGUERGUES

Château. – Visite accompagnée (1 h 30) en juillet et août l'après-midi, sauf le lundi ; le reste de l'année visite sur rendez-vous ☎ 67 65 79 64. 30 F.

FLORAC

Château. – Ouvert en juillet et août toute la journée ; le reste de l'année ouvert le matin et l'après-midi sauf les samedis, dimanches et jours fériés hors des vacances scolaires. Programme audiovisuel sur le Parc national : durée 40 mn.

FONTCAUDE (Abbaye de)

Musée. – Visite accompagnée (1 h 30) l'après-midi des mercredis, samedis et dimanches. 10 F. S'adresser à M. Durupt à Cazedarnes. ☎ 67 38 23 85. Diaporama : durée 20 mn.

FRONTIGNAN

Coopérative du Muscat. – Visite accompagnée (1 h) de mars au 20 décembre le matin et l'après-midi. Fermée les samedis, dimanches et jours fériés. ☎ 67 48 12 26.

Église St-Paul. – Visite libre tous les jours ou accompagnée le mercredi après-midi à 15 h, en s'adressant au musée à côté.

GÉNOLHAC

Centre d'information. – Ouvert de juin à fin septembre le matin et l'après-midi. Fermé le dimanche après-midi et le lundi matin. ☎ 66 61 18 32.

GÉVAUDAN

Voir à Ste-Lucie.

GRAVIÈRES

Église. – Ouverte en semaine, aux heures d'offices à 8 h, 17 h et 18 h et le dimanche matin ; en outre visite accompagnée tous les vendredis en fin d'après-midi.

HYELZAS

Ferme caussenarde d'autrefois. – Visite en juillet et août toute la journée sans interruption ; en mai, juin et septembre le matin et l'après-midi ; des vacances de printemps à fin avril et en octobre en fin de matinée et l'après-midi. 10 F. ☎ 66 45 65 25.

INIÈRES

Église. – Pour visiter s'adresser à Mme Lagarde, près de l'église. ☎ 65 71 98 62 ou à la mairie de Radegonde ☎ 65 42 46 00.

ISLES

Parc Ornithologique. – Visite de 9 h à la tombée de la nuit. 25 F, enfants : 15 F. ☎ 66 25 66 13.

Combinez vous-même vos randonnées à l'aide

de la carte des principales curiosités p. 4 à 6.

l

LAMALOU-LES-BAINS

St-Pierre-de-Rhèdes. – Visite accompagnée (3/4 h) d'octobre à juin le 2e samedi de chaque mois à 14 h 30 (évocation sonore) ; de juillet à septembre le dimanche à 15 h (évocation-diaporama et vêpres grégoriennes). S'adresser à « Renaissance de St-Pierre-de-Rhèdes, 1 chemin St-Joseph 34240 Lamalou-les-Bains, ☎ 67 95 62 60.

LARZAC

Maison du Larzac, Centre de l'Ecomusée. – Visite en juillet et août toute la journée. 9 F. ☎ 65 62 35 20.

LAS PLANQUES

Église. – Pour visiter s'adresser à la mairie de Tanus les lundis après-midi, les matinées des mercredis et samedis et le matin et l'après-midi des mardis et vendredis ; pièce d'identité nécessaire. Possibilité de visite guidée le dimanche sur demande écrite à la mairie ou ☎ 63 76 36 79.

LATTES

Musée archéologique. – Visite le matin et l'après-midi. Fermé le mardi et les 1er janvier, 1er mai, 14 juillet et 25 décembre. 10 F. ☎ 67 65 31 55.

LIMOUSIS

Grotte. – Visite accompagnée (3/4 h) des vacances de printemps à fin septembre le matin et l'après-midi (toute la journée en juillet et août). 25 F. ☎ 68 77 50 26.

LODÈVE

Musée Cardinal de Fleury. – Visite le matin et l'après-midi. Fermé le lundi toute l'année et les mardis et jours fériés d'octobre à mai. 5 F. ☎ 67 44 08 63.

LOUPIAN

Église St-Hippolyte. – Travaux en cours.

Église Ste-Cécile. – Visites suspendues.

Villa gallo-romaine. – Restauration en cours.

LUNARET

Parc Zoologique. – Ouvert toute la journée. ☎ 67 63 27 63.

MAGUELONE

Ancienne cathédrale. – Visite toute la journée ; jusqu'à 21 h de juin à fin septembre.

MAS CABARDES

Eglise. – Ouverte le matin en semaine, le dimanche toute la journée.

MAS CAMARGUES

En juillet et août visite accompagnée (1/2 h, 1 h 1/2 ou 2 h 1/2) du sentier d'observation, les jeudis et vendredis à 15 h ; le reste de l'année visite libre toute la journée. 16 F, valable pour l'ensemble des visites de l'écomusée du mont Lozère. ☎ 66 45 80 73.

MAS DE LA BARQUE

En juillet et août visite accompagnée (1 h 30) le mercredi à 9 h 30 ; le reste de l'année visite libre avec fiche d'accompagnement toute la journée. 16 F, valable pour l'ensemble des visites de l'écomusée du mont Lozère. ☎ 66 45 80 73. Une partie du sentier est aménagée pour les personnes handicapées, durée : 3/4 h.

Le MAS SOUBEYRAN

Musée du Désert. – Visite de mars à fin novembre le matin et l'après-midi ; en juillet et août sans interruption à midi. 14 F.

MAZAMET

Maison Fuzier, Musée Cathare. – Visite le matin et l'après-midi. Fermé les dimanches, lundis et jours fériés. ☎ 63 61 43 43.

Le MAZEL

Centre d'information. – Ouvert en juillet et août le matin et l'après-midi ☎ 66 48 61 38.

MENDE

Musée Ignon Fabre. – Visite de juin à fin octobre le matin et l'après-midi ; de janvier à mai sur rendez-vous, ☎ 66 65 05 02. Fermé dimanches et jours fériés. 10 F.

Coopérative des artisans de Lozère. – Visite le matin et l'après-midi. Fermée le dimanche (et le lundi de septembre à fin juin) ainsi que les jours fériés. ☎ 66 65 01 57.

MESSILHAC

Château. – Visite accompagnée (1/2 h) de mi-juillet à début septembre, l'après-midi. 13 F.

MEYRUEIS

Château de Roquedols, Centre d'information. – Ouvert en juillet et août le matin et l'après-midi ; le reste de l'année s'adresser à M. Pierre Bonnet, ☎ 66 45 62 81 sauf les samedis, dimanches et jours fériés.

MÈZE

Station de lagunage. – Visite accompagnée (1 h 1/2) le matin et l'après-midi. 20 F. ☎ 67 43 87 67.

MILLAU

Musée de Millau et des Causses (musée archéologique et Maison de la Peau et du Gant). – Visite toute l'année le matin et l'après-midi. Fermé le dimanche et les jours fériés de novembre à avril. 20 F. ☎ 65 59 01 08.

Église Notre-Dame-de-l'Espinasse. – Fermée le dimanche après-midi.

Église St-Martin. – Ouverte le matin et de 16 h à 18 h 30 l'après-midi.

Fouille de la Graufesenque. – Visite accompagnée (1/2 h) le matin et l'après-midi. Fermé le mardi toute l'année et le lundi de septembre à juin. 9 F.

MINERVE

Église St-Étienne. – En cas de fermeture, s'adresser à M. le curé d'Olonzac. ☎ 68 91 21 77.

Musée. – Visite toute l'année. 5 F.

La MOGÈRE

Château. – Visite accompagnée (3/4 h) l'après-midi : tous les jours de la Pentecôte à fin septembre ; les samedis, dimanches et jours fériés le reste de l'année. 20 F. ☎ 67 65 72 01.

MONTAIGUT

Château. – Visite de Pâques à la Toussaint le matin et l'après-midi. Visite accompagnée (1 h) en juillet et août ; 10 F. ☎ 65 99 81 50.

MONTPELLIER

Le Vieux Montpellier. – Les cours de la plupart des hôtels particuliers sont accessibles au public. Il est cependant recommandé de participer aux visites organisées par le Bureau Municipal de Tourisme sous la conduite d'une guide-conférencière. Certains hôtels ne sont ouverts qu'à ces occasions.

Hôtel des Trésoriers de France. – Pour voir la collection de la société archéologique, prendre rendez-vous avec celle-ci dans ce même hôtel.

Hôtel de Manse. – La porte ouvrant sur la cour est souvent fermée.

Hôtel de Varennes. – Exposition visible tous les jours, sauf samedi et dimanche.

Musée Fabre. – Visite le matin et l'après-midi. Fermé le lundi et les 1er janvier, 1er mai, 1er novembre et 25 décembre. 13 F, gratuit le mercredi. ☎ 67 66 06 34.

Hôtel de Mirman. – Pour visiter, demander l'autorisation au Crédit Commercial de France, 7 place du Marché-aux-Fleurs, aux heures d'ouverture de la banque.

Hôtel St-Côme. – Ouvert uniquement lors des visites accompagnées des hôtels particuliers, organisées par le Bureau Municipal de Tourisme.

Hôtel Sabatier d'Espeyran. – Pour visiter, s'adresser au musée Fabre.

Cathédrale St-Pierre. – Fermée l'après-midi des dimanches et jours fériés.

Musée Atger. – Visite l'après-midi. Fermé les samedis et dimanches, ainsi qu'au mois d'août, le week-end de Pâques et une semaine à Noël. ☎ 67 66 27 77.

Crypte N.D. des Tables. – Visite le matin et l'après-midi. Fermé les dimanches et lundis. ☎ 67 60 75 97.

Jardin des Plantes. – Visite le matin et l'après-midi. Fermé le dimanche. ☎ 67 63 43 22.

Musée de l'Infanterie. – Visite le matin et l'après-midi. Fermé les samedis, dimanches et jours fériés. ☎ 67 42 52 33, poste 370.

MONTPELLIER-LE-VIEUX (Chaos)

Visite de fin mars à début novembre toute la journée. 15 F. Le reste de l'année, téléphoner au 65 60 66 30.

La MOSSON

Château. – Le parc seul est ouvert au public.

NAJAC

Ruines du château. – Visite accompagnée (3/4 h) de Pâques à fin septembre tous les jours le matin et l'après-midi ainsi que les dimanches en octobre. 12 F. ☎ 65 29 70 92.

NASBINALS

Foires. – Le vendredi précédant le 2e dimanche de juillet ; les 17 et 28 août ; les 9 et 22 septembre. Foire aux chevaux le 7 novembre. Si ces dates tombent un dimanche, la foire a lieu le lundi.

NÎMES-LE-VIEUX (Chaos)

Visite de Pâques à la Toussaint toute la journée. 6 F. ☎ 66 45 65 45.

NISSAN-LEZ-ENSÉRUNE

Musée. – Visite accompagnée (1 h) toute la journée sans interruption. ☎ 67 37 01 46.

NOTRE-DAME-DE-LONDRES

Château. – Visite accompagnée (1 h) l'après-midi : tous les jours de juillet à fin septembre (à partir de 10 h en juillet et août) ; uniquement les dimanches et jours fériés le reste de l'année. 18 F.

O

Château. – On ne visite pas. Visite du jardin par l'office de tourisme de Montpellier, dans le cadre de son circuit « Les Folies ».

Quelques faits historiques
Le tableau p. 30 et 31 évoque
les principaux événements de l'histoire de la région.

p - q

PEYRUSSE-LE-ROC

Musée archéologique. – Visite en juillet et août le matin et l'après-midi ; le reste de l'année sur demande à Mme Gransagne, syndicat d'initiative, ☎ 65 80 40 02. 5 F.

PÉZENAS

Hôtel d'Alfonce. – Visite les mardis et vendredis le matin et l'après-midi.

Musée Vulliod-St-Germain. – Visite le matin et l'après-midi. Fermé le mardi toute l'année et le mercredi en hiver. 6 F. ☎ 67 98 90 59.

Église Ste-Ursule. – Ouverte en juillet et août tous les jours l'après-midi ; le reste de l'année en semaine en fin de matinée, le dimanche matin et en fin d'après-midi.

Le PONT-DE-MONTVERT

Maison du mont Lozère. – Ouverte de juin à fin septembre ainsi qu'en période de vacances scolaires (sauf le 1er janvier et le 25 décembre), le matin et l'après-midi, valable pour l'ensemble des visites de l'écomusée du mont Lozère. 16 F. ☎ 66 45 01 75.

PORTES

Château. – Visite accompagnée (1/2 h) de juillet à fin septembre le matin et l'après-midi sauf le lundi. De mai à fin juin et en octobre, visite seulement les samedis et dimanches. En semaine, s'adresser à l'Association « Renaissance du Château de Portes » – rue de la Mairie à Portes, 30530 Chamborigaud. ☎ 66 34 51 66. Entrée : 12 F.

PRADES

Château. – Visite accompagnée (40 mn) en juillet le matin et l'après-midi, en août voir les horaires sur place ou au syndicat d'initiative. Fermé le dimanche. 20 F. ☎ 42 24 76 74.

PRAFRANCE

Bambouseraie. – Visite de Pâques à la Toussaint le matin et l'après-midi (sans interruption à midi de mi-juin à mi-septembre). 22 F. ☎ 66 61 70 47.

PRAT D'ALARIC

Ferme. – Visite en juillet et août tous les jours, l'après-midi. Il est préférable de téléphoner auparavant au 67 97 02 10.

QUARANTE

Trésor de l'Église Ste-Marie. – Visite accompagnée. Écrire à M. le curé ou s'adresser au presbytère. ☎ 67 89 40 60.

RODEZ

Église St-Amans. – Fermée le dimanche après-midi.

Musée Fenaille. – Fermé provisoirement. Travaux de rénovation.

ROQUEBRUN

Maison du Parc. – Ouverte en juillet et août toute la journée, sauf le lundi. Hors saison, s'adresser à la mairie ☎ 67 89 64 54.

ROQUEFORT

Caves de Roquefort. – Visite accompagnée (3/4 h) tous les jours le matin et l'après-midi. Fermé les week-ends du Nouvel An et de Noël. Pour des renseignements complémentaires, téléphoner au 65 60 23 05.
Se munir de vêtements chauds. Photographie interdite.

Musée de préhistoire. – Visite tous les jours de 11 h à 17 h. 5 F.

Chapelle. – Pour visiter, s'adresser, toute l'année, au restaurant Les Basaltes.

ROQUE SOURDE

Accès au Belvédère. – 2 F.

ROUSSON

Château. – Visite accompagnée (1/2 h) en juillet et août toute la journée. 15 F. ☎ 66 85 60 31.

ST-FÉLIX-DE-MONCEAU

Ancienne abbaye. – Visite possible les week-ends le matin et l'après-midi d'avril à fin septembre, l'après-midi seulement d'octobre à fin mars. Animation durant la dernière semaine de juillet, comprenant Son et Lumière et « Lithomélodie ». S'adresser à l'Association pour la sauvegarde de l'abbaye de St-Félix-de-Monceau, 24 rue des Capucines, 34200 Sète. ☎ 67 51 20 77.

ST-GERMAIN

Chapelle. – S'adresser à la mairie de Cesseras plusieurs jours à l'avance du lundi au samedi.

ST-GUILHEM-LE-DÉSERT

Musée de l'abbatiale. – Visite accompagnée (1/2 h) en juillet et août le matin (sauf le dimanche) et l'après-midi ; en juin et septembre, l'après-midi seulement. Le reste de l'année, l'après-midi seulement en s'adressant au Carmel Apostolique St-Joseph, ☎ 67 57 75 80.

ST-JEAN-DU-GARD

Musée des vallées cévenoles. – Visite de mai à fin septembre, le matin et l'après-midi (toute la journée sans interruption en juillet et août) ; fermé le dimanche matin et le lundi. Le reste de l'année le dimanche après-midi, ainsi que les mardis et jeudis sur rendez-vous auprès de M. Vriet, ☎ 66 85 10 48. 11 F.

ST-MARTIN-DE-LONDRES

Église. – Fermée les trois dernières semaines de septembre, sauf les dimanches.

Conditions de visite

ST-MICHEL-DE-GRANDMONT

Ancien Prieuré. – Visite accompagnée (2 h) de mi-juin à fin septembre à 15 h et 17 h ; le reste de l'année le dimanche seulement à 15 h. Fermé le lundi. On visite le prieuré et le site des dolmens. 25 F. ☎ 67 44 09 31.

ST-PONS-DE-THOMIÈRES

Siège du Parc naturel régional du Haut Languedoc. – Ouvert le matin et l'après-midi. Fermé les samedis et dimanches. ☎ 67 97 02 10.

Ancienne Cathédrale. – Visite accompagnée, ☎ 67 97 02 24.

Musée de préhistoire régionale. – Visite de mi-juin à fin octobre tous les jours le matin et l'après-midi ; le reste de l'année les mercredis, samedis et dimanches le matin et l'après-midi. 10 F. ☎ 67 97 22 61.

STE-ÉNIMIE

Le « Vieux Logis ». – Visite accompagnée (1/2 h) d'avril à fin septembre, le matin et l'après-midi (jusqu'en début de soirée en juillet et août). Fermé l'après-midi des dimanches et jours fériés sauf en juillet et août. 5 F. ☎ 66 48 50 09.

Église. – En cas de fermeture, s'adresser au presbytère. ☎ 66 48 50 20.

STE-LUCIE

Les Loups du Gévaudan. – Visite toute la journée. Fermé en janvier. 20 F, enfants : 10 F. Possibilité de visite commentée (1 h) en juin, juillet et août l'après-midi. 25 F, enfants : 12 F.

STE-RADEGONDE

Église. – Pour visiter, s'adresser au presbytère : ☎ 65 42 45 94 ou à la mairie ☎ 65 42 46 00.

SAISSAC

Musée. – Visite en juillet et août, le matin et l'après-midi. 10 F. ☎ 68 24 42 92.

SALLE-LA-SOURCE

Musée du Rouergue. – Visite en juillet et août toute la journée sans interruption, en juin le matin et l'après-midi (le dimanche toute la journée) ; le reste de l'année, sur rendez-vous. ☎ 65 42 55 17. 15 F.

SERIGNAN

Eglise. – Fermée le dimanche en automne et en hiver. ☎ 67 32 12 43.

SÈTE

Musée Paul Valéry. – Visite le matin et l'après-midi. Fermé le mardi d'octobre à fin mai et les jours fériés. ☎ 67 46 20 98. 5 F.

SÉVÉRAC-LE-CHATEAU

Château. – Visite accompagnée de mi-juin à mi-septembre le matin et l'après-midi ; 5 F. Hors saison, visite libre. ☎ 65 47 62 63.

SORÈZE

Collège. – Visite accompagnée (1 h) sur demande écrite à la Direction École de Sorèze, 18 rue Lacordaire 81540 Sorèze, ou par téléphone au 63 74 10 11. fermé le dimanche matin et les jours fériés.

SYLVANÈS

Ancienne abbaye. – Visite de juin à septembre tous les jours sauf le lundi le matin et l'après-midi. Le reste de l'année, téléphoner au préalable au 65 99 51 83. 15 F.

TARN (Gorges du)

Descente en **barque** de la Malène au Cirque des Baumes. – Excursion guidée par un batelier. Le tarif est de 312 F par barque pour 4 personnes ; soit 78 F la place (possibilité de barques pour 5 personnes). Le parcours (8 km) s'effectue tous les jours d'avril à octobre ; durée : 1 h 1/4 AR. Il est recommandé de prendre la barque dès 8 h. S'adresser à la Société Coopérative des Bateliers des Gorges du Tarn, 48210 la Malène. ☎ 66 48 51 10.

Canoë. – Voir la rubrique canoë-kayak, au début des Renseignements Pratiques.

TRABUC

Grotte. – Visite accompagnée (1 h) le matin et l'après-midi (sans interruption à midi, de mi-juin au 10 septembre). De mi-octobre à fin novembre, l'après-midi seulement. Fermé de décembre à mi-mars. 29 F. Des « safaris souterrains » parcours sportifs de 5 h sont possibles sur rendez-vous, ☎ 66 85 03 28.

TROUBAT

Ferme. – Visite accompagnée (1 h) de juin à fin septembre le matin et l'après-midi. Fermé les jeudis et vendredis. 16 F, valable pour l'ensemble des visites de l'écomusée du Mont-Lozère. ☎ 66 45 80 73.

VALMAGNE

Abbaye. – Visite accompagnée (40 mn) de mi-juin à fin septembre tous les jours le matin et l'après-midi ; hors saison l'après-midi des dimanches et jours fériés (sauf Noël). 18 F. ☎ 67 78 06 09.

Le VIGAN

Musée cévenol. – Visite d'avril à fin octobre, le matin et l'après-midi. Fermé le mardi. Le reste de l'année visite le mercredi seulement. 8,50 F. ☎ 67 81 06 86.

VILLEFORT

Centre d'information du Parc national des Cévennes. – Ouvert en juillet et août le matin et l'après-midi. ☎ 66 46 87 30.

VILLEFRANCHE-DE-ROUERGUE

Chapelle des Pénitents Noirs. – Visite accompagnée (1/2 h) de juillet à mi-septembre le matin et l'après-midi. Fermée les dimanches et jours fériés. Le billet donne droit à l'entrée à la chartreuse et au musée. 15 F.

Musée Urbain Cabrol. – Visite le matin et l'après-midi. Fermé les samedis, dimanches et jours fériés. 7 F. De mi-juin à fin septembre le billet (15 F) donne droit également à la visite de la chartreuse et de la chapelle des Pénitents Noirs. ☎ 65 45 44 37.

Ancienne chartreuse St-Sauveur. – Visite accompagnée en juillet et août, sauf le dimanche. Le billet (15 F) donne droit à l'entrée à la chapelle des Pénitents Noirs et au musée. Le reste de l'année, entrée gratuite.

VILLEMAGNE

Église St-Martin et St-Majan. – Ouverte tous les jours en fin d'après-midi.

VILLEVIEILLE

Château. – Visite accompagnée (1 h) l'après-midi de mi-juin à fin septembre tous les jours ; le reste de l'année les samedis, dimanches et jours fériés. 20 F. ☎ 66 80 01 62.

VIOLS-LE-FORT

Exposition « l'âge des garrigues ». – Visite accompagnée (1/2 h) en juillet et août tous les jours le matin et l'après-midi ; le reste de l'année, l'après-midi des dimanches et jours fériés. 12 F ; billet groupé avec le « village préhistorique » de Cambous : 17 F. ☎ 67 65 06 73.

Index

Agde .... Villes, curiosités et régions touristiques.

Camisards .... Noms historiques ou célèbres et termes faisant l'objet d'une explication.

Les curiosités isolées (châteaux, abbayes, monts, causses, grottes, vallées...) sont répertoriées à leur nom propre.

SOURCES DES PHOTOGRAPHIES ET DESSINS

p. 9 Errath/EXPLORER Paris
p. 12 D'après photo Jean Villemagne
p. 13 J.S-R/PIX Paris
p. 18 Delon/PIX Paris
p. 19 C. Philippe/RAPHO Paris
p. 20 Delon/PIX Paris (haut de page)
p. 20 M. Cambazard/EXPLORER Paris (bas de page)
p. 23 Delon/PIX Paris
p. 25 Sudres/SCOPE Paris
p. 26 H. Van Ingen/EXPLORER Paris (haut de page)
p. 26 D'après photo Michel Soto, Mende (bas de page)
p. 36 Mopy/RAPHO Paris
p. 37 Berthoule/EXPLORER Paris
p. 38 D'après photo Lauros/GIRAUDON Paris
p. 40 D'après photo A. Rodier
p. 41 EDIMEDIA Paris
p. 42 D'après photo musée du Rouergue, Arch départ. de l'Aveyron (haut de page)
p. 42 D'après photo Bibliothèque Nationale (bas de page)
p. 45 Apa/PIX Paris
p. 53 Canavesio/PIX Paris
p. 59 Hervy/EXPLORER Paris
p. 64 Lauros/GIRAUDON Paris
p. 69 Sudres/SCOPE Paris
p. 72 Delon/PIX Paris
p. 77 Bérenger/PIX Paris
p. 96 Marmounier/C.E.D.R.I. Paris
p. 98 D'après photo Ziolko/TOP Paris
p. 100 Lauros/GIRAUDON Paris
p. 113 GIRAUDON Paris
p. 117 Apa/PIX Paris
p. 121 Apa/PIX Paris
p. 128 D'après photo La Cigogne/PIX Paris
p. 132 Pélissier/VLOO Paris
p. 138 D'après photo Pélissier/VLOO Paris
p. 143 J. Verroust Paris
p. 146 Donnezan/RAPHO Paris
p. 150 Roy/EXPLORER Paris
p. 154 La Cigogne/PIX Paris
p. 167 Dieuzaide, Toulouse
p. 172 Magnin/PIX Paris

Notes

MANUFACTURE FRANÇAISE DES PNEUMATIQUES MICHELIN

Société en commandite par actions au capital de 875 000 000 de francs

Place des Carmes-Déchaux – 63 Clermont-Ferrand (France)

R.C.S. Clermont-Fd B 855 200 507

© Michelin et Cie, Propriétaires-Éditeurs 1989

Dépôt légal 4ᵉ trim. 1989 – ISBN 2 06 003 372-1 - ISSN 0293-9436

Toute reproduction, même partielle et quel qu'en soit le support
est interdite sans autorisation préalable de l'éditeur.

Printed in France 09-89-95

Photocomposition : COUPÉ S.A., Sautron - Impression : KAPP & LAHURE, Asnières n° 8823

58

Brest
Quimper
St-Brieuc

1/200 000 – 1cm : 2 km

245

France

Provence
Côte d'Azur

1/200 000 – 1cm : 2 km

MICHELIN